OTT 미디어 산업론

송민정

박영사

머리말

    코비드(COVID)19로 전 세계가 팬데믹을 경험하면서 비대면(Untact) 문화가 확산되고 집에 머무는 시간도 길어지면서 인터넷 동영상 서비스라 불리는 OTT(Over the top) 시장이 급성장하고 있다. 국경 없는 인터넷 경제 시대에 넷플릭스(Netflix)와 유튜브(Youtube) 등 글로벌 OTT들이 전 세계 시장을 잠식하는 상황에서 국내 미디어 산업 가치사슬상의 소비와 유통, 제작 변화도 가속화되고 있다. 이에 국내 OTT들의 다양한 전략들이 지속적으로 소개되고 있으며, 특히 구독제라는 수익모델을 가진 SVOD(Subscription based video on demand) OTT 서비스가 등장하여 가격과 편리성, 그리고 모바일 환경에 가장 적합한 서비스로 평가받고 있다.

    이러한 시장 흐름으로 인해 OTT 시장에 신규 진출하려는 전통 미디어 기업들뿐만 아니라 인터넷상에서 다른 비즈니스를 영위하고 있는 포털이나 이커머스 플랫폼들의 참여도 증가하고 있다. 글로벌 OTT로는 미디어기업인 디즈니가 2019년 11월 OTT 플랫폼인 '디즈니+'를 내놓아 출시 5개월 만에 가입자 5,000만 명을 돌파했고, 같은 기간에 애플(Apple)의 'AppleTV+'가 등장하였다. 2020년 들어서는 미국의 통신기업 AT&T 소속 워너미디어의 HBOMax가, 컴캐스트(Comcast) 소속 NBC유니버설의 '피콕(Peacock)' 등이 출시와 동시에 글로벌 시장 진출을 진행 중이다.

    국내에서는 이미 진출한 넷플릭스, 유튜브 등에 이어, 2021년 아마존프라임비디오, AppleTV+와 디즈니+가 진출해 큰 지각 변동을 일으킬 것이라 국내 시장에서는 2021년이 국내외 OTT들이 본격 경쟁하는 원년이 된다. 즉, 국내 토종 OTT로는 SKT의 SK브로드밴드와 지상파방송3사 연합체가 합병해 재탄생한 웨이브(Wavve), JTBC와 CJENM 간 합작법인으로 재탄생한 티빙(TVing)이 경쟁을 주도하고, 독자 노선을 채택한 KT

의 시즌(Seezn), 글로벌 OTT들과 파트너십을 선택한 유플러스모바일TV, 그리고 왓챠 등이 경쟁하는 구도를 보이고 있다.

본 교재인 『OTT 미디어 산업론』은 3부로 꾸며져 있다. 1부 [미디어 산업 가치사슬의 변화]에서는 1장에서 미디어 산업 가치사슬을 개관하고, 2~4장에서 미디어 산업 가치사슬상의 소비, 유통, 제작 변화를 개관하게 된다. 먼저, 1장은 미디어 산업 개념과 가치사슬 범위를 정하고 국내 미디어 산업 3단계를 TV방송미디어로 제한하여 지상파TV 중심, 유료TV 중심, 그리고 OTT 중심 단계로 구분하며, 미디어 산업 변화의 양대 핵심인 플랫폼 경제와 구독 경제 현상에 대해 설명한다. 2장에서는 코비드19로 인한 팬데믹과 OTT 시장 형성으로 변화된 미디어 소비 양태를 설명하고, 소비 양태 변화의 핵심 현상인 개인화와 상황맞춤화에 대해 논의한 후, 이 두 가지 소비 양태 변화에 대응하는 미디어 큐레이션을 인공지능 미디어 기반으로 설명한다.

3장에서는 광고 수익의 모바일 이동과 인프라의 클라우드 이동으로 형성된 미디어 유통 구조의 변화를 설명하고, 유통 구조 변화의 핵심 현상이 되는 산업화와 파트너십에 대해 논의한 후, 이 두 가지 유통 구조 변화에 대응하는 미디어 합종연횡을 오리지널 전략 기반으로 설명한다. 4장에서는 콘텐츠의 양극화와 인프라의 클라우드 이동으로 형성된 제작 방식 변화를 설명하고, 제작 방식 변화의 핵심 현상인 파편화와 초세분화에 대해 숏폼과 오리지널 제작 중심으로 논의한 후, 이 두 가지 제작 방식 변화에 대응하는 가상제작을 제작 기술 기업의 전략 기반으로 설명한다.

2부 [OTT 미디어 시장과 산업]에서는 5장에서 OTT 미디어 정책과 시장에 대해, 6장에서 OTT 미디어 유통 산업과 7장에서 OTT 미디어 제작 산업을 각각 살펴본다. 먼저, 5장에서는 아직 법적 정의가 부재한 OTT 미디어의 개념과 특성들에 대해 설명하고, 관련 정책과 현재까지의 규제 이슈들에 대해 살펴본 후, 이미 기술 중립적 시장으로 변화한 인터넷 기반의 OTT 미디어 시장 형성과 지형을 설명하고 국내에서 활동하는 OTT 미디어 플랫폼 경쟁구도에 대해 개관한다. 6장에서는 OTT 미디어 유통 특성을 설명하고, 유통 산업 범위를 재정의한 후 유통사 중심의 파트너십과 오리지널 전략에 대해 살펴본다. 7장에서는 OTT 미디어 제작 특성을 설명하고, 제작 산업 범위를 재정의한 후 제작사 중심의 파트너십과 장르 전략에 대해 살펴본다.

3부 [OTT 미디어 비즈니스]에서는 주요 콘텐츠 장르별로 보는 각론으로 8장에서 드라마, 9장에서 예능, 10장에서 뉴스, 11장에서 스포츠, 12장에서 영화, 그리고 13장에서는 각 장르별로 살펴본 OTT 비즈니스와 콘텐츠 IP를 연계하여 이 저서의 결론에 즈음한다. 8~12장까지는 국내의 드라마, 예능, 뉴스, 스포츠, 영화 산업의 진화 단계를 각각 설명하고, OTT 드라마, 예능, 뉴스, 스포츠, 영화의 개념과 특성을 논의한 후, 각 장르별로 유통과 제작 비즈니스로 구분해 살펴본다. 마지막으로 이 저서의 결론에 해당하는 13장에서는 OTT 미디어 시대에 더욱 중요해지는 콘텐츠 IP에 주목하면서 그 개념과 특성을 논의한 후, 주요 콘텐츠 IP인 웹툰과 웹소설 IP와 OTT 미디어 비즈니스를 연계하여 설명한다.

본 교재의 우선적인 대상은 미디어 및 인터넷 업계에 있는 모든 이해관계자들과 관련 연구자들, 그리고 학계에 있는 대학 교수들과 관련 전공자들이다. 2021년 9월, 넷플릭스 오리지널 시리즈 '오징어 게임'(감독 황동혁)이 미국 넷플릭스에서 4일 연속 '오늘 미국 톱 10 TV 프로그램(쇼)' 부문 1위에 올랐고, 전 세계 TV 프로그램 부문에서 1위라는 신기록을 달성했는데, 이제 OTT 미디어는 기존 미디어와 본격 경쟁하고 있다. 따라서 이러한 미디어 산업 변화 추세를 재빨리 이해하여 전략을 수립하고 싶은, 일선에서 일하는 미디어 기획자들과 OTT 미디어와 콘텐츠 비즈니스 성공사례들을 알고 싶어 하는 마케터들에게 시기적으로 도움이 될 것으로 기대한다. 전반적으로 OTT 시대를 맞아 미디어 산업과 콘텐츠 비즈니스에 관심 있는 모든 분들에게 도움이 될 것임을 믿어 의심치 않는다.

끝으로 본 교재를 잘 출판할 수 있도록 아낌없는 지원과 배려를 해 주신 박영사의 안종만 회장님과 안상준 대표님, 마케팅에 힘써 주신 김한유 님과 꼼꼼한 편집을 해 주신 배규호 님 등 임직원 여러분께 심심한 감사의 인사를 드리며, 본 교재가 국내 OTT 미디어 기업들을 글로벌 혁신 기업으로 도약시키는 데 조그마한 보탬이 되기를 소망한다.

차례

PART 01 미디어 산업 가치사슬의 변화

CHAPTER 01 미디어 산업 가치사슬 개관 · 3

SECTION 01 미디어 산업의 변화 개관 ································· 5
SECTION 02 미디어 산업 변화의 핵심 ····························· 15
SECTION 03 구독경제로 향하는 미디어 ························· 22
SECTION 04 미디어 산업 가치사슬 개관 ························· 27

CHAPTER 02 미디어 산업 가치사슬의 소비 변화 · 35

SECTION 01 미디어 소비 양태의 변화 ····························· 37
SECTION 02 미디어 소비의 개인화 ································· 42
SECTION 03 미디어 소비의 상황맞춤화 ························· 45
SECTION 04 소비 변화 대응 큐레이션 ····························· 51

CHAPTER 03 미디어 산업 가치사슬의 유통 변화 · 65

SECTION 01 미디어 유통 구조의 변화 ····························· 67
SECTION 02 미디어 유통의 산업화 ································· 74
SECTION 03 미디어 산업 내 파트너십 ····························· 82
SECTION 04 유통 변화 대응 합종연횡 ····························· 90

CHAPTER 04 미디어 산업 가치사슬의 제작 변화 · 97

SECTION 01 미디어 제작 방식의 변화 ····························· 99
SECTION 02 미디어 제작의 파편화 ······························· 105

SECTION 03 미디어 제작의 초세분화 ····································· 112
SECTION 04 제작 변화 대응 가상제작 ································· 118

PART 02 OTT 미디어 시장과 산업

CHAPTER 05   OTT 미디어 정책과 시장 · 133

SECTION 01 OTT 미디어 개념과 특성 ····························· 135
SECTION 02 OTT 미디어 정책과 규제 ····························· 141
SECTION 03 OTT 미디어 시장의 형성 ····························· 154
SECTION 04 OTT 미디어 플랫폼 경쟁 ····························· 159

CHAPTER 06   OTT 미디어 유통 산업 · 167

SECTION 01 OTT 미디어 유통의 특성 ····························· 169
SECTION 02 OTT 미디어 유통 산업 범위 ························ 176
SECTION 03 OTT 미디어 유통 파트너십 ························· 183
SECTION 04 OTT 유통사의 오리지널 전략 ····················· 188

CHAPTER 07   OTT 미디어 제작 산업 · 199

SECTION 01 OTT 미디어 제작의 특성 ····························· 201
SECTION 02 OTT 미디어 제작 산업 범위 ························ 209
SECTION 03 OTT 미디어 제작 파트너십 ························· 214
SECTION 04 OTT 제작사의 장르 전략 ····························· 222

PART 03 OTT 미디어 비즈니스

CHAPTER 08   OTT 드라마 비즈니스 · 233

SECTION 01 국내 드라마 산업의 진화 ················· 235
SECTION 02 OTT 드라마의 개념과 특성 ············· 241
SECTION 03 OTT 드라마 유통 비즈니스 ············· 247
SECTION 04 OTT 드라마 제작 비즈니스 ············· 252

CHAPTER 09   OTT 예능 비즈니스 · 263

SECTION 01 국내 예능 산업의 진화 ················· 265
SECTION 02 OTT 예능의 개념과 특성 ············· 272
SECTION 03 OTT 예능 유통 비즈니스 ············· 278
SECTION 04 OTT 예능 제작 비즈니스 ············· 282

CHAPTER 10   OTT 뉴스 비즈니스 · 293

SECTION 01 국내 뉴스 산업의 진화 ················· 295
SECTION 02 OTT 뉴스의 개념과 특성 ············· 305
SECTION 03 OTT 뉴스 유통 비즈니스 ············· 312
SECTION 04 OTT 뉴스 제작 비즈니스 ············· 317

CHAPTER 11   OTT 스포츠 비즈니스 · 325

SECTION 01 국내 스포츠 산업의 진화 ················· 327
SECTION 02 OTT 스포츠의 개념과 특성 ············· 334
SECTION 03 OTT 스포츠 유통 비즈니스 ············· 340
SECTION 04 OTT 스포츠 제작 비즈니스 ············· 348

CHAPTER 12   OTT 영화 비즈니스 · 355

SECTION 01 국내 영화 산업의 진화 ·································· 357
SECTION 02 OTT 영화의 개념과 특성 ····························· 367
SECTION 03 OTT 영화 유통 비즈니스 ····························· 371
SECTION 04 OTT 영화 제작 비즈니스 ····························· 379

CHAPTER 13   OTT 비즈니스와 콘텐츠 IP · 387

SECTION 01 OTT 시대의 콘텐츠 IP ······························· 389
SECTION 02 콘텐츠 IP의 개념과 특성 ····························· 399
SECTION 03 웹툰 IP와 OTT 비즈니스 ····························· 403
SECTION 04 웹소설 IP와 OTT 비즈니스 ··························· 411

P A R T

01

미디어 산업
가치사슬의 변화

CHAPTER 01 미디어 산업 가치사슬 개관
CHAPTER 02 미디어 산업 가치사슬의 소비 변화
CHAPTER 03 미디어 산업 가치사슬의 유통 변화
CHAPTER 04 미디어 산업 가치사슬의 제작 변화

CHAPTER

01

미디어 산업 가치사슬 개관

SECTION 01 미디어 산업의 변화 개관
SECTION 02 미디어 산업 변화의 핵심
SECTION 03 구독경제로 향하는 미디어
SECTION 04 미디어 산업 가치사슬 개관

SECTION 01 미디어 산업의 변화 개관

20여 년 전부터 글로벌 산업 리서치 전문기관인 PriceWaterhouseCoopers(이후 PwC)가 '글로벌 엔터테인먼트와 미디어 아웃룩(Global Entertainment & Media Outlook)'을 매년 내놓고 있으며, 많은 미디어 산업 전문가들이 이 연구 결과를 인용하면서 엔터테인먼트와 미디어 산업으로 함께 붙여서 사용하거나 줄여서 미디어 산업이라 부른다. PwC는 엔터테인먼트 및 미디어 산업을 TV 가입 및 라이선스, TV 광고, 영화, 음악, 게임, 인터넷 광고, 인터넷접속, 옥외 광고, 라디오, 소비자 잡지, 신문, 일반서적 및 교육도서, B2B 출판 등으로 분류하며, 크게는 TV·비디오 및 음반, 영화, OTT(Over−the−top: 인터넷 동영상 서비스) 비디오, 가상현실, 비디오 게임 및 e스포츠, 인터넷 광고 등 6개 분야로 대분류하고 있다.

한편, PwC에서 언급되는 엔터테인먼트산업은 국내에서는 콘텐츠 산업으로 정의된다. 콘텐츠 개념은 1996년 유럽연합에서 정보 콘텐츠(Information content)로 논의된 후에 1998년 OECD에 의해 '신성장 산업으로서의 콘텐츠(Content as a new growth industry)'에서 디지털 기술로 인한 네트워크 기반 콘텐츠 환경 변화를 언급하면서 소개된다. 그 이후 10여 년이 지난 2007년 OECD는 '국제표준산업분류(ISIC4.0) 기반 정보경제분야 정의'에서 콘텐츠를 '인간을 위해 조직화된 메시지로서 미디어와 결합해 공중에게 전달되는 상품'으로 정의하고, 2009년 콘텐츠 산업을 '주로 매스미디어를 통해 알리고 교육하며 즐거움을 주는 산업' 및 '인간에게 조직화된 메시지를 전달하려는 의도를 가지고 정보적, 문화적, 오락적 상품인 콘텐츠를 생산하고, 출판 또는 유통시키는 산업'으로 정의한다. 국내에서는 '문화산업진흥기본법(2002.7개정)'에서 콘텐츠를 '부호/문자/음성/음향 및 영상 등의 자료 또는 정보'로 정의하고, '콘텐츠산업진흥법(2010.6전부개정)'에서 콘텐츠 산업을 '경제적 부가가치를 창출하는 콘텐츠 또는 이를 제공하는 서비스(이들의 복합체를 포함)의 제작/유통/이용 등과 관련한 산업'으로 정의한다. 한편, 미국의 '엔터테인먼트산업'은 국내의 콘텐츠 산업과 유사한 개념이지만 법적으로 이를 규정하고 있지는 않다.

　필자는 엔터테인먼트산업을 콘텐츠 산업과 동일시하되, 콘텐츠 산업을 미디어 산업의 가치사슬인 제작－유통－소비의 제작 영역으로 보아, 미디어 산업의 부분집합으로 관찰한다. 또한, OTT 미디어를 다루기 위해 미디어 산업의 변화 양상을 지상파방송 중심의 TV 이용 시점부터 현재 시점까지 좁혀서 관찰하고자 한다. 아래 [그림 1-1]에서 보면, 국내 미디어 산업은 1, 2세대를 거쳐 3세대로 진입하였다. 즉, 1세대는 지상파방송 중심, 2세대는 유료TV 중심, 그리고 3세대는 OTT 중심을 말한다. 여기서는 각 세대에 대해 개관하고자 하며 새로 등장한 OTT의 개념과 시장, 각 장르별 산업 및 비즈니스에 대해서는 5장부터 다룰 것이다. 이러한 3단계 변화 양상이 후반부에서 다룰 국내 드라마 산업의 진화 흐름을 주도하게 된다.

◎ [그림 1-1] 국내 미디어 산업 가치사슬의 진화

출처: 메리츠종금증권(2019.3) 재구성

1세대는 제작사와 지상파방송사 간에 단순 외주 관계가 성립한 시기로, 지상파방송사가 제작사의 콘텐츠를 제어해 왔다. '제작-편성 및 유통-소비' 과정에서 '편성 및 유통'이 게이트웨이 역할을 해왔고, 신문과 방송이 경쟁하던 시대부터 시작해 사실상 지금까지도 중소 제작사 대상으로 외주관계가 이어지고 있다. 1991년 정부는 방송 프로그램 제작 주체를 다양화해 시청자 복지를 증진시킨다는 정책 목표하에 지상파방송사의 독과점을 해소하고 방송 콘텐츠의 다양화, 고품질화, 경쟁력 제고를 위해 '외주제작 의무편성' 정책을 시행했고, 그 당시 3%였던 외주제작 의무편성비율은 2020년 방송사별로 16~35% 이상, 주 시청 시간대 10% 이상으로 고시되기에 이른다.

정책 시행 당시, 중소 제작사에게 드라마 한 편 제작에 필요한 인력과 시설, 장비는 만만치 않았고, 연출자는 방송사 직원이었으며, 작가와 배우는 방송사와 전속 계약되어 있었고, 제작 시설과 장비에 많은 자본이 필요한 상황에서 1991년 말에 민영방송사인 SBS 개국이 허용된다. SBS는 차별화된 편성 전략을 쏟아냈지만 시간이 필요했다. 개국 드라마 '고래의 꿈'을 시작으로 '오박사네 사람들'로 시트콤의 장을 열었고 '모래시계'로 최고의 드라마 시청률을 기록하기까지 SBS는 5년의 시간을 소요했다. 그래도 지상파방송 과점 체제에서 SBS 개국은 제작 시스템과 판도를 어느 정도 흔들어 놓은 계기가 되었고, KBS, MBC 연출자, 작가, 배우 등 인력 이동도 있었고, 드라마 제작 편수도 증가했다. SBS 개국 당시 지상파방송 4개 채널의 드라마 제작 편수는 총 97편이었으나 1992년 214편이 제작, 방송되는 등, 양강 구도를 깬 SBS는 1995년 드라마 '모래시계' 흥행에 성공해 지상파방송 3강 구도를 형성하는데, 드라마 장르의 중요도가 매우 높아지면서 사실상 드라마 산업이 미디어 산업을 주도하게 되었다.

외주제작 의무편성이 법제화되는 시점에 드라마 제작사 수는 손에 꼽을 정도였다. 이에 지상파방송사들은 각각 'KBS제작단', 'MBC프로덕션', 'SBS프로덕션'을 설립하며 외주제작 의무비율 확대와 이에 따른 드라마 제작 변화에 대응하게 되고 사실상 드라마 외주제작은 위탁제작 성격을 띠게 된다. 즉, 지상파방송사가 기획하고 시설과 인력, 장비 등을 제공하며 위탁제작사는 드라마를 제작하는 형태가 주를 이루었다. 그런데 1998년 IMF 경제위기를 겪게 된 지상파방송사들이 구조조정을 단행하면서 연출자들이 외주시장으로 이동하면서 이는 외주제작사의 제작 능력을 향상시키는 동인이 되기 시작한다.

2002년 KBS 드라마 '겨울연가'를 제작한 팬엔터테인먼트는 음반 제작사에서 드라마 제작사로의 변신에 성공하면서 드라마 OST를 활성화시켰으며, 연예매니지먼트사들도 소속 연예인을 주인공으로 하는 드라마를 제작한다. 예컨대, 음반제작과 가수 이효리, 옥주현, 더블에스501 등 가수 매니지먼트를 해오다 드라마 제작에 나선 디에스피이엔티(DSPent)는 이효리를 주인공으로 2005년 SBS 드라마 '세잎 클로버'를, SM엔터테인먼트는 동방신기를 주인공으로 '지구에서 열애중'을 극장용 TV 드라마로 제작했고, 고아라를 주인공으로 2009년 MBC 드라마 '맨땅에 헤딩' 등을 제작했다. 영화 제작사들도 드라마 제작을 시작해 2006년 SBS 드라마 '천국보다 낯선'은 영화사인 팝콘필름이, 2006년 SBS 드라마 '연애시대'는 옐로우필름이, 2006년 KBS 드라마 '카인과 아벨'은 영화사인 진인사필름과 태원엔터테인먼트가 공동 제작했다.

점차 외주시장의 드라마 제작사 역량이 성장해 가면서, 2006년 KBS의 미니시리즈와 주말드라마의 92%가, MBC의 총 14편 중 10편이, SBS의 아침 드라마를 제외한 모든 드라마가 외주제작된다. 아래 [표 1-1]은 2007년 국내의 외주제작사 현황과 제작사의 지상파방송사 납품 실적을 나타낸 것이다.

▌[표 1-1] 2007년 국내 외주제작사 현황

국내 외주제작사 현황

제작사수	자본금(백만 원)	인력		연간제작능력 (시간)
		총인력	제작인력	
851개	396,199.5	15,051	10,493	619,517
1개사당 평균	466.7	17.7	12.3	728.8

제작사의 지상파 납품 실적

3건 미만	3~5건 미만	5건 이상	0건	계
142	74	171	401	788
(18%)	(9.4%)	(21.7%)	(50.9%)	(100%)

출처: 문화관광부(2007), 중앙일보(2008. 2. 15) 재인용

한편, 역량 있는 스타급 작가와 배우를 확보하기 위해 상승한 제작비 보존을 위한 판권의 배분 요구와 협찬 및 간접광고의 수익 분배에 대한 이견이 발생하면서 지상파방송사가 외주제작사에 가짜 실적을 올려주고 그 대가를 취한 뒤 이를 협찬광고 유치로 충당하는 편법적 협찬광고 유치가 2008년 드러난다. 가짜 실적 사건은 4억 원을 내고 MBC 아침드라마인 '그래도 좋아'에 공동제작자로 이름을 올린 제이투픽처스가 취한 거래이다. 제이투픽처스는 30억 원의 부채만 남기고 파산 절차를 밟았는데, 설립 5년째에도 드라마 한 편을 제작해 보지 못했다. 결국 이 회사는 2007년 말, 대표가 간암으로 숨지면서 멈췄는데, 이러한 기형적 드라마 제작 구조가 미디어 산업의 거품을 만들고 부실 채권을 양산한 것이다. 이는 외주제작 정책과 규제가 낳은 산물로 기록된다. 앞의 [표 1−1]에서 보듯이 2007년 문화관광부에 등록된 방송프로그램 제작사 수가 850개를 넘는데, 지상파방송의 '외주제작 의무편성 비율'을 40%까지 끌어올린 외주제작 정책, '대장금', '겨울연가' 등 드라마 장르가 돈이 된다고 판단해 흘러 들어온 자본 등의 영향이 이러한 편법의 주범이 된 것이다.

실제로는 제작사 과반수가 지상파방송사에 단 한 편도 납품해 보지 못했다. 2008년 기준으로 드라마 장르만 보면, 김종학프로덕션, 제이에스픽처스, 올리브나인 등 제작사들이 총 공급의 80%를 차지하였고, 나머지 군소제작사들은 생존 자체가 어려웠기 때문에 4~5억 원을 내고라도 '가짜 제작 실적'을 올리려는 제작사들의 경쟁이 치열했던 것이며, 결국, 방송 정책과 규제가 이 같은 편법을 낳은 것이다. 즉, 믿고 맡길 만한 역량을 갖춘 제작사 찾기가 어려운 상황에 방송사가 직접 기업 협찬을 못 받게 한 규제 때문에 명목상 외주제작 프로그램 요건을 갖추는 기형적 구조가 생긴 것이다. 방송법시행령 제60조 '협찬 고지'에 따르면, 지상파방송사나 자회사가 아닌, 외주제작사만 협찬을 받을 수 있게 되어 있다. 또한, 스타 몸값이 천정부지로 올라 방송사 예산만으로 감당할 수 없을 만큼 제작비가 뛴 것도 요인이다. 당시 방송사가 외주제작사에 지급하는 제작비는 편당 1억 원 안팎이지만 실제 제작비는 2억 원이 넘어 방송사가 지급하는 제작비 절반이 스타 출연료로 나가고 있는 상황인데, 스타를 기용하지 않으면 방송사들이 편성해 주지 않기 때문에 어쩔 수 없는 상황이 전개된 것이다.

통상적으로, 지상파방송사에 납품하는 드라마 제작사는 제작비의 80%를 보전(Recoup)받으며 간접광고(Product placement; PPL)를 통해 남은 부분을 충당하여 총마진(GPM) 3~5%를 기록한다. 드라마 제작사가 판권을 요구하면 이 보전비율은 내려간다. 중국 판권 판매가 가능한 경우의 계약을 예시로 들면 제작비가 80억 원일 때 지상파방송사로부터 보전받는 제작 비율은 평균 50% 미만이며, PPL을 통해 일부를 채우더라도 제작사는 평균 20~25% 제작비 리스크를 안게된다. 1세대는 중국의 콘텐츠 한한령 이전 시기로 중국 판권 판매가 가능했기 때문에 일부 제작사들이 이 구조를 선택하기도 했다. 초록뱀, 삼화네트웍스, 팬엔터테인먼트 등은 지상파방송사의 수직적 통제 구조를 통해서도 용케 살아남은 제작사들이다. 자금력과 편성권을 지상파방송사가 가지는 대신 이들은 초기 제작비를 보전받지만 한 자릿수에 불과한 마진 구조에 갇힌 폐쇄적 구조하에서 방영권과 부가 판권 등 지적재산권(Intellectual property; IP)은 방송사 몫이다. 이러한 구조는 현재까지도 지속되고 있다. 예컨대, 2019년 SBS에서 방영된 '열혈사제'는 높은 시청률에도 불구하고, 해당 제작사인 삼화네트웍스가 얻는 추가 수익은 그 규모를 가지기 어렵다. 드라마 산업에 대해서는 8장에서 더 자세히 다루기로 한다.

한편, 2008년 IMF 이전에도 케이블TV 계열 PP채널들의 드라마 제작 열기가 있었지만, 지상파방송사와 마찬가지로 IMF로 인해 PP들도 구조조정을 겪는다. IMF 이전의 현대방송(HBS)은 김수현 작가와 박철 감독을 영입해 드라마 '사랑하니까'를 SBS와 공동 제작했고 편성은 획기적이었지만, IMF 경제 위기를 겪은 대기업들이 케이블TV 방송 및 제작 사업에서 대거 철수하면서 현대방송도 철수한다. 이후에 케이블TV 업계 양대 산맥으로 CJ그룹과 동양그룹 중심으로 드라마 제작 투자가 이어지게 된다. 동양그룹 계열사였던 OCN은 '가족연애사', '코마', '다세포 소녀' 등의 드라마를 제작해 오리지널 드라마로 방송했고, CJ미디어는 2006년 tvN을 개국하면서 '하이에나'를 시작으로 기획력이 돋보이는 다양한 드라마들에 투자하기 시작했다. 하지만 아직 지상파방송사가 막강한 가운데 아직 2세대는 아니다.

2세대는 유료TV 중 특히 IPTV가 미디어 산업 가치사슬을 주도하면서 '제작

-편성-유통-소비' 과정 중 '제작-편성'을 지상파 계열 외의 채널사업자 (Program provider; PP)가 상당히 주도하는 단계로 보아야 하며 이는 현재까지도 이어진다. 기존 드라마 시장을 이끌던 지상파방송사의 광고수익 감소가 드라마 편성 예산 삭감으로 이어졌고, 이는 경쟁력 있는 드라마를 유치하지 못하는 유인으로 작용하기 시작한다. 이의 영향으로 지상파방송의 시청률은 하락했고, 이를 유료TV 채널들(TvN, JTBC 등)은 기회로 활용하기 시작한다. 2012년, KBS의 드라마 예산은 전년도 대비(600억 원) 5% 삭감된 반면, CJENM의 방송사업 부분은 870억 원을 투입하면서 26편의 드라마 제작 계획을 발표한다.

2세대는 tvN, JTBC 등 PP들이 지상파방송사에 대응할 공격수가 되고 점차 지상파방송의 드라마 시청률을 빼앗아 오면서 시작된다. 즉, '슈퍼 갑'이던 지상파방송사에 대한 대안으로 부상한 tvN, JTBC에게 드라마를 납품하기 시작하는 드라마 제작사들이 등장한다. 지상파방송사의 주요 외주사였던 초록뱀과 삼화네트웍스 외에 에이스토리가 대표적이다. 여기에 점차 영화 산업 성장세가 주춤해지면서 영화 제작사들도 드라마 제작에 진출하는데, 넥스트엔터테인먼트월드 (Next Entertainment World; NEW)가 대표적인 드라마 제작사가 된다. 2013년 tvN의 드라마 '응답하라 1994'가 시청률 10.431%를 기록하며 비(非)지상파 드라마 시청률 10%의 벽을 넘었고, 종합편성 채널에서는 2012년 JTBC의 '무자식 상팔자'가 9.23%를 기록하며 지상파방송을 위협하기 시작한다. tvN과 JTBC 등 주요 PP들이 지상파방송사보다 향상된 수익구조를 드라마 제작사들과 영화 제작사들에게 제시하기 시작한다. 원가의 80% 정도를 보전해 주는 대신에 거의 모든 수익을 방송사가 가져갔던 1세대와는 달리, 이들은 원가 보전은 물론이고 부가 판권(VOD, 해외 판권)에 대한 일부 수익도 공유하기 시작한다. 이러한 제안들은 드라마 제작사 및 영화 제작사들로 하여금 2세대로 이동시키는 주요 배경이 되었다.

유료TV의 채널사업자로서 드라마 제작의 중요성을 인식하고 가장 빠르게 대응한 CJENM(당시 CJE&M)은 2016년 5월에 드라마 사업 부문을 분리하여 '스튜디오드래곤'을 설립하고, 이어 JTBC에서도 'JTBC콘텐트허브'가 만들어진다. CJENM은 스튜디오드래곤을 출범시키면서 드라마 판권과 제작, 납품 계약 중심의 기존 드라마 제작 시스템을 근본적으로 변화시킨다. 2세대로 접어들면서 대중성만으로 수익을 창출하던 드라마 시대에 변화를 준 계기는 아직 존재감이 크지 않은 글로벌 OTT의 진입이다. 케이블TV, 위성TV, IPTV뿐만 아니라 글로벌 OTT가 제작 시스템 변화를 요구하게 된다. 편성권을 갖고 방송사와 드라마 외주제작사 간 형성된 '갑을관계'는 붕괴되고, 판권, 협찬, 간접광고를 어떻게 분배하느냐가 이슈로 떠오른다. 특히 드라마 장르에서 스타급 작가와 배우, 감독을 통해 경쟁력을 향상시키고 다양한 유통 경로를 통한 시장 확대와 원천 IP 확보로 콘텐츠 가치를 극대화해야 하는 시대가 오고 있음을 인식하기 시작한다.

3세대가 1, 2세대와 크게 구분되는 점은 글로벌 OTT의 선전으로 합종연횡을 통한 토종 OTT들이 등장하였다는 점이다. 제작사와 기획사, 종합편성 및 전문편성 PP, 유료TV 간 '제작 – 편성 – 유통 – 소비' 관계가 희미해지고, 미디어 산업 가치사슬은 소비자에게 직접 유통(Direct to consumer; D2C)하는 OTT 중심으로 진화한다. 넷플릭스가 자체 투자를 통한 오리지널 콘텐츠를 독점 개봉하는 방식을 내놓으면서 3세대 가치사슬의 국내 주요 변수는 플랫폼이 어떤 역할을 담당하냐의 여부이다. 3세대 이전에는 제작사에 의해 만들어진 콘텐츠가 지상파방송과 유료TV PP 채널들을 통해 소비자에게 공급되었고 광고 시장의 플랫폼 역할이 주였다면, 3세대에서는 기존 방송이나 PP 채널, 유료TV가 아니더라도 콘텐츠를 소비자에게 직접 제공할 수 있는 경로가 많아지면서 미디어 산업에서 차지하는 플랫폼의 역할도 다변화된다. 변화의 시발점은 양면시장에서 형성된 인터넷 플랫폼이고, OTT 사업자도 이러한 플랫폼의 지위를 갖게 된다. 인터넷 플랫폼은 인터넷 상용화가 시작된 2000년대부터 시작하였고 수요측 규모의 경제를 통해 발전해 왔는데, 인터넷 플랫폼의 한 유형인 OTT도 수요측 규모의 경제를 매우 중시한다. OTT의 개념과 시장 형성에 대해서는 5장에서 다루기로 한다.

OTT의 장점은 기존의 TV 방송과 달리 이용자에게 콘텐츠 선택의 유연성을 제공한다는 점이다. 보고 싶은 콘텐츠를 시청하기 위해 파일을 다운로드하거나 VOD를 유료로 지불하지 않아도 되며, 일부 OTT는 실시간 방송 채널도 제공한다. TV기기라는 하드웨어가 없어도 다른 인터넷 연결 기기로 이용이 가능하다. 이러한 편의성이 OTT 이용자 수를 증가시키는 원인이다. 또한, 3세대의 OTT는 유료TV를 해지하는 '코드 커팅(Cord cutting)'과 유료TV 가입 상품을 낮은 수준으로 변경하는 '코드 셰이빙(Cord shaving)'을 가속화시킨다는 점에서 2세대의 보완재 기능을 지나, 유료TV의 대체재로 부상하기 시작한다.

3세대에 진입했으나 1, 2세대와 마찬가지로 초기의 킬러 콘텐츠는 여전히 드라마이고, 그 제작 경쟁은 더욱 치열해지는데, 2세대와 구분되는 점은 OTT와의 라이선스 계약이다. 스튜디오드래곤은 2018년 넷플릭스와 드라마 '미스터 선샤인' 방영권 라이선스 계약을 체결한다. 넷플릭스가 제작비의 절반을 보전해 주는 대신 해외판권만 넷플릭스가 갖는 조건이다. 그 이후 넷플릭스와의 지속적인 협력에 힘입어 제작 역량과 IP 보유량 면에서 강세를 보이려는 스튜디오드래곤은 문화창고, 화앤담픽처스, KPJ에 이어, 지티스트 등 제작사들을 지속적으로 인수한다. '미스터 선샤인'의 김은숙, '별에서 온 그대'의 박지은, '아스달 연대기'의 김영현, 박상연 등 작가와 '미생'의 김원석, '태양의 후예', '도깨비'의 이응복, '치즈인더트랩'의 이윤정 등 감독 모두가 이 회사에 소속되어 있다.

개국 때부터 꾸준히 드라마를 제작해 온 JTBC도 넷플릭스와 JTBC 콘텐츠 글로벌 라이선스 계약을 체결한다. '청춘시대', '맨투맨' 이후 약 600시간 이상 분량의 JTBC 콘텐츠 계약을 시작으로 2018년 '밥 잘 사주는 예쁜 누나', '라이프', '뷰티 인사이드', 2019년 'SKY캐슬', '나의 나라' 등을 넷플릭스에 제공한다. 또한, JTBC콘텐트허브가 2020년 초 JTBC스튜디오로 개명되면서 'SKY캐슬', '눈이 부시게' 등을 제작한 드라마하우스, '이태원클라쓰'의 공동제작사인 콘텐츠지음, 영화 '범죄도시'를 제작한 BA엔터테인먼트, 영화 '백두산'의 공동제작사인 퍼펙트스톰을 포함해 하우픽처스, 앤피오 엔터테인먼트(nPIO) 등 다양한 드라마·영화 제작 레이블을 보유하게 된다. 특히 드라마하우스는 '부부의 세계', 'SKY 캐슬', '눈이 부시게' 등 대부분 JTBC 드라마를 제작했다. 기존에 제이콘텐트리스튜디오가 드라마 기획과 투자를 담당하고 JTBC스튜디오가 드라마 제작과 콘텐츠 유통을 담당하는 구조에서 벗어나, 2020년 말 이 둘이 합병하면서 JTBC스튜디오로 통일되고, 한 회사가 드라마 기획, 투자, 유통 등 콘텐츠 제작의 모든 가치사슬을 담당하게 된다. JTBC스튜디오는 독립된 스튜디오 형태의 사업구조 재편으로 다양한 사업자와의 콘텐츠 거래를 할 수 있게 된다.

이러한 환경에서 지상파방송사들도 드라마 제작 역량에 대한 위기 의식을 갖는다. SBS가 먼저 스튜디오드래곤이나 JTBC스튜디오 같은 드라마 스튜디오를 갖기 시작한다. SBS의 기존 자회사인 '더스토리웍스'가 '스튜디오S'로 2020년 4월 개명되어 SBS 드라마 본부 인력이 여기로 이동하면서 드라마 기획, 캐스팅, 연출, 제작, 마케팅, 뉴미디어, 부가 사업 등 드라마 관련 업무를 일괄처리하게 된다.

코로나19 팬데믹으로 비대면 시대를 맞이하면서 OTT 동영상 서비스를 이용하는 수가 급격하게 증가하고 3세대 미디어 산업 생태계에도 변화가 일어난다. 막대한 투자로 오리지널 콘텐츠 제작을 비롯해 유료TV PP와의 제휴를 통해 가입자에게 다양한 콘텐츠를 제공하며 알고리즘 기술력을 동원해 사용자의 개인 취향에 맞는 콘텐츠를 추천하면서 가입자 이탈을 최소화하고 있는 넷플릭스는 OTT 시장 개척과 동시에 국내의 기존 미디어 산업에 큰 반향을 불러일으켰고, 왓챠, 웨이브, 티빙, 시즌 등의 토종 OTT 플랫폼들이 대거 등장한다. 여기에 디즈니플러스 등 후발 글로벌 OTT들이 국내 진출해 경쟁은 더욱 심화될 것이다.

미디어 산업 변화의 핵심

인터넷 등장 이전에도 미디어 기업들은 이용자-광고주 같은 공급-수요의 거래 환경을 제공하는 플랫폼의 모습을 가지고 있었지만, 인터넷 플랫폼들이 갖는 양면시장의 플랫폼 모습을 갖추기엔 부족하였다. 아이젠만, 파커, 반 앨스타인(2006)은 "양면시장 전략(Strategies for two sided markets)" 논문에서 플랫폼 성장 1단계에서는 양면의 이용자 그룹인 보조받는 집단(Subsidy Side; 보조자)과 보조하는 집단(Money Side; 지불자)이 존재하며, 이들 간 상호작용을 촉진시키는 매개자가 플랫폼이라고 정의하였고, 2단계에서 네트워크 효과가 발생하며, 3단계에서 플랫폼은 한쪽 집단에게 매우 낮은 대가를 설정하거나 비용을 보조하는 가격전략을 취한다. 아래 [그림 1-2]에서 보듯이, 인터넷 시장에서 활동하는 인터넷 플랫폼들은 대개 양면시장 및 다면시장을 대상으로 하는 새로운 형태의 사업구조를 갖는다.

◎ [그림 1-2] 인터넷 플랫폼의 양면시장 구조

자료: 미래에셋대우, 2017

기존 기업이 물건을 팔아 소비자에게 제공하는 역할을 했다면, 플랫폼은 직접 물건을 만들어 판매하지는 않으나 물건을 사고자 하는 사람과 팔고자 하는 사람을 잘 연결한다. 아마존이 그 대표적인 예가 된다. 양면시장 내지 다면시장에서 플랫폼 기업은 자사 플랫폼 내로 이용자와 공급자를 끌어들이기 위해 다양한 서비스를 제공하며, 양자를 모두 만족시킬 만한 매력적 도구를 만들어야 하고 모두가 납득할 만한 공정한 원칙을 가지고 있어야 한다. 인터넷 플랫폼의 대표주자인 아마존은 상품을 올리면 잘 보일 수 있게 리스팅해 주는 페이지 구성과 편하게 사용되는 원클릭 결제, 풀필먼트(Fulfillment by Amazon; FBA) 서비스를 통해 빠른 배송을 가능하게 한다. 또한, 소비자들은 '아마존프라임' 멤버십을 통해 원하는 제품을 원하는 때에 받아볼 수 있다. 소비자와 판매자 모두 만족하므로 판매자는 아마존에서 팔고 싶어하고, 소비자는 물건을 살 때 아마존에 들어와 검색을 하게 된다.

인터넷 플랫폼이 시장 지배적 지위에 오르게 되면 경쟁자가 사라지게 되는데, 이는 선두적으로 양면 및 다면시장에서 탄탄하게 구축된 플랫폼을 후발 플랫폼 사업자가 따라잡기가 매우 어렵기 때문이다. 국내의 카카오톡을 보면, 주변 사람들이 다 사용하고 있기 때문에 다른 플랫폼이 아무리 좋은 서비스를 제공한다고 해도 다른 플랫폼으로 쉽게 이동하기 어렵다. 따라서 많은 기업들이 안정적으로 사업을 운영하고자 플랫폼이 되고 싶어한다. 기업 가치 기준으로, 세계 10위권 내에 인터넷 플랫폼 기업들이 절반 이상을 차지하고 있다.

양면 혹은 다면시장에서 생산자와 소비자 모두를 자신의 고객으로 포함하고 있고 생산자나 소비자로 참여하지 않는 중립적 역할로 시작한 플랫폼이 시장에서 지배적 위치를 획득하면 라이벌이 거의 없는 독과점 체제를 유지할 수 있게 된다. 구글은 검색엔진을 가지고 플랫폼을 만들어 검색시장을 지배하더니 유튜브 인수로 영상 생산자와 소비자를 연결해 주는 역할을 하면서 영상 플랫폼 시장까지 장악하였고, 아마존은 물품 생산자와 소비자를 연결하여 쉽고 편리하게 상품 구매가 이루어질 수 있도록 하는 플랫폼을 만들어 이커머스 시장 내 압도적 지위를 유지하더니 '아마존프라임' 멤버십을 통해 '아마존프라임비디오'라는 OTT를 제공하여 플랫폼 확장을 꾀한다.

따라서 미디어 산업 변화를 추동하는 첫 번째 핵심은 플랫폼 경제이다. 플랫폼은 생산자와 소비자 모두를 생태계의 파트너로 생각하며 생산자나 소비자로 참여하지 않는 중립적 역할을 수행해야 하지만, 일단 시장을 획득하고 나면 실제로는 경쟁자가 거의 없는 '승자 싹쓸이(Winner takes all)' 개념의 독과점적 사업자로 군림하게 된다. 대표적 플랫폼 사업자라면 전 세계 기업가치 상위 10위권 사업자 중 다수를 차지하는 기업들로 매년 순위는 바뀌고 있지만 크게 다르지 않다. 2020년 8월 기준 마이크로소프트(Microsoft), 애플(Apple), 아마존(Amazon), 알파벳(Alphabet; 구글의 모회사), 페이스북(Facebook), 알리바바(Alibaba), 텐센트(Tencent) 등인데, 아래 [그림 1-3]에서 보듯이 2021년 6월 기준, 애플이 MS 위로, 텐센트가 알리바바 위로 순위만 약간 변경되었을 뿐이다.

플랫폼의 장점이라면 일단 성공하면 지속적이고 안정적인 수익구조를 형성한다는 점과 시장에서의 기대감 상승으로 미래 기업가치 확대를 가져올 수 있다는 점이다. 이러한 플랫폼의 성립 조건은 양면 내지 다면시장이고 소비자와 생

◎ [그림 1-3] 2021년 6월 시가총액 기준 10대 기업

Rank ↑	Name		Market Cap ↕	Price ↕	Today	Price (30 days)	Country
1		Apple AAPL	$2.121 T	$127.13	0.31%		us USA
2		Microsoft MSFT	$1.910 T	$253.59	0.40%		us USA
3		Saudi Aramco 2222.SR	$1.888 T	$9.44	0.00%		sa S. Arabia
4		Amazon AMZN	$1.655 T	$3,281	0.52%		us USA
5		Alphabet (Google) GOOG	$1.641 T	$2,491	0.34%		us USA
6		Facebook FB	$936.41 B	$330.25	-1.03%		us USA
7		Tencent TCFHY	$745.45 B	$77.33	-0.34%		cn China
8		Berkshire Hathaway BRK-A	$659.15 B	$433,125	-0.32%		us USA
9		Alibaba BABA	$581.61 B	$213.32	-1.16%		cn China
10		Tesla TSLA	$576.82 B	$598.78	-0.80%		us USA

산자 모두 만족할 매력적인 도구를 생성해야 하며, 시장이 모두 동의할 공정한 규칙의 수립이다. 국내의 경우, 네이버, 카카오 등 플랫폼 기업들의 성장은 계속되고 있으며, 검색, 뉴스, 동영상, 커머스, 금융, 모빌리티 등 인터넷 플랫폼 수요 증가와 맞물려 각 플랫폼 기업들은 서비스 고도화에 박차를 더하고 있다. 아마존을 그대로 따라가는 모습을 보이는 쿠팡도 이커머스 시장점유율을 높여 2021년 뉴욕증시 상장과 함께 '쿠팡플레이'라는 OTT 앱을 출시하면서 시장 확장을 꾀하기 시작했다.

　이처럼 인터넷 플랫폼의 발달로 점차 '승자 싹쓸이'의 시장구조가 진행되는 가운데 네트워크 품질은 더욱 좋아지면서 동영상 콘텐츠를 온라인 스트리밍으로 제공하는 플랫폼들이 대거 생겨나기 시작한다. 콘텐츠 제작사 및 공급사는 기존과 마찬가지로 지상파방송사를 비롯한 유료TV 채널들을 통해 콘텐츠를 선보임과 동시에 인터넷을 통해 스트리밍 서비스를 제공하는 인터넷 플랫폼들에 올라타 자사 콘텐츠를 제공할 수 있게 되었고, 직접 인터넷 플랫폼이 되기도 하면서 미디어 산업 가치사슬은 플랫폼 중심으로 변화한다. 미디어 플랫폼은 초기에 이용자 확보에 초점을 두고 고객인 생산자와 소비자의 참여를 꾸준히 늘여가며, 일정 수준 이용자 확보가 되면 수익모델을 붙이는데 처음에는 광고로 매출을 올리는 것이 일반적이었지만, 유료TV가 발전하면서 다음 [그림 1-4]와 같이 2세대인 유료TV의 수익모델이 다변화되고 이어 3세대인 OTT의 수익모델도 이와 유사한 수익모델을 가져가게 된다. 즉, 유료TV PPV(Pay-per-view)는 OTT에서는 거래 기반 TVOD(Transaction based VOD), 유료TV 월 구독료는 OTT의 구독 기반 SVOD(Subscription based VOD), 그리고 지상파방송의 광고는 광고 기반 AVOD(Advertising based VOD)가 된다.

　인터넷 플랫폼인 유튜브, 페이스북 등의 수익모델은 광고였으나, 넷플릭스 같은 구독 기반 OTT의 등장으로 안정적 수익을 확보할 수 있는 구독에 대한 관심이 점점 높아지기 시작한다. 아마존의 경우에는 일찍부터 연회비를 내면 배송료 무료, 2일 내 배송 보장, OTT 이용 혜택을 함께 주는 '아마존프라임'을 운영하고 있고, 초기의 TVOD인 '아마존인스턴트비디오(Amazon Instant Video)'를 SVOD인 '아마존프라임비디오'로 바꾸어 '아마존프라임' 멤버십에 통합 제공함과 동시

◎ [그림 1-4] 영상 서비스 2세대에서 3세대 OTT로의 진화

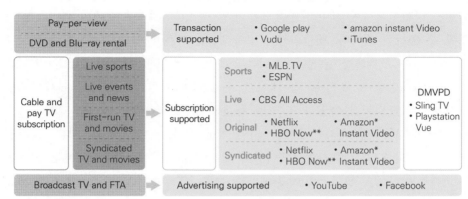

* 현 Amazon Prime Video
** 현 HBO Max
출처: BCG analysis(2015); FTA=Free-to-air, DMVPD=Digital multichannel video programm
ing distributor

에 별도 앱으로 '프라임비디오'를 구독제로 제공하고 있다.

따라서 미디어 산업 변화를 추동하는 두 번째 핵심은 구독경제이다. 국내에서는 쿠팡 등 이커머스 플랫폼들의 구독제에 이어 포털로는 네이버가 2020년 6월 커머스와 콘텐츠 혜택이 연계된 구독제인 '네이버플러스' 멤버십을 출시해, 소비자들로 하여금 네이버에서 이탈하지 않는 완결한 네이버 생태계를 구축하기 시작했다. 네이버와 티빙(Tving)과의 제휴로 '네이버플러스' 가입자는 웹툰/웹소설뿐 아니라 티빙 콘텐츠도 볼 수 있다. 카카오도 커머스, 비즈니스, 마케팅 툴을 '카카오톡' 메시징 플랫폼과 연결해 시너지를 강화하기 시작한다. 이들은 콘텐츠 서비스 통합 제공에만 그치지 않고 커머스와 유통까지 합친 수직적 통합을 진행 중이라, 하나의 플랫폼에서 모든 마케팅 실행이 가능해져 이들 소수 플랫폼으로 집중될 것으로 보인다. 쿠팡도 싱가포르 기반의 동남아 OTT 업체인 훅(Hooq Digital Ltd.)을 인수하면서 '쿠팡플레이', '쿠팡페이'를 출범시켜 콘텐츠와 결제 및 핀테크 업계까지 확장하고 있다. 이처럼 미디어 플랫폼만이 아닌 '통합 완결형 구독 플랫폼' 간 경쟁이 시작된 것이다.

구독모델의 장점은 안정적 수익원이라는 점 외에 데이터 분석이 가능해 큐레이션을 강화함으로써 서비스 만족도를 높일 수 있고 새로운 형태의 서비스를 기획할 수 있다는 점이다. 넷플릭스는 구독모델을 통해 데이터 분석으로 이용자가 좋아할 만한 콘텐츠를 추천하며, 이용자에 따라 선택할 확률이 높은 이미지를 이용한 섬네일을 보여 주는 등 데이터 분석 기반의 콘텐츠를 제공하고 이용자 인터페이스를 강화하고 있다. 인터넷 플랫폼 사업자는 시장 지배력 강화 및 유지, 또는 틈새 시장 개척을 위해 투자와 기술 개발, 서비스 강화, 제휴 등 다양한 노력과 함께 안정적 수익모델이면서 데이터 분석이 용이한 구독제를 선호한다. OTT 미디어도 광고수익 의존에서 벗어나, 무제한 스트리밍 서비스를 제공하는 수익모델로 구독모델을 채택한다. 구독료를 통해 창출된 수익은 자체 콘텐츠를 제작하는데 재투자 되면서 OTT의 구독 서비스에 더 많은 가입자를 확보하는 계기가 된다. 다음 [표 1-2]를 보면, 2018년 기준으로 글로벌 OTT들의 수익모델 중 대다수가 SVOD임을 알 수 있다.

넷플릭스는 구독료 수익을 오리지널 콘텐츠 제작에 재투자하고, 엄선된 오리지널 콘텐츠가 인기를 끌면서 네트워크 효과를 더욱 발생시켜 더 많은 구독자를 가입시킬 수 있게 되는 선순환 구조를 가진다. 이는 콘텐츠 기획 및 제작사가 직접 OTT 서비스를 제공하게 만드는 계기도 되었다. 즉, 콘텐츠를 넷플릭스에 제공했던 디즈니는 자사가 보유한 고품질 콘텐츠를 무기로 직접 OTT 서비스를 시작해 플랫폼 경쟁에 가세했으며, 기존 방송사들도 자체 콘텐츠 제작을 위해 콘텐츠 기획사를 인수하거나 콘텐츠 제작을 위해 투자하게 된다.

▌ [표 1-2] 2018년 주요 글로벌 OTT들의 수익모델: SVOD와 AVOD

제공사	서비스명	출시 연도	서비스 종류	콘텐츠 제공	
				오리지널 콘텐츠	라이브 콘텐츠
Netflix, Inc.	Netflix	2010	SVOD	"House of Cards" "Orange Is the New Black" "The Crown" "Stranger Things"	-
Google LLC (Alphabet Inc.)	YouTube Red	2014	SVOD	"Lifeline" "Escape the Night"	-
	Youtube TV	2017	Live	-	"Los Angeles Football Club"
Apple, Inc.	Apple Music	2015	SVOD	"Planet of the Apps" "Carpool Karaoke"	-
Amazon.com, Inc.	Amazon Prime Video	2016	SVOD, Live	"Z: the Beginning of everything" "The Grand Tour" "Lord of the Rings" "The Man in the High Castle"	"Thursday Night Football"
Facebook, Inc.	Facebook Watch	2017	AVOD, Live	"Strangers"	"The Oscars: All Access" "Major League Baseball"

출처: 정보통신정책연구원(2018.3.16)

구독경제로 향하는 미디어

앞에서 미디어 산업의 변화를 추동하는 2대 핵심으로 플랫폼경제와 구독경제에 대해 간략히 설명하였다. 여기서는 구독형이 대세가 되고 있는 미디어 산업의 구독경제(Subscription economy)에 대해 좀 더 자세히 설명하고, 미디어 기업들이 얼마나 구독경제를 고민하고 있는지 살펴보고자 한다. 먼저, 구독경제란 신문, 잡지 구독처럼 일정 기간 구독료를 내고 상품, 서비스 등을 받을 수 있는 경제를 말한다. 국내에서는 2010년대를 전후해 구독경제가 본격화되는데, 초기에는 화장품이 주를 이루었으나 점차 생활용품, 홈쇼핑, 식음료, 명품의류 등으로 그 품목이 다양해지기 시작한다. 예로 매달 일정 금액을 내면 원하는 차량을 골라 바꿔 가며 이용할 수 있는 서비스도 생겨났다.

구독경제를 소비자 입장에서 보면, 전문 지식을 갖춘 구매 담당자가 소비자 대신 우수한 제품을 선정하여 전해 주기 때문에 상품을 고르기 위해 쓰는 시간을 절약할 수 있다. 공급자 입장에서는 자사의 상품 홍보 효과를 누릴 수 있고, 사용자의 요구를 보다 쉽게 파악할 수 있다. 이러한 이유로 구독경제는 공유경제에 이어 특히 인터넷 플랫폼 기업들에게 맞는 경제 모델로 각광받는다. 구독품목의 확대, 개인고객에서 기업고객으로의 수요자 확대, 스타트업 제공자에서 대기업 제공자로의 확대 등 구독경제가 확대되고 있다.

특히 코로나19로 비대면 시대가 되면서 구독경제가 유망 수익모델로 부상하면서, 구독경제 시장 활성화와 해외 진출을 돕기 위한 규제 완화, 구독경제 관련 제도 개선 등도 함께 시작된다. 예로 2020년 국내의 '수출 바우처 사업' 내에 구독경제 지원 서비스 신설 계획이 포함되어 있다. 뉴스 기사들을 검색해 보면 구독경제 용어가 국내에서는 2008년부터 본격 사용되어 왔다. 기존 구독형과 달리, 전혀 새로운 비즈니스 모델(Business model)을 제시하는 개념으로 이해되기 시작하는 이유는 구독경제를 통해 상품에서 소비자(구독자) 중심 비즈니스 모델로 전환하기 때문이다. 즉, 히트 상품을 보다 많은 소비자들에게 판매하는 것에 중점을 두기보다는, 구독자들이 언제 어디서든 동일한 경험을 할 수 있도록 (Unified experience) 하는 것을 더 중요시하기 시작한다.

이러한 고객 중심의 구독경제는 기업의 가격 책정, 마케팅, 판매, 문화의 변화를 견인한다. 먼저, 가격 책정은 단위 가격(Unit pricing)에서 가치 기반 가격 (Value based pricing) 책정으로, 마케팅은 브랜딩(Branding)에서 경험(Experience) 마케팅으로, 판매는 상품 판매(Selling products)에서 이용 경험 판매(Selling outcomes)로, 문화는 히트 상품(Hit products) 중심에서 구독자와의 깊은 관계 (Deep relationship) 중심 문화로 변화한다. 또한, 구독경제는 소비자에게는 시간과 장소에 구애되지 않는 소비(Subscriber freedom)를, 기업에게는 기업고객별 맞춤형 서비스 제공을 가능하게 하는 자유(Business freedom)를 부여한다. 구독경제의 확대로 소유권(Ownership)이 아닌 이용권(Usership) 개념이, 물건의 소유보다는 물건에 대한 접근(Access), 경험(Experience)이 더 중요해진다.

구독경제는 서비스나 물품을 정기 구독하는 경제이다. 소비자는 비용 지불을 통해 멤버십을 획득하고 가입한 기간만큼 플랫폼 기업에게 돈을 지불한다. 아래 [표 1-3]에서 보면, 구독경제는 무제한형과 정기배송형, 렌털형으로 나눠진다. 무제한형이란 정해진 금액을 정기적으로 내면 전체 서비스 이용이 가능한 형태를, 정기배송형은 생활필수품 등을 정기적으로 받아보는 서비스 형태를, 렌털형은 고가제품 등을 일정기간 사용 후 반납하는 형태이다.

▍[표 1-3] 구독경제의 유형: 무제한형 / 정기배송형 / 렌털형

구독경제 유형		특징	품목	주요 사례
디지털 경제	무제한형	시공간 제약 없이 무제한 소비	동영상, 게임, 소프트웨어 등 콘텐츠	* 넷플릭스(동영상) * 밀리의 서재(e북) * 멜론(음원)
실물경제	정기 배송형	정해진 날 상품 배송	셔츠, 면도날, 생리대, 휴지 등 생활필수품	* 와이즐리(면도날) * 위클리셔츠(셔츠)
	렌털형	품목 변경 가능, 사용 후 반납	자동차, 명품, 예술품 등 고가 상품	* 현대 셀렉션(현대차) * 오픈갤러리(미술품)

세 가지 구독경제 유형 중에 무제한형이 미디어 서비스에 해당된다. 넷플릭스, 밀리의 서재, 멜론 등이 이에 속한다. 영화나 드라마 등을 한 편 보고 싶어서 다운로드하면 많은 돈이 드는 것은 물론이고, 가끔 기대했던 콘텐츠가 아니어서 돈을 지불한 후에 후회하는 경우도 있다. 하지만 다양한 콘텐츠가 있는 OTT 미디어를 월정액 지불로 구독하면 얼마든지 자유롭게 미디어 콘텐츠를 감상할 수 있다. OTT 미디어는 안정적 매출을 확보할 수 있고 큐레이션을 통한 개인화로 신규 콘텐츠나 기존 서비스를 효율적으로 제공해 이탈률을 막을 수 있어서, 넷플릭스가 구독경제의 성공 사례로 꼽히고 있으며, 애플이나 디즈니 등 글로벌 기업들은 물론이고, 국내 네이버 같은 포털들도 구독경제를 실현하기 위해 노력 중이다.

한편, 실물경제에서는 정기배송형과 렌털형이 이용된다. 실물경제에 구독경제가 적용된 이유는 주로 이용자의 '귀차니즘' 때문이다. 면도기, 속옷, 생리대, 세제 등은 미리 많이 사두면 둘 곳이 없고 필요할 때마다 사기엔 너무 귀찮거나 당장 필요할 때 집에 없는 경우도 있지만, 개인이 제품을 사용 주기마다 구독을 통해 배송 받으면 귀찮음을 해소하고 필요 시기도 맞출 수 있다. 정기배송형 구독모델인 우유 배달을 넘어 이제는 꽃, 속옷, 면도기, 영양제, 생리대, 세제 등 일상 용품의 많은 부분들이 구독경제 안에 속하게 된다. 렌털형 사례로는 써 보고는 싶은데 경제적 부담으로 사용하지 못하는 고가의 서비스나 상품을 빌려 쓰는 형태로서, 예로 현대자동차의 현대 셀렉션은 월 720,000원 구독료 지불로 현대자동차를 월 2회까지 차종 교체해주는 서비스이다. 안마의자나 정수기 렌털도 있다.

무제한형 구독경제에 해당되는 OTT 미디어는 플랫폼 자신뿐만 아니라 공급자와 이용자 관점에서도 여러 장점들을 제공한다. 먼저, 경제성 측면에서 보면, 플랫폼 및 공급자 관점에서는 매달 예측 가능한 안정적 수입으로 인한 투자 포트폴리오가 가능하다. 수익 예측으로 연간 투자비 수준을 정할 수 있고, 이를 통해 콘텐츠 다각화가 가능하다. 이용자 관점에서도 기간에 대해서만 비용을 지불하기 때문에, 지상파방송 다시보기가 편당 1,500원에 3일간 이용 가능하다는 점과 비교하면 넷플릭스 월정료 9,500원은 매우 매력적인 가격이다.

두 번째로 지속성 측면에서 보면, 플랫폼 및 공급자 관점에서는 구독 기반이라 이용자 데이터 분석을 통한 추천시스템 등의 서비스 기획이 가능해 이탈률을 방어하는 데 도움이 된다. 예로 넷플릭스의 이용자는 2~3줄 추천 목록에서 콘텐츠를 선택하며, 선택까지의 시간은 평균 90초라는 분석이다. 이 시간 내에 관심 있는 영상을 찾지 못하면 이용자는 넷플릭스를 이탈할 확률이 높아지는데, 넷플릭스는 이에 대응할 수 있다. 매월, 매주, 매년 주기로 수익이 발생되는 수익모델이라, 데이터 기반으로 신규 콘텐츠 개발에도 더 노력할 수 있다. 또한, 이용자 관점에서는 고민 없는 콘텐츠 무제한 이용 덕에 지속적인 가입을 유지하게 된다.

세 번째는 다양성 측면이다. 먼저 플랫폼 및 공급자는 편성의 융통성을 구가할 수 있다. 기존의 드라마는 매주 1~2편 에피소드가 공개되는 정도에 머물렀다. 여기서도 넷플릭스의 경우를 보면, 시즌 에피소드를 일괄적으로 한번에 제공해 시청자들이 몰아볼 수 있는 환경이 가능하다. 이는 이용자 관점에서는 경험재 폭식 방식인 빈지워칭(Binge-watching)에 해당되어, 드라마나 예능 등 콘텐츠를 한꺼번에 몰아서 시청하는 것이다. 구독경제를 이용하는 시청자들은 주말이나 휴가 기간 중에 에피소드를 몰아서 시청할 수 있다는 융통성을 가진다.

마지막으로 편의성 측면에서는 플랫폼 및 공급자의 다양한 부가가치 서비스 시도가 가능하다. 미국의 최대 영화관인 AMC에서는 A-List, 씨네파크(Cinepark)의 영화클럽(Movie club) 등 다양한 구독 서비스를 이미 시도했다. 국내에서도 CGV가 50세 이상 고객만 가입할 수 있는 '노블레스 프리미엄' 멤버십을 제공해 월 2만 원으로 영화 무료 관람 쿠폰 2매와 주중 13시 이전 영화 전부를 조조영화(8천 원) 가격으로 예매할 수 있는 혜택을 주고 있다.

가상현실(Virtual Reality: VR) 기기에서도 편의성 차원의 구독제가 가능하다. 2019년 4월에는 중국의 전자회사인 HTC가 기존의 매월 5개 VR 콘텐츠 선택 서비스에서 벗어나, 보다 편의성 위주의 VR 게임 구독제인 '바이브포트 인피니티'를 출시했다. 월 15,000원에 600개 이상의 VR 게임을 선택하는 서비스로, HTC의 자사제품인 바이브 외에도 오큘러스 리프트와 호환이 가능하다. HTC 바이브(HTC Vive)는 HTC와 밸브코퍼레이션이 개발한 VR 헤드셋의 하나로, 2016년 4

월 5일 출시되었고, 오큘러스 리프트는 오큘러스 VR 회사에서 개발한 VR 머리 장착 디스플레이다. 미국의 농구협회인 NBA도 VR 구독제를 통해 연간 약 5만 원만 내면 경기 다시보기, 하이라이트, 생중계 경기 등을 관람하게 한다. 이는 이용자 측면에서는 비용 절감뿐만 아니라, 다양한 부가가치 서비스를 부가적으로 편리하게 이용할 수 있게 한다는 점에서 의미를 갖는다.

미디어 산업 가치사슬 개관

미디어 산업 가치사슬은 제작−유통−소비 단계를 밟으며, 특히 플랫폼경제 및 구독경제 시대의 미디어 플랫폼은 소비 중심에서 비즈니스 모델을 고민해야 한다. 세계경제포럼(WEF)은 2018년 '미디어 산업을 재구성하는 4단계의 디지털 트렌드(Four digital trends reshaping the media industry)' 보고서를 내놓았는데, 디지털 기술혁신이 미디어 산업을 디지털 전환(Digital transformation)시킨다는 것이 핵심 내용이다. 아래 [그림 1−5]에서 보면, 4단계의 디지털 진화 트렌드가 있는데, 1단계는 1990년 후반으로 냅스터(Napster) 등 파일 공유 트렌드가 있었고, 2단계는 2000년대 초반으로 파일 공유가 음악 등의 콘텐츠 소비 방식을 변화시

◎ [그림 1-5] 4단계로 본 미디어 산업의 디지털 전환

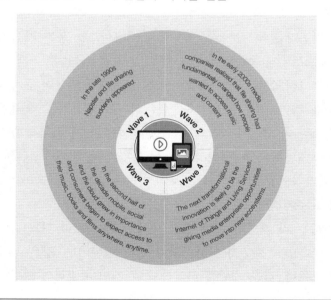

출처: WEF(2018)

켰고, 3단계는 모바일 시대가 무르익으면서 소셜미디어와 클라우드가 중요해지고 미디어 소비자는 어디서나 원하는 시간에 다양한 콘텐츠를 이용할 수 있게 된다. 4단계는 디지털 혁신이 미디어 기업들로 하여금 새로운 미디어 산업 생태계로 진입하게 하는 기회를 제공하기 시작한다.

이 보고서에서 설명하는 4단계 트렌드로 보면, 향후 10년 동안 미디어 산업의 디지털 전환을 뒷받침할 세 가지 변화 요소는 미디어 산업 가치사슬 3대 영역인 소비, 유통, 제작에서 관찰할 수 있다. 소비 영역에서의 변화 요소는 개인화와 상황맞춤화(Personalization and Contextualization), 유통 영역에서의 변화 요소는 산업화와 파트너십(Industrialization and Partnerships), 그리고 제작 영역에서의 변화 요소는 콘텐츠 파편화와 초세분화(Content fragmentation and segmentation)이다. 각각에 대해 개관하고자 한다.

먼저, 변화된 미디어 산업 가치사슬의 소비 영역에서는 소비자의 개인적 선호, 상황, 일정에 따라 선택적으로 콘텐츠를 즐길 수 있는 방법들이 많아지게 된다. 소비자는 특히 모바일 환경의 일상화로 미디어 시청 방법과 시기를 자신이 결정하고자 하며 스마트폰을 비롯한 다양한 모바일 기기를 통해 콘텐츠를 즐기고 싶어한다. 따라서 소비 영역의 핵심 변화 요소는 개인화와 상황맞춤화이다. 이는 재미와 만족감을 추구하는 소비자들의 디바이스를 통해 자신이 원하는 콘텐츠를 소비함으로써 가속화된다. 게다가 미디어 플랫폼들은 고객 소비 패턴 등의 데이터를 분석해 소비자의 선호를 반영한 콘텐츠를 만들어 전체가 아닌 개별 고객의 상황에 따라 접근하기 시작한다. 미디어 플랫폼 기업들은 인공지능(Artificial intelligence: AI) 및 알고리즘 기술에 기반한 재생 목록과 맞춤 추천을 통해 사용자의 개인적 선호를 예상하고 이에 맞는 콘텐츠를 공급하며, AI 스피커 등 다양한 유형의 가상 비서가 생겨나 미디어 소비자의 필요와 요청에 귀를 기울이고 각 요구에 맞는 콘텐츠를 실시간으로 제공한다.

소비자 경험은 각 개인이 처한 상황 내지 맥락에 따라 다르며, 특히 지역별로 큰 차이를 보인다. 개인화는 표준화의 반대 개념이며, 같은 노래를 듣거나, 같은 영화를 보거나, 같은 게임을 하더라도 각 개인의 경험인 상황이 모두 다른 것이다. 예를 들면, 넷플릭스가 시리즈인 '블랙미러(Black Mirror)'의 한 에피소드

'밴더스내치(Bandersnatch)'를 양방향 서비스로 제공하였고, 시청자들은 자신만의 이야기를 만들어 가며 다양한 결론을 이끌게 된다. 이처럼 개인만이 갖는 상황이나 맥락을 이해하는 것이 더 나은 콘텐츠 서비스 만족도를 창출하는 열쇠가 된다. 또한, 각 지역의 소득 규모, 관습, 문화 및 사회적 인프라의 차이로 인해 콘텐츠 별 사용자 비율과 성과는 지역적으로 많은 차이를 보인다. 성공을 원한다면 더 고객에게 집중하고, 끊임없이 실험하고 혁신하며, 상당한 투자를 할 준비가 되어 있어야 한다.

이러한 개인화와 상황맞춤화에의 대응은 큐레이션 서비스의 제공이다. TV 방송 시청자가 리모콘 재핑(Zapping)을 통해 콘텐츠를 이용했다면, OTT 미디어는 '다음은 무엇(What's Next)'으로 자연스럽게 유도한다. 자주 시청하는 유형과 장르뿐 아니라 시청 시간, 검색 로그 기록 등 이용자 행동 패턴은 OTT 플랫폼의 데이터가 되며, 학습된 이용자 취향을 반영한 결과는 이용자에게 낯설지 않으면서 새로운 콘텐츠 경험을 할 수 있게 만든다. 이용자의 행동 패턴은 그들이 정제된 방식으로 리뷰를 작성하는 것보다 훨씬 정직한 데이터이기 때문에 이를 분석해야만 큐레이션이 가능해진다. 미디어 산업 가치사슬의 소비 변화에 대해 4장에서 자세히 다룰 것이다.

미디어 산업 가치사슬의 유통 영역에서는 많은 미디어 플랫폼들이 동일 시장에서 경쟁하는 자유경쟁 체제로 돌입하고 있다. 각 국가나 지역에서 시청할 수 있는 채널 수가 3~5개로 제한되었던 1세대, 유료TV의 다채널이 가능했던 2세대를 지나, 스마트TV 등 다양한 스마트 기기로 인터넷 유통이 가능한 3세대로 진화하면서 시간과 장소에 구애받지 않고 즐기게 하는 미디어 플랫폼으로 변신하려는 유통사들은 콘텐츠를 자체적으로 개발하기도 하지만 인수·합병이나 전략적 제휴를 통해 몸집을 키워 콘텐츠를 확보하려는 움직임을 보이며 파트너십이 매우 중요해진다. 따라서 유통 영역의 핵심 변화 요소는 산업화와 파트너십이다.

다음 [그림 1-6]에서 보듯이, 미디어 기업들은 이미 오래전부터 시장에서의 우위를 확보하기 위해 신흥시장을 비롯한 글로벌시장에 대한 시장 지배력을 강화해왔으며, 경쟁력의 확보 수단으로 전략적 제휴, 인수·합병도 빈번하게 활용

◎ [그림 1-6] 미디어 산업의 M&A 거래 액/건수 변화(2006~16)

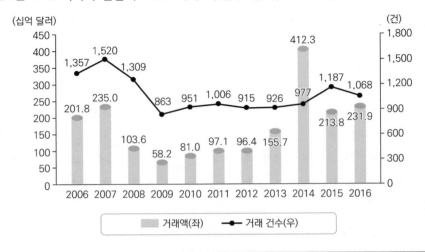

출처: Bloomberg, 삼정KPMG경제연구원(2016.12) 재구성

되었다. 통신 기업들의 미디어 산업 진출이 가속화되고 핵심 콘텐츠 확보를 위해 국경 없는 전쟁을 치르는 상황에서, 기존의 미디어 기업들은 향후 어떻게 핵심 콘텐츠를 잘 확보하고 인수·합병을 할 것인지, 그리고 만약 한다면 언제, 어떻게 실행할 것인지, 지속 가능한 성장을 위해서는 어떤 파트너십을 가져 가야 하는지에 대해 끊임없이 고민하게 된다. 미디어 산업 가치사슬의 유통 변화에 대해서는 3장에서 자세히 다룰 것이다.

　미디어 산업 가치사슬의 제작 영역에서는 특히 콘텐츠 포맷의 다양화가 목격되는데, 코로나19 비대면 상황에서 다양한 포맷들이 생성되었다. 예로 미국 채널인 코미디센트럴(Comedy Central)의 토크쇼인 '트레버노아와의 데일리쇼'는 '트레버 노아의 사회적 거리 두기 쇼(The Daily Social Distancing Show with Trevor Noah)'로 프로그램명을 한시적으로 바꾸고 포맷도 변경하였다. 이 쇼는 출연진 전원이 자택에 머물며 원격으로 쇼를 제작했다. 영국 채널4의 '스눕독스(Snoop Dogs)'는 셀리브리티들의 '록다운(Lockdown)' 하우스 내부를 제작진 대신에 반려견이 촬영해 소개하고, 시청자는 반려견 뒤 영상에 있는 가구나 장식물들을 보며 주인이 누구인지 추측한다. 이러한 팬데믹의 변수가 생기지 않았다 해도 플랫폼경제와 구독경제하에서 콘텐츠의 다양성이 증가하면서 제작 영역의 핵심 변화 요소는 콘텐츠의 파편화와 초세분화이다.

먼저, 파편화와 관련해서는 오래전에 앤더슨(Anderson, 2006)이 '롱 테일의 법칙: 다품종 소량생산이 지배하는 미래의 비즈니스'에서 온라인 유통업이 이전보다 다양한 소재와 소수 취향에 보다 유리하게 작동되고 있음을 주장했다. 이는 '역파레토 법칙'이라 불리는데, 사소해 보이는 80%의 다수가 소수의 20%와 맞먹는 가치를 창출해 내는 현상을 말하는 용어로 '파레토 법칙'의 반대이다. 즉, 최고 수익률을 지향하는 상업적 콘텐츠와 별개로 틈새 콘텐츠가 예기치 않은 매력을 보이며 다양한 인프라, 다양한 규모, 다양한 속도에서 가치를 축적할 것으로 예상된 것이다. 틈새시장은 적은 수의 이용자 대상으로 호소하지만, 인터넷을 통해 유통비용을 줄이고 스스로 이를 홍보하게 함으로써, 다양한 콘텐츠를 소비하게 만드는 능력을 갖는다. 이에 제작의 소재와 포맷은 기존의 광범위한 계층에 호소하는 잘 만들어진 프로페셔널 콘텐츠에서 다양한 틈새시장을 겨냥하는 파편화된 아마추어 콘텐츠 제작으로까지 확대된다. 기존의 핵심 콘텐츠와 함께 틈새 콘텐츠가 공존하는 것이다.

제작의 파편화는 콘텐츠 장르의 초세분화로도 이어진다. 이는 아마추어 콘텐츠에서 먼저 시작된다. 다음 [그림 1−7]에서 보듯이, 닐슨의 '2019 뉴스미디어 리포트'에 따르면, 2010년 이후 유튜브에서 제공되는 TV방송사, 디지털뉴스, 개인, 인플루언서의 뉴스 채널 수가 모두 증가하는데, 특히 개인 및 인플루언서 채널 수가 크게 증가했다. 인플루언서의 채널들은 소비자 관심도가 높은 정치, 연예 뉴스를 생산하며 높은 조회수를 확보하며, 좋아요, 댓글 수 등 참여도가 높아 영향력과 파급력 측면에서 성장 가능성을 보여 준다. OTT가 증가하면서 롱테일 콘텐츠의 초세분화에 뒤질세라 상업적 콘텐츠라 할 수 있는 프로페셔널 콘텐츠의 장르 세분화가 넷플릭스 등에 의해 주도되고 있는데, 특히 드라마 장르에서의 초세분화가 오리지널 제작에서 두드러진다. 미디어 산업 가치사슬의 제작 변화에 대해서는 4장에서 자세히 다룰 것이다.

◎ [그림 1-7] 유튜브 뉴스채널 유형별 채널 생성 개수의 변화

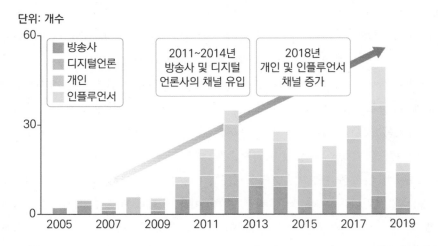

출처: 닐슨(2019) 재구성

공희정(2020.7~8). 스튜디오 시스템 시대, 드라마는 어떻게 변하고 있나, 한류NOW.

김영주·권경은·양정애(2017.11). 글로벌 미디어 산업 지형 변화: 수익 구조 변화를 중심으로, 한국언론진흥재단.

나스미디어(2020), MEDIA ISSUE REPORT, 2020결산－2021 전망.

닐슨(2019). 2019 뉴스미디어리포트.

닛케이크로스트렌드(2020.1.15). 구독경제는 어떻게 비즈니스가 되는가, 한스미디어.

매일경제(2021.2.14). 구독 서비스 '피로 현상' 통합 플랫폼 속속 등장.

매일경제(2019.4.17). 구독경제가 뭔지 파헤쳐 봤음.

메리츠종금증권(2019.3.27). 미디어 3.0, 권력이동의 시작.

미래에셋대우(2017.4.2). 인터넷 플랫폼 혁명.

박창헌/송민정(1999). 정보 콘텐츠 산업의 이해, 커뮤니케이션북스.

삼정KPMG경제연구원(2016.12). 미디어 기업의 리질리언스(Resilience).

서봉원(2016). 콘텐츠 추천 알고리즘의 진화, 방송 트렌드 & 인사이트, Vol.5, 한국콘텐츠진흥원.

송민정(2001). 인터넷 콘텐츠 산업의 이해, 진한도서.

송민정(2003). 디지털 미디어와 콘텐츠의 이해, 진한도서.

송민정(2013). 망중립성 갈등의 대안인 비즈니스 모델 연구: 양면시장 플랫폼전략의 6가지 전략 요소를 근간으로, 사이버커뮤니케이션학보, Vol.30, No.1, pp.191－237.

송민정(2021.3). 디지털전환시대의 미디어경영론.

송민정(2020). 포스트 코로나 시대의 미디어 산업 생태계 변화, 방송과 미디어(Broadcasting and media magazine) Vol.25. No.4, pp.9－17.

스타뉴스(2011.11.29). KBS 드라마국, 내년 제작비 삭감에 한숨.

연합뉴스(2018.6.21). 스튜디오드래곤, 넷플릭스와 드라마 방영권 라이선스 계약.

연합뉴스(2019.11.25). CJENM 이어 JTBC도 넷플릭스 협업 과시 … "드라마 공급계약"

유건식(2020), 코로나19 시대와 방송 제작 방식의 변화. 방송과 미디어(Broadcasting

and media magazine), Vol.25. No.4, pp.51－60.

유진투자증권(2019.6.4). 소유와 공유 가고, 구독이가 온다!

이투데이(2020.12.16). 제이콘텐트리스튜디오－JTBC스튜디오 합병…합병법인 가치 1조 원.

정은진(2018.3.16). 2018년 미국 TV방송사의 인터넷 동영상 시대 대응전략(상), 동향, 정보통신정책연구원, 제30권 5호 통권 665호, pp.7－18.

중앙일보(2008.2.15). 지상파 드라마 제작 '착취 계약' 왜 일어나나.

피더블유시(PwC)삼일회계법인(2020). PwC의 글로벌 엔터테인먼트 및 미디어 전망 2020－2024 빠르게 다가온 미래: 회복과 함께 재편되는 엔터테인먼트 및 미디어 산업.

피더블유시(PwC)삼일회계법인(2019). 2019－2023 Entertainment & Media 산업 전망.

한겨레(2006.8.9). 황금알 낳는 드라마 시장 판도 바꾸겠다.

한국콘텐츠진흥원(2017). 인간, 콘텐츠 그리고 4차산업혁명: 변화와 대응, 코카포커스 17－3.

한국콘텐츠진흥원(2020.1). 건강한 콘텐츠는 건강한 생태계로부터, SPECIAL ISSUE 3, 방송 트렌드 & 인사이트 Broadcasting Trend & Insight, Vol.21.

한국콘텐츠진흥원(2017). 2017 해외 콘텐츠시장 동향조사.

한국정보통신기획평가원(2018). 뉴미디어의 시작과 넷플릭스의 모듈화. 방송스마트미디어콘텐츠, 기획시리즈.

WEF(2021.3.30). Four digital trends reshaping the media industry. http://reports.weforum.org/digital－transformation/digital－trends－in－the－media－industry/.

CHAPTER

02

미디어 산업 가치사슬의 소비 변화

SECTION 01 미디어 소비 양태의 변화
SECTION 02 미디어 소비의 개인화
SECTION 03 미디어 소비의 상황맞춤화
SECTION 04 소비 변화 대응 큐레이션

미디어 소비 양태의 변화

　삼정KPMG는 코로나19 팬데믹에 따라 산업 전반에 나타나는 주요 특징을 토대로 5대 소비 트렌드를 제시하였다. 첫 번째는 언택트(Untact: '아니다'라는 뜻의 접두어 Un과 '접촉하다'를 의미하는 contact의 tact를 조합; 이후 비대면)로, 의식주를 포함한 기본 생활 외에 오프라인에서 접촉한 엔터테인먼트 서비스까지 디지털로 이동 중이다. 두 번째는 홈코노미(home＋economy)로 보다 편리한 생활을 위한 가구, 불안감 돌봄(Care)을 위한 위생 관련 가전 수요가 증대되고, 집에서 인터넷 동영상 서비스인 OTT를 시청하거나 온라인으로 열리는 공연 등 미디어 소비가 확대된다. 그 외에 홈퍼니싱(home furnishing; 집 꾸미기), 홈오피스, 홈트레이닝도 주목받는다. 세 번째는 본원적 가치(Essential Value) 중시로, 인간에게 본질적으로 중요한 건강, 안전, 생명, 환경, 행복, 가족 등을 더욱 중시한다. 네 번째는 불안 돌봄(Anxiety Care)으로, 불안과 우울감을 덜어 주는 상품 및 서비스에 대한 관심과 구매가 증대된다. 마지막은 에고이즘(Egoism)으로, 타인 대면 시간 감소, 불특정 다수와 한 공간에 있는 것을 기피하며 자기 중심적 소비, 개인의 고관여도 상품 소비가 증대된다.

　이상의 다섯 가지 소비 트렌드 중 언택트와 홈코노미가 미디어 소비 양태 변화와 관련된다. 다음 [그림 2-1]은 2020년 3월 글로벌 리서치기관인 옴디아(Omdia)가 코로나19가 디지털 미디어 서비스에 미치는 영향을 분석한 결과이다. 수평축은 코로나19로 인해 록다운(Lockdown)된 시기부터의 시간 흐름을, 수직축은 미디어시장 매출에 미치는 영향을 나타낸다. 팬데믹 초기 미디어시장의 기회는 OTT 비디오와 이커머스(e-commerce) 시장이며, 장기적으로는 디지털 기술의 발달로 스마트홈과 인공지능(AI) 시장에 긍정적 영향을 미칠 것으로 예상된다.

◎ [그림 2-1] 코로나19가 디지털 미디어 서비스에 미치는 영향

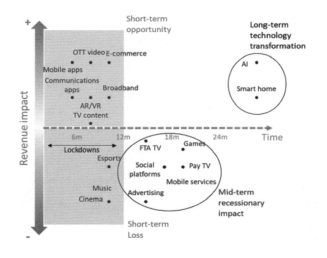

출처: Omdia(2020.3)

　비대면 시대가 열리면서 달라진 미디어 소비 양태의 변화로 2020년 넷플릭스 성장세가 눈에 띄게 증대되면서 OTT 서비스 이용률이 급상승한다. 코로나19가 시작된 2020년 초, 넷플릭스의 1분기 가입자수는 1.83억 명으로 1,577만 명 순증했고, 디즈니플러스도 5월에 5,450만 명을 달성해 출시 당시 2024년 예상 목표치인 6천만 명에 이미 도달했다. 댁내 머무는 시간이 늘어나고 외부 활동도 둔화되면서 기존의 클립형이나 1인 크리에이터 콘텐츠보다는 오히려 30분 이상 소요되는 드라마나 예능, 영화 콘텐츠 수요가 상대적으로 빠르게 증가하면서 넷플릭스같이 프로페셔널 콘텐츠를 제공하는 OTT들의 총 사용시간이 증가한다.

　다음 [그림 2-2]는 딜로이트가 2020년 5월 실시한 미국인 대상 설문조사 결과이다. 이는 코로나19 이후 미국 구독 서비스를 추가 또는 해지하는 등의 미디어 소비 변화를 보여 주는데, 소비자의 20%는 스트리밍 음악 구독에 변화를 줄 것이라 답했고, 적어도 1개 구독 서비스를 추가로 가입하겠다는 소비자가 12%, 적어도 1개 기존 구독 서비스를 해지하겠다는 소비자가 5%, 해지와 동시에 신규 서비스에 가입하겠다고 응답한 소비자는 3%인 것으로 나타났다.

◎ [그림 2-2] 코로나19 팬데믹 이후 미국 미디어 구독 소비 의향

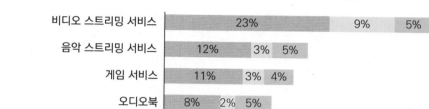

출처: 딜로이트(2020.8)

　　국내에서는 정보통신정책연구원이 2020년 8월 OTT 소비행태 변화를 심층인터뷰(FGI)를 통해 조사하였다. 응답 대상은 최소 2개 이상 OTT 서비스를 1년 이상 활발하게 사용 중이며 유튜브를 함께 이용하는 헤비유저(heavy users)로, 연령(10~40대)과 성별을 조합해 총 8개 집단이다. 인터뷰 결과는 크게 세 가지로, OTT 서비스 소비로 형성된 이용 규범, OTT 서비스 소비 효능감, 그리고 OTT 서비스 기반 커뮤니케이션 행위별로 미디어 소비 양태의 변화가 일어나고 있음을 보여 준다. 먼저, OTT 서비스 소비로 형성된 이용 규범 첫째는 OTT 계정 공유 규범으로, 다른 사람의 프로필에 함부로 들어가는 것을 금기시하고 프로필을 개인 프라이버시와 유사하게 인식하는데, 특히 10대와 20대가 상대적으로 강하게 공감하며, 다른 기기로 동시접속이 불가능한 경우 접속시간을 정해 접속하는 규범도 있다. 둘째는 시청 프로그램 내용 유출 금지 규범으로, TV 방영 프로그램에 비해 내용 유출에 대한 경각심을 가진다. 셋째는 객관적 평점 주기 규범으로, 정직하지 않은 평점을 주는 행동에 대해 거부감을 드러낸다. 마지막은 공공장소 소비 에티켓 규범으로, 영상 시청 시, 음량 조절 주의, 보행 중에 시청하지 않기, 화면 밝기 조절, 밀집된 공간에서의 시청 자제 등이다.

　　두 번째 인터뷰 결과인 OTT 서비스 효능감 첫째는 시공간과 기기에 얽매이

지 않는 자유로운 시청으로, 원하는 콘텐츠를 편한 시간대에 대부분의 영상기기로 시청할 수 있다. 둘째는 효율성으로, 시간, 노력, 비용 면에서 훨씬 효율적 소비가 가능해진다. 보고 싶은 콘텐츠만 원하는 시간에 빠르게 볼 수 있어 시간적 여유가 생기고, 건별 구매가 아닌 월정액으로 이용하기 때문에 콘텐츠 선택 실패로 인한 비용 낭비가 해소된다. 셋째는 콘텐츠 선택의 다양화로, 주도적으로 콘텐츠를 소비할 수 있고 가족과 TV 채널권을 가지고 다툴 필요가 없으며 시청할 만한 프로그램을 TV에서 찾을 수 없다고 고민할 필요도 없다.

마지막 인터뷰 결과인 OTT 서비스 기반 커뮤니케이션 행위 첫째는 몰아보기로 신규 및 종영된 시리즈를 전체 에피소드 단위로 한꺼번에 볼 수 있다. 둘째는 다양한 기능을 이용한 적극적 시청으로 속도 및 구간 조절, 다시 보기, 자막 기능, 배율 조정 등 소비자 필요에 따라 시청한다. 셋째는 OTT 갈아타기로, 현재 OTT를 해지하고 또 다른 OTT로 옮겨 다니는 유목민적 소비이다. 무료 혜택을 더 길게 누리기 위해 명의자를 바꿔 가며 OTT를 이용하거나 프로모션 서비스로 옮겨 다니는 체리 피킹(Cherry picking)도 있다. 넷째는 상황 맞춤 시청으로 혼자 있을 때, 출퇴근, 산책, 운동, 가사노동 등 몸을 움직이는 일을 할 때 등등, 마치 배경음악처럼 OTT 미디어 콘텐츠를 재생한다. 다섯째는 공유 시청으로, 특히 10대들은 또래와 함께 OTT를 동시에 실시간 시청하며 콘텐츠 감상평까지 공유한다. 이들은 줌(Zoom), 구글 행아웃 등 화상채팅, 넷플릭스파티, 인스타그램 등 SNS를 활용하며, OTT 콘텐츠를 시청한 뒤 감상평을 활발히 공유하고 팬덤을 형성하기도 하며, 2차 창작물 등도 감상해 공유한다. 여섯째는 외부 소스를 이용한 콘텐츠 선별로, SNS, 포털, 지인, 커뮤니티 등이 주된 외부 정보원이다. 마지막은 OTT 내부 추천시스템의 활용으로, 주요 내부 정보원은 개인 맞춤 콘텐츠, 플랫폼 내 인기 순위 및 장르 카테고리, 플랫폼 이용자의 평점 및 별점, 프로그램 키워드 검색 등이다.

또한, 정보통신정책연구원의 2020년 말 미디어 패널 조사 결과를 보면, 코로나19로 OTT 이용률이 급증했고 월정액제 가입 이용자도 전체 OTT 이용자의 8.5%에 달한다. AVOD 이용자 대부분(82.5%)은 유튜브 이용자이며, SVOD 이용자는 유튜브(47.1%) 외에 넷플릭스(35.4%), 웨이브(9.4%), 티빙(5.0%) 등의 순으로 나타났다. 유료 이용자들은 스마트폰 외에 노트북, 태블릿PC 등 중·대형 스크린 기기 활용을 무료 이용자보다 더 많이 하고 아마추어 콘텐츠인 UGC(User generated content)보다는 TV방송 다시보기를 더 선호하고, 회당 이용시간이 1시간 이상이 주를 이루어, 다양한 기기를 통해 숏폼보다는 롱폼 콘텐츠를 즐겨보는 경향이 강해지고 있다.

미디어 소비의 개인화

이상에서 미디어 소비 양태의 변화를 특히 코로나19 팬데믹과 연계하여 살펴보았다. 비대면 환경에서 미디어 소비자들이 OTT를 선호하는 주된 이유 중 하나는 개인화이며, 이는 한마디로 '취향 저격'이다. 이에 OTT 사업자들은 변화하는 소비자들의 흥미와 취향을 맞출 수 있는 다양한 콘텐츠를 확보하려고 노력하며, 이를 안정적으로 공급받거나 자체적으로 확보할 수 있는 자원을 갖추려고 애쓰게 된다. OTT 서비스를 이용하는 이유 중 으뜸은 원하는 콘텐츠를 소비하고 싶어하기 때문이다. 따라서 개인 취향을 잘 파악하고 그에 맞는 적절한 콘텐츠가 제공되어야 소비자가 지속적으로 해당 OTT 서비스를 이용할 것이다.

개인화된 콘텐츠를 제공하기 위해서는 방대한 데이터를 확보하는 것은 물론, 이 데이터들을 분석할 수 있는 기술력이 필요하다. 전 세계적으로 가장 많은 이용자를 보유 중인 넷플릭스는 DVD 서비스 출시부터 개인화를 위해 영화 추천 알고리즘인 시네매치를 개발해 트래픽을 높이려 노력했고, '넷플릭스 프라이즈'를 통해 시네매치보다 진보된 알고리즘을 공모하기까지 했다. 이후 OTT 서비스 제공을 본격화한 넷플릭스는 개인화 서비스를 제공하기 위해 그동안 축적된 방대한 데이터와 알고리즘, 태그 등을 활용해 이용자의 세부 정보를 유추하는 데 있어 정확도를 더욱 높일 수 있었다. 넷플릭스는 항목 추천의 신뢰성을 높이는 등 소비자 취향 분석의 정확도를 높이기 위해 아직도 투자를 아끼지 않는다. 콘텐츠를 선택할 때 영향을 미칠 수 있는 섬네일조차도 개인 취향에 따라 다르게 보여 주는 넷플릭스의 세심한 개인화 마인드는 소비자가 지속적으로 이용할 수밖에 없는 이유이다.

개인화의 궁극적 목표는 이용자들이 콘텐츠를 클릭하게 만드는 것이다. 아무리 개인화가 잘 되어 있어도 이용자가 누르지 않으면 해당 개인화 서비스가 유용한지 여부를 확인할 길이 없다. 이러한 측면에서 넷플릭스는 또 다른 시도를 한다. 초기에는 스마트폰을 통한 서비스 제공에만 국한되었으나, 코로나19의 비대면 상황에서 집에 머무는 시간이 장기화되면서 TV를 통한 실시간 콘텐츠 제공 방식을 실험하기 시작한 넷플릭스는 2020년 11월 프랑스 회원 대상으로 실시간 편성의 '넷플릭스 다이렉트'를 선보인다. 프랑스에 선형(Linear) 시청을 선호하는 시청자들이 상대적으로 많기 때문에, 이들의 취향을 반영한 결과이다. 이는 '개인화'를 비(非)선형 시청과 동일시했던 데서 벗어나려는 시도이다. '넷플릭스 다이렉트'는 고정된 편성 일정에 따라 넷플릭스 영화와 시리즈를 24시간 내내 방송을 하며, 아직 시험단계라 컴퓨터로만 시청할 수 있다. 하지만 여전히 개인화에 초점을 두고 있는 넷플릭스는 선형 시청인 '넷플릭스 다이렉트'를 통해서도 같은 시리즈의 에피소드를 최대 5편 연속 방송하며, 여러 에피소드를 연속 시청하게 하는 빈지워칭을 가능하게 한다.

또 다른 넷플릭스의 TV 시청 개인화 시도는 TV 재핑 기능 같은 '셔플 플레이(Shuffle play)' 서비스인데, 이는 이용자의 시청 기록을 토대로 좋아할 만한 콘텐츠를 무작위로 재생하는 서비스이다. 첫 화면에서 프로필 아래 있는 '셔플' 버튼을 누르면 콘텐츠를 선택하지 않아도 볼 수 있다. 비선형(Nonlinear) 미디어 시청 행태를 익숙하게 만든 넷플릭스가 이제는 기존 TV 편성과 유사한 방식을 실험하면서 또 다른 유형의 개인화에 노력하고 있다.

미디어 소비자는 자신이 원하지 않는 콘텐츠에 시간을 낭비하지 않으며, 조금이라도 자신의 취향에 가깝게 반영되는 서비스를 소비하게 하는 OTT를 선호한다. 소비자들이 원하는 서비스를 제공해 주기 위해서는 무엇보다 개인 취향을 분석할 수 있는 방대한 양의 데이터가 필요하고, 이 데이터들을 수집하고 분석할 수 있는 알고리즘을 확보하는 것이 중요하며, 나아가 특정의 환경에서 발견할 수 있는 시청 습관, 최신 트렌드를 분석해서 소비자의 선호가 예상되는 콘텐츠까지도 추천할 수 있는 정교화가 필요하다. 또한, 넷플릭스처럼 선형 미디어와 비선형 미디어를 모두 고려한 개인화가 요구된다.

음원 스트리밍을 제공하는 플랫폼들도 개인화에 주력한다. 이의 대표적 사례로 7천만 곡 이상의 트랙과 40억 개 이상의 플레이리스트를 보유한 세계 최대 음악 스트리밍 OTT 플랫폼인 스포티파이이다. 2021년 들어 새롭게 출시된 개인화 서비스 '스포티파이 믹스(Spotify Mixes)'는 '나의 장르별 믹스', '나의 아티스트별 믹스', '나의 시대별 믹스' 등 세 가지 카테고리로 구성된다. 이는 기존 알고리즘 플레이리스트 중 하나인 '데일리 믹스'에서 더 발전된 것으로 음원 소비자는 선호하는 음악뿐 아니라 취향에 맞는 새로운 음악과 아티스트를 끊임없이 발견해 음악 청취 스펙트럼을 확장시킬 수 있다. '스포티파이 믹스'를 포함한 데일리 믹스, 새 위클리 추천곡, 신곡 레이더, 타임 캡슐 등 스포티파이의 모든 알고리즘 플레이리스트 컬렉션은 '검색하기'를 통해 '나만의 플레이리스트' 허브에서 이용된다.

'스포티파이 믹스' 카테고리는 이용자의 청취 습관, 가장 즐겨 듣는 아티스트·장르·시대의 음악을 바탕으로 생성되며, 단순히 가장 좋아하는 아티스트의 곡을 듣는 것이 아닌, 아티스트의 곡 중에서도 이용자가 가장 좋아하는 곡을 들을 수 있다. 이후 이용자가 좋아할 것이라 예상하는 곡이 추가되어 이용자가 듣는 음악과 함께 새로운 곡이 믹스에 포함된다. 특정 아티스트의 음원 집중 탐색, 다른 시대의 음악 발견 등 이용자의 취향에 맞는 맞춤형 믹스가 제공되며, 각 믹스는 업데이트 되어 이용자가 끊임없이 새로운 음원을 발견할 수 있게 해준다. 스포티파이의 경쟁력은 개인의 음악 취향을 파악해 개인화해 주는 것이며, 아티스트, 창작자, 팬을 연결하는 오디오북과 팟캐스트도 제공한다.

SECTION 03 미디어 소비의 상황맞춤화

앞서 1절에서 정보통신정책연구원의 OTT 소비행태 인터뷰 결과에서 OTT 서비스 기반의 여섯 가지 커뮤니케이션 행위들을 설명하였다. 이 중에서 상황맞춤 및 공유 시청이 미디어 소비의 상황맞춤화(Contextualization)를 의미한다. 상기하면, 상황 맞춤 시청은 배경 음악처럼 OTT 미디어를 소비하는 것을, 공유 시청은 소셜미디어를 활용해 또래들과 동시 시청하는 것을 의미한다. 어떠한 상황 내지 맥락(Context)에서 무슨 콘텐츠를 어떻게 소비하는지에 대한 관찰이 중요한 이유는 이제 더 이상 하나의 매체나 기기를 통해 똑같은 시간, 똑같은 방법으로 콘텐츠를 소비하지 않기 때문이다. 즉, 미디어에 담긴 콘텐츠가 소비 상황 내지 맥락과 잘 부합될 때 더 높은 효용이 발생하고 더 높은 가치가 창출되기 때문에 제작사나 유통사에게 미디어 소비 양태 변화의 핵심인 상황맞춤화에 대한 이해가 선행되어야 한다.

최세경(2015)은 "새로운 콘텐츠 유통 플랫폼은 자신이 지닌 전송 및 배포 모델의 가능성을 극대화하고 다양한 이용 맥락에 대응하는 과정에서 콘텐츠 진화와 혁신에 기여한다"고 보면서 미디어 '이용 맥락'에 대해 아래 [그림 2-3]과 같이 콘텐츠 발전과정을 제시한 바 있다. 즉, '이용 맥락'에 따라 이용행태가 구조화되면서 이용자에게 특정한 이용경험이 형성되며, 이용경험은 새로운 이용 맥락에 부합하는 콘텐츠 선호를 결정하거나 기존과 다른 콘텐츠 수요를 유발하며, 새롭게 형성된 이용자의 새로운 선호와 수요가 콘텐츠 제작의 변화를 추동한다. 예컨대, OTT에 맞는 숏폼 콘텐츠가 제작되는 등 멀티플랫폼 이용경험에 적합한 콘텐츠 포맷이 개발되면서 장르 간 혼합이나 원천 IP를 활용하는 트랜스 미디어 스토리텔링 등이 활발해진다. 현 시점의 뉴미디어는 OTT 미디어가 된다.

◎ [그림 2-3] 뉴미디어(OTT 미디어) 등장에 따른 콘텐츠의 진화

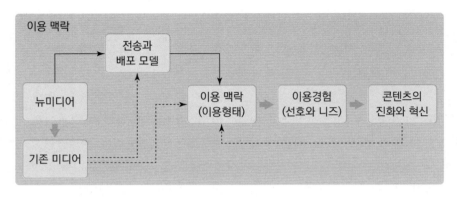

출처: 최세경(2015, 13쪽) 재인용

　미디어 소비에 있어서 상황맞춤화를 가능하게 하는 미디어는 전통 미디어가 아닌 포털, SNS 등을 포함한 OTT 미디어이다. 상황맞춤화를 대표하는 미디어 소비로 온라인 공유 시청이 있다. 앞에서 언급한 '홈코노미' 트렌드를 겨냥해 등장한 텔레파티(Teleparty)로 글로벌 사례로는 '넷플릭스파티'가, 국내 사례로는 이를 벤치마킹한 '왓챠파티'가 있다.

　멤버십을 통해 집에서 영화를 볼 수 있는 OTT가 부상하면서 넷플릭스는 2020년 3월 시청 공유 개념의 '넷플릭스파티'를 내놓았으며, 계정 공유와는 다른 개념이다. 계정 공유가 구독료별로 동시 접속 인원과 프로파일 생성 수를 조정해 1개 계정으로 각자 개인화된 콘텐츠 시청이 가능한 것이라면, 공유 시청은 함께 원격 시청하면서 실시간 소통하는 것으로 소셜 시청(Social viewing)이라 불리운다. 넷플릭스의 경우, 한 개인이 선호하는 콘텐츠를 선택하여 넷플릭스닷컴 사이트에 들어가 해당 콘텐츠에서 파티를 설정하고 링크를 공유 시청하고 싶은 사람들에게 공유해서 함께 영화 등을 보면서 의견을 나누는 것이다. 이 프로그램은 크롬의 확장 프로그램이라 크롬에서 파티를 설정해야 한다. 파티 호스트가 영상 재생 권한을 설정하며, 호스트만 권한을 갖게 되면 다른 참여자들은 재생, 일시 정지, 구간 이동 등을 못하며 호스트의 영상 설정에 따라야 한다. 파티에 참석하려면 모두 해당 OTT 가입자이어야 한다. 비대면 시대에 상황맞춤화를 이

론 이러한 텔레파티는 영화관에 가지 않아도 실시간으로 함께 하면서 외롭지 않은 '집콕' 생활을 할 수 있게 해준다.

왓챠파티도 초기에는 넷플릭스의 설치방법을 따랐으나, 2021년 2월 확장 프로그램 종료로 왓챠 내에서 왓챠파티 베타 서비스가 가능해지면서 이용 편의성이 더 나아진다. 즉, 콘텐츠 재생 후에 바로 하단 채팅 마크를 통해 파티 모드를 만들 수 있고, 초대 없이 파티에 참여 가능한 공개 파티도 설정 가능하다. 베타 서비스 시작부터 3개월 간 집계 결과, 매일 열린 파티 수가 지속 상승해 총 32만 개 이상 파티 수를 기록했고, 파티 내에서 오간 메시지 수는 3,500만 개를 넘었다. 이 기간 동안에 왓챠 이용자 중 약 48%가 왓챠파티 기능을 이용한 것으로 나타났다. 왓챠는 왓챠파티 베타 서비스에서 기존에 채팅과 함께 호스트가 음성으로 게스트와 소통하는 코멘터리 기능을 시범 운영해 '헐왓챠파티에' 캠페인을 열고 주호민, 한예리, 유인나 등 아티스트들이 호스트로 참여해 왓챠파티를 열어 이용자들과 함께 영화를 감상하는 이벤트를 진행하기도 한다. '왓챠파티'를 통해 상영 횟수가 급격히 증가한 장르는 공포물, 애니메이션으로, '무서운 영화 2', '스크림' 등 공포영화의 평균 재생 수 상승률은 약 400%, '주술회전', '초속5센티미터' 같은 애니메이션의 평균 재생 수 상승률은 약 630%에 달했다. 그 외에도 동물 관련 UGC가 인기를 얻어, 한 예로 유튜버인 '하하하'가 끼니를 챙겨주는 길고양이들의 모습을 담은 '하하하 냥이네'는 왓챠파티를 통해 재생수가 기존 대비 850% 급상승했다.

이러한 소셜 시청에서 파생된 것이 소셜미디어를 활용한 소셜 제작(Social producing)이다. 2차 창작이라 할 수 있는 소셜 제작이 미디어 소비 변화를 추동하면서, 프로슈머들의 팬덤 경제가 생성되기 시작한다. 트위터 등 SNS를 통해 비공식 굿즈(Goods)를 아이돌 팬들이 직접 생산하고 판매하는 문화가 이미 생겨났으며 모바일 중고 거래도 활발해져, 소셜 제작이 새로운 팬덤 경제를 만들어 나간다. 다음 [그림 2-4]에서 보듯이, 수만 명의 팔로워를 가진 홈마스터들이 아이돌들의 국내외 스케줄 사진, 영상을 촬영하고 이를 토대로 비공식 굿즈를 제작, 판매해 벌어들인 수익으로 지하철 전광판 광고 같은 자발적 홍보를 하기도 한다.

◎ [그림 2-4] 홈마스터들의 아이돌 홍보 움직임

전광판 광고를 통한
프로듀스 101 시즌 2 연습생 응원

서울 지하철 1~8호선
아이돌&유명인 광고 건수

출처: IBK투자증권(2020. 9.24)

코로나19 팬데믹의 장기화로 예기치 않은 음반 판매량이 급증하는데, 오프라인 콘서트 재개가 불투명해지면서 팬 커뮤니티 내지 팬덤 소비가 음반 구매로 몰렸기 때문이다. 음원과 달리, 음반은 여러 가지 버전으로 출시되며 그 안에 포토카드부터 포스터, 엽서 등 다양한 머천다이저(Merchandiser; MD)가 포함되어 있기 때문에 아티스트에 대한 팬심을 보여 주는 하나의 척도로 작용해 팬덤 기반 소비로 이어진다. 비대면 상황에서 아티스트와 팬들의 갈증을 해소해 준 것이 바로 팬덤 플랫폼이다. 팬덤 플랫폼을 통해 아티스트들과 팬들 간의 양방향 소통이 가능해졌고, 플랫폼 안에서 아티스트의 콘텐츠를 감상하고 MD 구매까지 가능해졌으며, 실시간 라이브 방송으로 아티스트의 비(非)활동기에도 팬덤이 록인(Lock in)되는 효과를 가져오게 된다.

이러한 소셜 제작은 아티스트들의 팬 커뮤니티 기반의 팬덤 플랫폼 경쟁을 가속화시킨다. BTS의 경우, 자체 콘텐츠인 '달려라 방탄'이 이미 2015년 기획사 최초로 제작되어 꾸준히 방영되고 있다. 이는 BTS 멤버들이 게임, 야외 활동 등 여러 주제를 가지고 진행하는 버라이어티 예능으로 이제는 팬 커뮤니티 플랫폼인 위버스(Weverse)에서 볼 수 있고 에피소드당 조회수 천만 회를 상회하며, 나영석 PD와의 콜라보로 TV 방송 채널에까지 진출할 정도로 그 영향력이 커졌다. 아미(Army)에게만 소비되던 콘텐츠가 대중들에게도 퍼지면서 지속적이고 더 큰 팬덤 유입이 가능해지는데, '달려라 방탄'을 계기로 아이돌들에게 자체 콘텐츠 제작은 필수가 되기 시작한다. 자체 콘텐츠는 정해진 형식도, 길이도 없기 때문에 아티스트의 자연스러운 모습을 담을 수 있어 팬덤의 몰입감을 강화시키고, 다양한 국가의 언어로 자막을 제공할 수 있어서 팬덤의 글로벌 확산에도 기여한다. 이러한 자체 콘텐츠에서 파생된 팬들의 2차 창작인 소셜 제작이 유튜브를 통해 확산되면서 아티스트 홍보 효과가 함께 발생하는 것이다. 특히 코로나19 영향으로 온라인으로 결집된 사람들이 예전보다 더 많은 콘텐츠를 소비하면서 아티스트의 비활동기에도 마르지 않는 콘텐츠를 계속 소비하며 팬덤은 더욱 견고해진다.

팬 커뮤니티 내지 팬덤 플랫폼 경쟁이 점점 치열해지면서 2021년 6월, 브이라이브와 위버스를 각각 운영해 온 네이버와 BTS 소속사인 하이브(구 빅히트엔터테인먼트)가 손잡고 '위버스컴퍼니'를 만들고, 모바일 게임 회사인 NC소프트도 팬덤 플랫폼인 '유니버스'를 134개국에 동시 출시하기에 이른다. 기존에 팬들이 좋아하는 스타 일정을 공유하는 수준의 단순 '팬카페'나 기획사의 관리하에 있는 '팬 클럽' 개념을 넘어 콘텐츠가 아티스트들에 의해 직접 제작되고 팬 커뮤니티에 의해 직접 소비되는 하나의 팬덤 플랫폼으로 발전하기 시작한 것이다.

다음 [그림 2-5]는 '위버스'와 '유니버스,' 그리고 '리슨앤버블' 플랫폼을 비교한 것이다. 2015년 시작한 네이버의 브이라이브는 채널 수만 1,397개이지만 2019년 출시한 위버스의 가능성을 높게 평가하게 된다. 왜냐하면 그동안 브이라이브는 콘텐츠 제작에만 주력했지만 위버스는 아티스트와 팬들 간 소통을 통해 소셜 제작을 통해 상황맞춤화된 팬덤 플랫폼이 되었기 때문이다. NC소프트의 자회사인 클렙이 선보인 '유니버스'도 자체 콘텐츠를 공개하고 AI 기반 팬과 스타의 일대일 통화 등 상황맞춤화 서비스를 제공하며, 앨범 구매 등 다양한 팬덤 활동을 인증하고 기록으로 남기면 이에 대해 보상하고, 해당 재화를 응모권으로 교환하면 오프라인 팬미팅 등에 참여할 수 있도록 한다. 리슨앤버블은 엑소 및 NCT 소속의 SM엔터테인먼트 계열사인 디어유의 플랫폼이다.

◎ [그림 2-5] 3대 팬덤 플랫폼의 서비스 비교

			팬 커뮤니티 플랫폼 01) **위버스** # 팬들과 함께 공감하는 # 편한 소통을 　유도하는 UI	팬 커뮤니티 플랫폼 02) **리슨&버블** # 친구 같은 쌍방향 소통 # 사용자들에게 　익숙한 UI	팬 커뮤니티 플랫폼 03) **유니버스** # 덕질 서비스의 AtoZ # 사용자에게 　혼란을 주는 UI
스타 와의 소통	'열린 소통' 서비스 (무료)	공통	• 스타의 포스트 • 스타 및 팬 　포스트의 댓글	• 스타의 포스트 • 스타 및 팬 　포스트의 댓글	• 스타의 포스트 • 스타 및 팬 　포스트의 댓글
		차별화	• 스토리 기능 • 자체 콘텐츠	• 스타의 프로필 변경	• 스타의 프로필 변경 • 멤버별 포스트 분리
	'프라이빗 소통' 서비스 (유료)	차별화	• 회원 적용 독점 콘텐츠 • 굿즈 구매 (위버스샵) • 공연 선매매 (위버스샵)	• 버블('1:다수'의 대화) • 디어유 (스타의 손편지)	• 프라이빗 메시지 　('1:다수'의 대화) • Ai 음성 메시지 • 회원 적용 독점 콘텐츠
팬들 끼리의 소통	'열린 소통' 서비스 (무료)	공통	• 팬들의 포스트	• 팬들의 포스트	• 팬들의 포스트
		차별화	• 팬들의 계정 구독 기능	• 오픈채팅	• 팬들의 계정 　구독 기능 • 스타 아바타 　옷입히기 • 스타의 3D 　뮤비만들기

출처: 브런치(2021.7.29)

SECTION 04 소비 변화 대응 큐레이션

마이클 바스카(Michael Bhaskar)의 저서 '큐레이션(Curation)'에 의하면, 수많은 정보·상품이 쏟아지는 과잉 사회에서 선택의 과잉 문제에 직면한 사람들은 덜어내기 연습을 해야 한다. 선택지가 많아지면 행복해질 것이라 생각했지만 너무 많은 선택지가 생겨나면서 역설적으로 사람들은 불행해졌고 모든 것이 과잉이된 상황이 사람들을 짓누르고 불안하게 만든다. 결론적으로, 기업은 '더 많이 생산하는 것'에 초점을 맞췄던 데서 벗어나 '더 좋게 만드는 것', '개별 소비자를 위한 제품을 선택하고 추천하는 것'에 집중해야 한다는 것이다.

이처럼 큐레이션은 불필요한 것을 덜어 내 사람들이 정말 원하는 것을 가려내는 기법으로 미술관 등에서 쓰이다가, 패션, 인터넷 쇼핑을 비롯해 다양한 미디어 소비에 영향을 미치는 개인화 및 맞춤화를 상징하는 키워드가 되었다. 정보 생성 속도가 매년 60%씩 증가하면서 수많은 선택지 중 덜어 낼 것을 덜어내고 개인에게 딱 맞는 정보를 찾아주는 큐레이션이 중요해지면서 미디어 기업들도 소비의 개인화와 상황맞춤화를 실현시킬 큐레이션의 필요성을 느끼고 이에 대한 투자와 개발에 속도를 낸다. 보다 정교한 서비스를 제공하기 위해 데이터를 분석하고 AI를 도입해 특별한 고민 없이 말하지 않아도 알아서 콘텐츠를 추천해 주며 소비자들이 '나만의' 서비스라고 느끼게 하려는 기술적 노력이 계속되고 있다.

OTT가 TV 이용을 단순 시청이 아닌 관람의 시대로 만들고 영화와 드라마의 경계가 허물어지면서, 큐레이션을 지속적으로 고민하는 넷플릭스가 선택한 편성기법 중 하나가 '금요일 전 회차 공개'였다. 미디어 소비자들은 이러한 빈지 워칭 소비 행태에 급속히 빠져들었고, 이는 태블릿과 모바일로 향해 가던 OTT 소비를 다시 TV로 돌리는 데에도 기여한다. 빈지 워칭은 빈지 페어링(Binge Pairing)으로 이어진다. 다음 [그림 2−6]에서 보면, 이는 시청 콘텐츠와 유사한

◎ [그림 2-6] 넷플릭스의 빈지 페어링

출처: 넷플릭스; 소비자평가(2016.12.8) 재인용

콘텐츠로 큐레이션 시스템이 시청자들을 지속적으로 연결해 주는 방식이다. 넷플릭스의 자체 조사 결과, 전 세계 가입자의 59%가 TV 시리즈를 보고 3일 정도 휴식 시간을 가진 후에 다른 시리즈를 보는 것으로 나왔고, 이들의 61%가 예컨대 SF 시리즈인 '기묘한 이야기'와 SF 프랜차이즈인 '스타트렉'을 이어 시청하거나, 코미디 시리즈인 '오렌지 이즈 더 뉴 블랙'을 시청하고 블랙 코미디 영화인 '빅쇼트'를 시청하는 방식으로 시리즈와 영화의 유사 장르 조합으로 미디어를 소비하고 있다. 국내의 넷플릭스 가입자들도 다르지 않아, 예컨대 SF 시리즈인 '블랙미러'를 시청한 후에 유사한 장르인 SF영화 '인셉션'을 시청하거나, 히어로 시리즈인 '마블 데어데블' 시청 후에 액션 영화인 '킬빌'을 시청하는 등 빈지 페어링을 하고 있다.

빈지 워칭 및 빈지 페어링 방식을 점화시킨 넷플릭스의 콘텐츠 큐레이션 시스템은 지속적으로 시청자들이 콘텐츠에 시간을 할애할 수 있게 한다. SNS 이용, 콘텐츠 소비, 구매 패턴 등 다양한 행동 습관들을 모아 알고리즘화해 개인 행태를 예측함으로써 미디어 소비를 이어가게 할 수 있지만, 소비자 행동에는 항상 많은 변수가 따른다. 즉, 소비 성향은 시간이 지남에 따라 변하고 정치적 성향이나 관심 분야도 개인의 처한 상황에 따라 변화해 간다. 이런 개인의 패턴을 얼마나 정확하게 분석할 수 있을지는 여전히 의문이나, 큐레이션 서비스를 통해 각 개인은 스스로 인지하지 못했던 자신의 취향을 깨닫게 될 수 있고, 굳이 시간과 노력을 들이지 않아도 내 취향에 맞는 것들을 추천해 주기 때문에 편리할 수도 있다.

한편, 각 개인의 선호도가 오히려 큐레이션 서비스로 인해 너무 고착화되어 다양성을 잃게 되는 계기가 될 수 있다는 우려도 상존한다. 즉, 콘텐츠 포맷이 다양해졌다 해도 추천된 콘텐츠만 소비하다 보면 새롭고 다른 콘텐츠를 접해 볼 기회가 줄어들고 개인의 콘텐츠 취향도 점점 굳어져 갈 수 있기 때문이다. 이는 콘텐츠 노출의 다양성이 줄어든다는 의미이기도 하다. 추천된 콘텐츠만을 습관적으로 소비하다가 AI가 분류해 준 기준에 따라 개인의 소비가 규정될 수도 있다. 이러한 문제는 이미 '확증 편향'이라는 사회적 갈등으로 이슈화되고 있다. 정치적 성향에 따라 뉴스나 시사 콘텐츠가 소비되다 보면 개인의 정치적 성향은 더욱 한쪽으로 치우쳐 정치적 양극화가 더욱 심해질 수도 있기 때문이다.

이미 큐레이션에 AI가 활용되고 있다. AI는 인간의 지적 활동, 즉 시각, 언어, 감각 이해능력과 학습능력 및 추론능력 등을 구현하고 재현하기 위한 모든 시스템을 말하며, 그 정확성은 훈련된 데이터와 구성 설계에 의존한다. AI와 관련된 하위 영역으로 기계학습 및 심화학습, 로보틱스, 컴퓨터 비전 등이 있다. 기계학습은 데이터를 통해 컴퓨터를 학습시키거나, 컴퓨터가 스스로 학습하여 AI 성능을 향상시키는 방법을 말하며, 한 단계 더 나아간 심화학습(딥러닝)은 인공신경망 이론을 기반으로 인간의 신경망과 유사한 입력 및 출력 계층과 복수의 은닉 계층을 활용하는 학습 방식으로서, 복잡한 비선형 문제를 지도 방식의 학습 없이 해결하는 데 효과적인 방식이다.

AI의 주요 구성요소는 세 가지이다. 먼저 데이터가 필요하다. 활용 가능한 데이터가 기하급수적으로 증가하고 있는데, 이를 색인된 데이터로 사용하기 위해 노동집약적인 데이터 색인 작업이 필요하다. 예컨대 학습 데이터가 되기 위해서는 사과 이미지에 '사과'라고 이름을 붙이는 색인 작업이 요구된다. 두 번째 구성요소는 AI 학습 알고리즘이다. 이는 규칙 기반과 신경망 기반으로 분류되며, 후자가 심화학습(딥러닝)이다. 딥러닝 알고리즘은 영상정보에 적합한 CNN(Convolution

Neural Network), 음성 언어 같은 순서 정보에 적합한 RNN(Recurrent Neural Network), 새로운 것을 형성하는 데 적합하며 두 개의 대결 신경망 구조를 갖는 GAN(Generative Adversarial Networks)이 가장 대표적이다. 마지막 구성요소는 컴퓨팅 파워로, 적합한 알고리즘을 선택해 학습 방법을 다양하게 정하고 반복 실험을 수행하려면 컴퓨팅 성능이 반드시 필요하다. 병렬 처리에 강한 GPU(Graphics processing unit: 그래픽 처리장치)와 ASIC(Application specific integrated circuit), FPGA(Field programmable gate array) 등이 활용되면서 AI를 위한 고성능 컴퓨팅이 가능해진다.

데이터 분석을 통해 사용자에게 제공되는 AI(기반) 큐레이션은 AI를 사용해 큐레이션의 정확도를 올려주는 것을 목표로 한다. 콘텐츠가 가진 정보를 바탕으로 사용자에게 추천하는 AI 큐레이션의 주요 목적은 사용자의 선호, 관심, 콘텐츠 정보의 사용 이력 등의 데이터를 수집하여 사용자 취향에 특화된 콘텐츠를 제공하는 것이다. 방대한 양의 콘텐츠를 제공하는 OTT 미디어의 특성상 AI를 활용해 정확도를 높인 큐레이션은 개인에게 콘텐츠를 더 효율적으로 소비하게 하며 해당 서비스를 지속적으로 사용하게 하고 콘텐츠 활용도를 높일 수 있게 한다. 수십만 개 이상의 콘텐츠를 확보해도 소비자는 자신의 취향에 맞는 콘텐츠만을 소비하기 때문에 한정된 시간과 방법으로 콘텐츠 일부만을 파악해 효율적인 소비를 못 할 수 있다.

글로벌 시각에서 OTT의 AI 큐레이션 절대 강자인 넷플릭스의 AI 큐레이션 엔진은 데이터와 사람이 입력하는 태그와 알고리즘, 그리고 클라우드로 구성된다. 수집된 고객 데이터는 콘텐츠 담당자의 태그와 매칭되며 처음 가입 시에 조사된 선호도에 맞춰 첫 화면부터 가동되기 시작한다. 신작이 입고되면 수십 명의 태거(Tagger)들이 일일이 감상한 후에 예컨대 영화와 관련된 모든 태그를 자세히 입력한다. 태그 작업이 완료되면 컴퓨터는 다른 영화와 비교 분석해 기존 카테고리에 포함시키거나 새로운 카테고리를 생성한다. 현재까지 약 8만 개 이상의 카테고리가 생성된 것으로 알려지며, 문법 구조는 지역, 수식어, 장르, 원작(Based on), 배경(Set in), 시대(From the), 주제(About), 나이(For Age X to Y) 등으로 알려져 있고, 요소가 추가될 때마다 그 수가 폭발적으로 증가한다. 알고리즘은 이렇게 만들어진 카테고리와 데이터를 결합해 사용자 개인에게 맞는 추천 영상을 추출해 낸다. 이용이 거듭되면 취향 커뮤니티(Taste community)를 통해 구분된 사용자들에게 보다 정확도 높은 추천이 가능해진다. 아래 [그림 2-7]에서 보듯이, 넷플릭스는 시네매치 추천시스템을 만든 협업 필터링(Collaborative Filtering)을 시작으로, 콘텐츠 기반 필터링, 하이브리드 기반 필터링 등 크게 세 가지 큐레이션 시스템을 활용한다.

◎ [그림 2-7] 넷플릭스의 큐레이션 시스템 알고리즘의 종류

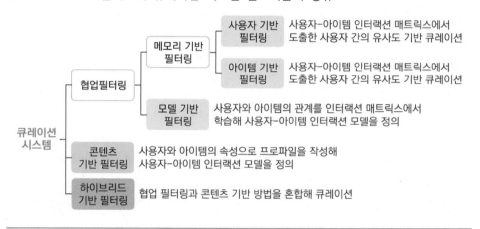

출처: 이호수(2020), 심홍진(2021.4) 재인용

협업 필터링은 유사한 성향을 가진 사람이 관심 분야나 취향도 대체로 비슷할 것이라는 유유상종 개념에 기초한 큐레이션이다. 예컨대, A이용자가 '바퀴달린 집'이라는 예능 프로그램을 시청했다면, A와 취향이 유사한 B에게 '바퀴달린 집'을 큐레이션하는 방식으로, 이 과정에서 이용자가 인지하지 못하지만 결과적으로 이용자 간 상호 협업이 이루어진다. 콘텐츠 기반 필터링은 이용자 간 유사성 등 이용자의 행동 기록을 대량으로 요구하지 않고, 이용자가 관심을 두고 있는 콘텐츠 자체를 필터링해 큐레이션하는 방식이다. 예컨대, 음악 사이트에서 신곡이 출시되면 그 음악을 분석해 장르, 비트, 음색 등의 항목을 추출하고, 이용자가 선호한 음악의 특색을 바탕으로 해당 이용자의 프로파일을 준비하여, 이

러한 음악의 특성과 사용자 프로파일을 비교해 이용자가 선호할 만한 음악을 제공한다. 마지막으로 하이브리드 기반 필터링은 협업 필터링과 콘텐츠 기반 필터링의 단점을 보완하고 장점을 극대화한 앙상블(Ensemble) 시스템이다. 동일한 영상을 시청한 이용자들이 비슷한 행동 패턴을 보이면 같은 프로파일링 그룹으로 묶어 협업 필터링을 사용하며, 여기에 콘텐츠 기반 필터링 방식을 추가해 콘텐츠에 구체적인 속성을 부여하는 것이다.

시간이 흐르면서 넷플릭스의 이러한 AI 큐레이션은 후발 OTT들의 벤치마킹 대상이 된다. 한편, 넷플릭스는 지속적인 큐레이션의 차별화를 시도한다. 차별화의 예로 '재시작' 포인트가 있다. 영상 재생 시에 실시간으로 사용자의 영상 시청 마지막 기록이 갱신되면, 혹시 컴퓨터가 갑자기 종료된 후에라도 넷플릭스를 다시 켜면 해당 영상을 본 마지막 시점부터 재시작되는 큐레이션 서비스이다. 사용자들이 컴퓨터, 스마트폰, 태블릿PC, 스마트TV 등 여러 기기에서 넷플릭스를 이용하는 점을 고려해 볼 때 기기를 바꿔 접속해도 다른 기기에서 보던 지점부터 콘텐츠를 이어 보는 기술은 매우 중요하다. 특히 러닝타임이 긴 영상 콘텐츠는 더욱 그렇다. 사용자가 그 콘텐츠를 처음부터 끝까지 한 번에 볼 확률이 높지 않기 때문이다.

넷플릭스는 콘텐츠뿐만 아니라 네트워크 품질에 있어서도 큐레이션한다. 영상 인코딩 방법을 활용하는 '다이내믹 옵티마이저(Dynamic Optimizer)'는 용량을 줄이고 화질은 더 나아지게 한다. 동영상에서 화질을 결정하는 비트레이트는 1초에 해당하는 동영상의 데이터 크기인데, 장면에 따라 필요한 데이터 크기가 달라 동적 영상이 더 많은 데이터를 필요로 한다. 2015년부터 넷플릭스가 VP9-Mobile, AVCHi-Mobile 등 최신 코덱을 쓰기 시작하면서 타이틀마다 비트레이트를 달리 해 화질에는 별 문제가 없지만 한 개 타이틀에 정적 및 동적 장면이 있어서 일률적인 비트레이트 적용 시에 비효율적이다. 이에, 넷플릭스는 2016년부터 영상을 조각 내어 인코딩하기 시작한다. 작게 자른 샷 단위로 최적의 비트레이트를 결정하여 인코딩하기 때문에 용량을 줄이고 화질을 더 살릴 수 있게 된다. 이는 미디어 소비자의 열악한 인터넷 환경에서도 화질을 개선해 주어 제한된 초고속인터넷 데이터 플랜을 이용하고 있는 이용자들에게 혜택을 주게 된다. 예컨대, 4기바 바이트 데이터플랜 이용자의 시청 가능 시간이 10시간에서 26시간으로 연장되는 효과를 가져오게 한다.

넷플릭스의 AI와 사람 간의 협업 시도처럼 OTT 미디어가 더욱 발전하면서 축적된 데이터 기반의 AI 큐레이션만으로는 경쟁이 힘들어지고 AI와 사람이 협업하는 구조가 요구된다. 스포티파이를 보면, 넷플릭스와 마찬가지로 처음 가입한 사람이 좋아하는 아티스트와 음악 장르를 선택하는 과정이 거쳐지고, 홈 화면도 가입자의 이용 내역에 맞춰 변화한다. 스포티파이도 재고 음원 3천만 개 중 주제에 맞게 음악을 골라 가입자가 좋아할 만한 재생 목록을 만들어 냈고, 자주 듣는 노래의 가수, 장르, 길이 등 곡에 대한 정보를 AI로 분석해 일차로 걸러지면, 고용된 DJ들이 그 결과물들을 다듬어서 완성된 재생 목록을 사용자에게 공급한다.

AI 고도화를 위해 M&A로 기술력 보완에 노력한 스포티파이는 2013년 투니고를 시작으로 2014년 인수한 에코네스트를 통해 음의 높낮이와 박자 등 다양한 음악의 유사성을 분간하는 기술을 보유하게 된다. 에코네스트는 분석한 음악 데이터를 바탕으로 노래와 이를 창작한 가수에 대한 온라인 평가 등을 조합해 최적의 음악을 추천하며, 매주 월요일 고객 음악 청취 행태를 분석해 좋아할 만한 맞춤 재생 목록을 제공하는 '디스커버리 위클리(Discovery weekly; 이번 주의 발견)' 큐레이션을 제공한다. 2015년 스포티파이가 인수한 '시드사이언티픽'은 2016년 AI로 음원을 분석해 이를 듣는 사람이 느낄 수 있는 감정을 도출해 음악을 추천하는 기술을 보유한 '닐랜드'를, 2017년 친구들이 추천한 콘텐츠를 추천해 주는 '마이티TV' 등을 인수하는 등 AI 경쟁력을 강화해 나간다.

한편, 전 세계 15억 명이 각양각색으로 원하는 거의 모든 롱테일 콘텐츠가 들어 있는 유튜브에는 영상이나 음악, 뉴스 등 다양한 콘텐츠를 제공하는 데 단계를 거치지 않기 때문에 관심 있는 콘텐츠를 효과적으로 찾을 방법이 없다면 무용지물이다. 따라서 유튜브도 소비자가 원하는 영상이 무엇인지 AI 기반으로 분석해 큐레이션을 제공한다. 소비자의 기호와 취향을 분석해 그 속에 들어 있는 보편적 요소들을 분석한 후 추천 영상을 올리는 유튜브는 2015년 도입한 모회사 알파벳의 AI가 유튜브의 개인별 추천시스템을 위해 매일 800억 개 댓글 등

피드백 데이터를 분석하고 영상과 영상 간 추천 관계를 정한다. 피드백 분석은 영상을 얼마나 오랫동안 봤는지, 어떤 영상을 가장 좋아했는지, 어떤 것은 건너뛰었는지를 파악하는 과정이다. 또한, 소비자가 쓴 댓글 문장의 개별 요점을 파악하고 다음 문장의 요점과 비교해 문장 간 전후 관계를 분석해 글 쓴 사람의 심리 흐름을 알아내기도 한다.

국내 주요 토종 OTT들도 AI 큐레이션을 제공한다. 가장 선두인 왓챠의 큐레이션 방식은 이용자들이 남긴 콘텐츠 별점 평가를 기반으로 개인 취향을 분석해 이용자가 좋아할 만한 콘텐츠를 큐레이션하며, 넷플릭스 분석엔진과 유사한 큐레이션 알고리즘을 적용한다. 왓챠도 정확도 높은 큐레이션 알고리즘을 획득하기 위해 심층 인터뷰나 관련 자료 분석 결과를 AI 학습에 활용해 AI와 사람 간 협업도 시도한다. 예컨대, 영화를 주로 시청하는 헤비유저(Heavy users)를 모집해서 심층인터뷰를 진행한 후 가입자들에게 약 30개 영화에 별점을 평가하도록 하고, 해당 데이터로 AI를 학습시켜 큐레이션 알고리즘을 개발했는데, 이때의 큐레이션 정확도가 넷플릭스보다 약 36% 높게 나타났다는 왓챠의 해석이다.

2011년 프로그램스를 설립한 이후에 2012년부터 동영상 콘텐츠 리뷰와 평점을 제공하는 콘텐츠 큐레이션 서비스인 왓챠가 먼저 출시되었고, 2016년 글로벌 OTT인 넷플릭스가 국내에 상륙하면서 OTT 서비스인 왓챠플레이가 출시되었다. 2020년에는 왓챠가 왓챠피디아로, 왓챠플레이가 왓챠로 개명되었고, 왓챠는 외부 콘텐츠를 제공하며 할리우드 6대 메이저 및 국내 60여 개 공급사와 수급 계약을 맺는다. 5억 개의 누적된 별점을 통해 취향을 기록하여 AI 큐레이션 서비스를 제공하는 왓챠는 2018년 가입자 수가 급격히 증가해 전년 대비 두 배를 기록했다. 왓챠 가입자들은 각 콘텐츠에 대해 리뷰를 남길 수 있고 커뮤니티를 형성해 감상과 다른 추천 콘텐츠 등에 대한 이야기를 나누며, 이야기 배경, 시대, 작품에서 중점을 두는 부분(연기력 등) 등 다양한 요소를 바탕으로 작품을 탐색할 수 있다.

왓챠는 지속적으로 넷플릭스의 큐레이션을 벤치마킹한다. 앞에서 왓챠파티에 대해서는 설명했으므로 생략한다. 2020년 4월에는 아무도 생각하지 않은 역발상을 한다. 즉, 넷플릭스 콘텐츠를 추천하는 '왓플릭스'라는 서비스를 통해 경쟁사의 콘텐츠를 큐레이션하는 것이다. 코로나19 팬데믹 상황에서 OTT 서비스를 애용하는 이들이 '넷플릭스 증후군'에 시달린다는 점을 착안한 것이다. 이 증후군은 이용자가 넷플릭스 상위 노출 인기 콘텐츠, 기존 시청 기록을 바탕으로 추천하는 콘텐츠 중 무엇을 볼지 섬네일과 설명만 이삼십여 분간 들여다보다 잠드는 현상을 일컫는다. 왓챠는 이 점을 파악하여 회원 가입 후 자신의 취향 정보를 입력하면 넷플릭스 콘텐츠는 물론, 넷플릭스에 없지만 자사 플랫폼 내 보유하고 있는 콘텐츠까지도 함께 큐레이션해 준다. 정확한 니즈를 공략한 이용자 확보에서 보유 콘텐츠 제시를 통한 고객 록인(Lock-in)까지 이어지는 큐레이션을 하는 왓챠는 영화와 드라마에 그치지 않고 도서, 게임, 뷰티 등 다양한 문화 취향을 아우르는 취향 공유를 지향하며 특히 '미드족' 취향을 세밀한 알고리즘으로 분석해 '바로 그것'을 찾아주는 데 집중한다.

SK텔레콤(SKT)과 국내 지상파방송 연합으로 탄생한 OTT인 웨이브(WAAVE)도 큐레이션에 대해 관심 갖는다. 하지만 이는 편집자가 이용자의 개인 취향이나 니즈를 파악해 유사 콘텐츠를 추천해 주는 에디터스픽(Editor's pick) 형태의 사람이 하는 수동 큐레이션이다. 영화의 메타 데이터(이용자가 현재 선택한 콘텐츠의 배우, 감독, 장르, 작가, 함께 많이 본 콘텐츠 등)에 기반하여 추천작을 매칭하며, 이용자가 선택한 영화나 TV 프로그램에 출연하는 배우가 출연하고 있는 또 다른 영화나 관련 프로그램을 추천하는 웨이브는 자칭 '매스미디어 방식 큐레이션'을 한다고 평가한다. 한국형 막장드라마의 대가 김순옥 작가의 작품을 모은 '순옥명작관' 채널이 이의 한 예이다. 이 외에도 1990년대 가요 프로그램을 틀어 화제가 된 '온라인 탑골공원'을 비롯해 '순풍산부인과', '대장금', '슬램덩크' 등 지상파방송사가 오래 전에 확보한 인기 콘텐츠를 활용하는 등 기성 세대 추억과 젊은 세대 호기심을 자극하려고 노력해 매스미디어 시대의 큐레이션에 머물러 있다는 평가이다.

한편, KT의 자체 OTT인 시즌(SEEZN)은 AI 기반 알고리즘에 기반해, 개인 콘텐츠 사용 이력뿐 아니라 이용자가 프로그램을 시청하는 요일, 시간대, 날씨 등 20여 가지의 조건과 맥락을 고려해 이용자에게 최적의 콘텐츠를 제공하며, AI 알고리즘은 '토핑엔진(Topping Engine)'으로 여타 OTT 서비스 큐레이션 시스템과 다르게 이용자의 감정을 분석해 콘텐츠를 큐레이션한다. 예컨대 카메라 인식 기반으로 이용자 얼굴 표정과 움직임을 결정하는 부위를 스캔해 이용자의 기쁨, 화남, 슬픔 등 감정을 인식해 적합한 콘텐츠를 추천한다.

CJENM의 티빙(Tving)도 이용자의 프로그램 시청 이력과 동일한 취향의 또 다른 이용자의 시청 알고리즘을 동시에 고려해 추천 정확도를 높이는 방식과 데이터를 이용한 검색엔진을 자체 구축해 콘텐츠 큐레이션을 수행하며, 플랫폼이 제공하는 인기순, 조회순의 콘텐츠 나열의 문제점을 극복하려고 노력한다.

그 외에도 OTT로 진화 중인 카카오의 경우, 2015년 6월 포털인 다음 모바일 메인 뉴스에 추천 엔진을 적용해 다음 뉴스 이용량과 뉴스 다양성, 체류 시간 등 관련 지표가 모두 증가함을 경험한다. 이후에 큐레이션을 확대해 브런치, 다음 웹툰, 다음 카페, 카카오TV, 멜론, 카카오뮤직, 카카오페이지 등 다양한 서비스에 적용하기 시작한다. 2017년 웹툰·웹소설 플랫폼인 카카오페이지에 추천 엔진이 적용되면서 콘텐츠 열람, 작품 구독, 구매 등 사용자 반응이 기존보다 50~70% 증가한다. 수많은 콘텐츠에 묻혀 판매가 이뤄지지 않았던 작품 매출도 증가한다. 카카오 첫 페이지에 들어가면 추천 콘텐츠 리스트(Featured list)가 나오는데, 사용자별로 개인화되어 있다.

미디어 산업 2세대의 주역인 국내 유료TV 사업자들도 이미 콘텐츠 큐레이션 인터페이스와 AI 알고리즘을 개발했다. KT는 올레tv의 VOD 메뉴를 원하는 대로 노출 순서를 설정할 수 있는 '나만의 맞춤 메뉴'를 2018년 내놓았고, 각 회차의 중복 오프닝, 엔딩 크레딧을 생략할 수 있는 바로 이어보기 기능도 있다. SK브로드밴드는 키워드 4천 개 조합과 로그 50기가 바이트 및 클릭 3,300만, 시청 6,600만 건으로 콘텐츠 큐레이션을 제공한다. LG유플러스도 2018년부터 140개 키워드 조합, 콘텐츠 이력 중심의 4개 목록 콘텐츠 추천을 제공한다. LG유플러스에 인수된 CJ헬로도 2018년부터 단말 종류에 구애받지 않고 고객의 시청 패턴 분석 등 데이터와 클라우드 기반의 '알래스카' 플랫폼을 개발해 케이블TV 공동 데이터 분석 플랫폼으로 활용되게 한다. 예컨대, 현대HCN은 CJ헬로가 제공하는 '알래스카' 플랫폼에 UI 측면의 시니어모드(글자 2배), 키즈모드(캐릭터 위주)를 적용하고 있다.

IPTV 사업자들은 AI 스피커 보급을 통해서도 이미 VOD 영상을 큐레이션하고 있다. SKT는 2016년 9월 스마트스피커를 출시했는데, 자체 개발된 음성인식 AI 플랫폼인 누구(NUGU)는 딥러닝 기반이며, 2018년 10월 개발 목적으로 '누구 디벨로퍼스'를 공개했다. KT도 2017년 출시된 AI 스피커인 기가지니에 음성 AI 플랫폼인 지니(구 기가지니)를 탑재했고, 2019년 말 SKT와 마찬가지로 개발사들에게 '기가지니인사이드'를 공개했다. LG유플러스는 네이버와 제휴해 유플러스 IPTV와 네이버의 스마트 스피커를 연동해 음성으로 TV와 스마트 스피커, 스마트 홈 기기를 제어 가능하게 하며 AI리모컨을 통해 음성 명령을 내릴 수 있다.

디지털데일리(2020.6.3). 내취향 잘 알 OTT, 추천 알고리즘이 궁금해.

김정명(2020). 국내 OTT 서비스 플랫폼의 경쟁전략에 따른 이용자 만족도가 OTT 지속이용의도에 미치는 영향에 관한 연구, 이화여자대학교 석사학위논문.

김정아(2020). K-OTT의 슬기로운 생존전략, 커넥팅랩, 스페셜 N, 칼럼 3.

동아비즈니스리뷰(DBR)(2020). "내가 이런 영화도 좋아하다니!" 취향저격 큐레이션 유저를 사로잡다, 269호.

딜로이트(2020.8). 디지털 미디어 트렌드 설문조사: 소비자의 가치 중시 경향 및 COVID-19에 따른 구독 서비스 시장의 변화.

매일경제(2021.6.25). 온라인서 뉴스 볼 때 포털만 찾는 한국인.

문화뉴스(2020.11.13). "넷플릭스 증후군"이제는 걱정 끝?. '넷플릭스 다이렉트' 시범 운영.

브런치(Brunch)(2021). #01 팬덤 플랫폼/덕질의 소통도 이롭게(1/2), 플랫폼 비교분석, https://brunch.co.kr/@zin-green/3(2021.7.29)

삼정KPMG(2020.8) With코로나시대, 소비 트렌드 변화는, Channel, Vol.221, pp.10~11.

삼정KPMG경제연구원(2020.6). 코로나19에 따른 소비재산업영향분석.

삼정KPMG경제연구원(2020.4). 음성AI 시장의 동향과 비즈니스 기회.

소비자평가(2020.3.2). 언택트 시대에 영화 보는 방법 '왓챠파티', '넷플릭스 파티'.

소비자평가(2016.12.8) 재인용. 소비자들의 새로운 시청 패턴 '빈지 페어링' 조사.

심홍진(2021.4). AI Multi-curation과 OTT 서비스 콘텐츠의 이용행태 변화, 정보통신정책연구원, KISDI Perspective, No.4.

심홍진·고현경(2020.12.31), AI 미디어 환경에서 OTT 큐레이션의 다차원적 진화와 OTT 콘텐츠 이용행태 변화에 관한 연구, 기본연구, 정보통신정책연구원.

삼성반도체이야기(2020), 백발백중! 취향저격수 '추천 알고리즘'의 비밀 https://www.samsungsemiconstory.com/2265(접속일: 2020.11.12.).

시즌(Seezn)(2020), 시즌 홈페이지 서비스 소개. https://m.myseezn.com/html/(접속일: 2020.9.18).

아이뉴스24(2021.7.29). "같이 공포영화 볼래?"… '왓챠파티' 30만 돌파.

아이비케이(IBK)투자증권(2020.9.24). 팬덤경제학

아이티(IT)조선(2020.4.1). 만우절 농담 아냐 왓챠, 넷플릭스 추천 서비스 '왓플릭스' 오픈.

유진투자증권(2021.5.31). 손을 맞대 make a wish.

이준영(2020), 코로나가 시장을 바꾼다(넥스트 노멀 시대 소비 트렌드 7), 서울: 21세기 북스.

이코노미조선(2018.12.12). 콘텐츠의 미래, 큐레이션.

이호수(2020), 넷플릭스 인사이트, 서울: 21세기 북스.

정은주/윤재영(2020). OTT 인공지능 큐레이션 서비스에 대한 사용자 경험 연구, 기초조형학연구 21권 6호, 통권102호.

조선비즈(2021.1.3). [2021 컨슈머]② 집에서 일하고, 먹고, 놀아요… 진격의 '집콕 소비.'

조선비즈(2021.4.2). 개인화 서비스 1인자 스포티파이, 차세대 음악 추천 기능 도입.

중앙일보(2021.6.2). 스타와 팬을 꽁꽁 묶어라, K팝 팬덤 플랫폼 '쩐의 전쟁.'

최선영 · 고은지(2018). 넷플릭스 미디어 구조와 이용자 경험. 방송문화연구, Vol.30, No.1, pp.7−42.

최세경(2015.8~9). 유통 플랫폼이 이끄는 방송 콘텐츠의 진화와 혁신, 방송 트렌드 & 인사이트, 한국콘텐츠진흥원, Special Issue, Vol.2.

최혜선 · 김승인(2020). 국내외 OTT 서비스의 사용자 경험 연구, Journal of Digital Convergence, Vol.18, No.4, pp.425−431.

파이낸셜뉴스(2019.11.28). 표정 스캔해 기분에 맞는 콘텐츠 추천 … KT AI OTT '시즌.'

테크크런치(2021.1.20). Netflix's 'Shuffle Play' feature will roll out to all users worldwide this year.

한국콘텐츠진흥원(2020.4). K−OTT의 슬기로운 생존전략, Vol.15.

한국경제(2020.8.19). 넷플릭스 뭐 볼까 고민? … '셔플 버튼' 나왔다.

Bhaskar, M.(June 2016). Curation, Little, Brown.

Ellis, J.(2000). Seeing things: Television in the age of uncertainty. London: I.B. Tauris.

Omdia(2020.3.20). COVID−19 Market Impact: Digital Consumer Services.

CHAPTER

03

미디어 산업 가치사슬의 유통 변화

SECTION 01 미디어 유통 구조의 변화
SECTION 02 미디어 유통의 산업화
SECTION 03 미디어 산업 내 파트너십
SECTION 04 유통 변화 대응 합종연횡

SECTION
01 미디어 유통 구조의 변화

미디어 산업 가치사슬의 유통 구조 변화를 보여 주는 대표적인 것은 광고 수익의 이동이다. 기존 미디어 산업의 주요 수익모델이 광고이기 때문이다. 국내 광고 시장은 지상파방송에서 유료TV로 이동하다가, 모바일로 급속히 이동한다. TV 방송 시장은 지상파방송 시장과 케이블TV, 위성TV, IPTV 등의 유료TV 시장을 말하며, 모바일 광고 시장의 확대로 2019년 국내 TV 방송 광고는 전년 대비

◎ [그림 3-1] 국내 TV방송 미디어 산업의 수익구조

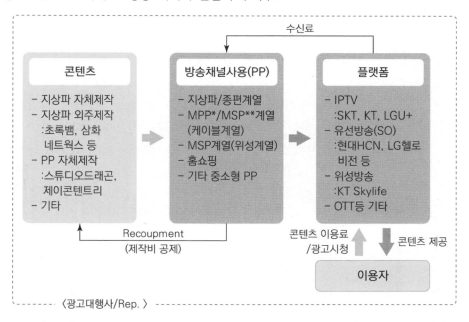

출처: 신영증권(2020.5); 편의상 지상파방송사를 방송채널사용사업자로 분류
  * MPP: Multiple program provider
** MSP: Multiple service provider

7.2% 감소했는데, 지상파방송이 더 심해 15% 감소했고, 유료TV만은 3% 이상 하락했다.

모바일 광고 시장이 커지기 이전, TV방송 광고 시장 총액 자체는 그대로 유지되면서 그 수혜 대상이 지상파방송사에서 CJENM, JTBC 같은 케이블 및 종합편성 계열 PP로 이동하는 정도였다. [그림 3-1]에서 보면, 유료TV 사업자들은 콘텐츠 서비스 제공으로 월 수신료를 이용자에게서 받아 방송채널사용사업자(Program provider; PP)에게 그 수익을 배분하고, 대신 지상파방송 및 계열 PP, 종합편성 계열 PP, 케이블 계열 PP, 위성 계열 PP, 홈쇼핑 PP, 중소 PP 등의 채널들을 확보한다. PP들은 지상파방송사, 외주제작사, PP들이 제작하는 콘텐츠에 편성 요율을 지급하거나 자체 제작 콘텐츠를 자사 채널에 편성하면서 광고 수익을 발생시킨다. 플랫폼 영역에는 유료TV 외에 OTT 플랫폼들이 추가되기 시작한다.

한편, 아래 좌측 [그림 3-2]는 2018년과 2019년의 TV 광고와 온라인광고 시장을 비교한 것이다. 2019년 기준으로 국내 온라인 전체 광고 시장은 6.42조 원, TV광고 시장은 2.9조 원을 기록해, 그 차이가 크게 벌어져 온라인 전체 광고 시장이 TV광고 시장을 크게 잠식하게 된다. 또한, 온라인광고 시장 내에서는

◎ [그림 3-2] 2018~19년 국내 TV/온라인 광고 시장 및 모바일 앱 총 이용시간 추이

출처: IBK투자증권(2020.6.10)

동영상광고, 노출형광고, 검색광고 전 분야에서 전년인 2018년 대비 20% 성장하였다. 또한 우측 [그림 3-2]를 보면, 2020년 2~4월 기간 동안, 모바일 애플리케이션(Application; 앱) 총 이용 시간은 전년 동기 대비 21.3%나 증가해 온라인광고 성장을 견인하게 된다.

2020년 코로나19 팬데믹 상황에서 TV 시청률이 증가했어도 TV 방송 광고수익은 감소한다는 우려가 지배적인 이유는 스마트폰 이용 증가와 함께 OTT 이용이 급증했기 때문이다. 즉, 국내의 90%가 넘는 사람들이 스마트폰을 이용 중이며, 젊은 층 외 40~50대의 유튜브 이용이 늘면서 OTT는 전 연령층을 아우르고 TV 광고 수익에도 영향을 미친다. 국내 유튜브의 단위당 광고 단가가 클릭당 1원에서 팬데믹을 계기로 6~8원까지 상승한 것이 이를 방증한다. 2011~2020년의 10년 동안 매체 이용 행태 조사 결과들을 살펴보면, '해당 매체를 주 5일 이상 이용하는 비율' 및 '일상생활에서 필수적인 매체'에 대한 조사 결과, 2015년부터 스마트폰 이용이 TV수상기 이용을 앞지르기 시작한다.

코로나19 이후의 광고 시장 이동은 더욱 가속화된다. 광고비 집행이 침체기인 코로나19 이전 수준을 넘어선다 해도 미디어 소비의 개인화와 디지털 유통채널로의 전환이 가속화되면서 광고주들은 디지털 미디어와 이커머스에 더 많은 예산을 집행하게 된다. 다음 [그림 3-3]에서 보듯이, 광고주의 니즈는 점차기존의 브랜딩 중심에서 벗어나 확실한 광고 효과와 효율적 광고 집행을 위해노력하게 되고, 타깃 고객에게 광고를 노출시켜 최적화할 수 있는 퍼포먼스형광고를 선호하게 된다. 이에 따라 광고대행사들도 개인화된 광고, 구매 전환율을 높일 수 있는 데이터와 기술 역량을 강화하게 된다. 이에 퍼포먼스 효율을극대화할 수 있는 프로그래매틱 광고 플랫폼과 리워드형 광고 등에 대한 수요가크게 증가하게 된다.

광고주들은 광고가 즉각적으로 매출과 연계되기를 원하며, 퍼포먼스 광고 및마케팅을 집행하면 광고비가 어떻게 사용되었는지 정확하게 파악할 수 있다. 퍼포먼스 광고는 네이티브 광고, 제휴 마케팅, 소셜미디어 등을 통해 가능하고, 클릭률(CTR), 클릭당 과금(CPC), 투자 수익률(ROI) 같은 핵심 성과 지표(KPI)를 통해 광고 효과를 측정할 수 있으며 고객들이 검색할 가능성이 높은 용어를 파악

◉ **[그림 3-3] 퍼포먼스형 광고 구조: 리워드형 광고 사례**

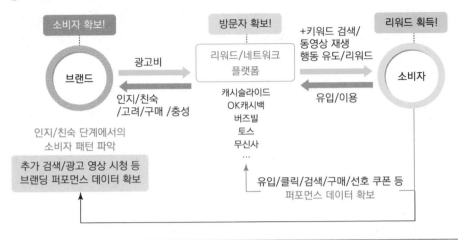

출처: 인크로스; 케이티비(KTB)투자증권(2021.5.21)

할 수 있다. 또한, 광고 데이터를 분석하면 광고가 효과적으로 전달되고 있는지 빠르게 확인할 수 있고, 이에 따라 광고 비용을 최적화할 수 있어서 데이터 기반의 프로그래매틱 광고가 중요해진다. 이는 데이터 기반 광고 의사 결정 시스템으로 광고 노출과 타깃팅 등 광고 퍼포먼스를 높이면서 투명성이 높다는 장점을 갖는다.

미디어 산업 가치사슬의 유통 구조 변화를 보여 주는 또 다른 중요한 것은 미디어 인프라로, 클라우드 기반의 유통으로 대거 이동하고 있다. 인터넷 환경에서는 이미 클라우드 기반이 보편화되었다. 클라우드 기반의 콘텐츠 유통이란 제작된 콘텐츠를 클라우드상에 저장하고 다양한 포맷으로 변환해 제공함으로써 서비스 포맷이나 소비 기기 종류에 무관하게 콘텐츠를 제공하는 것을 의미한다. OTT 서비스처럼 수요량 변화가 심한 콘텐츠 서비스의 서버 구축 비용과 운용 비용 절감을 위해 클라우드 컴퓨팅이 활용된다. 전통 방송사로는 영국의 공익서비스방송인 지상파방송사 BBC가 자사 모바일 앱인 아이플레이어(iPlayer)를 시작하면서 클라우드를 도입한다. 아이플레이어는 2003년부터 4년여의 준비 끝에 정부 허가를 얻어 2007년 베타 버전으로 출시되었다. 하지만 넷플릭스의 영국 상륙으로 인해 이용률이 감소하면서 차별화된 전략을 추진하기 시작한다. 즉, 보다 인간적인 플랫폼으로서 콘텐츠의 다양성을 보장하여 넷플릭스식 데이터 기반 알고리즘 방식의 콘텐츠 큐레이션 대신, 사람이 선별하는 큐레이션 방식을 선택해 시청자들에게 다양한 종류의 콘텐츠를 제안하는 것이다.

BBC는 아이플레이어의 신속한 콘텐츠 배포를 위해 '비디오팩토리(Video Factory)'라는 콘텐츠 가공 플랫폼을 구성해, 여기에 유입되는 라이브 스트림과 미디어 파일들을 효과적으로 저장, 가공하여, 수백 개 이상의 OTT 기기에 유통 가능하게 한다. 이를 위해 늘어나는 스토리지 공간과 컴퓨팅에 대한 요구를 충족시키기 위해 클라우드를 도입한 BBC는 마이크로서비스 아키텍처(Microservice Architecture)하에서 라이브 스트리밍 서비스를 15분 내에 구성할 수 있도록 했다. 미국의 비영리 공영방송인 PBS(Public Broadcasting Service)도 모바일 유통을 위해, 영국 채널4(Channel 4)도 인기 프로그램 방영 후 VOD(Video on Demand) 사이트 트래픽이 급증하는 상황에 대응하기 위해 클라우드를 도입한다.

이처럼 방송사 제공의 웹사이트나 앱을 시작하면서 클라우드가 도입되었고, 점차 넷플릭스 등 수많은 OTT 미디어 기업들이 클라우드를 적극 도입하게 된다. 넷플릭스는 자사 운영의 데이터센터를 아마존 클라우드 서비스인 AWS로 대체하였다. 콘텐츠 제작도구를 클라우드 기반으로 제공하면 원격 협업하면서 제작할 수 있는 동시에 송출 및 온라인 유통까지 클라우드로 통합하여 다양한 기기에 서비스하는 유통 시스템이 구축될 수 있기 때문이다.

미디어 기업들의 클라우드 활용 유형은 [그림 3-4]처럼 입수(Acquisition), 시각적 특수효과 및 비선형편집(VFX & Non-linear editing system; NLE), 디지털 자산관리 및 아카이브(Digital asset management; DAM & Archive), 미디어공급사슬(Media Supply Chain), 퍼블리싱(Publishing), OTT, 콘텐츠 배포 및 유통(Playout & Distribution), 데이터 분석(Analytics) 등이다.

입수와 시각적 특수효과 및 NLE는 제작 영역에 속하며, 디지털자산관리부터 배포 및 유통에 해당된다. 디지털자산관리 및 아카이브에서는 효율적으로 파일과 스트림을 입수한 후 메타데이터를 유연하게 추출하고 디지털 자산 목록을 검색하며 안전하게 디지털 자산을 관리한다. 미디어공급사슬에서는 다양한 경로로

◉ [그림 3-4] 미디어 기업들의 클라우드 활용 유형

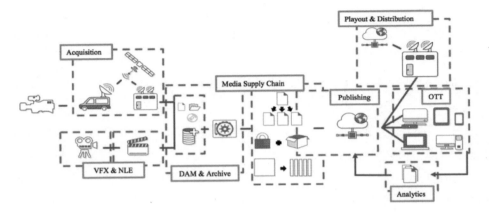

출처: 김기완(2017.2.3)

공급된 콘텐츠를 서비스하기 위한 사전작업 단계로 콘텐츠 공급자들에게 안정된 업로드 서비스를 제공하고, 입수된 콘텐츠 품질을 검사하며, DAM과 연동하는 등의 작업들이 자동화된다. 유통에서 가장 많이 활용되는 퍼블리싱에서는 클라우드 상에서 모바일 및 웹 서비스를 위한 다양한 구성 요소들이 손쉽게 사용되고 오브젝트 스토리지 활용으로 정적 콘텐츠를 제공해 서버 양을 줄이고, 클라우드 상의 로드 밸런서를 사용해 가용성, 확장성 및 탄력성을 가져갈 수 있다. 국내의 사례로 SBS콘텐츠허브가 메인 홈페이지를 비롯한 많은 서비스를 AWS상에서 퍼블리싱한다.

　콘텐츠 배포(Playout)와 유통에서는 이미 많은 미디어 기업들이 클라우드를 통해 라이브 및 VOD 서비스를 제공하고 있으며, '아마존프라임비디오'의 CDN(Content delivery network)을 사용한 배포가 대표적이다. CDN 서비스를 선택할 수 있는 알고리즘을 사용해 각 사용자 네트워크에 대한 정보 분석이 이루어지며, 이는 사용자 만족도 증대 및 향후 확장성을 고려한 아키텍처이다. 넷플릭스는 아마존의 AWS를 활용하면서 자체적으로 CDN을 개발하여 사용하고 있다. 이에 대해서는 6장에서 다룰 것이다.

　OTT에서는 효율적인 DAM와 CMS(Content management system)가 필요하고,

DRM(Digital right management), 안정적인 미디어 스트리밍을 위한 CDN, 다중 접속 차단, 콘텐츠 큐레이션을 위한 데이터 분석, OTT 기기에서의 데이터 추출 등 다양한 부분들이 함께 고려되어야 한다. 클라우드상에서 다양한 빅데이터 분석 솔루션들을 활용해 단시간에 보다 효율적인 분석 시스템 구축이 가능하다. 예로 넷플릭스는 마이크로서비스 아키텍처를 통해 빠른 서비스 개발을 진행하는데, AWS가 마이크로서비스 아키텍처를 위한 다양한 구성 요소들을 제공해 주기 때문이다. 서버리스(Serverless) 아키텍처를 통한 신속한 환경을 구축할 수 있게 하고, 코드 개발 파이프라인 자동화로 신속한 코드 변경을 배포할 수 있게 하며, 모바일 개발용 허브 등 다양한 도구 사용이 가능하다.

클라우드상에서는 오픈 소스 및 상용 도구 등 다양한 형태의 데이터 분석 도구들이 제공된다. AWS의 경우, 오브젝트 스토리지인 S3는 빅데이터 스토리지로 사용할 수 있도록 모든 도구가 구성되어 있다. 하나의 만능 툴을 사용하기보다는 사용 목적이나 패턴에 맞추어 여러 도구를 효과적으로 연계해 사용하면 효율적인 빅데이터 분석 시스템을 구성할 수 있다. 웹로그 분석의 경우, 사용자들의 웹 브라우저나 모바일 서비스 이용 시 모든 요청 내용이 웹로그 형태로 축적되는데, AWS를 사용하는 미디어 기업은 이렇게 축적된 웹로그들을 S3상의 특정 위치에 두고 여러 가지 방법으로 분석할 수 있게 된다. 이처럼 클라우드는 팬데믹 상황이 없었더라도 지속적이고 급격한 성장을 했을 것이며, 이미 음악이나 방송 영상, 게임 등 많은 OTT 미디어 서비스들이 클라우드 환경으로 이동하고 있다. 2장에서 논의한 AI 기반 큐레이션을 하려는 OTT 미디어 기업들에게 클라우드 인프라는 이제 필수 조건이 되었다.

SECTION 02 미디어 유통의 산업화

협의의 산업화(Industrialization)란 공업화(工業化)로 이해되나, 광의로는 산업 구조 재편으로 수반되는 사회·경제·문화 등의 전반적 변화 추세를 포괄한다. 콜린 클라크(Colin Clark)는 그의 저서 '경제 진보의 제 조건'에서 산업을 1차(농림·어업), 2차(광공업), 3차(상업·교통·서비스업)로 구분하면서, 경제가 진보함에 따라 노동인구나 국민소득 비중이 1차에서 2·3차산업으로 옮겨가고 산업 부문 간 부가가치 생산성의 차이가 존재한다고 말한다. 18~19세기 영국이 동력기관 발명과 생산기술 혁신에 기반해 농업 위주 경제활동을 광공업 중심으로 재편한 이후 산업화는 소비재 중심 경공업과 생산재 중심 중화학공업, 서비스 부문 및 산업 간 고도화되는 분업 시스템 과정을 겪는다. 이 과정에서 대량 생산방식이 확산되었고, 자본주의적 생산 및 노동시장이 확립되었으며, 상품시장 경쟁으로 인해 소유와 경영이 분리되는 기업 지배구조가 등장하고, 관료제 문화와 생산기술 혁신도 가속화되고, 노동인구는 점점 더 도시로 집중된다.

미디어 유통의 산업화도 가속화된다. 서비스 부문 및 산업 간 고도화되는 분업 시스템과 범지구화가 미디어 유통의 산업화를 이끌고 있다. 향상된 ICT를 기반으로 클라우드, 데이터, AI 등이 활용되면서 미디어의 인프라와 기업 지배구조에 변화가 일어나고 인터넷 환경에서 글로벌화가 가능해진다. 특히 미디어 유통 부문의 산업화는 미래의 미디어 기업가치를 높이는 과정에서 다양한 제휴와 분사 등을 통해 진행되기 시작한다. 지난 수십년 간 진행된 미국 인수합병 사례들을 보면 주로 수평적 및 수직적 계열화를 통해 거대 미디어 기업이 되는 것에 치중하였는데, 점차 OTT의 존재감이 커지면서 OTT의 확보 여부가 의사결정에 중요한 영향을 미치기 시작한다. 다음 [표 3-1]을 보면, 2018년 AT&T와 디즈

▌[표 3-1] 2018년 OTT를 향한 미국 통신 및 콘텐츠 기업의 인수합병

인수기업	피인수기업	인수규모	일정	내용
AT&T (통신)	타임워너 (콘텐츠)	USD85bn (약 93조 원)	2018	• 미국 2위 통신사업자 AT&T의 가입자 +HBO 등의 고퀄리티 콘텐츠를 통한 경쟁력 보유 • AT&T는 현재 DirecTV Now(라이브 스트리밍) 및 DirecTV(VOD)서비스를 보유 중
디즈니 (콘텐츠, 방송)	21세기폭스 (콘텐츠, 방송)	USD71.3bn (약 78조 원)	2018	• 반독점법 소송에서 승리, 7월 27일 주주 합병 승인 완료 • 22개 지역 스포츠 채널 매각 조건으로 승인 • 美 2위 OTT인 Hulu 및 인도의 Hotstar 를 보유하게 됨

출처: NH투자증권, 2018.7.31

니는 수평적, 수직적 계열화보다는 OTT 시대를 준비하기 위한 퍼즐 맞추기를 시작한 것처럼 보인다.

AT&T는 2016년부터 타임워너(Time Warner)와 합병을 합의했음에도 불구하고 미디어 산업 집중화를 이유로 법무부가 반독점 소송을 제기하여 2년이 지난 2018년에 미국 연방지방법원이 아무런 조건 없이 양사의 합병을 승인하면서 성사된다. 합병 당시에는 시가총액 2,800억 달러, 매출액 1,900억 달러의 미국 1위 미디어 기업이 탄생한 것으로 보도되었으나, 인수한 기업을 분사한 후에 또 다른 시도를 한 AT&T의 행보가 전통적 수직 계열화 전략에 변화가 생겼음을 보여준다. 즉, AT&T의 타임워너 인수는 IPTV와 위성TV를 가진 미국 2위 통신사업자의 콘텐츠 경쟁력을 보유한 수직계열화로 보이지만, 실제적으로 OTT 전쟁에 뛰어들기 위해 실탄을 준비한 것으로 파악되기 시작한다.

인수된 타임워너는 워너미디어(Warner Media)로 개명되었고, AT&T 엔터테인먼트 CEO인 존 스탠키(John Stankey)가 워너미디어 CEO가 되면서 영화와 TV 부문을 맡는다. 워너미디어는 HBO와 CNN, 카툰네트워크 등의 유료TV 인기 채널과 DC엔터테인먼트, 워너브라더스 등의 제작 배급 계열사를 보유 중이라, AT&T는 경쟁 OTT 기업에 비해 손색없는 콘텐츠를 제공할 수 있는 기반을 마

련하게 된다. 2020년 5월 출시된 HBO맥스(HBO Max)는 기존의 HBO, HBO Now, HBO Go 등 AT&T OTT들을 재통합한 OTT이다. HBO맥스가 출시되었지만, 이전의 OTT들이 바로 중단되지는 않았다.

AT&T의 타임워너 인수와 같은 시기에 디즈니의 21세기폭스 인수도 추진되었다. 겉으로는 콘텐츠 기업 간 수평적 통합이라 보이기 쉬우나, 사실상 미국 지상파방송 연합으로 이루어진 OTT인 홀루(Hulu)의 ABC 지분을 갖고 있는 디즈니의 홀루 경영권 확보로 이해된다. 디즈니는 21세기폭스의 영화와 TV 부문 사업을 인수한다. 이에, 그동안 3대 미디어그룹에 속했던 뉴스코퍼레이션(News Corporation: 이후 뉴스코프)은 축소되고 이의 법적 계승자인 21세기폭스가 디즈니에 영화 및 TV 부문 대부분을 매각하고 해체됨으로써, 디즈니는 21세기폭스, 폭스서치라이트픽처스, 폭스 계열 채널들, 내셔널지오그래픽(73%), 홀루(30%), 그리고 인도 위성TV인 타타스카이(Tata Sky, 30%)를 713억 달러에 인수한다.

한편, 지상파방송사 NBC 지분을 가진 컴캐스트는 21세기폭스 인수에 실패하면서 2018년 9월 그 대안으로 영국의 유료TV이면서 잠재적 OTT인 스카이(Sky)를 인수한다. 이로써 미국 미디어 산업의 OTT 시대를 향한 산업화가 어느 정도 마무리되는 모습이며, 미디어 유통구조의 재편이 일어나게 된다. 다음 [표 3-2]에서 보듯이, 자사의 유료TV 가입자나 보유 콘텐츠를 활용해 OTT 서비스인 HBO 맥스, 디즈니플러스, 피콕(Peacock)을 통해 넷플릭스 같은 독립형 OTT 서비스와의 차별화를 추구하기 시작하며, 이들도 글로벌화를 모색한다.

AT&T는 M&A 과정을 통해 모기업이 직접 미디어 사업을 운영하는 방식에서 벗어나 분업 시스템을 가져가는 것으로 보여, 이전에 취했던 미디어 기업 인수합병과는 대조적이다. 사실 AT&T는 수직적 계열화를 위해 콘텐츠기업인 타임워너를 인수하였다. 하지만 유료TV 시장이 급속도로 OTT 시장으로 이동하면서 타임워너 인수 효과가 크지 않다고 판단한 AT&T 투자자들이 TNT, TBS, truTV, 카툰네트워크(Cartoon Network), 어덜트스윔(Adult Swim), CNN 등 타임워너 인수로 확보한 터너(Turner)의 케이블TV 계열 채널들을 매각해야 한다는 주장과 함께 5G 무선 및 초고속인터넷인 광브로드밴드 등 본업에 집중할 것을 요구하였고, AT&T 신임 CEO는 5G 무선 강화를 위해 노력하기 시작한다. 2020년, 애

▍[표 3-2] 2020년 M&A로 재편된 미국 미디어 유통의 산업화, OTT 경쟁

	Disney(Disney+)	AT&T(HBO Max)	Comcast(Peacock)
M&A	21st Century Fox (21세기 폭스)	Time warner	Sky
OTT 출시 시기	2019년 11월	2020년 5월	2020년 7월
연계 미디어	Hulu ESPN+	HBO TBS CNN	NBC
주요 콘텐츠	Disney-겨울왕국 Marvel-어벤저스 Pixar-토이스토리 Lucas Film-스타워즈 National Geographic-지니어스	Warner Brothers-베트맨 HBO-왕좌의 게임 Turner-미국 NBA 채널	Universal Studio-해리포터 Dream Works-슈렉 Universal studios-분노의 질주

출처: 키움증권, 2020.6.10

니메이션 영상 사업부인 크런치롤(Crunchyroll)을 소니(Sony Corp.)에 매각하기로 합의한 이후에 AT&T가 택한 산업화 전략은 콘텐츠 사업부문의 분사화이다. 이는 경쟁자로 인식된 글로벌 미디어 기업들이 AT&T의 워너미디어 자산을 인수할 수도 있고, 이들과의 파트너십과 제휴가 가능해질 수 있기 때문이다. 특히 범지구화에 따른 치열한 OTT 경쟁이 진행될 것이기 때문에 다양한 파트너십이 필요한 상황이다.

2021년 5월, AT&T는 워너미디어를 분할한 뒤, 다시 케이블TV 계열 채널 사업자인 디스커버리(Discovery)와 합병해, 새로운 이름을 가진 워너브라더스디스커버리(Warner Bros.Discovery)가 탄생하고, 워너미디어의 OTT인 HBO맥스와 디스커버리의 OTT인 디스커버리플러스(Discovery+)를 결합한 글로벌 OTT 탄생이 예견된다. HBO맥스와 디스커버리플러스는 2021년 봄, 전 세계에서 각각 970만 명과 1,500만 명 가입자를 확보 중이다.

OTT를 향한 산업화로 더욱 빨라진 글로벌화는 기존의 인터넷 플랫폼 사업자들의 인수합병 전략에도 영향을 미친다. 워너미디어와 디스커버리 합병 발표 시

기와 맞물려, 이미 OTT를 제공 중인 아마존은 2021년 5월, 영화와 TV 프로그램을 제작하는 할리우드 스튜디오인 MGM 인수로 콘텐츠 자산을 확보해 넷플릭스의 강력한 경쟁자인 디즈니의 디즈니플러스와의 경쟁에 함께 대응하기 시작한다.

국내는 어떠한가? 아래 [그림 3-5]에서 보면, 미디어 부문 상장사 중심으로 살펴본 국내 미디어 산업 시가총액은 2019년 하반기부터 코스피 대비 부진한 흐름인데, 이는 국내 미디어 기업들의 OTT시대를 향한 산업화 준비가 덜 되어 있음을 시사한다. 2015년을 100으로 보면 상당히 떨어졌다가 복구하는 모습이며, 2020년 국내 미디어 산업 시가총액은 KOSPI에 미치지 못한다.

◎ [그림 3-5] 국내 미디어 산업 상장사 시가총액 추이

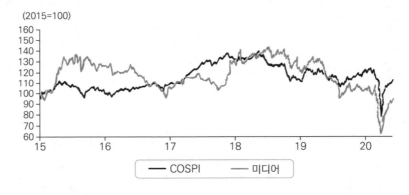

출처: Quaniwise; 신영증권(2020.5.28) 재인용

국내 미디어 산업은 인터넷 시대가 시작된 2000년 이후 6번의 시가총액 상승구간을 갖는다. 다음 [그림 3-6]을 보면, 2001년 홈쇼핑 개국, 2004년 SBS 지주사 전환, 2010년 홈쇼핑과 영화상영 사업의 해외 진출, 2012년 유료TV 플랫폼의 다양화와 케이블TV의 디지털 전송기술 전환에 따른 가입자 증가, 2015년 영화상영 사업의 해외 진출에 따른 외형 성장과 케이블 계열 PP인 CJENM의 채널 경쟁력 강화, 2018년 CJ오쇼핑의 CJENM 합병에 따른 CJENM 출범과 CJENM 산하 드라마 제작사인 스튜디오드래곤의 상장 등이다.

◎ [그림 3-6] 상장사 중심 미디어 산업 시가총액 추이

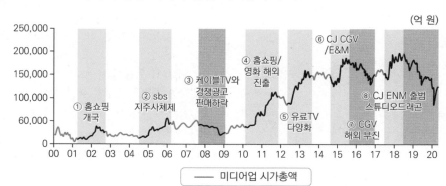

출처: Quantiwise; 신영증권(2020.5.28) 재인용

단기적으로 이벤트가 있을 때마다 국내 미디어 산업 내 관련 주가가 상승했는데, 2020년 KOSPI 대비 주가가 낮은 이유는 그만큼 기업의 미래 가치를 높게 보지 않기 때문이다. 이는 OTT시대에 대비하는 산업화가 더딤을 시사한다. 글로벌 OTT 미디어 산업 규모가 2019년 1,204억 달러(135조 원)에서 2020년 1,336억 달러(150조 원)로 성장하였고, 어떤 분업 시스템과 글로벌화 전략을 가져가느냐가 유통산업화의 관건이 된다. 국내에서는 코로나19로 OTT 시장의 존재감이 급부상하기 전에는 주로 LG유플러스와 CJ헬로의 합병, SK브로드밴드와 티브로드 합병 등 수평적 몸집 불리기 수준이었다. 하지만 국내에서도 OTT의 존재감이 커지면서 2019~2020년 동안 다음 [표 3-3]에서처럼 SKT와 지상파방송 3사 간 제휴를 통한 통합 OTT인 웨이브 출시, 넷플릭스와 CJENM 및 자회사인 스튜디오드래곤, JTBC 간 파트너십, CJENM의 티빙 분사 후의 티빙과 JTBC 간 제휴, 네이버의 다양한 OTT 시도 중의 하나인 네이버시리즈온 출시 등 미디어 산업 내 유통 파트너십이 진행되기 시작한다.

▌[표 3-3] 2019~2020년 국내 OTT 활동 및 예정(왓챠플레이는 왓챠로 개명)

구분		기업	주요내용
국내 통신3사 기반	WAVVE	SKT, 지상파3사	• 지상파 3사(POOQ)와 SKT(옥수수)의 통합 OTT 서비스 • AI, VR/AR 등을 활용한 차세대 콘텐츠를 개발하여 콘텐츠 경쟁력 높일 예정
	Seezn	KT	• 초고화질 영상/음악, AI큐레이션을 통한 개인화 서비스
	U+모바일tv	LG U+	• 2018년 국내 넷플릭스 유동 독점계약 • CJ헬로비전 인수 후 신규 OTT전략을 내놓을 예정
방송 채널 기반	TVING	CJENM	• 기존 CJENM, 방송 콘텐츠 기반으로 운영되는 티빙 서비스에 JTBC 콘텐츠 결합한 새로운 서비스 출시 예정 • JTBC 콘텐츠의 WAVVE 서비스 종료
	기타		• KBS my K, SBS, JTBCNow 등
기타	왓챠플레이 (현재 왓챠)	왓챠	• 넷플릭스 작품을 추천하는 왓플릭스 출시
	네이버 SeriesOn	네이버	• 네이버 디지털 콘텐츠 서비스 중 하나
글로벌	YouTube	You Tube	• Youtube Premeium(광고X, 다운로드, 음악, 오리지널콘텐츠 등) 출시로 유료화 전략
	Netflix	Netflix	• 2019년 JTBC, CJENM, 스튜디오드래곤과 콘텐츠 파트너십 체결
	Amazon Prime video	Amazon	• 2016년 서비스 개시
진출 예정	Disney+	Disney	• 2019년 11월 출시, 2021년 11월 국내 출시
	Apple tv+	Apple	• 2019년 11월 출시, 2021년 11월 국내 출시
	HBO max	Warner Media	• 2020년 5월 출시 예정
	Peacock	NBC Universal	• 2020년 4월 출시 예정

출처: 언론 취합, 소프트웨어정책연구소; 신영증권(2020.5.28) 재인용 및 재구성

2021년 상반기, 네이버의 글로벌 웹소설 플랫폼인 '왓패드' 인수, 카카오페이지와 카카오엠 합병을 통한 '카카오엔터테인먼트' 출범, 네이버와 신세계, 네이버와 CJENM의 지분 교환을 통한 네이버−신세계−CJENM 티빙 간 파트너십, 디즈니플러스와 LG유플러스 간 제휴, 이커머스 플랫폼인 쿠팡의 '쿠팡플레이' 출시와 싱가포르 OTT 훅(Hooq) 인프라 부문 인수, 오프라인 커머스 중심인 신세계의 미디어 콘텐츠 신규법인 '마인드마크' 설립과 '드라마스튜디오329' 인수 등 미디어 산업 내 기존 파트너십과 함께 산업 간 경계가 무너진 합종연횡이 동시에 진행된다. 이에 대해서는 3절과 4절에서 좀 더 자세히 다루기로 한다.

미디어 산업 내 파트너십

　그동안 미디어 산업 내에서는 M&A 등 다양한 제휴를 통한 파트너십이 진행되었으며 수평적 파트너십과 수직적 파트너십으로 구분해 볼 수 있다. 여기서는 넷플릭스가 국내에서 존재감을 드러내기 시작한 2017년부터 국내 미디어 산업 내에서 어떤 수평적, 수직적 파트너십이 진행되었는지를 미디어 유통 관점에서 살펴보고자 한다.

　먼저, 수평적 파트너십이 진행되는데, 이는 주로 통신기업들이 유료TV 가입자 수 증대를 위해 수평적 인수합병을 하는 경우이다. 이의 직접적 목적은 가입자 수 증대이나, 잠재적 OTT 가입자 확보와도 관련된다. 통신기업의 케이블TV SO(System operator) 인수의 주된 배경은 통신과 방송을 번들링한 결합상품 가입자 유지에 유료TV가 중요한 역할을 하기 때문이다. SKT가 CJ헬로 인수를 시도했으나, 이를 승인하지 않았던 방송통신위원회와 공정거래위원회의 정책 철학이 변화해, 유료TV 시장 획정이 기존 케이블TV 지역시장에서 전국 시장으로 옮겨지고, 다음 [그림 3-7]처럼 2019년 LG유플러스의 CJ헬로 인수와 함께 SKT의 티브로드 인수가 마무리된다.

　통신기업의 케이블TV SO 인수로 유료TV 시장 내에서 기대된 시너지는 매출 측면에서는 홈쇼핑 송출 수수료 확대와 VOD 확대 및 광고 매출 상승이고, 비용 측면에서는 콘텐츠 수급, 마케팅 등 영업 비용 및 네트워크 등 운영 비용 절감이다. 이외에도 결합상품 해지율을 낮추는 것이 통신기업에게 매우 중요한데, 유료TV 전체 가입자의 연간 해지율이 7% 수준이지만, 결합상품 가입자의 해지율은 이의 절반 수준이다. 이에 더해, N스크린 전략 차원에서 제공 중인 자사 종속형 OTT 이용률을 높이는 데도 기여할 것으로 기대된다.

　수직적 통합의 대표적 사례로는 과거 케이블TV 시대에 선제적으로 유료TV에 진출하여 케이블TV 시장 지배력을 구축한 CJ그룹의 CJENM이 케이블TV SO

◎ [그림 3-7] LG유플러스의 CJ헬로 인수 및 SK브로드밴드와 티브로드 간 인수합병

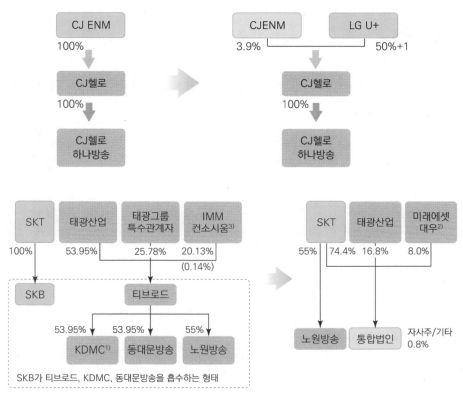

주1) KDMC는 프로그램 송출 대행, 송출솔루션을 제공하는 티브로드의 자회사
주2) 미래에셋대우가 약 4천억 원을 투자하여 태광그룹 특수관계자 지분 인수
주3) 티브로드가 IMM과 기타주주의 지분을 자사주로 매입 추진(3,022억 원 규모, 4/18 공시)
출처: LG유플러스; SKT; KB증권(2019.8.11) 재인용

인 CJ헬로비전을 매각함과 동시에 제작 및 편성 부문에 집중하기 시작하고, 제작 후방 단계를 수직적으로 통합하더니 2017년 드라마 제작 부문을 분사해 스튜디오드래곤을 설립하기에 이른다. 이는 콘텐츠 제작 경쟁력에 더욱 집중해 기존의 방송광고 중심의 수익 메카니즘 한계를 빠르게 극복하기 위한 전략적 선택이다. 분사 이후의 스튜디오드래곤은 완성도 높은 드라마를 제작해 넷플릭스 등 글로벌 OTT와의 계약을 순조롭게 진행하고 새로운 수익원인 판권 매출의 성장

을 가시화한다.

아래 [그림 3-8]에서 보듯이, 2018년 7월, CJ그룹 산하 CJ오쇼핑이 CJE&M을 흡수 합병해 사명을 CJENM으로 변경한다. CJE&M은 2010년 CJ오쇼핑의 미디어 부문에서 분사되었다가 다시 합병한 것인데, 이는 커머스에 콘텐츠가 필요한 것으로 이해되며, CJ오쇼핑의 현금흐름을 CJENM 제작에 이용할 것으로 예상된다. 그 이후 CJENM은 산하의 드라마 제작 부문을 분사해 스튜디오드래곤을 설립한다. 즉, CJENM은 내부 제작 부문의 분사로 새로운 유형의 수직 계열화를 완성하는데, 이는 콘텐츠 제작 기반을 더욱 공고히 하고 더 이상 캡티브 (Captive) 마켓에만 의존하지 않기 위함이다.

◎ [그림 3-8] CJE&M + CJ오쇼핑 = CJENM 기업 개요

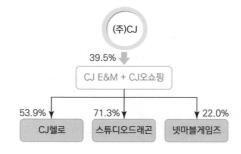

구분	내용
회사명	CJENM
대표이사	허민회
설립일	CJ오쇼핑: 1994년 12월, CJ E&M: 2010년 9월
상장일	CJ오쇼핑: 1999년 11월, CJ E&M: 2010년 10월
합병일	2018년 7월
사업분야	• 미디어: 콘텐츠 제작, 방송채널 운영, 광고 등 • 커머스(홈쇼핑) • 영화: 영화 제작, 투자, 배급 및 뮤지컬 기획, 제작 • 음악: 음원, 음반 기획, 제작, 유통 등

출처: 삼성증권(2018. 6.1); 신영증권(2020.5.28)

아래 [그림 3-9]처럼, 중앙홀딩스 산하 제이콘텐트리도 CJENM과 유사한 행보를 밟는다. 제이콘텐트리의 사업은 크게 방송과 영화로 구성되어 있다. 방송부문은 제이콘텐트리 별도 부문에서 영위하는 콘텐츠 IP 투자사업과 JTBC스튜디오(60% 지분)에서 영위하는 콘텐츠 제작 및 유통사업으로 나뉜다. 2020년 8월에 별도 부문에서 보유한 드라마 투자 관련 사업 전체가 제이콘텐트리스튜디오로 물적 분할해 분사된다. JTBC스튜디오(구 콘텐츠허브)는 제작 후방 단계의 수직화를 통해 콘텐츠 제작 역량을 총집중한 독립 스튜디오 모습을 갖추고, 산하의 제작사로 드라마하우스, 필름몬스터, 하우픽처스, 콘텐츠지음, 엔피오엔터, 비에이엔디, 퍼펙트스톰, 스튜디오비트, 엔솔로지스튜디오 등을 보유한다. JTBC스튜디오가 독립 스튜디오 모습을 갖는 이유도 스튜디오드래곤처럼 캡티브(Captive) 마켓

◎ [그림 3-9] 2020년 제이콘텐트리 지배구조

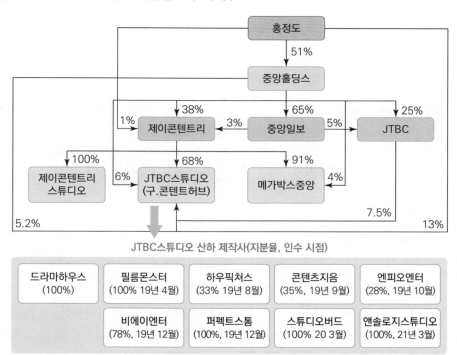

출처: 하나금융투자(2021. 3.17)

인 종합편성 채널 JTBC에만 콘텐츠를 제공해야 하는 종속적 관계에서 벗어나 다른 OTT나 지상파방송사와도 콘텐츠 거래가 가능해지기 때문이다.

제이콘텐트리스튜디오의 물적 분할과 JTBC스튜디오가 독립 스튜디오 모습을 갖춘 이후 2021년 들어 다시 JTBC스튜디오와 제이콘텐트리스튜디오가 합병된다. 앞서 언급했듯이, 제이콘텐트리스튜디오는 제이콘텐트리가 지분 100%를 보유한 콘텐츠 IP 투자회사였고, JTBC스튜디오는 제이콘텐트리가 60.5% 지분을 보유한 드라마 제작 및 유통 담당 자회사였지만, 아래 [그림 3-10]에서 예상했듯이, 합병 후부터 방송사업 전부를 JTBC스튜디오에서 담당한다. 제이콘텐트리는 물적 분할과 합병 과정을 밟은 후에 방송 자회사인 JTBC스튜디오(지분율 60.5%에서 70%대로 상향)와 영화 자회사인 메가박스중앙을 보유한 순수 지주회사가 된다. 이로써 스튜디오드래곤이 CJENM 소속 채널 의존도를 낮추듯이, JTBC스튜디오도 JTBC 등 종합편성 계열 채널 의존도를 낮추고 타 유통사가 제시하는 제작 보전(Recoup) 비율에 대한 협상력을 높일 수 있게 된다.

◎ [그림 3-10] 제이콘텐트리의 지배구조 변화(2020년 예상)

출처: NH투자증권(2020.7.21)

지상파방송사인 SBS를 보유 중인 SBS미디어그룹도 드라마 스튜디오 분사 작업을 통해 본사로부터 분업화된 시스템을 지향하기 시작한다. 먼저, 더스토리웍스에의 200억 원 유상 증자를 결정한 SBS는 다음 [그림 3-11]처럼, 2020년 4월, 더스토리웍스를 스튜디오S로 변경해 드라마 전문 제작사로 만든다. 지상파방송사 중에서 이렇게 분사하여 드라마 제작 스튜디오를 마련한 사례는 SBS가처음이다. 기획, 캐스팅부터 연출, 제작, 마케팅, 뉴미디어, 부가 사업 등 드라마

◎ [그림 3-11] SBS 미디어그룹의 지배구조

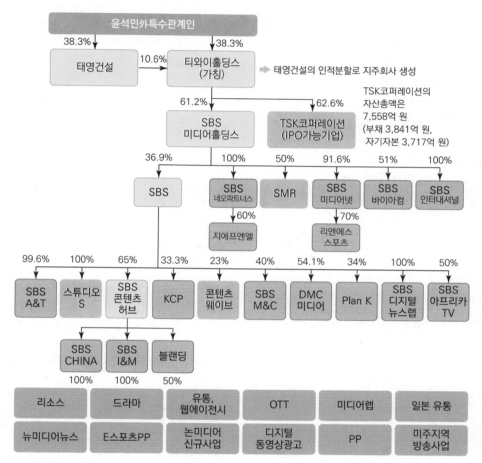

출처: 유안타증권(2020.5.18)

제작부터 수익 창출 등 과정이 모두 포함된 스튜디오S는 SBS에 연간 15여 편 드라마를 공급한다. 이는 OTT들의 콘텐츠 IP 확보 필요성이 커지면서 발생하는 인력 유출 문제를 해결하고, CJENM이나 제이콘텐트리처럼 자사 채널들에만 한정된 콘텐츠 공급의 한계를 극복하고 규제 잣대가 엄격한 지상파방송사 테두리를 벗어난 제작을 하기 위한 조치이다.

▍[표 3-4] 카카오의 콘텐츠 제작 및 유통 관련 종속회사

	업종	계열사 수	종속기업(지분율%)
카카오 페이지	모바일 마케팅서비스	1	Kakao Page Singapore(100)
	출판 및 전자상거래	1	삼양씨앤씨(70)
	소프트웨어 개발 및 서비스	2	네오바자르(70), N대 Bazar Indonesia(99)
	출판, 영상, 방송통신, 정보 서비스	1	다온크리에이티브(70)
	전자출판 및 서비스	2	Beijing Da Yun Cultural Comm.(100), 알에스미디어(72)
	영화 및 비디오물 제작	1	사운디스트(60)
	계	8	
카카오 엠	음반 제작 및 매니지먼트	3	스타쉽엔터(60), 플레이엠엔터(100), 플렉스 엠(100)
	방송연예인 매니지먼트	11	크래커엔터(80), 비에이치엔터(100), 숲엔터 (99), 제이와이드컴퍼니(100), 레디엔터(100), 이앤티스토리엔터(60), 어썸이엔티(100), 브 이에이에스티(100), 하이라인엔터(77), 메종 드바하(100), 상해레디문화전파유한공사(100)
	영상물 서비스	1	그레이고(100)
	영화 제작	2	영화사월광(41), 사나이픽처스(81)
	서비스 운영전문	1	PT.Path Mobile Indonesia(57)
	공연기획 제작	1	쇼노트(100)
	계	19	

주1: 2020.3.31 연결감사보고서 기준, 지분율 소수점 이하 반올림
주2: 종속기업 보유 지분율 포함 전체 지분율 표시
출처: 전자공시시스템, 카카오페이지증권(2020. 8.11) 재인용

위 [표 3-4]를 보면, 인터넷 기업인 카카오는 콘텐츠 제작 후방 단계의 수 직 계열화를 일찍부터 꾀하였다. 이는 원천 콘텐츠 IP와 배우, 콘텐츠 기획 및 제작의 수직 계열화를 통해 콘텐츠 IP의 경쟁력을 공고히 하기 위함이다. 카카

오는 카카오페이지를 통해 웹툰, 웹소설 기업들에 투자하여 관련 웹콘텐츠 수급과 고급화를 꾀했고, 카카오M을 통해 연예기획사, 영화 제작사, 음악 제작사 등을 인수해 수직 계열화를 지속적으로 완성해 나간다.

이렇게 콘텐츠 제작 후방 단계를 수직계열화한 카카오는 카카오페이지와 카카오M을 합병하는 수순을 밟는다. 2021년 1월, 카카오페이지는 카카오엠을 흡수 합병하고 '카카오엔터테인먼트'로 상호 변경하며 합병 비율은 약 1:1.3이며, 합병 이후 카카오의 카카오엔터테인먼트 지분율은 68.7%이다. 기존의 카카오페이지가 보유한 원천 콘텐츠 IP는 약 8,500개로 알려져 있으며, 기존의 카카오M은 배우 매니지먼트, 영화 제작사, 음악 레이블 등을 보유하고 있다. 합병 작업을 마무리한 카카오는 같은 해 7월에 음원 플랫폼인 멜론을 물적 분할 후 분사해 '멜론컴퍼니'로 독립시키는데, 이는 카카오엔터테인먼트와의 합병을 위한 것이다. 분사 2주만에 카카오엔터테인먼트가 멜론을 다시 합병하는데, 멜론은 사내독립법인(Company in Company; CIC) 형식으로 흡수되었다. 이로써 카카오엔터테인먼트는 웹툰·웹소설, 음악, 드라마, 영화, 공연 등 콘텐츠 전 분야를 아우르게 된다.

유통 변화 대응 합종연횡

2011년 6개(전체의 2.3%)에 불과한 넷플릭스의 자체 투자 제작물은 2018년 160개(전체의 32.3%)로 크게 증가했고, 전통 미디어 기업들이 넷플릭스에 제공한 콘텐츠 IP를 회수하기 시작했으며, 라이선스 가격은 더 상승하면서 넷플릭스가 취한 대응은 더 적극적인 제작 투자이다. 예로 2020년 넷플릭스의 총 라이브러리 수는 5,838개로 2010년(7,285개) 대비 감소했지만 자체 제작 투자 수는 오히려 늘고 있다. 2016년 국내에 상륙한 넷플릭스는 '킹덤' 등 오리지널 콘텐츠로 흥행에 성공했고, 오리지널 콘텐츠 투자 금액은 2020년 170억 달러(약 19조 3천억 원)에 달했으며, 2021년 5,500억 원을 한국 시장에 투자할 계획도 발표된다. 이러한 미디어 유통의 핵심 변화는 산업화와 파트너십이다.

국내의 토종 OTT 유통사들도 오리지널 제작 투자를 확대한다는 방침이지만 글로벌 유료 가입자 2억 명이 넘는 넷플릭스와 비교하면 그 투자 규모에는 분명히 한계가 있다. 그럼에도 불구하고 2016년 국내에 상륙한 넷플릭스의 산업화와 파트너십 움직임에 대응하려는 국내 기업들은 콘텐츠 경쟁력 확보 차원에서 전략적 변화를 시작한다. 먼저, 자본력을 가진 통신기업들은 기존의 케이블TV SO 인수를 통한 세불리기 전략보다는 사업 구조와 서비스 체질을 개선하는 것이 더 중요하다고 인식한다. 큰 비용을 들여 케이블TV SO를 인수하는 것을 더 이상 미래적이라 보지 않기 시작한 것이다. 그럼에도 불구하고 유료TV 가입자는 곧 잠재적 OTT 가입자이기 때문에 인수합병은 지속될 것이지만, 전략의 방향성은 이미 OTT로 향하면서 미디어 산업을 뛰어넘은 기업 간 합종연횡이 시작된다.

앞서 언급했듯이 OTT 시대에 대응하기 위한, 경쟁사 간 합종연횡의 첫 단추는 2019년 SKT가 IPTV 자회사인 SK브로드밴드의 종속형 OTT인 옥수수를 분사하여 지상파방송사 간 합작회사인 지상파연합플랫폼의 푹(Pooq)과 통합한 것이다. 이의 주요 목적은 분업화를 통해 OTT에 날개를 달아 주는 것이다. SKT는

900억 원 유상 증자에 참여해 옥수수와 푹의 통합 법인 지분의 30%를 확보하고 지상파방송사 3개 사가 나머지 70%를 나눠 가져 탄생한 통합된 OTT인 '웨이브 (WAVVE)'가 탄생한다. 웨이브는 2021년 상반 기준으로 국내 토종 OTT로는 가장 많은 이용자 수를 보유 중이다. 국내시장 점유율 1위는 넷플릭스(40%)이고 격차가 크지만 2위가 웨이브(21%), 3위가 티빙(14%)이다.

이러한 예기치 않은 경쟁사 간 합종연횡에 놀란 CJENM, JTBC 등 케이블TV 계열 및 종합편성 계열 PP 채널사들도 대응하기 시작한다. 먼저, CJENM과 JTBC스튜디오가 2019년 9월에 합작 OTT 법인 출범을 위한 MOU를 체결하면서 양사의 콘텐츠 역량을 티빙으로 결집시키는 전략을 추진한다.

아래 [표 3-5]에서 보면, 국내 토종 OTT 4사 중심으로 다양한 짝짓기가 진행되고 있음을 제휴사들을 통해 가늠해 볼 수 있다. 국내 토종 OTT 4사 중심으로 어떤 합종연횡이 추진되는지 살펴보자. 먼저, 지상파방송사와의 연합으로 웨이브를 탄생시켜 토종 OTT 1위를 달리며 합종연횡의 단초를 제공한 SKT는 '탈통신'을 내걸고 2020년 초에 카카오와 3천억 원대 지분 교환을 맺은 지 1년이

▌[표 3-5] 국내 토종 OTT 4사 서비스 현황

플랫폼	웨이브	시즌	티빙	왓챠
대주주	SKT	KT	CJENM	왓챠
출범일	2019년	2019년	2010년*	2016년
오리지널 콘텐츠	'좀비탐정', '조선로코-녹두전' 등 16편	'가시리잇고' 등 숏폼/미드폼 160여 편	'백종원의 사계', '여고추리반' 등 6편	한화이글스 다큐 등 하반기 공개
투자 계획	1조 원 (-2025년)	4,000억 원 (-2023년)	4,000억 원 (-2023년)	2020년 360억 원 투자 유치
제휴사	NBC유니버설 카카오엔터테인먼트 아마존프라임 (추진 중)	넷플릭스 디즈니플러스 (추진 중)	네이버, JTBC	HBO맥스, 디즈니

*2016년 CJ헬로비전이 CJENM에 양도, 2020년 CJENM에서 분할해 독립법인 출범
출처: 비즈니스워치(2021.4.1)

◉ [그림 3-12] 국내 토종 OTT 4사의 서비스 현황 및 OTT 월 사용자 수 비교

출처: 비즈니스워치(2021.4.1)

지나면서 또 다른 합종연횡으로 아마존과의 제휴를 추진한다. 즉, SKT는 이커머스 계열사인 11번가를 통해 아마존과 지분 참여 약정을 체결해 유통 사업에서 협업하기로 했고, 그 후속으로 OTT인 아마존프라임비디오 협력에 나선다. 또한, 2021년 3월, 카카오의 콘텐츠 자회사인 카카오엔터테인먼트와 웨이브를 보유한 SK브로드밴드 간 콘텐츠 제휴를 맺어 SK브로드밴드의 IPTV 플랫폼과 카카오엔터테인먼트 제작 역량을 결합하는 모습을 보인다. 이를 통해 SK브로드밴드는 2020년 9월 선보인 카카오TV 오리지널 콘텐츠(카카오엔터테인먼트 제작) 26개 타이틀을 자사 IPTV인 Btv 고객에게 제공하며, Btv 내 TV다시보기 메뉴를 통해 총 257편(26개 타이틀)을 서비스하고 향후 새롭게 공개되는 콘텐츠는 카카오TV에 선 공개된 후에 Btv에 편성하기로 한다. 이와 함께 SK브로드밴드는 2021년 초에 설립한 자회사인 '미디어S'의 버라이어티 전문 채널인 '채널S'에도 카카오TV 오리지널 콘텐츠를 유료TV 채널 독점으로 제공하게 된다.

2020년 말 CJENM으로부터 분사해 독립법인이 된 토종 OTT 2위를 달리는 티빙은 JTBC스튜디오와 손을 잡고 합작법인이 되었으며 티빙으로 재탄생한다. 이 합작법인은 향후 3년간 4천억 원 이상 제작비를 투자해 드라마, 예능 중심으로 대형 IP와 독점 콘텐츠를 제작할 계획이며, 기존 양사 보유 IP 기반으로 한 협업 형태, 스핀오프 형태의 프로그램은 물론이고 tvN, JTBC, JTBC스튜디오, 스튜디오드래곤 등 CJENM과 JTBC 양사의 스타급 크리에이터를 활용한 고품질 독

점 콘텐츠들을 기획할 수 있게 된다. 이로써 그동안 TV 방송 시장만을 캡티브 마켓으로 여겨온 CJENM, 제이콘텐트리 모두가 제작 부문을 과감히 떼어 내어 콘텐츠 IP를 자산화하고 글로벌 제작 역량을 가져가게 된 것이다.

또한, 티빙은 웨이브 대비 부족한 가입자 수를 늘리기 위해 네이버와의 합종연횡도 모색한다. 이는 모회사인 CJENM의 3대 주주로 올라선 네이버와 제휴한 것이기도 하다. 네이버는 웹툰 제작사뿐 아니라 YG엔터테인먼트 투자와 SM엔터테인먼트 지분 인수를 통해 콘텐츠 제작 역량을 강화해 왔으며, 미국 법인인 웹툰엔터테인먼트가 웹툰엔터코리아의 지분 77%를 가진 모회사가 되게 해 글로벌 유통 역량을 가져가기 시작하는 중에 CJ그룹과도 네이버 간 포괄적 사업 제휴를 맺고 6천억 원 주식 교환에 합의한 것이다. 이 제휴는 콘텐츠와 커머스 부문 전방위에 걸친 것이며, 콘텐츠 분야에서는 웹툰 IP 확보와 이의 영상화(드라마, 영화, 애니메이션)에 협력한다. 이는 양사가 공동 투자한 프리미엄 IP 중 일부를 CJ가 우선적으로 글로벌 향 고부가가치 콘텐츠를 제작하는 방식이며, 이를 위해 공동 펀드도 만들어 3년간 3천억 원을 투자한다. 이 제휴는 티빙에게도 기회가 된다. 네이버가 2021년 구독제로 내놓은 '네이버플러스'에 티빙이 결합 제공되어 250만 명 네이버플러스 가입자들에게 티빙 콘텐츠를 제공하는 선택권이 주어진 것이다. 티빙과 네이버 멤버십 간 결합상품 출시 등 가입자 확대를 위한 협력을 추진한 네이버는 티빙의 지분 투자에도 참여한다.

그 외에도 CJENM에서 분사한 스튜디오드래곤은 고품질 콘텐츠 제작으로 넷플릭스의 눈에 들게 되면서 2020년 초에 지분 4.99%를 넷플릭스에 매각(1,079억 원)함으로써 전략적 파트너가 된다. 이커머스 기업인 쿠팡은 파산하는 싱가포르혹의 소프트웨어 사업 부문 인수를 추진해, '쿠팡플레이'가 로켓와우 멤버십을 그대로 사용하는 방식으로 출시되자, 네이버와 CJ 연합에 신세계까지 가세한다. 이마트를 가진 신세계가 쿠팡의 합종연횡에 대응하기 시작한 것이다. 네이버와 신세계가 이커머스 분야에서 합작에 성공하고, 티빙은 네이버가 맺은 협약 덕분에 신세계 고객 대상 OTT 서비스가 가능해 네이버플러스에 제공할 OTT 서비스를 신세계 쇼핑 서비스로도 확장한다.

이처럼 1, 2위권 토종 OTT들이 파트너십과 분사, 흡수합병 등을 통한 합종연횡으로 사업의 판을 확장하는 중에 3위권에 위치한 시즌의 모회사인 KT는 합종 연횡에 앞서 그룹 차원에서 콘텐츠 사업을 정렬하고 내부화한다. 즉, KT 그룹 내 이미 구축된 미디어 및 콘텐츠 역량을 총결집해 투자 및 기획, 제작, 유통까지 아우르는 콘텐츠 전문 기업인 'KT 스튜디오지니'를 2021년 초에 설립하고 그동 안 유료TV(IPTV, 스카이라이프), 음원 유통(지니뮤직), 웹툰 – 웹소설 플랫폼(블라이 스, 케이툰) 중심으로 미디어사업을 전개해 온 경험을 토대로 독자적인 콘텐츠 IP 확보 전략을 우선 선택한 것이다. KT는 2023년까지 원천IP 1천개, 드라마IP 100 여 개 콘텐츠 라이브러리를 구축할 계획으로 콘텐츠 제작 사업에 뛰어들었고 이 미 관련 유통 사업을 영위해 왔으며, 데이터분석 및 플랫폼 역량도 갖추고 있고, 자본력을 충분히 가지고 있다.

한편, 왓챠가 그동안 HBO와의 제휴를 통해 HBO의 주요 콘텐츠를 독점 제 공했는데, 2021년 7월 웨이브와 HBO의 대규모 콘텐츠 공급 계약 체결로 왓챠 의 독점이 종결된다. OTT들의 합종연횡 배경에는 오리지널 콘텐츠 확보가 있으 며, 이에 대해서는 6장에서 자세히 다룰 것이다.

참/고/문/헌

김기완(2017.2.3). 방송기술의 클라우드 전략: Part 2. 미디어 산업에서의 클라우드 활용, 방송과 기술, Tech & Trend, http://tech.kobeta.com.

뉴스핌(2021.3.25). SK브로드밴드-카카오엔터테인먼트, 콘텐츠 제휴 체결.

뉴시스(2021.7.7). 멜론컴퍼니 독립 출범⋯카카오엔터테인먼트와 합병 기대.

미디어SR(2020.3.31). SBS 드라마국 분사⋯OTT 바람 탄 방송가 IP 경쟁 가속화.

비즈니스워치(2021.4.1). [OTT 쩐의 전쟁] 선점 경쟁 격화, 합종연횡 사활.

삼성증권(2021.3.24). KT.

삼성증권(2018.6.1). 다가오는 넷플릭스의 시대.

신영증권(2020.5.28). 무료한 건 못 참아. 일상 속의 콘텐츠.

심홍진(2017.12.18) 4차 산업혁명 시대, 미디어 콘텐츠의 생존 전략, KISDI Premium report, 정보통신정책연구원.

아시아경제(2019.11.11). [유료방송 빅뱅] 해외서는 '통신+미디어' 비즈니스 모델 대세.

아이비케이(IBK)투자증권(2020.6.10).

아이티(IT)조선(2021.1.7). 티빙·JTBC 합작법인 출범.

유안타증권(2020.3.30). SBS.

이투데이(2021.3.15). 넷플릭스, 2024년 'OTT 1위' 왕관 디즈니에 뺏긴다.

정보통신정책연구원(2021.2.2) 2020년 방송매체이용행태조사.

조선일보(2021.7.15). 카카오, 멜론 다시 품는다 ⋯ 분사 2주 만에 합병.

조선일보(2021.1.7). JTBC, CJ 티빙 합류⋯시너지 극대화→OTT시장 판도 변화 예고.

조선일보(2020.6.2) 기대가 잡음으로, HBO맥스 출시 직후부터 흥행 적신호.

조숙희·정세윤·임성창·김종호·이대열·최진수(2014), 클라우드 기반 방송콘텐츠 제작 및 서비스 패러다임 변화, ETRI, 2014.

카카오페이증권(2020.8.10). 인터넷 서비스-데이터 경제 시대, 시장 패권은 플랫폼에게로.

케이비(KB)증권(2019.8.11). 유료방송 변화에 주목하라.

케이티비(KTB)투자증권(2021.5.21). 광고업에 대한 인식 변화가 필요한 시점.

키움증권(2020.6.10). 미디어/엔터/레저 하반기 전망.

테크월드(2021.3.8). 비대면 시대의 클라우드 시장 동향.

톱데일리(2021.6.16). 디즈니플러스 따라가는 티빙…무너진 OTT '합종연횡' 꿈.

파이낸셜뉴스(2021.3.15). 토종 OTT 이용자 다 합쳐야 넷플릭스 '천만'에 견줘.

하나금융투자(2021. 3.17). 제이콘텐트리.

현대차증권(2019.9.17). 클라우드 컴퓨팅.

한국민족문화대백과사전. 산업화(産業化), http://encykorea.aks.ac.kr/Contents/Item/
    E0026295.

한국방송통신전파진흥원(2021.5−6). Warner Bros. Discovery 탄생의 배경과 의의,
    Media Issue & Trend, Vol.44, pp. 74−80.

한국방송통신전파진흥원(2020.4). BBC의 OTT 전략과 시사점 − iPlayer와 BritBox를
    중심으로, 트렌드 리포트, KCA Media Issue & Trend, Vol.32, pp.6−15.

한국방송통신전파진흥원(2020.7). HBO Max 출범의 의미와 전망.

Clark, Colin(1960). The Conditions of Economic Progress, Third Edition Largely
    Rewritten, Macmillan, January 1.

Vulture(2021.5.17). 3 Big Questions About the WarnerMedia−Discovery Deal.

CNBC(2021.5.17). AT&T announces $43 billion deal to merge WarnerMedia with
    Discovery.

Bloomberg(2021.5.16). AT&T Is Preparing to Merge Media Assets With Discovery.

ScreenRant(2020.5.18). WarnerMedia & Discovery Deal Explained: What It Means
    For HBO Max & WB.

AdWeek(2021.6.1). 'WarnerMedia and Discovery's New Company Finally Has a
    Name.

Paste Magazine(2020.5.17). WarnerMedia and Discovery Merging? 5 Things It Could
    Mean for the Future of Streaming.

CHAPTER

04

미디어 산업 가치사슬의 제작 변화

SECTION 01 미디어 제작 방식의 변화

SECTION 02 미디어 제작의 파편화

SECTION 03 미디어 제작의 초세분화

SECTION 04 제작 변화 대응 가상제작

미디어 제작 방식의 변화

미디어 제작 변화는 미디어 소비 및 유통 변화와 연계된다. 보스턴컨설팅그룹(BCG)이 2016년 제시한 아래 [그림 4-1]은 시청 행태가 양극화됨을 전망한 것으로 제작 방식의 변화를 요구한다. 향후 시청 행태는 '지상파방송 및 유료TV 기본 패키지'보다는 '프리미엄 구독제 TV'나 '유료TV 후순위 채널'을 더 많이 보게 될 것이라는 전망이다.

이러한 TV 시청 행태의 양극화로, 미디어 산업 내 발빠른 미디어 기업들은 콘텐츠의 파편화와 초세분화를 위해 미디어 기업의 조직 변화를 선행한다. 2017년, CJENM은 미디어 소비 행태 변화에 대응해 다음 [그림 4-2]처럼, 디지털미

◉ [그림 4-1] 2016년 현재와 향후 TV 시청 행태

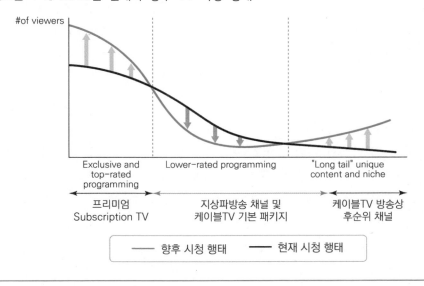

출처: BCG 2016; 유진투자증권(2016.11.15) 재인용

◎ [그림 4-2] CJENM의 디지털 미디어 비즈니스

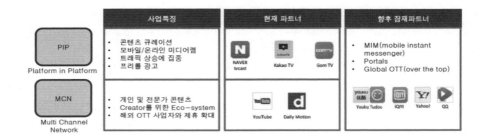

출처: 유안타증권(2017.4.17)

디어 비즈니스 조직을 PIP(Platform in Platform)와 MCN(Multi-channel network)으로 양분하는데, 이러한 구조는 경쟁 우위를 차지하기 위한 노력으로 미디어 기업의 제작 방식에 영향을 주어 콘텐츠의 파편화와 초세분화를 가져온다.

　　CJENM의 조직 구조로 본 첫 번째 제작 방식의 변화 핵심은 파편화이다. CJENM의 디지털 미디어 비즈니스 한 축인 MCN은 1인 미디어 크리에이터가 제작한 콘텐츠를 유통해 주고 저작권을 관리하며 광고를 유치하는 등의 UGC 생태계를 조성해 주는 에이전시 역할을 한다. CJENM이 2013년 출범시킨 다이아TV(DIATV)는 자체 스튜디오를 두고 주로 숏폼(Short form)의 UGC(User generated content) 제작을 지원하고 있다. 숏폼은 유튜브나 스노우, 인스타그램, 틱톡 등에서 유통되는 먹방 등 UGC로 시작해 보다 전문화된 PGC(Professional generated content)로 확장 중이다. 이에 CJENM도 숏폼 PGC 제작을 위한 스튜디오를 만들고 실감기술을 도입한 스튜디오도 신설하게 된다.

　　CJENM의 디지털 미디어 비즈니스 다른 한 축인 PIP는 글자 그대로 '플랫폼 안의 플랫폼'으로, 포털을 비롯한 파트너들이 운영하는 플랫폼 내에 별도로 구축된 카테고리 플랫폼에서 미디어 기업이 PGC를 기획하고 제작 및 편성하는 방식이다. CJENM은 네이버TV(구 네이버캐스트), 카카오TV 등 타 플랫폼 카테고리에 편집된 클립들을 올려 프리롤(Preroll) 광고 수익을 벌어들일 수 있고, 콘텐츠 큐레이션과 미디어렙(Representative)을 통한 프리롤 광고 수익을 기대할 수 있다. CJENM은 이를 위해 자체 OTT인 티빙과 미디어렙인 메조미디어를 가지고

있으며, 티빙은 점차 콘텐츠의 초세분화에 관심 갖게 되면서 주요 장르의 오리지널 제작 역량을 가져가기 시작한다.

　CJENM의 디지털 미디어 비즈니스 조직 구조에서 보듯이, 제작 변화의 핵심은 파편화와 초세분화이다. 콘텐츠의 파편화로 미디어 소비자는 여러 OTT 플랫폼들을 넘나들며 다양한 콘텐츠를 동시에 사용하는 추세가 진행될 것이다. 이에, 미디어 유통사는 가입자 록인을 위해 콘텐츠의 파편화에 더 주력하게 될 것인데, 이를 이끄는 콘텐츠 포맷이 '숏폼(Short form)'이다. 콘텐츠 포맷은 롱폼과 숏폼으로 양분되는데, 글로벌 대표 OTT인 틱톡(Tik Tok)을 비롯해 국내에서도 숏폼 제작에 대한 투자가 이미 시작되었다. CJ계열의 메조미디어가 2021년 발표한 '숏폼 트렌드 2020'에 따르면 10대의 절반 이상(56%)은 10분 내 짧은 동영상을 선호하는 것으로 조사되었고, 틱톡의 10대 이용자 비중은 전체의 약 43%를 차지하였다.

　10억 명이 넘는 이용자를 가진 인스타그램도 전 세계 5천 만 명 이상의 스토리 기능 사용에서 15초 미만 동영상이 전체 영상 피드의 45%를 차지함을 보면서 해당 기능을 강화한 릴스(Reels) 서비스를 2020년 하반기에 도입했고 2021년 국내에서도 가능하게 되었다. 15초의 짧은 비디오부터 음악 및 텍스트 편집 기능, 화려한 특수효과 등이 그대로 적용되어 틱톡을 그대로 따라했다는 비판이 있었는데, 사실 틱톡 이전에도 바인이나 뮤지컬리 서비스가 있었다. 릴스가 틱톡과 다른 점은 인스타그램 내에서 제공되고 있다는 점이다. 즉, 기존 인스타그램 이용자들의 소비에 이 기능이 추가되는 수준이다.

　한편, 미디어 제작 방식 변화를 이끄는 초세분화는 결국 '오리지널(Original)' 제작과 연계된다. 오리지널 콘텐츠는 미디어 플랫폼이 투자에 참여해 제작한 자체 프리미엄 콘텐츠를 말하며, 넷플릭스가 오리지널 콘텐츠를 첫 선보인 해는 2013년이다. 데이터 분석 및 AI에 기반한 '하우스 오브 카드'라는 드라마 원작의 정치 스릴러물이 오리지널 제작의 시작을 알렸다. 넷플릭스 하면 '오리지널' 공식이 성립할 정도로 넷플릭스 오리지널에 대한 소비자 만족도는 급상승했고, 고품질 콘텐츠 장르의 초세분화(Micro-segmentation)가 오리지널 제작 방식의 변화를 이끌게 된다.

2장의 미디어 소비 변화에서 언급했듯이, 넷플릭스의 큐레이션은 개인화와 상황맞춤화에서 출발한다. 상기하면, 고객의 행동 데이터를 분석해서 어떤 고객 니즈가 있는지를 파악하고 고객에게 개인화된 서비스를 제공한다. 이는 오리지널 제작 방식의 변화로 연결되어 장르의 서브 장르화와 초세분화가 모색되는 것이다. 넷플릭스는 신작이 들어오면 수천 명의 직원들이 태거라는 직책으로 신작을 시청하고 태그를 달아 준다. 이에 모든 콘텐츠는 약 8만 개의 장르로 초세분화되는 것이다.

새로운 장르를 만들어 내는 '화이트 스페이스' 전략을 통해 넷플릭스에서만 만날 수 있는 초세분화된 장르들이 등장한다. 이의 결과로 93회 아카데미 시상식에서 '맹크', '나의 문어 선생님' 등으로 7관왕을 달성한 넷플릭스 콘텐츠의 완성도를 결정하는 요소는 창작의 자유를 존중하는 제작 방식에서 나온 콘텐츠의 다양성이다. 국내에서는 조선과 좀비를 배합한 '킹덤', 범죄의 길을 택한 고등학생을 통해 사회 문제를 인식시키는 '인간수업' 등 새로운 소재와 영상 문법이 등장한다. 장르의 초세분화에 대해서는 3절에서 자세히 다루기로 한다.

미디어 제작 방식 변화를 이끄는 파편화와 초세분화는 숏폼 및 오리지널 콘텐츠 제작을 위한 미디어 인프라로 클라우드를 필요로 한다. 미디어 기기들이 고급 사양을 갖추면서, 그에 걸맞은 콘텐츠를 제작하고 유통하는 것이 중요한데, 3장에서는 유통구조 변화를 추동하는 클라우드를 설명하였다. 인터넷이 TV에 접속되면서 고품질, 고화질의 숏폼 및 오리지널 콘텐츠 제작을 이끄는 ICT는 클라우드이다. 상기하면, 클라우드 서비스는 컴퓨팅, 스토리지, 소프트웨어, 네트워크 같은 자원을 인터넷을 통해 필요한 만큼 빌려 쓰고 사용한 만큼 지불하는 서비스를 통칭하며, 클라우드 공급자는 가상화 및 분산처리 기술 기반으로 ICT 자원이 결합된 클라우드 컴퓨팅을 통해 소비자에게 다양한 ICT 자원을 실시간 제공하며, 소비자는 이를 원하는 장소에서 원하는 시점에 원하는 만큼 빌려 쓰고 사용량 기준으로 지불한다. 여기서는 제작 방식 변화를 추동하는 클라우드를 살펴보자. 먼저 다음 [그림 4-3]을 보면, 제작 환경은 테이프, 파일을 거쳐 클라우드 기반으로 진화한다.

테이프 기반 제작에서는 인제스트 단계가 없고 편집 단계에서 공유 저장장치가 아닌 개별 VCR을 이용해 편집이 이루어지는 반면, 파일 기반 제작에서는 미

◎ [그림 4-3] 방송 제작 환경의 진화

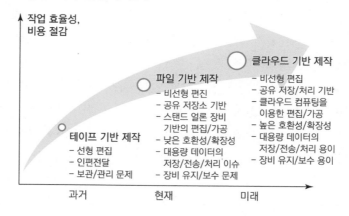

출처: 조숙희 외(2014, 53쪽)

디어 데이터를 공유 저장장치로 인제스트하여 처리하며, 장르에 따라 제작 과정이 조금씩 달라진다.

한편, 클라우드 기반 방송 제작은 파일 기반 제작에 필요한 공유 저장장치와 아카이빙 서버 등의 저장소를 클라우드 환경으로 옮기는 부분적인 형태에서부터 시작해 압축/편집/가공 등 제작에 필요한 모든 처리 기능을 클라우드 내에 구축해 활용하는 데까지 확장된다. 클라우드 컴퓨팅 자원이 제작 관련 모든 연산처리를 수행할 수 있다. 인제스트 단계에서 촬영된 미디어가 직접 클라우드로 입력된 후 모든 작업이 클라우드상에서 진행되며, 특정 작업에 필요한 자원 수요가 일시적으로 증가해도 쉽게 대응할 수 있다. UHDTV와 3DTV 등의 고화질 콘텐츠 제작 시엔 대용량 데이터의 고속 편집과 가공을 위한 시간과 비용 증가가 불가피한데, 클라우드 기반 병렬·분산처리를 통해 UHD 영상 데이터 편집 및 가공 시 발생하는 단독 제작 장비의 처리 성능 한계를 극복할 수 있고 클라우드상에 데이터 저장 및 처리 기능이 모두 가능해 대용량 UHD 데이터의 다운로드 및 업로드 시간·비용을 최소화할 수 있게 된다.

클라우드 기술은 제작과 유통 모두에 활용되며, 3장에서는 미디어 기업들의 여덟 가지 클라우드 활용 유형 중에서 입수(Acquisition)와 시각적 특수효과 및 비선형 편집(VFX & NLE) 외의 유통 활용 유형에 대해서만 설명하였다. 여기서는 나머지인 이 두 가지 제작 활용 유형에 대해 설명하고자 한다. 먼저, 입수 유형은 원거리 및 글로벌 환경에서 제작사와 유통사 간 미디어 스트림을 주고받는 것을 의미한다. 넷플릭스가 이용 중인 AWS에는 2017년 1월 기준 16개 리전(Region)과 68개 CDN 서비스가 제공되고 있어 이를 활용하면 손쉽게 방송 신호를 전 세계로 전달할 수 있다. 방송 센터에서 라이브 인코더를 통해 클라우드에 있는 라이브 인코더에 스트림을 입수시키거나, 클라우드상에 라이브 스트림에 대한 오리진(Origin) 서비스를 구축하여 입수시킴으로써 손쉽게 전 세계에 전송할 수 있다.

VFX 및 NLE 유형에서는 NLE 소프트웨어 자원 요청을 클라우드에서 하고 실제 작업은 어떠한 단말에서든 효율적인 프로토콜을 통해 화면을 전송받을 수 있으며, 방송 센터의 스토리지와 클라우드상의 스토리지를 유연하게 사용할 수 있는 하이브리드 환경을 구성해 방송 센터와 클라우드 센터가 마치 하나의 데이터 센터처럼 운영될 수 있다. 특히 클라우드에서 특수효과 및 렌더링 작업을 수행할 때 무제한으로 제공되는 클라우드 컴퓨팅 자원은 큰 장점이 된다. 작업을 수행하는 노드 수를 늘려 더 빠른 시간 안에 특수효과 및 렌더링 작업을 수행한 시간만큼 콘텐츠 품질을 높일 수 있다. 이에 대해서는 4절에서 다시 다룰 것이다.

미디어 제작의 파편화

미디어 제작의 파편화는 숏폼 콘텐츠 개발을 통해 실현된다. 국내·외 1인 미디어 크리에이터, 인플루언서, 연예인들이 사용하며 큰 인기를 끌고 있는 '틱톡'은 '15초 영상 혁명'이라는 평을 받으며 숏폼 OTT로 부상하였다. 젊은 세대를 칭하는 MZ세대 중심으로 간편한 시청에 기반을 둔 짧고 간결한 숏폼 콘텐츠에 대한 선호도는 확산되었고, 드라마나 영화 등 보통 30분에서 1시간 넘게 제작되는 기존 틀에서 탈피한 모습을 보이는 젊은 세대들에게 짧은 영상을 보며 커뮤니케이션하는 문화가 형성된다. 숏폼이 롱폼에 비해 갖는 장점은 다양한 시도나 창의적 도전이 가능하고 장르도 초세분화될 수 있다는 점이다.

2016년 중국의 바이트댄스(Bytedance)가 시작한 틱톡의 성공 요인 중 으뜸은 양방향 소통이 가능하다는 점이다. 시청자들이 댓글을 통해 질문을 남기면 크리에이터들이 동영상 회신 기능을 통해 대답을 하며 소통을 할 수 있다. 인스타그램의 라이브 방송도 이러한 차원에서 출시 후 짧은 기간 내에 많은 이용자들의 사랑을 받게 된 것이다. 미디어 소비자들은 잠깐의 시간이지만 소통이 가능한 콘텐츠를 원한다. 특히 웹 예능이 인기 있는 이유가 바로 현실적 표현을 통한 공감과 진정한 소통 때문이다. 따라서 숏폼 콘텐츠가 경쟁력을 갖기 위해서는 주로 에피소드나 특정 주제로 구성되는 만큼 미디어 소비자들이 권태를 느끼지 않도록 다양하고 창의적인 소재를 지속적으로 기획하는 것이 매우 중요해진다. 양방향 소통이 가능한 SNS인 인스타그램도 숏폼 동영상인 '릴스(Reels)' 출시 이후 젊은 세대의 큰 인기를 얻으면서 인플루언서 광고도 기존 이미지 포스팅에서 릴스를 통한 짧은 영상으로 넘어가고 있으며, 광고도 숏폼 콘텐츠 중심으로 빠르게 이동하고 있다.

한편, 2020년 4월 미국 최초의 프리미엄 숏폼 OTT인 퀴비(Quibi)가 디즈니, 워너브라더스 등 유수 기업들의 투자를 받으며 등장했지만 같은 해 10월에 폐업한다. 퀴비는 영화나 드라마를 숏폼으로 나눠 매일 공개하는 모바일 OTT를 지향했고, 모든 고품질 영상 콘텐츠를 10분 분량으로 구성해 자투리 시간을 활용해 콘텐츠를 소비할 수 있게 만들었지만 출시 6개월 만에 폐업한 이유로 콘텐츠 및 기기의 세분화 실패와 인터페이스 실패 등을 꼽는다. 이전 부모세대가 좋아했던 토크쇼 추억물처럼 20~30대 소비 성향에 맞지 않는 콘텐츠들이 주를 이룬 것과 모바일에만 최적화되어 대형 TV에서의 서비스 품질이 떨어지고 조작도 불편했던 것이다. 게다가, 미디어 산업 변화 핵심이 되는 플랫폼의 역할이 중요한데, 퀴비가 내세운 가치는 프리미엄 숏폼 동영상이었을 뿐, 참여자의 흥미를 끌지도, 생태계 내 상호작용을 촉진하지도, 제공자와 사용자를 매칭시키지도 못했다.

미국 인터넷뉴스 사이트인 더버지(The Verge)가 평가한 퀴비가 망한 열한 가지 이유들 중 몇 가지를 소개하면, 가장 큰 실수는 올드맨 시각에서 숏폼 콘텐츠를 제작한 점이다. 투입된 스필버그나 샘 레이미 같은 최고 할리우드 제작진들은 대부분 50~60대로 MZ세대의 감성을 알지 못하기 때문에 그에 맞는 숏폼 콘텐츠를 만든다는 것 자체가 무리였다. 틱톡이나 릴스처럼 15초 이내에 쉴새 없이 스크롤하며 지나가듯 즐기는 동영상을 생각하면서 고품질의 스토리텔링을 가져야만 한다고 여긴 것이 문제이다. 즉, 휘발성 강한 틱톡의 짧은 동영상을 소비하는 MZ세대에 대한 이해가 부족했다. 전통 마케팅 전략도 실패 이유이다. 플랫폼 마인드가 부재한 퀴비는 프리미엄 숏폼 동영상이 공유되는 것을 차단해 네트워크 효과를 창출하지 못했고, SNS에 영상 클립을 공유하는 것조차 제한했다. 퀴비는 소비자가 콘텐츠를 공유할 수도 생산할 수도 없게 만들어 플랫폼이 사용자를 최대한 많이 끌어와 네트워크 효과를 만들어야 한다는 기본 전략을 무시하고 지식재산권인 IP를 지켜 주는 데에만 급급했던 것이다. 한 명이 여러 개 SNS를 운영하며 소통하는 MZ세대를 전혀 이해하지 못한 것이다.

소비자 인터페이스에 대한 잘못된 이해도 퀴비의 중요한 실패 이유이다. 퀴비는 모바일 기기만을 우선하며 숏폼이 TV나 태블릿에서 구동되지 못하게 해 플랫폼 세상에서 누구나 알고 있는 N스크린 전략에 대한 이해가 매우 부족했던 것이다. 모바일 기기를 우선적으로 고려하는 것은 미디어 기기를 이용하는 사용자들의 세대나 성별, 직업, 지역 등 데이터 기반 의사결정으로 나온 것이 아니라, 그냥 TV시대는 갔으니 모바일이 대세라는 단순한 논리로 접근한 결과이다. 모바일만으로 HBO급 영화, 드라마를 유료로 보는 수요가 많을 것이라는 막연한 예상은 막대한 비용으로 고품질 콘텐츠를 제작하게 만들었고 수익성은 최악으로 치닫게 만들었다. 스토리텔링이 뛰어난 고품질 드라마를 숏폼으로 만드는 것 자체가 롱폼에 익숙한 스필버그 같은 거장에게는 무리였다. 설사 잘 만들어진 숏폼 콘텐츠가 나왔다 해도 고품질 콘텐츠를 보고 싶은 이용자는 작은 화면의 모바일 기기보다는 더 큰 화면의 TV 인터페이스임이 간과된 것이다. 게다가 턴스타일(Turnstyle) 기술은 스토리 있는 고품질 콘텐츠 몰입을 오히려 방해하는 요소로 작용하였다.

결국 퀴비의 실책은 플랫폼 생태계 전체의 가치를 확보하는 데 소홀했다는 점이다. 퀴비는 제작사를 파트너로 봐야 하는데, 외주제작사로 바라본 것이다. 실제로 퀴비가 제작사와 맺은 독특한 저작권 계약을 보면 생태계 가치와는 거리가 멀다. 제작사는 퀴비에 프리미엄 숏폼 콘텐츠를 공급하고 2년이 지나야 다른 OTT에 공급할 수 있는 배타적 계약을 해야 하고, 7년이 지나면 아예 저작권을 퀴비에게 돌려주어야 한다. 이런 계약은 양면시장 이용자들을 오래 붙들고 있어야 하는 플랫폼 속성을 이해하지 못한 결과이며, 특히 폐업한 퀴비에 대해 어느 기업도 선뜻 인수하지 못하게 하는 큰 약점으로 작용했다. 플랫폼 기업 가치가 없다고 판단된 것이다.

이러한 와중에 기존의 유튜브가 파편화에 대응한다. 풍부한 라이브러리를 가진 유튜브가 '유튜브 쇼츠(Youtube shorts)' 베타 서비스를 2020년 9월에 미국이 아닌 인도에서 먼저 시작하며 특히 제작자들을 위한 생태계 조성에 노력한다. 인도는 중국과의 국경 분쟁으로 대립하면서 틱톡을 비롯한 중국 앱 사용이 중단된 국가로 구글과 페이스북이 숏폼 플랫폼인 유튜브 쇼츠와 인스타그램 릴스를 테스트했던 이유이다. 유튜브 쇼츠는 인도에서 일일 35억 회 이상 조회 수를 기록해 시장성을 입증했고, 2021년 3월 미국 베타 서비스 이후 100개국으로 확장된다. 유튜브 쇼츠는 유튜브 앱의 쇼츠 카메라를 활용해 영상 관람 시청자와 소통하게 만들어졌다. 1인 미디어 크리에이터 및 아티스트와의 생태계 구축 계획 발표 이후에 유튜브는 쇼츠 크리에이터들을 지원하기 위해 1억 달러의 펀드까지 조성했다. 이 서비스의 장점은 쇼츠 카메라로 촬영한 15초 분량 동영상을 바로 공유할 수 있다는 점, 음악 라이브러리를 활용해 자유롭게 음원을 사용할 수 있다는 점, 녹화 속도를 자유 자재로 조절할 수 있다는 점 등이다.

숏폼과는 거리가 멀어 보였던 넷플릭스도 다양한 콘텐츠 속 웃긴 장면들을 클립으로 선보이는 숏폼 앱인 '패스트래프(Fast Laughs)'를 2021년 초 미국, 캐나다, 영국, 호주에 아이폰용으로 배포하기 시작했다. 앱 내 탐색 메뉴에 '패스트 래프' 탭을 누르면 1분 이내 영상을 볼 수 있다. 넷플릭스 오리지널 시리즈, 영화, 스탠드업 코미디의 인기 장면만 모아 놓은 '패스트 래프'는 짧은 클립을 스마트폰 화면 비율에 맞춰 세로로 보여 주며, 옆으로 밀어 다른 영상을 보거나, 영상 한 편이 끝나면 또 다른 영상으로 이어진다. 이용자가 영상에 대한 반응을 표시할 수 있고 나중에 다시 보고 싶은 영상은 '내가 찜한 콘텐츠'에 추가할 수 있으며, 다양한 SNS로 공유해 친구들에게 알릴 수 있어서, 해당 숏폼 콘텐츠가 화제성을 낳으면 예전의 넷플릭스 오리지널 시리즈가 다시 인기를 얻을 수도 있다.

국내로 돌아와 보면, 닐슨코리아가 2018년 5월부터 1년간 국내에서 활동하는 OTT의 모바일 애플리케이션(Application; 앱) 이용 행태 데이터를 분석한 결과, 숫적으로는 글로벌 OTT가 토종 OTT 대비 적은 데 비해 월간 총 이용 시간 평균은 월등히 높은 것으로 나타났다. 국내 활동 글로벌 OTT 비중은 숫적으로는 전체 OTT 수의 33.3%를 차지하나, 국내 활동 OTT의 월간 총 이용시간 평균 비중으로는 해외 OTT 사업자 비중이 81.2%나 된다. 넷플릭스에 광고가 없다 해도, 이는 국내 OTT 광고수익 상당 부분을 글로벌 OTT가 차지함을 의미한다. 게다가 유튜브가 국내 총 서비스 이용 시간의 60%를 차지해 광고수익을 독식하고 있다.

이렇게 글로벌 OTT 이용률이 높은 가운데, 국내 OTT들도 콘텐츠 길이나 실시간 여부, 수익모델에 따라 차별화를 모색하게 되는데 특히 숏폼 제작 붐이 국내 제작 방식의 변화를 이끈다. 숏클립을 제공하는 모바일 앱에서는 누구나 쉽게 완성도 높은 콘텐츠를 제작, 편집할 수 있어서, 네이버의 스노우나 바이트댄스의 틱톡 등 숏클립 공유 플랫폼들을 특히 젊은 세대인 MZ세대가 선호한다.

숏폼 콘텐츠만으로 젊은 세대들은 매일 나만의 편성표를 만들어 즐기게 되었고, 업로드 당일이 아니라도 언제 어디서나 10~20분 동안 원하는 동영상을 볼 수 있다. 짧은 시간을 소비하려는 젊은 소비자의 갈망에 의해 UGC에서 점차 PGC 제작으로 확대되고 자본도 유입된다.

기존 미디어 기업들은 숏폼이 등장했을 때 이의 수익모델에 대해 의문을 가지며 제작에도 그다지 적극성을 보이지 않았다. 하지만 광고시장이 모바일로 이동하면서 기존 미디어에서 각광받지 못했던 콘텐츠를 재발굴해 재구성하고 글로벌 시장도 겨냥한다면 숏폼 콘텐츠도 새로운 영상 문화를 이끌어 갈 수 있을 것으로 기대되기 시작한다. 2017년 출시된 틱톡을 보유한 바이트댄스가 세계 최대 유니콘(기업가치 10억 달러 이상 비상장 기업)으로 올라선 반면, 퀴비는 출시 6개월 만에 막을 내리면서, 국내 미디어 및 인터넷 플랫폼들은 숏폼 콘텐츠 제작의 중요성 자체를 인식하며 이들을 벤치마킹하기 시작한다.

국내에서도 롱폼 PGC 중심의 미디어 제작사들이 숏폼 PGC 제작을 병행하기 시작한다. 영화나 드라마 같은 기존 장르 외의 콘텐츠, 즉 웹 드라마나 웹 예능, 웹툰 등 10분 이내의 웹콘텐츠가 젊은 세대들의 선풍적인 인기를 얻게 되었기 때문이다. 숏폼 콘텐츠가 인기를 얻자 많은 기업들이 숏폼 콘텐츠에 대한 제작 투자 및 직접 제작에 뛰어든다.

선두인 CJENM은 자사 보유 TV 채널 산하에 디지털 스튜디오를 가지고 2015년부터 디지털 전문 제작PD를 채용하면서 디지털 미디어에 투자해 왔으며, 2019년 브랜디드 스튜디오를 신설하고 일부 스튜디오를 개편해 총 9개의 디지털 스튜디오를 운영하게 된다. 먼저, 기존 홍베이커리와 스튜디오 온스타일을 통합 개편한 디지털스튜디오인 티비엔디(tvN D)는 디지털 예능 전문인 티비엔디엔터(tvN D ENT.), 디지털 드라마 전문인 티비엔디스토리(tvN D story), K패션, K푸드, K뮤직 등 K컬처 전반을 다루는 디지털팩추얼스튜디오인 슬라이스디(Slice D) 그리고 뷰티, 스타일 전문의 온스타일(Onstyle; 이후 온스타일D로 개명) 등 4개의 하위 전문 스튜디오로 구성된다. tvND 스튜디오는 2018년 첫 콘텐츠 업로드 이후 패션, 연애 등 다양한 소재의 예능과 드라마, 콘텐츠 클립으로 2021년 상반 기준 누적 조회 수 5억여 회를 기록했고, '송은이망극하옵니다', '밀어서 무장해제' 시즌 2, '인생덤그녀' 등 착한 맛 라인업으로 즐거움을 준다.

2017년 출범한 JTBC스튜디오 산하의 스튜디오 룰루랄라도 급속도로 성장하면서 놀라운 성과를 보여 준다. 대표 콘텐츠인 '와썹맨'과 '워크맨'은 각각 국내 디지털 스튜디오 최초, 최단 시간 내에 구독자 수 100만 명을 모으며 새로운 기록을 썼다. 또한, 국내 디지털 스튜디오로는 최초로 넷플릭스와 협업해 '와썹맨 go'를 기획·제작해 전 세계에 동시에 공개했다. 2020년부터 스튜디오 룰루랄라는 셀러브리티들과 함께 프리미엄 MCN 비즈니스를 시작해 채널을 운영 중이다. 가수 비의 '시즌비시즌', 은지원의 '게임 은지원', 토니안의 '토니안주' 등의 다양한 예능 채널이 주목받는다.

2020년 9월, 카카오TV(톡tv로 불리다 최종 카카오TV로 결정)도 숏폼 콘텐츠 플랫폼으로 시작되면서 숏폼 제작 기능을 갖추기 시작한다. 이는 MBC '마이리틀텔레비전(이후 마리텔)'의 메인 PD를 비롯해 지상파방송과 케이블TV 및 종합편성 채널 주요 제작진들이 카카오로 이동하면서 카카오의 자본력을 기반으로 연예기획사 및 제작사 등과의 M&A와 파트너십 관계가 형성된 이후의 변화이다. 카카오톡 내 별도 탭으로 서비스된 카카오TV 출시 초기에는 화제성을 높이기 위해 이효리의 'Face ID', 이경규의 '찐경규', 노홍철의 '개미는 뚠뚠' 등 정상급 연예인이 출연하는 숏폼 예능 콘텐츠가 제작되었고, '연애혁명', '며느라기' 등 인기 웹툰을 리메이크한 숏폼 드라마도 제작된다.

네이버는 그동안 숏폼 콘텐츠 제작보다는 방송 콘텐츠 재가공에 더 중점을 두었는데, 이는 기존 콘텐츠를 숏클립으로 편집하거나 스포츠 하이라이트를 공개하는 방식이다. 2021년 7월 기준, 네이버 사용자들이 주로 보는 톱100 콘텐츠에는 스포츠 콘텐츠를 제외하고는 대부분 방송 프로그램 다시보기나 미리보기이다. 하지만 숏폼 콘텐츠의 중요성을 인식하기 시작한 네이버도 2015년 72초 TV 지분 투자를 시작으로 네이버 웹툰 IP를 활용한 웹영화 제작에 뛰어들고 있으며, V라이브의 숏폼 버전인 V쿠키를 제공하기 시작했다.

한편, 기업의 마케팅용 광고 동영상의 평균 길이도 점차 짧아지고 있어서 숏폼 콘텐츠와 유사한 양상을 보인다. 메조미디어의 조사에 의하면, 기업의 광고 및 홍보용 영상 길이가 2016년 이후 점차 줄고 있으며 2020년에는 2분 내 영상이 전체의 73%를 차지하였고, 10대의 11%는 5분 내 동영상을 선호했다. 10분 이하까지 더하면 절반이 넘는 56%가 짧은 영상을 즐겨 본다. 틱톡은 실감형까지 더해 2020년 10월에 '게이미파이드 브랜디드 이펙트(Gamified Branded Effect)'라는 인터랙티브 증강현실(Augmented reality; AR) 광고 방식을 내놓는다. 이는 특정 메시지나 상징물 등 브랜드 요소에 이용자들의 얼굴 표정이나 몸동작 등을 겹쳐 새로운 동영상을 만드는 방식이다. 광고주는 틱톡 플랫폼에서 광고 캠페인 특성에 맞게 설정 가능한 20여 가지의 AR 게임 포맷을 활용할 수 있다. 이 게임들은 해당 브랜드의 분위기를 드러내 주어, 이용자는 이러한 브랜드 요소들이 포함된 공간에서 따라 하는 과정에서 광고주 브랜드나 제품과 상호작용하게 된다.

정리하면, 국내에서 숏폼 콘텐츠를 제작하는 글로벌 및 국내 기업들을 분류해 보면, 틱톡과 릴스, 유튜브 쇼츠에서는 소셜미디어 기반의 양방향 숏폼 UGC가, 카카오TV, 네이버TV 등에서는 방송과 유사한 일방향 숏폼 PGC가 주로 제공된다. 또한, CJENM과 JTBC 스튜디오 산하의 디지털 스튜디오에서 제작된 PGC 숏폼 영상들은 주로 유튜브 채널을 통해 제공된다. 양방향이든 일방향이든, UGC든 PGC든 총 영상 시청 시간은 길어졌지만 하나의 영상에 체류하는 시간이 짧아지는 미디어 소비 패턴으로 인해 숏폼 콘텐츠 제작은 더욱 증가할 것이며, 특히 넷플릭스가 보여 준 대로 세로 인터페이스의 대중화도 예상된다. 기존 영상이 대부분 가로 형태의 영상으로 제작된 반면, 틱톡, 릴스, 유튜브 쇼츠, 카카오TV, 넷플릭스 등은 숏폼이면서 세로 형태를 제작한다.

SECTION 03 미디어 제작의 초세분화

　미디어 소비의 양극화로 제작 방식 변화 핵심은 '파편화와 초세분화'이며, 앞 절에서 '파편화'를 숏폼 포맷과 연계해 설명하였다. '초세분화'는 특히 오리지널 콘텐츠 제작 투자가 증가하면서 장르가 초세분화되는 현상과 연계된다. 아래 [표 4−1]은 2015년 기준 주요 글로벌 OTT 플랫폼들이 제공한 오리지널 콘텐츠의 주요 장르들을 나열한 것인데, OTT 초기에는 드라마, 영화, 예능 등의 인기 장르에만 초점을 두었다.

▍[표 4-1] 2015년 글로벌 OTT 플랫폼의 오리지널 콘텐츠 장르

업체	대상	주요 내용
넷플릭스	드라마 (프리미엄)	• 〈House of Cards〉, 〈Arrested Development〉, 〈Marco Polo〉 등 제작 및 독점 • 〈젤다의 전설〉(닌텐도 게임/애니메이션) 실사 드라마 제작 • 〈Marvel Super Heroes〉 드라마 제작 및 영화 방영권 독점
	어린이	• 어린이 타깃의 드라마와 영화 전용포털 〈Just for kids〉 구성 • 애니메이션 시리즈 〈Turbo FAST〉 제작 및 독점
	토크쇼	• 빌 코스비와 계약, 토크쇼 TV프로그램 제작 추진
	여성/코미디	• 〈Derek〉, 〈Orange is the New Black〉 등 제작 및 독점 공급
아마존	드라마 (프리미엄)	• 〈Amazon Studio〉, 〈People's Production Company〉 출범 • 인기작가 Michael Connelly의 경찰드라마 〈Bosch〉 제작 • X-File 작가 Chris Carter의 공상과학 드라마 〈The After〉 제작
	어린이	• 어린이용 오리지널 TV 시리즈 3편 제작 〈Tumble Leaf〉, 〈Creattive Galaxy〉, 〈Annedroids〉
	코미디	• 〈Alpha House〉, 〈Transparent〉 등 6편의 코미디/시트콤 제작
훌루	드라마 (프리미엄)	• 〈Spy〉, 〈Misfits〉, 〈White〉 등 25편 오리지널 시리즈 독점 공급 • 〈Battleground〉, 〈Spoilers〉 등 제작 및 독점 공급

업체	대상	주요 내용
유튜브 (구글)	다큐멘터리	• 〈A day in life〉 제작 및 독점 공급
	엔터테인먼트 뉴스	• 〈The morning After〉 제작 및 독점 공급
	드라마 (프리미엄)	• James Patterson의 베스트셀러 〈Maximum Ride〉를 Collective Digital Studio를 통해 유튜브 전용 동영상 콘텐츠로 제작 • 미국, 유럽 등 유명 CP와 오리지널 콘텐츠 제작 지원 추진 (시리즈 당 100~300만 달러 지원. 30분 이내의 동영상 중심)
	개인채널	• 다양한 유명스타(Justin Lin, Anthony Zuiker)들의 개인채널 런칭

출처: 각사 발표 및 언론 보도 종합; 최세경(2015: 17쪽) 재인용

　하지만 경쟁이 심화되면서 넷플릭스는 장르의 초세분화를 꾀하는데, 이용 약관에 자사 서비스가 성인을 위한 서비스라는 점을 강조하고 있어서 초세분화의 출발점은 '성인향'이지만, 넷플릭스 메인 화면에서 개인별 아이콘 설치와 함께 키즈(Kids) 아이콘이 자동으로 나온다.

　넷플릭스는 시청 대상을 성인과 어린이(Kids)로 메인 화면에서 최상위 카테고리에서 먼저 구분하고 있다. 즉, 성인과 어린이를 위한 UI 화면이 별도로 구성되어 운영되며, 메인 장르 20개 항목은 큰 틀에서 크게 변화하지 않지만, 세부 항목은 서비스 지역에 따라 추가 또는 장르 간 혼합되는 양상을 보인다. 예컨대, 마블엔터테인먼트와 만화, 영화, 드라마 간 장르 혼합을 위해 2013년 4개 시즌 60개 에피소드로 구성된 '마블 슈퍼히어로' 스핀오프(Spinoff) 제작이 이루어진다. 스핀오프란 원본 콘텐츠의 여러 요소(배경, 캐릭터, 스토리텔링)에서 파생된 유사 포맷의 콘텐츠를 말한다. 거친 사회풍자로 세계적 히트작으로 부상한 심슨가족(The Simpsons) 제작자인 매트 그뢰닝(Matt Groening)을 기용해 제작한 '디스인챈트,' SF단편을 묶어 성인 구독자 시선을 집중시킨 '러브 데스 로봇' 등 성인 시청자 대상이 주를 이룬다. 오리지널 애니메이션 제작도 모색된다. 넷플릭스는 2018년 프로덕션I.G, 본즈, 아니마, 서브리메이션, 데이비드프로덕션 등 5개 현지 애니메이션제작사와 파트너십을 맺고, 2020년 다수 히트작을 배출한 만화집단인 클램프, 인기 SF작가인 우부카타 토우 등 일본 창작자들을 섭외해 애니메이션 제작에도 나선다.

좀 더 자세히 살펴보면, 넷플릭스의 메인 장르는 20개 항목으로, Action & Adventure(액션 모험), Anime(애니메이션), Children & Family Movies(가족/아동 영화), Classic Movies(고전 영화), Comedies(코미디), Cult Movies(컬트 영화), Documentaries(다큐멘터리), Dramas(드라마 영화), Faith & Spirituality(신앙 및 영성), Foreign Movies(나라별 영화), Gay & Lesbian Movies(LGBTQ 영화), Horror Movies(공포 영화), Independent Movies(독립 영화), Music(음악), Musicals(뮤지컬), Romantic Movies(로맨스 영화), Sci-Fi & Fantasy(SF판타지), Sports Movies(스포츠 영화), Thrillers(스릴러), TV Shows(TV프로그램)로 구분된다. 하위 세부 장르는 해마다 그 수가 바뀌는데, 2017년 5월 30일 기준으로 226개 항목으로 설정하고 있다.

아래 [표 4-2]에서 보면, 2017년 5월 30일 현재 국내에서 서비스되는 장르는 16개로 표시되는데, 그 이유는 넷플릭스의 서비스 정책에 따라 주로 제공되는 서비스를 중심으로 UI 화면에 국가별로 차별적으로 표시하기 때문이다.

▌[표 4-2] 국내 제공 넷플릭스 장르와 세부 항목(2017.5.30. 현재)

구분	장르	하위 카테고리
1	TV프로그램	로맨틱TV 쇼프로그램, 키즈 TV프로그램, TV액션모험, 아시아TV쇼프로그램, 한국TV물, TV코미디, 영국TV, TV공포드라마,TVSF, 음식여행, TV드라마, US TV, 청소년 TV쇼, TV스릴러
2	가족/아동영화	2~4세용 영화, 가족 드라마, 어린이를 위한 교육 영화, 5~7세용 영화, 동물설화, 키즈뮤직, 8~10세용 영화, 아동문학원작 영화, TV만화
3	공포영화	슬래셔 및 연쇄살인 영화, 유혈낭자 호러영화, 십대 공포물, 초자연 공포 영화
4	다큐멘터리	군사, 여행 및 모험, 전기 다큐멘터리, 범죄, 역사, 정치, 사회 및 문화 다큐멘터리 영화, 음악 및 콘서트 다큐멘터리 영화, 호평받은 다큐멘터리, 스포츠, 자연 및 과학 다큐멘터리 영화
5	독립영화	저예산 드라마, 저예산 스릴러, 저예산 로맨스 영화, 저예산 코미디
6	드라마 영화	군인 드라마, 소설 원작 드라마, 재판, 법정 드라마, 로맨스 드라마, 쇼 비즈니스 드라마, 저예산 드라마, 범죄 드라마, 스포츠 드라마, 전기 영화, 사회 문제 드라마, 실화 바탕 드라마, 정치 드라마

구분	장르	하위 카테고리
7	로맨스 영화	괴짜 로맨스, 로맨틱 코미디, 저예산 로맨스 영화, 로맨스 드라마, 에로틱 로맨스 영화, 로맨틱 영화(도서원작), 인기 로맨스
8	수상작	오스카 수상작, Golden Globe Movies
9	스릴러	갱스터 영화, 범죄 스릴러, 저예산 스릴러 공상과학 스릴러, 심리 스릴러, 초자연 스릴러, 미스테리, 액션 스릴러
10	스탠드업 코미디 및 토크쇼	-
11	액션 모험	모험, 블록버스터 액션 어드벤처, 액션 코미디, 무술 영화, 스파이 액션 모험, 전쟁 액션 모험, 범죄 액션 모험, 액션 스릴러, 코믹북 수퍼히어로 영화
12	음악 및 뮤지컬 영화	뮤지컬 영화, 음악 및 콘서트 다큐멘터리 영화
13	코미디	로맨스 코미디, 스탠드업 코미디, 푼수 캐릭터가 나오는 코미디, 블랙 코미디, 스포츠 코미디, 풍자
14	한국 영화	한국 드라마, 한국 스릴러, 한국 코미디, 한국 로맨틱 영화, 한국 액션 및 모험
15	해외작품	독일어, 라틴아메리카, 스페인어, 영국, 인도, 일본 영화, 중국어, 캐나다, 터키 영화, 프랑스어
16	SF판타지	공상과학 모험, 액션 공상과학 & 판타지, SF 드라마, 공상과학 스릴러, 외계인 SF, 블록버스터 SF 판타지, 판타지 영화

출처: 이인우(2017: 54-55쪽)

국내에서는 메인 장르 16개하에 세부 장르가 소개되고, Animation(애니메이션), Classic Movies(고전 영화), Cult Movies(컬트 영화), Faith & Spirituality(신앙 및 영성), Gay & Lesbian Movies(LGBTQ 영화), Sports Movies(스포츠 영화) 등이 빠져 있는 대신, 수상작이라는 장르가 추가되어 있다. 이러한 새로운 설정은 한국인들의 해외영화제 수상작에 대한 관심도를 반영한 결과로 보인다. 또한, 코미디 장르의 경우 '스탠드업 코미디 및 토크쇼'로 별도 표시한 이유는 국내 방송 콘텐츠 제작 방식의 변화 때문이다. 오락적 요소를 가미한 토크쇼 형식으로 '아는 형님', '비정상회담' 등을 배치하면서 새로운 장르 설정을 한 것이다.

이처럼 넷플릭스의 메인 장르는 서비스 국가 환경에 따라 그 범위가 조정될 수 있다. 넷플릭스 장르의 초세분화는 오리지널 제작에서 실현되는데, 영화, 드라마에 이어 다큐멘터리(이후 다큐) 오리지널 제작에서 두드러진다. 예로 2015년 오리지널 다큐멘터리로 방영되어 시즌 2까지 공개된 '메이킹 머더러(Making a Murderer)'는 감옥에서 18년 이상을 보낸 스티븐 에이버리(Steven Avery)의 일대기를 조망했고 10년 간 촬영했으며, 2016년 방송 시상식인 프라임타임 에미 상(Primetime Emmy Awards)의 4개 부문을 수상했다. 같은 시상식에서 최우수 다큐멘터리/논픽션 부문을 수상한 2018년 공개된 6부작 '와일드 와일드 컨트리(Wild Wild Country)'도 1980년대 미국 오리건(Oregon) 주에서 종교 커뮤니티를 이끈 브하그완 슈리 라즈니쉬(Bhagwan Shree Rajneesh)를 조명했다. 커뮤니티를 일군 과정과, 그 커뮤니티가 쇠락하는 과정, 그의 추종자와 나눈 인터뷰 등 그의 활동을 그려내 호평을 받았다. 또한, 2019년 다큐멘터리 시리즈 '인간과 자연의 대결(Man vs. Wild)'이 인터랙티브 장르로 오리지널 공개된다.

다소 재미와는 거리가 있어 보이는 장르라는 인식을 깨고 넷플릭스의 숨은 공신으로 자리잡은 다큐는 2012년 첫 번째 오리지널 제작 이후 2020년까지 일반 시리즈물 219편 대비, 다큐 시리즈 156편, 다큐 영화 159편을 제작하는 등 일반 시리즈 숫자를 능가하게 되는데, 이것이 시사하는 바는 콘텐츠 장르의 초세분화와 함께 제작자에게 있어 보다 자유로운 표현의 자유를 주었다는 점이다. 다큐 작가들은 자신만의 색깔을 드러내는 방식을 보장받는데, 이러한 제작 방식의 다큐를 '부띠끄 다큐'라 부른다. '스타일리시하고 고급스러운 취향을 반영하는 작은 가게'라는 뜻을 가진 '부띠끄'의 의미를 볼 때 기존 제작사들이 배급했던 관습적인 대작의 다큐와 달리 비교적 소규모, 소자본으로 만들어졌지만 고급스럽고 다양한 취향을 보장하고 있어서 오히려 시각이 참신하거나 과감한 표현 스타일의 개성이 강점이 된 넷플릭스만의 다큐가 탄생한 것이다.

이제 넷플릭스 다큐는 영화나 드라마 만큼이나 인기가 많다. '공범자들'(2017) 등 국내 다큐 영화도 넷플릭스의 부띠크 성격과 매우 닮아 있다. 넷플릭스의 다큐가 주는 재미는 드라마나 영화가 주는 그것과는 매우 다른데, 이러한 장르를 개발해야 OTT 플랫폼들의 차별화가 가능한 것이다. 사회적 관심을 요구하는 다양한 주제를 통찰력 있게 다룬 넷플릭스 다큐들은 공감을 얻으며 2017년 '화이트 헬멧: 시리아 민방위대(The White Helmets)'로 아카데미 시상식 단편 다큐 부문 상을 받았다. 이를 시작으로 2018년 국가 주도 도핑을 폭로한 '이카루스(Icarus)'가 장편 다큐 부문에서, 2019년 인도의 가난한 마을 여성들이 저렴한 생리대를 만들면서 일으키는 변화를 담은 '피리어드: 더 패드 프로젝트(Period End of Sentence)'가 단편 다큐 부문에서 수상한다.

넷플릭스가 꾸준히 양질의 다큐를 내놓은 비결이 제작자들에게서 공개되고 있다. 예로 넷플릭스 인기 다큐멘터리 시리즈 중 하나인 '길 위의 셰프들(Street Food)'의 데이비드 겔브(David Gelb) 감독은 "새로운 다큐멘터리를 자유롭게 시도할 수 있는 곳은 넷플릭스가 사실상 유일했다"라고 평가할 만큼 넷플릭스는 스토리텔링에 대한 기본 철학에 더해 대규모 투자, 창작의 자유 보장, 빠른 호흡과 지루하지 않은 영상 편집, 방송 편성·형식·길이 등 기존 제약에서 자유로운 온라인 유통 형태 등을 통해 기존 다큐의 틀을 깨면서 콘텐츠의 초세분화를 주도한다.

콘텐츠 제작은 프리-메인-포스트 프로덕션 단계를 거쳐 완성되며, 시각(특수)효과(Visual effects; VFX)는 실사 촬영이 어려운 조건에 놓인 제작 단계를 이미지 변경, 생성 또는 합성을 통해 사실적 캐릭터 및 환경으로 만들어 내는 과정이다. 기존에는 세트에서 직접 촬영하여 기록하지 못한 것을 포스트 프로덕션에서 가능하게 했던 VFX가 이제 프리 프로덕션 단계부터 가능해지면서 원천 콘텐츠 IP와 트랜스 미디어 역량이 VFX와 결합해 시너지를 낸다. VFX와 유사한 개념들로 3차원 이미지를 나타내는 CGI(Computer generated images)는 컴퓨터에서 디지털로 생성된 모든 이미지를 말하며, 특별 효과(Special effects)는 특별한 메이크업 또는 소품 등을 활용해 세트에서 직접 구현되거나 실사 촬영되는 이미지를 말한다.

글로벌 OTT들의 오리지널 제작에 VFX가 적용되기 시작한다. 먼저, HBO의 '왕좌의 게임(Game of Thrones)'은 J.R.R. 마틴의 판타지 소설 '얼음과 불의 노래(A Song of Ice and Fire)'를 원작으로 한 판타지 드라마로, 원작 소설은 1996년 1부 '왕좌의 게임(A Game of Thrones)'이 간행되었고 2011년 5부 '드래곤과의 춤(A Dance with Dragons)'이 출판된 대하 역사 판타지 소설이다. 아래 [표 4-3]에서 보면, 다양한 VFX기업들이 왕좌의 게임 제작에 참여했다.

▮ [표 4-3] 왕좌의 게임 VFX 작업 참여 기업과 작업 내용

시즌	참여 기업[국적]	작업 내용
1	• 블루볼트(BlueBolt) [영국] • 스크린신 VFX(Screen Scene VFX) [아일랜드]	• 특수효과의 비중이 가장 적은 시즌 • 주로 블루볼트가 작업을 담당

시즌	참여 기업[국적]	작업 내용
2	• 픽소몬도(Fixomondo) [독일] • 피넛 FX(Peanut FX) [영국]	• 용과 죽은 자(아더) 같은 디지털 크리처가 등장하며 특수효과 비중 높아짐 • 픽소몬도가 리드 스튜디오로 디지털 크리처, 성과 바위산, 도시 등의 배경 그래픽, 함선 전투 장면, 물과 불의 표현 작업 담당 • 피넛 FX는 얼음장벽(월)의 표현, 용 디지털 크리처 작업
3	• 픽소몬도(Fixomondo) [독일] • 스핀 VFX(Spin VFX) [캐나다] • 그라디언트 이펙트(Gradient Effects) [미국]	• 픽소몬도는 점차 성장하는 용의 움직임 표현 • 스핀 VFX는 성채, 얼음장벽, 숲 등의 배경 묘사, 늑대 디지털 크리처, 병사들이 도열한 신의 군중 시뮬레이션 작업 • 그라디언트 이펙트는 성 외부, 내부의 묘사 작업
4	• 로디오 FX(Rodeo FX) [캐나다] • 맥키비전(Mackevision)[독일] • 스캔라인 VFX(Scanline VFX) [독일] • 베이키드 FX(Baked FX) [미국]	• 로디오 FX는 병사들의 도열 신과 성 내부/외부 표현 작업, 도시의 모습, 공성전, 북쪽 얼음 지대의 묘사, 늑대 크리처 작업 등을 담당 • 맥키비전은 도시와 성의 표현, 도시 거주민과 전쟁에 참여하는 병사들의 군중 시뮬레이션, 함선의 운항 등을 작업 • 스캔라인 VFX는 해골 병사 디지털 크리처 표현과 크리처와의 전투 장면 작업
5	• 로디오 FX [캐나다] • 이미지 엔진(Image Engine) [캐나다] • 맥키비전 [독일] • 리듬앤휴(Rhythm & hues) [미국] • 엘 란치토(El Ranchito) [스페인]	• 로디오 FX는 거대 날개 여신상의 추락 장면과 건축물과 거대 석상들의 표현, 도시 건물들의 표현 작업 • 이미지 엔진은 얼음 빙벽의 모습과 얼음 조각으로 뒤덮인 밤의 왕(Night King)의 얼굴, 전쟁 중 신체가 잘리고 피가 튀는 장면 등을 작업 • 맥키비전은 선박의 디자인과 항해 모습, 거대 동상, 건축물과 도시 배경 묘사 등을 담당 • 엘 란치토는 해골 병사 CG와 이들과의 전투 장면, 대규모 병력 군중 시뮬레이션, 거인의 모습과 거인과의 전투 등을 묘사 • 리듬앤휴는 디지털크리처인 용의 모습과 이들이 날아다니며 불을 뿜고 병사들을 물어 죽이는 등의 다양한 동작들을 CG로 구현

시즌	참여 기업[국적]	작업 내용
6	• 이미지 엔진 [캐나다] • 로디오 FX [캐나다] • 맥키비전 [독일] • 픽소몬도 [독일] • 로우라(ILoula) [호주] • 라이징선픽처스(Rising Sun Pictures) [호주]	• 이미지 엔진은 빙벽과 얼음장벽, 나이츠 워치 건물의 묘사, 거인의 전투, 병사들의 전쟁 신을 작업 • 로디오 FX는 도시와 마을 등의 배경 묘사와 건축물 표현, 군중 표현, 함대가 도시를 공격하는 전쟁 등을 담당 • 맥키비전은 도시와 성채 등의 배경 묘사, 배의 난파 장면과 유체 시뮬레이션, 함대의 모습을 CG로 작업 • 일로라는 병사들의 군중 신, 대규모 전쟁 신 등 주로 군중 시뮬레이션과 표현을 담당
7	• 엘 란치토 [스페인] • 로우라 [호주] • 스크린신 VFX [아일랜드] • 웨타 디지털(Weta Digital) [뉴질랜드] • 이미지 엔진 [캐나다] • 조익 스튜디오(Zoic Studios) [미국] • 맥키비전 [독일]	• 엘 란치토는 나이트워치 병사들의 군중 신 묘사, 해골 병사 크리처와의 전투, 얼음으로 뒤덮인 배경 묘사 • 일로우라는 도트락 병사들의 군중 신과 병사들과의 전투 등을 담당 • 웨타 디지털은 대형늑대인 다이어울프와 대형곰 등 동물 디지털 크리처 작업을 진행 • 맥키비전은 함선의 외형과 항해 모습, 바다에서의 해전, 병사 군중 신 묘사, 공성전 전투 장면을 담당

출처: 정보통신산업진흥원(2017: 13)

첫 번째 시즌에서 영국 VFX 업체인 블루볼트(BlueBolt)가 VFX 작업을 맡았고, 시즌 1은 에미상 특수효과 부문 후보로 오르기도 했다. 에미상 특수효과 본상을 수상한 두 번째 시즌부터는 불과 물 같은 CG 표현이 복잡해지면서 독일의 픽소몬도(Pixomondo)가 시즌 2, 3의 리드 VFX 제작 기업으로 참여했다. 픽소몬도의 12개 스튜디오 중 슈투트가르트 스튜디오를 거점으로 9개 스튜디오가 작업에 투입된다. 픽소몬도에서 투입된 인원은 358명으로 518개 샷에 대해 VFX 작업이 이루어졌고 작업 기간은 22주였다. 픽소몬도의 VFX 프로젝트는 용과 죽은 자 같은 디지털 크리처 작업과 배경 및 환경 표현 작업, 물이나 불을 표현하는 FX 시뮬레이션, 군중 시뮬레이션 등에 집중되었다. 시즌 2, 3에 참여한 VFX 업체로 영국의 피넛FX(Peanut FX), 캐나다의 스핀VFX(Spin VFX), 미국의 그라디언트 이펙트(Gradient Effects)가 있다. 네 번째 시즌에서는 독일의 VFX 스튜디오인 맥키비전(Mackevision), 캐나다의 로데오FX(Rodeo FX), 독일의 스캔라인 VFX, 미국의 베이키드FX(Baked FX)가 참여했다. 가장 많은 VFX가 참여한 일곱 번째 시즌에서는 이미지 엔진, 조익 스튜디오, 맥키비전, 웨타 디지털 등 총 7개의 VFX 스튜디오 업체들이 참여했다.

아마존의 영화/영상 제작 계열사인 아마존 스튜디오에서 기획 제작한 드라마로 리들리 스콧이 감독을 맡은 '높은 성의 사나이(The Man in the High Castle)'의 경우 2005년 1월 파일럿 프로그램이 공개되어 아마존에서 방영한 파일럿 중 가장 높은 시청률을 기록했고, 2015년 11월에 전체 에피소드가 공개되었다. 이는 프랭클린 루즈벨트가 암살당하고 일본과 독일이 2차 대전을 승전한 뒤 미국을 반으로 분할해 점령한다는 역사적 가정에서 시작하는 대체 역사/SF 장르의 드라마로, 일본과 독일에 점령당한 미국의 가상 모습과 건축물 등의 묘사에 CG/VFX가 활용되었고, 미국의 조익 스튜디오(Zoic Studios), 반스톰 VFX(Barnstorm VFX), 시어리스튜디오(Theory Studios)가 참여했고, CG/VFX는 주로 나치 로고가 그려진 비행기나 건축물, 일본풍 디자인을 보이는 건물 등 가상의 역사적 배경을 표현하는데 사용되었다.

한편, 영화 제작을 시작으로 성장한 국내의 VFX 산업은 글로벌 OTT의 공격적 투자에 힘입어 드라마, 콘서트, 공연 등으로 확장한다. 넷플릭스의 국내 최초 오리지널 제작 사례인 '옥자(Okja)'는 넷플릭스가 제작비 5천만 달러 전액을 투자하고 한국의 봉준호 감독이 감독한 SF영화로, 감독에게 영화에 대한 전권을 위임한 대신, 넷플릭스는 독점 스트리밍 권한을 확보했다. 국내에서는 소수의 극장에서만 상영되었고 2017년 6월 개봉과 동시에 넷플릭스 서비스에 스트리밍으로 공개되었다. '옥자'의 CG/VFX는 한국의 포스크리에이티브파티와 미국의 메소드스튜디오(Method Studios)에 의해 제작되었다. 포스크리에이티브파티는 봉준호 감독의 작품이었던 '설국열차'의 VFX 작업을 맡았던 기업이며, 메소드스튜디오에서 VFX 감독을 맡은 전문가는 영화 '라이프오브파이(Life of Pi)'로 오스카상을 수상하기도 했던 에릭 드 부어(Erik De Boer)이다. '옥자'에서 가장 중요한 CG/VFX 작업은 타이틀 롤을 맡기도 한 디지털 크리처 옥자의 구현이었고, 다음 [그림 4-4]에서 보면, 극중에서 유전자로 조작돼 만들어진 슈퍼 돼지는 돼지와

◎ [그림 4-4] 영화 '옥자'의 VFX 작업

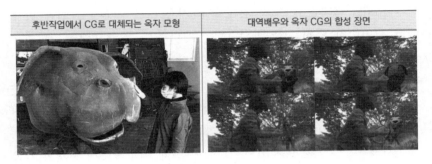

후반작업에서 CG로 대체되는 옥자 모형	대역배우와 옥자 CG의 합성 장면

출처: 정보통신산업진흥원(2017: 15)

하마를 섞어 놓은 듯한 외모를 가지며 CG 작업을 통해 탄생했다.

오리지널 콘텐츠 제작이 늘면서 국내 CG/VFX 기업들이 이들 프로젝트에 참여할 기회가 열리면서, 시공간에 구애받지 않고 제작 가능하고 시간 및 예산의 효율성, 표현의 자유까지 갖춘 '가상제작(Virtual Production; VP)' 기술이 영화, 드라마, 광고, 가상현실(Virtual reality; VR)을 비롯한 확장현실(X Reality; XR) 공연 등 다양한 실감 기술과 실시간 VFX 기술 전반을 아우르는 제작 기술 모두를 포괄하는 개념으로 부상한다.

미국버추얼프로덕션협회에 의하면, 협의의 VP는 현장에서의 실시간 CG로, CG를 얻기 위해 프리 프로덕션 단계에서 VFX로 구현되어야 하는 배경, 효과 등의 제작이며, 광의의 VP는 실시간 상호작용으로 제작 전반과 후반 VFX에 걸치며, 핵심 가치는 '실시간'과 '상호작용'이다. 보다 창의적인 협업이 가능해지면서 짧은 일정과 절감된 비용으로 더 좋은 콘텐츠를 제작할 수 있게 된다. 미국에서는 VP 기술을 이미 도입해 효시 격인 영화 '아바타'를 비롯해 '그래비티', '레디 플레이어 원' 등이 제작되었다. 시각효과 전문기업인 인더스트리얼라이트앤매직(ILM)이 제작한 디즈니플러스의 오리지널 콘텐츠인 '더 만달로리안'도 VP를 활용해 완성되었고, 국내에서는 '승리호'가 대표적이다.

앞서 언급했듯이, 클라우드 기반에서 제작과 배포 및 유통이 용이해졌고 VFX 작업 수행 시 무제한 제공되는 클라우드 컴퓨팅 자원은 장점이 된다. 작업을 수행하는 노드 수를 늘려 더 빠른 시간 내에 VFX 작업을 수행한 만큼 콘텐츠 품질을 높이기 때문이다. 국내 VFX산업은 1990년대 초 '구미호'를 시작으로 '은행나무 침대', '해운대', '미스터 고' 등으로 제작과 편수 및 규모 등을 확장해 오다가, OTT 시대가 열리면서 2017년 선보인 '신과 함께' 1과 2가 흥행을 거두면서 국내 VFX 기술력을 입증하는 계기가 된다.

국내에서 제작사와의 파트너십을 적극 활용한 위즈윅스튜디오는 영화, 드라마 CG 및 VFX 기술로 사업을 시작했으며, 점차 웹툰을 제작하더니, 영화 및 드라마 제작사들을 인수해 직접 제작하고 공급하는 종합 제작사로 발전한다. 이 기업의 CG 및 VFX 기술력은 디즈니 공식 파트너사로서 SF 영화인 '승리호'를 통해 그 수준을 입증받았다. 또한, '승리호'의 전체 VFX 분량 약 2,000컷 중 70%에 이르는 1,304컷을 담당한 덱스터스튜디오도 크리처, 디지털휴먼 외에 우주공간, SF, 로봇 등 다양한 영역에서의 기술력을 함께 보여주었다. 아래 [그림 4-5]에서 보면, 위지윅스튜디오는 영화, 드라마에서 SF, 좀비/스릴러 등 시공간을 초월하는 초세분화된 장르 수요가 높아진 만큼 제작 경쟁력을 인정받으며,

◎ [그림 4-5] 위즈윅스튜디오의 오리지널

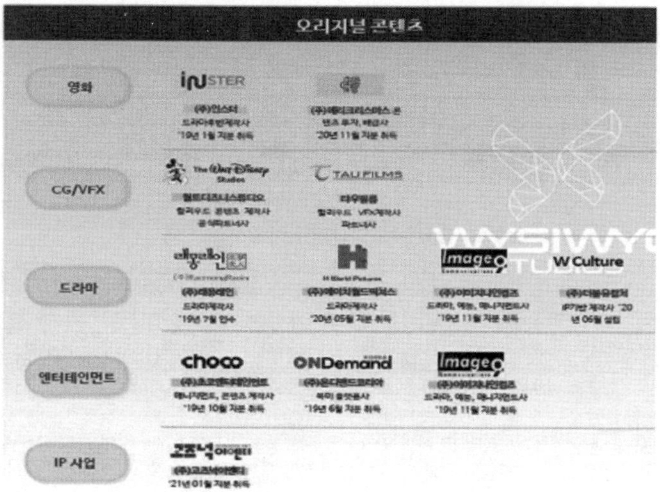

출처: 이베스트투자증권(2021.3.16)

CG/VFX에 기반해 다양한 장르들로 확장 중이다.

2021년 위지윅스튜디오 매출의 영화/드라마 제작 비중은 약 90%이다. 드라마 10편, 영화 2~3편, 숏/미드폼 15편 등으로 2020년 5편에서 세 배인 15편으로 증가했으며, 제작비 240억 원 규모의 영화인 '승리호'를 넷플릭스에 300억여 원에 판매하는 등, 글로벌 협상력도 상당히 높아졌다. 위지윅스튜디오가 이러한 실적을 갖게 된 배경은 인수합병을 통해 제작 역량을 더해 갔기 때문이다. 2019년 드라마 제작사인 래몽래인, 엔피(ANP)커뮤니케이션(이후 엔피)을, 2020년 영화 배급/제작사인 메리크리스마스를 인수한 위즈윅스튜디오는 CG/VFX 기반으로 드라마/영화 '제작-유통-배급' 가치사슬을 갖게 된다. 또한, 아래 [그림 4-6]에서 보듯이, 위지윅스튜디오는 영화, 드라마, 웹툰 등을 OSMU하는 고즈넉이엔티를 인수해 원천IP를 확보하고, 증강현실(Augmented reality; AR) 전문기업인 시어스랩에 지분을 투자해 차세대 기술로 부상 중인 메타버스(Metaverse) 시대에 필요한 VR 및 혼합현실(Mixed Reality; MR) 콘텐츠 제작 밸류체인도 확대한다. 메타버스에 대해서는 7장에서 다루기로 한다.

위즈윅스튜디오와 유사하게 지속적인 기업 인수와 제작사 및 유통사와의 파트너십을 통해 발전 중인 또 다른 국내 기업은 VFX 기반 제작사인 자이언트스

◎ [그림 4-6] 보유IP 기반 영화/드라마 기획개발-제작투자-유통배급 가치사슬

BUSINESS PARTNERS

알통에인핏 · Image · W Culture · Hilbell Pictures · iNJSTER ·

BUSINESS HIGHLIGHTS

1	2	3	4
영화/드라마 제작 및 투자 기능	오리지널 콘텐츠 기획 및 개발 기능	퀄리티 컨트롤이 가능한 후반제작	채널편성 역량과 업계 내 영업력 확보
자체적인 자금 또는 콘텐츠 펀드를 통한 드라마/영화 콘텐츠 투자	업계 전문 작가진의 장르별 IP 개발 및 영상화 기획	편집, CG/VFX, 색보정에 이르는 전체 후반제작 기능을 내부적으로 보유함	협력 기반 편성 노하우 및 사업 교섭력으로 확정매출 추산이 가능한 안정적인 사업

출처: 이베스트투자증권(2021.3.16)

텝(Gientstep)이다. 이 기업의 비즈니스는 VFX와 리얼타임 콘텐츠로 구분되며, 자회사로 빅인스퀘어(광고프로덕션), 키마시스템즈(방송·영상장비, 시스템 판매), 자이언트스텝 스튜디오(GIANTSTEP Studio: 미국법인), 브이레인저(리얼타임 콘텐츠 제작)를 가지고 있다. 광고 및 영상 제작 후반 단계에서 진행하는 VFX 용역을 담당했던 자이언트스텝의 2020년 매출액 대부분은 VFX로, 광고VFX와 영상VFX 비중은 각각 45%, 30%이다. 광고VFX가 캐시카우(Cash-cow) 역할을 하나 영상 VFX는 매출보다는 기술 축적 목적에서 더 중요하다. 광고VFX가 프로젝트 수행 기간이 짧고 투입 원가에 대한 예측이 용이해, 영상VFX 작업과 비교해 상대적으로 안정적 마진 확보가 가능하지만, 광고산업의 특성상 미래에도 고속 성장을 기대하긴 어렵기 때문이다.

자이언트스텝은 미래 성장동력으로 리얼타임 콘텐츠를 보고 있다. 이는 리얼타임 엔진 기반으로 제작하고 버추얼 스튜디오를 운영 및 임대하는 것을 포함한다. 2020년 자이언트스텝의 리얼타임 콘텐츠 매출 비중은 25%이며 2016년부터 이 사업에 투자가 진행되었다. 리얼타임 콘텐츠는 인간의 오감 자극을 통해 정보를 제공해 실제와 유사한 현실감을 가능하게 하는 콘텐츠로, 기반 기술은 VR, AR, MR, 홀로그램 등이다.

리얼타임 콘텐츠 제작에서는 양방향성과 실시간성이 중요해, 리얼타임 렌더링(Real-time Rendering) 기능을 제공하는 리얼타임 엔진이 핵심이다. 영상 제작 과정은 모델링(Modeling)과 렌더링(Rendering) 단계로 구성되며, 모델링은 가상 객체 및 장면의 기본 골격을 만드는 과정이고, 렌더링은 그 골격을 현실 세계 모습처럼 입체감을 구현하는 과정이다.

렌더링은 다시 리얼타임(Real-time) 렌더링과, 오프라인(Off-line) 렌더링으로 나뉜다. 리얼타임 렌더링을 적용하면 계산 작업과 화면 재생이 동시에 가능하다. 프레임당 이미지 생성시간이 짧고, 기존 오프라인 렌더링처럼 작업마다 렌더링 과정을 거칠 필요가 없기 때문에 장면 확인과 수정이 빠르다. 오프라인 렌더링이 한 프레임당 이미지를 생성하는 데 몇 분~몇 시간 소요된다면, 리얼타임 렌더링은 초당 수십 장 이미지를 생성한다.

리얼타임 엔진은 게임 장르에서 주로 사용되어 왔으나, 점차 타 장르에서 사용되기 시작한다. 리얼타임 콘텐츠 경우에 사용자 움직임에 인터랙티브하게 반응하고, 게임처럼 가상공간에서 실시간 3D 그래픽 콘텐츠가 구현되어야 하므로, 리얼타임 렌더링이 필수적이다. 기존의 VFX 툴로만 콘텐츠를 제작하면 시간과 비용이 많이 소요되고 다양한 기기나 플랫폼에서의 콘텐츠 호환성이 낮지만, 리얼타임 엔진을 통해 제작된 콘텐츠는 다양한 기기에서 호환이 가능하고, VR/AR 등 다양한 플랫폼의 콘텐츠를 한 번에 개발해 OSMU가 가능하다. 콘텐츠 유형별로 본 그래픽 작업 방식의 장단점은 아래 [표 4-4]와 같다.

▎[표 4-4] 콘텐츠 유형별 그래픽 작업 방식의 장단점

	기존 (기존 VFX 툴 & 오프라인 렌더링)	차세대 (리얼타임 엔진 & 실시간 렌더링)
일방형 콘텐츠 • 영화, 드라마 등 • 텍스트, 이미지 기반	• 느린 작업 속도 • 인적, 시간적 리소스 多 • 극사실 레벨 그래픽 추구	• 빠른 작업 속도 • 높은 기술력 필요(미국의 소수 업체만 활용 중) • 국내에선 사전시각화 용도로 사용
실감형/몰입형 콘텐츠 • XR(VR, AR, MR) 등 • 인터랙티브 3D	• 실시간 구현 어려움 • 적용가능 영상출력장치 제한적 • 인적, 시간적 리소스 多	• 실시간 구현 가능 • 다양한 장치(기기)에 적용 가능(높은 범용성) • 비용/시간 절감 가능

출처: 유안타증권(2021.6.30)

자이언트스텝이 제공하는 리얼타임 콘텐츠 비즈니스 모델은 세 가지이다. 먼저 하이브리드 리얼타임 렌더링 솔루션에서는 리얼타임 렌더링으로 제작시간을 기존 대비 약40% 절감하며, 자체 개발 플러그인으로 기존 VFX 툴로 구현 가능한 수준의 비주얼 퀄리티까지 달성 가능하고, 실시간 수정(피드백) 및 상호작용이 가능한 콘텐츠 제작이 가능하다. 즉, AR/VR, 홀로그램, 인터랙티브 영상, 프로젝션 맵핑 등 다양한 리얼타임 콘텐츠 제작이 가능하다. 리얼타임 엔진을 통해 실시간 제작하고 합성해 콘텐츠를 송출하는 자체 스튜디오들이 운영된다. 자이언트스텝은 국내 처음으로 AI 기반의 사실적 얼굴 애니메이션 구현을 위한 기술을 개발해 2019년 캐주얼 스타일의 버추얼 유튜버인 '지아', 2019년 8월 극실

사 버추얼 휴먼인 '빈센트'를 공개했다.

2003년 설립된 VP 스튜디오인 비브스튜디오스(Vive Studios)는 방탄소년단의 2020 MAMA와 VR 휴먼다큐 '너를 만났다'를 통해 이름을 알렸는데 2021년 국내 최초로 통합제어솔루션인 'VIT(ViveStudios Immersive Technology)'를 자체 개발한다. 이는 LED 디스플레이, 카메라 트래킹, 리얼타임 엔진 등을 통합 제어한다. 블루 및 그린 스크린에서 진화한 LED 디스플레이 기반 VP 스튜디오에서 실시간으로 렌더링 결과물을 제공하는 '언리얼 엔진(Unreal engine)'을 활용해 프리프로덕션 단계에서 최종에 가까운 장면을 실시간 구상하고 수정 가능하다는 게 장점이다. VP 스튜디오에서는 협의가 필요한 장면을 한 번에 확인하고 결정하기 때문에 CG, 사운드 수정 등 포스트 프로덕션 단계의 후보정 작업을 최소화해 준다.

국내 최대 규모 VP 기업으로는 2021년 설립된 브이에이코퍼레이션(VA Corporation)이 있다. 이 기업은 국내 VFX 기업인 모팩(Mofac)을 토대로 아시아 최대 규모의 VP 스튜디오, VP 솔루션과 노하우, 오리지널 콘텐츠 IP를 보유하는 등의 가상제작 시스템을 최근에 구축했다. 이로써 영화, 드라마, 광고, 실시간 공연, 게임 등 다양한 실감형 콘텐츠 기획부터 제작까지 원스톱으로 제공할 수 있는 인프라를 통해 VP를 주도할 수 있게 된다. 아시아 최대 규모의 VP 스튜디오인 '브이에이 스튜디오 하남'은 3,408평 규모로 대형 LED 스테이지와 인카메라 VFX, XR 운영 시스템 등을 갖춘 스튜디오를 보유하고 있어 다양한 실감형 제작이 가능하다. 벽면과 상부를 LED 패널로 둘러싼 볼륨 스튜디오는 영화, 드라마 제작에 최적화되어 현장에 있는 것 같은 현실감 있는 연출이 가능하다. 미디어 커머스, 라이브 콘서트 제작에 특화된 XR 스튜디오도 구축되었다.

이러한 기술기업들의 제작 역량 강화에 대응하는 CJENM은 VFX, XR 콘텐츠 제작 지원을 맡고 있는 사내 콘텐츠 R&D 센터를 주축으로 대형 VP 사업 본격화를 위해 실시간 렌더링 기술을 보유한 에픽게임즈와 업무협약을 맺고, 3D 창작 플랫폼인 '언리얼 엔진' 활용에 나서는 등 관련 연구 개발 투자와 협력을 지속 중이며, 드라마와 영화뿐 아니라 예능, XR 공연 등의 콘텐츠 제작에 본격 착수하기 시작했다.

강신규(2021). 가상과 현실 사이에 놓인 아이돌: K/DA와 에스파(aespa)를 중심으로, 문화/과학, 105호, 212-225.

강신규(2021.5-6). 디지털 실감기술과 아이돌 산업의 결합, Media Issue & Trend, 한국방송통신전파진흥원, Vol.44, pp.19-30.

국제뉴스(2020.9.12). 디지털 스튜디오 룰루랄라, 2020 뉴미디어 콘텐츠상 특별상 수상!

김기완(2017.2.3). 방송기술의 클라우드 전략: Part 2. 미디어 산업에서의 클라우드 활용, 방송과 기술, Tech & Trend, http://tech.kobeta.com.

뉴시스(2021.6.17). CJENM 디지털 스튜디오, 누적 조회수 2억 돌파 비결.

닐슨코리아(2019). 국내 모바일 OTT 애플리케이션 현황.

모비인사이드(2021.3.2). [2021 주목해야 할 IT 소식] 2021년을 뒤흔들 숏폼 플랫폼 총정리.

모비인사이드(2021.7.27). 대세가 된 숏폼 콘텐츠, 숏폼 콘텐츠의 전망은?

문화일보(2021.3.26). '숏폼 플랫폼' 틱톡 아성에… 넷플릭스·유튜브 도전장.

문형욱(2020.3). 버추얼 프로덕션, 비주얼 스토리텔링의 새로운 시대를 열다, 한국 영화, Vol.117, pp.29-34.

블로터(2021.3.2). [단독] '틱톡' 대항마 '유튜브 쇼츠', 한국도 열렸다.

블로터(2021.8.4). '10초 영상에 빠진 세계'…유튜브, 쇼츠 창작자에 1억 달러 지원.

블로터(2019.1.28). CJENM, 올해 디지털 콘텐츠에 총력…"4천만 구독자 확보하겠다".

블로터(2021.4.28). [오~컬쳐] "여기서만 보세요"…OTT는 지금 '오리지널 시대'.

송민정(2021). 디지털전환 시대의 미디어경영론, 박영사.

시사위크(2021.3.5). 넷플릭스, 숏폼 동영상 '패스트 래프' 도입… 질주 어디까지?

시선뉴스(2021.6.4). '버추얼 프로덕션', 차세대 메타버스 제작 솔루션으로 주목.

씨네21(2020.9.19). 회당 10~20분 분량의 숏폼 콘텐츠 전성시대.

아이티(IT)조선(2020.5.5). 콘텐츠로 살펴본 넷플릭스·디즈니+ OTT 차별화 전략.

유건식(2020.10). 코로나19 시대와 방송 제작 방식의 변화, 방송과 미디어, 방송공학회

학회지, 제25권 4호.

유안타증권(2017.4.17). CJENM, 즐거움엔 끝이 없다.

유안타증권(2021.6.30). 자이언트스텝.

윤지영(2016). 콘텐츠의 재정의와 새로운 비즈니스의 기회, Organic Media, 2016.

이베스트투자증권(2021. 3.16). 드라마피디아.

이인우(2017). 영상콘텐츠 유통채널 다원화에 따른 프로그램 장르구분 연구, 방송통신
　　대학교 석사논문.

정보통신산업진흥원(NIPA)(2017.12.15). 오리지널 콘텐츠 제작사례를 통해 본 신규
　　CG/VFX 프로젝트 시장으로서의 가능성 분석, ISSUE REPORT, 제4호.

조선비즈(2021.7.19). MZ세대가 외면한 한성숙의 야심작 네이버TV…숏폼 동영상도
　　존재감 미미.

조숙희·정세윤·임성창·김종호·이대열·최진수(2014), 클라우드 기반 방송콘텐츠 제
　　작 및 서비스 패러다임 변화, ETRI, 2014.

최세경(2010). N스크린 시대에 TV 비즈니스의 전망과 대응 전략: 콘텐츠 유통과 소비
　　패러다임의 변화를 중심으로, 방송문화연구, 22권 2호, pp.7~36.

최세경(2015). 방송콘텐츠 제작 지형의 격변: 유통 플랫폼이 이끄는 방송 콘텐츠의 진
　　화와 혁신, 방송 트렌드 & 인사이트, 방송통신전파진흥원, 2015.8−9, Vol.2.

키움증권(2021.4.6). VFX는 달리는 말이다.

키움증권(2021.5.17). 메타버스, 새로운 디지털 전쟁터.

한국경제신문(2021.2.21). 넷플릭스에 비주류는 없다 … 영화, 드라마를 넘어 다큐멘
　　터리까지.

한국방송통신전파진흥원(2020.7). 중국 숏폼 영상 서비스의 경쟁구도와 이슈, KCA
　　Media Issue & Trend, Vol.35, pp.28−35.

한국방송통신전파진흥원(2020.1). 영국 방송사의 다큐멘터리 제작 동향과 전망, KCA
　　Media & Trend, Vol.27, pp.42−53.

한국방송통신전파진흥원(2020.10). AR/VR 기반 몰입형 광고의 재조명, KCA Media
　　Issue & Trend, Vol.38, pp.34−42.

Eastman, S. T. & Ferguson, D. A.(2012). Media Programming: Strategies and
　　Practices(9th edition), Boston, MA: Wadwworth.

Financesonline(2021). 16 YouTube Trends for 2021/2022: New Forecasts & A Look Into What's Next.

Proulx, M & Shepatin, S.(2012). Social TV: How maketers can reach and engage audience by connecting television to the web, social media, and mobile. Hoboken, NJ: John Wiley & sons, Inc.

The Verge(2020.10.22). 11 reasons why Quibi crashed and burned in less than a year.

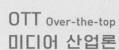

PART

02

OTT 미디어 시장과
산업

CHAPTER 05 OTT 미디어 정책과 시장
CHAPTER 06 OTT 미디어 유통 산업
CHAPTER 07 OTT 미디어 제작 산업

CHAPTER

05

OTT 미디어 정책과 시장

SECTION 01 OTT 미디어 개념과 특성
SECTION 02 OTT 미디어 정책과 규제
SECTION 03 OTT 미디어 시장의 형성
SECTION 04 OTT 미디어 플랫폼 경쟁

OTT 미디어 개념과 특성

OTT(Over the top)가 전 세계에서 인터넷 동영상 서비스를 의미하는 용어로 널리 쓰이고 있지만, 실질적으로 OTT에 대한 명확한 법적 정의는 부재한 상태이다. 또한, 시장에서도 OTT의 개념과 범위에 대해 보는 시각에 따라 상당한 차이를 보인다. 한 가지 명확한 사실은 시장에서 사용하는 OTT 개념이 법적 OTT 개념을 정의하려는 시도를 선행한다는 점이다. OTT 용어가 미디어 시장에서 쓰이기 시작한 초창기의 OTT로 거슬러 올라가 보면, 케이블TV나 위성TV 등 전용망을 거치지 않고 범용 인터넷망을 통해 TV 방송 서비스에 접근할 수 있도록 하는 셋톱박스(Set-top-box; STB) 기반의 서비스를 의미했다.

그러나 이제는 미디어 시장 및 정책 논의 현장에서 OTT가 STB 기반 서비스로만 국한되지 않고 보다 광범위하게 인터넷 기반의 동영상 서비스를 아우르는 용어로 쓰이기 시작한다. 국내에서는 2010년대부터 인터넷에 연결된 커넥티드(Connected) TV를 삼성전자가 '스마트(Smart) TV'라는 브랜드로 출시한 시점부터 OTT가 인터넷상의 동영상 서비스 앱으로 인식되기 시작한다. 따라서 용어 정의에 혼란을 없애기 위한 정부의 산하 기관들이 개념 정의를 하기 시작하는데, 첫 시도가 2013년 인터넷진흥원의 개념 정의이다. 이에 의하면, OTT 서비스는 기존의 통신 및 방송사업자와 더불어 제3사업자들이 인터넷을 통해 드라마나 영화 등의 다양한 미디어 콘텐츠를 제공하는 서비스이다.

정리하면, OTT 용어가 처음 등장했을 때의 톱(Top)은 TV에 연결되는 STB를 의미해 TV STB 같은 단말기를 통한 인터넷 기반의 동영상 서비스를 의미했지만, 이제는 STB 유무를 떠나 PC, 스마트폰, 스마트TV 등의 단말기뿐만 아니라 기존의 통신사업자나 방송사업자가 추가적으로 제공하는 인터넷 기반의 동영상 서비스를 모두 포괄한다. 즉, OTT 서비스 이용자는 TV 프로그램과 광고, 영화, 이용자 창작 콘텐츠(User generated content; UGC) 등 콘텐츠를 이용할 수 있게 된다.

OTT 우호적인 인터넷 환경에서 OTT 서비스 사업자 유형은 미디어 산업 가치사슬의 CPND(Content-platform-network-device) 영역 모두를 포함하게 된다. 시기적으로 가장 먼저 OTT 전용의 STB 같은 디바이스 중심으로 OTT 기기 서비스를 제공해 온 로쿠(Roku)나 박시(Boxee) 등이 미국 시장에서 등장하였고, 인터넷 플랫폼을 바탕으로 단말기와 콘텐츠 제작 업체들과의 협력을 통해 OTT 플랫폼 서비스를 제공하는 넷플릭스와 아마존, 유튜브 등이 등장했으며, 이에 대응하기 시작한 기존의 방송사업자, 채널사업자로서 보유하고 있는 다양한 콘텐츠의 힘을 바탕으로 사업을 확장하는 콘텐츠 사업자인 훌루 등이 출현하였고, 모바일 단말기를 토대로 콘텐츠 제작 사업자들과 제휴해 OTT 시장에 가세한 기기사업자인 애플도 있다.

이렇게 OTT 시장이 CPND 모두에 의해 형성되면서 법적으로도 이를 정의하려는 움직임이 시작된다. 유럽연합(European union; EU) 중심으로 제시된 개념에 대해 먼저 살펴보고, 관련 정책 및 규제 동향에 대해서는 다음 절에서 자세히 살펴보고자 한다. 2015년 10월, EU산하 유럽전자통신규제기구(Body of european regulation of electronic communications; BEREC)에서는 EU의 2002년 수평적 규제 체계(Horizontal regulatory system)를 토대로 OTT를 '오픈 인터넷(Open internet)'을 통해 최종 이용자(End user)에게 제공되는 콘텐츠, 서비스나 애플리케이션으로 정의'하였다. 오픈 인터넷은 개방형 인터넷을 의미한다. 수평적 규제 체계에 대해서는 2절에서 자세히 다룰 것이다.

2015년, BEREC은 OTT를 공용 인터넷을 통한 콘텐츠 서비스로 광범위하게 정의하고, 다음 [그림 5-1]과 같이 분류하여 정의한다. 즉, OTT-0은 전자 커뮤니케이션 서비스(Electronic communication service; ECS)에 속하는 서비스로, 범용 인터넷을 사용하지만 스카이프처럼 통신사업자에게서 번호를 부여받은 전화망에 접속해 사용 망에 대한 접속료를 내는 통신서비스이다. OTT-1은 ECS에는 속하지 않지만, ECS와 경쟁이 가능한 스카이프의 PC to PC 영상 통화와 카카오톡의 보이스톡, 페이스톡 등을 말한다. OTT-2는 그 밖의 OTT 서비스를 총칭하며, 전자상거래나 온라인 콘텐츠 스트리밍 서비스 모두를 포함한다. 이

◎ [그림 5-1] BEREC의 OTT 구분 정의

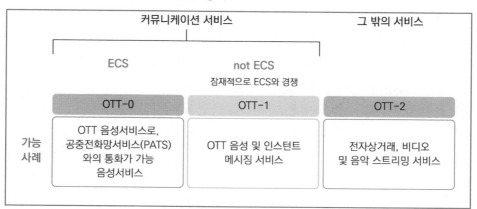

출처: BEREC(2016: 16)

중에서 비디오 콘텐츠 스트리밍 서비스가 주가 되는 서비스가 OTT 동영상 서비스로 이 책에서 말하는 'OTT 미디어' 서비스이다. 이 서비스는 EU의 시청각 미디어 서비스 지침(Audiovisual media services directives; AVMSD)의 대상이 된다. 이에 대해서는 2절에서 자세히 설명하기로 한다.

BEREC의 OTT 구분 정의로 보면, 수평적 규제체계하에서 OTT-1과 OTT-2 레벨은 네트워크가 아닌 콘텐츠 레벨에 속한다. 두 레벨 모두 네트워크를 소유하지 않고 빌려 쓰지도 않으며 오픈 인터넷이라 불리는 범용 인터넷 망을 통해 최종 이용자들에게 제공되기 때문이다. 한편, BEREC에 의하면, OTT-1은 ECS에 속하지 않으면서 ECS와 경쟁 가능한 위챗이나 보이스톡 같은 서비스로 커뮤니케이션 서비스이며, OTT-2는 ECS에 속하지도 않으면서 동시에 잠재적 경쟁자로도 보기 어려운 서비스로 아마존 등이 제공하는 전자상거래 서비스나 넷플릭스 등이 제공하는 비디오 스트리밍 서비스로 보고 있다. 이때, 전자상거래는 콘텐츠 계층 중에서 정보사회 서비스로 분류되어 별도의 전자상거래 지침을 따르는데, 미디어 산업의 산업화로 M&A 등 다양한 합종연횡을 통해 실제 경쟁 관계에 있음을 3장에서 확인하였다. BEREC은 OTT라는 용어가 법적 지위를 갖는 것은 아님을 분명히 하고 있다.

한편, 공신력 있는 사전은 아니지만 널리 애용되고 있는 위키피디아에서는

OTT를 OTT 콘텐츠와 OTT 메시징으로 구분해 좀 더 협의로 개념화하고 있다. 전자는 기존의 방송 미디어 서비스를, 후자는 기존의 통신 서비스를 파괴한 것으로 이해된다. 방송 미디어를 파괴적 혁신하고 있는 OTT 미디어는 기존 방송사업자와 더불어 제3의 벤처 사업자들이 인터넷을 통해 드라마나 영화 등의 콘텐츠를 제공하는 서비스를 의미한다. 미국의 연방커뮤니케이션위원회인 FCC가 FCC13−99 고시를 통해 OTT를 온라인 비디오 유통기업(Online video distributor; OVD)으로 명명하기도 했다. 이때 OVD는 '범용 인터넷 또는 다른 방식의 인터넷 프로토콜(Internet protocol; IP)을 수단으로 비디오 콘텐츠를 제공하는 주체'이다. 미국의 OTT 미디어 정책에 대해서는 다음 절에서 살펴보고자 한다.

OTT가 미디어 시장의 주목을 받으면서 방송에 가해졌던 수많은 규제 영역의 올가미를 조금 풀어 주는 방향으로 가야 시장이 발전한다는 논의가 일기 시작한다. 경제협력기구(OECD)도 '네트워크−콘텐츠' 규제의 틀을 제시하면서 수평적 규제체계를 적용하고 있으며 네트워크에 대해 단일한 규제가 적용되는 것이 원칙이나 지상파방송과 같은 사회적 영향력이 큰 네트워크에 대해서는 차별적 규제가 적용돼야 한다는 방향도 제시하였다. OECD도 2004년 회원국의 네트워크 디지털화에 따른 방송통신 산업 및 서비스 간 융합 관련 제도 정비를 위해 규제 프레임워크를 제안하였는데, 이는 EU 규제프레임워크와 마찬가지로 규제체계를 전송과 콘텐츠 계층으로 이원화해 동일한 서비스에 대해 동일한 규제를 적용함을 의미한다.

따라서 OECD도 BEREC이 정의한 OTT 개념을 그대로 수용하면서 이러한 논의에 동참한다. OECD는 범용 인터넷(General−purpose network; GPN) 구조로 인해 신규 사업자들이 음성, 비디오 및 응용 프로그램을 제공하기 위해 기존 시장 시스템의 핵심 기능이나 성능에 영향을 주지 않으면서 혁신을 수행할 수 있다고 판단한다. 즉, 기기 사업자, 운영시스템(OS) 사업자, 네트워크 사업자, 광고 중개 사업자 및 OTT 사업자들이 상호 연계되어 새로운 미디어 산업의 가치사슬을 창출시킬 것으로 보는 것이다.

2014년 OECD에 의하면, OTT 서비스란 '다른 서비스 제공자에게는 이용 가능하지 않은 해당 네트워크의 특별한 성능(Specialized capabilities)을 사용하지 않는 서비스'이다. 이는 대체로 네트워크 사업자가 아닌 업체에 의해 제공되지만, 자회사 형태나 직접 제공되기도 한다.

이 책에서는 협의의 OTT 미디어를 다루고 있으며, 인터넷 동영상 서비스를 말한다. 유료TV가 제공하는 방송 미디어 서비스와 비교되는 OTT 미디어 서비스의 몇 가지 특성들이 지속적으로 거론되는데, 미디어 소비자 측면에서 보는 첫 번째는 편리성이다. OTT 미디어 서비스는 간편하게 영화나 프로그램을 시청하고자 하는 소비자 니즈를 적절하게 충족시켜 주기 위한 서비스로 각광받기 시작했다. 유료TV의 채널 선택권 제약과 함께 생활 패턴 차이로 인해 정해진 시간을 놓치면 시청하기 쉽지 않은 실시간 TV 방송 프로그램과 달리, 자신이 원하는 프로그램을 시간과 공간에 관계없이 언제든지 시청할 수 있기 때문이다. TV 시청자들은 '본방사수'라는 시간 제약 없이 다양한 TV 프로그램을 어디서나 시청할 수 있고, 기기도 PC, 스마트폰, 태블릿PC, 게임기, TV 등 다양하게 이용 가능하다. 계약과 해지가 용이하다는 점도 유료TV와 차별되는 편리성이다. 즉, 유료TV는 네트워크와 수신기를 결합해 STB 대여 명목으로 장기 약정을 통해 가입자를 유치하지만, OTT 서비스는 계약 해지에 대해 비교적 용이하다.

두 번째로 거론되는 소비자 관점의 OTT 특성은 개인 맞춤형 콘텐츠 소비를 가능하게 한다는 점이다. 이에 대해서는 2장에서 미디어 소비의 변화에서 자세하게 설명하였다. 즉, 스스로 검색을 통해 원하는 콘텐츠를 쉽게 확보할 수 있게 함은 물론이고, 이러한 노력을 하지 않아도 구독을 하면 가입자 자신의 취향까지 맞춰서 콘텐츠를 큐레이션해 주는 기능까지 더해져 있기 때문이다. 월정액 기반의 유료TV는 제한된 채널로 인해 시청자들의 다양한 콘텐츠 수요를 모두 만족시킬 수 없다는 한계가 있으며, 부가적으로 제공되는 비디오 서비스는 유료TV 가입자가 직접 검색해서 건별로 결제해야 하므로 개인화 및 편리성 면에서 동떨어져 있다.

세 번째 거론되는 소비자 관점의 OTT 특성은 유료TV 대비 합리적이고 저렴한 가격이다. 실제로 미국 시장에서는 유료TV에 비해 매우 저렴하다. 넷플릭스가 처음 OTT 서비스를 시작했을 때를 기준으로 보면, 미국 케이블TV 가입 시 매달 100달러 이상의 비교적 높은 비용을 지불해야 하는 반면 넷플릭스의 경우에는 10달러 수준에 불과해, 넷플릭스가 미국에서의 사업 초기 큰 인기를 얻게 된 결정적인 이유 중 하나가 되고 있다. 점차 OTT 경쟁이 심화되면서 OTT들은 각자의 전략에 따라 가격정책을 융통성있게 가져가기 시작한다. 이에 대해서는 6장에서 다룰 것이다.

한편, 유통사 관점에서 거론되는 OTT의 특성은 시장에서의 낮은 진입장벽이다. OTT 사업을 하려는 사업자들은 큰 부담 없이 사업에 뛰어들 수 있으며, 기존의 방송사업자 등 플랫폼 이외의 다른 업계의 사업자들에게도 비즈니스 기회가 열려 있다. 예로 콘텐츠 사업자는 기존에는 톨게이트 역할을 한 플랫폼만을 통해서 소비자에게 접근할 수 있었으나 이제는 OTT 미디어를 통해 직접 소비자를 접하고 수익을 창출할 수 있는 D2C(Direct to customer)가 가능해졌다. 또한, 이미 탄탄한 가입자 기반을 가지고 있는 인터넷 플랫폼들인 포털이나 메시징, 이커머스 사업자들도 기존 가입자 유지를 위해 고려해 볼 사업이 되었다.

마지막으로, OTT를 플랫폼 기업이라고 했을 때 양쪽에 존재하는 최종 소비자와 콘텐츠 공급자 모두에게 해당되는 멀티 호밍(Multi-homing) 특성이 특히 제작사 관점에서 관찰된다. 소비자들은 보통 둘 이상의 OTT 서비스를 이용하며, 콘텐츠 공급자들도 독점 계약이 아니라면 다양한 OTT 플랫폼들에 콘텐츠를 제공할 수 있다.

앞에서 EU 산하 BEREC의 OTT 개념 정의와 OTT-0, OTT-1, OTT-2 등 구분된 세부 정의를 먼저 살펴보았고 OECD도 이러한 개념 정의를 따르고 있다고 설명하였다. 상기하면, 모두 인터넷망을 통하지만 OTT-0은 기존 전자통신 서비스와 동일한 기능을 수행하는 서비스로, OTT-1은 OTT-0과 잠재적으로 경쟁 가능한 서비스로, 그리고 OTT-2는 그 외 인터넷 서비스를 의미한다. 여기서는 OTT-2 레벨에 속하는 인터넷 동영상 서비스인 OTT 미디어 정책에 대해 좀 더 자세히 살펴보고자 하며, 이를 위해 앞서 잠시 언급한 EU의 수평적 규제 체계에 대해 먼저 설명하고자 한다.

EU는 2002년 수평적 규제 체계(Horizontal regulatory system)를 통해 콘텐츠와 전송을 구분할 것을 회원국에 권고하였는데, 당시 방송과 통신 융합으로 다양한 네트워크를 통해 융합형 서비스가 등장하고 있었다. 이에 기존 법 체계는 특정 사업자가 해당 서비스 시장에서 독점력을 보유할 것이라는 전제하에 마련된 수직적 규제 체계(Vertical regulatory system)를 가지고 있었기 때문에 규제 정책이 시장의 변화를 따르지 못하고 있었다. 즉, 유·무선, 음성, 데이터, 통신, 방송 등을 영역별로 분리하여 특정 네트워크, 기기, 서비스가 일치되며, 각 서비스가 역무라는 틀 속에서 독립된 규제방식을 적용받고 있었던 것이다.

점차 융합형 서비스가 일반화되면서 수직적 규제 체계는 더 이상 타당성을 가지기 어려워졌고, 이러한 한계를 극복하기 위해 제시된 것이 바로 수평적 규제 체계이다. 이 분야에서 선도적 개혁을 추진 중이었던 EU는 2002년에 전송 계층에서 먼저 '규제프레임워크 지침'을 발표하여 방송과 통신으로 구분하던 기존의 수직적 규제 방식에서 전송 계층과 콘텐츠 계층으로 구분함으로써 수평적 규제 체계로 전환하게 된다.

그 후 5년이 지나 2007년에 1989년 마련된 기존의 '국경 없는 TV지침(TV

without frontiers; TVWF)'을 'AVMSD'로 개정하여 공중 대상 제공되는 동영상 콘텐츠를 포괄해 콘텐츠 계층에서 새로운 규제를 적용하려는 움직임을 보인다. 개정되기 전에는 TVWF가 방송을, 그리고 2000년 시작된 전자상거래 지침(Electronic commerce directives; ECD)은 통신망 기반의 정보사회서비스를 규제하는 지침이었다. 예를 들어, 실시간으로 기존 방송과 동일한 콘텐츠를 전송하는 서비스는 TVWF 규제 영역에, 주문형비디오(VOD) 서비스는 ECD 규제 영역에 속하였다. 또한 같은 VOD라고 할지라도 이용자가 시청 시간을 임의로 선택하기 어렵다고 판단되는 유사 VOD(Near video on demand, 이하 NVOD)의 경우에는 TVWF의 규제 영역으로 구분되었다.

간단히 말해, EU가 전송 계층에서 내놓은 '규제프레임워크 지침'은 1절에서 언급한 ECS와 전자커뮤니케이션네트워크(Electronic communication network; ECN)로 구분된다. 네트워크를 가진 기간 통신망 사업자들은 ECN이라 불리우며, 통신망을 갖고 있거나 제4 이동통신같이 기간 통신망 사업자에게서 망을 빌려서 통신 서비스를 제공하면 ECS 적용을 받는다. 콘텐츠 계층에서는 어떠한 전송 매체를 통해 제공되는가에 상관없이 콘텐츠 목적이 동영상 제공 여부에 따라 시청각미디어서비스와 정보사회서비스로 나뉘어 각각 AVMSD와 ECD가 적용된 것이다. 또한, 시청각미디어서비스는 콘텐츠 이용방식에 따라 '선형(linear)'과 '비선형(non-linear)' 서비스로 구분된다. AVMSD 발전단계를 정리해 보면 다음 [표 5-1]과 같다.

EU가 1989년 'TVWF'를 통해 처음으로 TV 방송에 대한 역내 공통의 규제 지침을 제정한 이후, 앞서 언급한 2002년 '규제프레임워크 지침'을 통해 전송 계층과 콘텐츠 계층으로 구분하여 '동일서비스 동일규제' 원칙을 적용하는 수평적 규제체계를 도입한다. 2007년 개정 내용은 신규 미디어 서비스를 규제 틀 안으로 포용해 규제 형평성에 따른 논란을 불식시키고 EU 회원국들의 정책적 일관성을 확립하는 것이었다. 지침 개정 후 28개 회원국은 이를 적극 수용해 수년에 걸쳐, 지침의 주요 내용을 모두 국내법으로 수용했다.

2007년 AVMSD 지침은 2018년 대폭 개정된다. 2007년 개정이 수직적 규제 시스템을 수평적 규제 시스템으로 전환하는 데 초점을 두었다면, OTT 확산에

┃ [표 5-1] EU의 AVMSD 발전단계(1989~2020)

연도	내용	비고
1989년	유럽 차원의 '국경 없는 TV 지침(Television Without Frontiers, TVWF)'	유럽 차원에서 처음 도입된 규제
2000년	전자상거래 지침(Electronic Commerce Directives, ECD)	정보사회서비스에 관한 규제
2007년	시청각미디어서비스 지침(Audiovisul Media Services Directives, AVMSD) 2007/65/EC 제정	최초 제정, TVWF와 ECD 규제 대상을 확대 적용
2010년	지침 명문화 Directives 2010/13/EU	1차 개정
2015년	유럽집행위원회에 의해 '유럽디지털 단일시장 전략 발표(A Digital Single Market Strategy for Europe)'	개정 필요성 강조
2018년	지침 개정안 발표, 발효 후 21개월 이내 개정 규정을 국내법으로 이행 Directives 2018/1808/EU	2차 개정
2020년 9월 19일	EU회원국, 지침을 국내법으로 반영하도록 Article 2-1에 명시	

출처: 김광재(2020.1; 87쪽)

따라 신규의 서비스 플랫폼 사업자들이 기존의 규제 틀에 포함되지 않게 되자 2016년 AVMSD의 현대화를 위한 지침 개정 제안서(Proposal)가 발표된다. 다음 [표 5-2]는 2007년 AVMSD와 2016년 개정안을 비교한 것이다.

EU의 2016년 개정안은 2018년 10월 2일 의결되고, 11월 14일 최종 개정된다. 2016년의 개정안과 2007년 AVMSD를 비교해 보면, OTT 미디어 관련해서는 '동영상 공유 플랫폼 서비스(Video sharing platform service; VSPS)' 개념이 제안된다. 이는 넷플릭스 같은 주문형 동영상 서비스 및 유튜브 같은 동영상 공유 플랫폼의 급속한 확산으로 TV 방송 시청자가 이탈하면서 전통 TV 방송사들의 지위가 약화되는 등 시장 변화에 따른 것이며, 무엇보다도 모든 사업자에 대한 공평한 경쟁 환경 조성을 조성하는 것이 목적이다. 이는 '동일서비스, 동일규제' 원칙을 의미한다. 전송 계층에서는 일정 조건을 만족하면 등록으로 사업을 개시할 수 있다. 한편, 콘텐츠 계층에서는 크게 '시청각 미디어서비스'와 '정보사회서비

▌[표 5-2] 2007년 AVMSD와 2016년 개정안(2018년 발효됨)

개념	2007 AVMSD	2016년 AVMSD 개정안
시청각 미디어서비스	미디어서비스제공자의 편성책임(editorial responsibility)하에 일반 공중에게 정보, 오락, 교육에 관한 프로그램을 제공하는 것을 주된 목적으로 전기통신망을 통해 제공하는 서비스	미디어서비스제공자의 편성책임(editorial responsibility)하에 일반 공중에게 정보, 오락, 교육에 관한 프로그램을 제공하는 것을 주된 목적으로 (또는 해당 서비스의 주된 목적과 구분되는 별도의 서비스가 일반 공중에게 정보, 오락, 교육에 관한 프로그램을 제공하는 경우에도 포함) 전기 통신망을 통해 제공하는 서비스
프로그램	미디어서비스제공사업자가 편성표(리니어) 또는 카탈로그(넌리니어)에 따라 제공하는 영상으로 일반적으로 텔레비전 방송의 형식 및 내용과 유사한 것(영화, 스포츠경기, 시트콤, 다큐멘터리, 어린이프로그램, 드라마 등)	미디어서비스제공사업자가 편성표(리니어) 또는 카탈로그(넌리니어)에 따라 제공하는 영상(例 영화, 짧은 길이의 동영상(Videos of short duration), 스포츠 경기, 시트콤, 다큐멘터리, 어린이프로그램, 드라마 등)
동영상공유 플랫폼서비스 (Video Sharing Platform Service)	없음	(i) 상당한 양의 프로그램 또는 이용자 제작 동영상(user-generated videos)을 보유하고 있는 서비스로 구성되며, 서비스 사업자는 이에 대한 편집권을 갖지 않음 (ii) 콘텐츠 구성은 hosting, displaying, tagging, sequencing 등 전자적 방식(알고리즘)에 따라 서비스 사업자가 결정 (iii) 프로그램 또는 UGV 제공 서비스의 주된 목적은 일반 공중에게 정보, 오락, 교육을 제공하는 것 (iv) 서비스는 전자통신망을 통해 제공되어야 함
이용자제작 동영상 (User generated Video; UGV)	없음	개인 또는 다수가 개별 단위로 제작하여 동영상 공유 플랫폼에 업로드하거나, 동영상 공유플랫폼에 이를 단순히 업로드만 하는 연속적인 동영상(음성의 유·무 불문)

출처: 곽동균(2017)

스'로 분류되며, 전자는 다시 실시간과 비실시간이냐에 따라 차등규제된다.

AVMSD에서는 선형 서비스와 비선형 서비스에 대해 차별적 규제를 적용하는 것이 원칙인 가운데, 양자 공통으로 원산지 증명서(Certificate of origin; COO), 혐오·폭력·차별 금지, 미성년자 보호 등 약한 수준의 내용규제가 적용되며, 유럽에서 사업하는 주문형 VOD 서비스 사업자에게는 유럽산 영상 콘텐츠 보호를 위한 편성쿼터제가 적용된다. 개정된 AVMSD에서 주목할 부분은 시간당 총량제에서 일일 총량제로의 전환, 중간광고 규제 완화(20분에 1회), 간접광고(Products in placement; PPL)에 대한 네거티브 규제방식으로의 전환 등 사실상 TV 방송사에 대한 대폭적인 편성 및 광고 규제 완화이다. 이는 전통 TV 방송과 OTT 미디어 서비스 간의 경쟁 및 이용 대체가 심화되는 상황에서 비선형 서비스에 최소한의 규제를 적용하고, 전통적 선형 서비스에 대해서는 비대칭 규제를 해소해 공정경쟁 환경을 조성하고자 하는 취지에서 나온 것이다.

미국에서도 OTT 미디어 정책 논의가 지속되고 있는데, OTT 서비스에 대한 규제 논의가 시작된다. 연방커뮤니케이션위원회(FCC)는 2010년 인터넷방송 사업자인 '스카이엔젤(Sky Angel)'이 가입자에게 제공하는 물리적 경로(전송 기술)가 부재하다는 이유로 MVPD(Multichannel video programming distributor: 유료TV 사업자군)로 인정하지 않았는데, 2014년 말에 기존 입장을 바꾸어 물리적 망을 가지고 있지 않은 선형의 실시간 OVD(Open Video Distributor)를 MVPD에 포함시켜 규제하자는 정책안을 내놓는다.

규칙제정공고(NPRM)를 통해 FCC가 OVD 중에서 선형의 실시간 OVD만 가상 MVPD(vMVPD)로 분류해 MVPD에 포함시켜 규제하는 방안을 제시한 이유는 기존의 물리적 전송 기술 중심에서 벗어나 서비스의 유사성(실시간 및 편성) 중심으로 판단하기 시작했기 때문이다. 이 같은 정책적 시각 변화의 주된 배경은 실시간 OTT 서비스에 MVPD와 동일한 법적 지위와 권한을 부여해 지상파방송 채널에 대한 콘텐츠 접근권(재송신 동의 등)을 허용하고 시장을 열어 주어 인터넷 TV인 OTT와 유료TV 간 동등한 경쟁 환경을 조성하고자 함이었다. 하지만 2018년까지 공청회가 이어졌지만 지상파방송사와 유료TV의 반대로 개정에는 실패한다. 미국은 EU와 달리 방송과 통신 서비스에 대한 수직적 규제 체계를 유지 중이다. MVPD 개정 시도에 대해 지상파방송사가 반대한 이유는 선형의 편성 OVD가 저작권 관련 MVPD 권한을 받을 경우 지상파방송 재송신 콘텐츠에 대해 제값 받기가 어려울 것이 우려되었기 때문이며, 유료TV의 반대 이유는 OTT가 더 큰 잠재적 경쟁자가 될 것을 미리 우려했기 때문이다.

국내에서도 미국처럼 수직적 규제 체계가 유지되고 있다. 이에 OTT는 기간통신서비스가 아닌 부가통신서비스로 분류되어 미국처럼 시장 진입 시 신고 의무 외에는 별다른 규제가 존재하지 않는다. 한편, 국내의 TV방송사업에 대한 규제는 '방송법'과 '인터넷멀티미디어방송사업법'으로 이원화되어 있고, 유료TV 사업 중 종합유선방송, 위성방송, 방송채널사용 사업은 '방송법'의 적용을, IPTV 사업은 '인터넷멀티미디어방송사업법'의 적용을 받는다. 또한, 국내 OTT 서비스 사업자는 '전기통신사업법'에 의해 부가통신사업자로 간주되며, '콘텐츠이용자보호지침'에 의해 미디어 콘텐츠 상품을 제작, 유통, 판매하는 콘텐츠 제작자나 유통업자로 분류된다.

다시 말해, 국내 OTT 사업자는 '전기통신사업법'상 TV나 극장 상영 콘텐츠, 사업자별 오리지널 콘텐츠, 웹 전용 콘텐츠, 1인 미디어 콘텐츠 등을 제작 편성하여 범용 인터넷을 통해 송출하는 것을, '콘텐츠이용자보호지침'상 지상파방송, 유료TV 사업자들이 제작하는 모든 방송 콘텐츠를 편성하고 전송하는 것을 말한다. 콘텐츠는 TV 안테나, 광케이블, 위성안테나, 인터넷망을 통해 송출되고 고정 TV, 스마트폰, PC, 기타 기기 등 다양한 경로로 접근 가능하다. 2021년 기준, 국내 유료TV와 OTT 적용 규제를 비교하면 아래 [표 5-3]과 같다.

▌[표 5-3] 2021년 국내 유료방송과 OTT 적용 규제

적용규제		유료방송	OTT
진입규제	허가/승인 (재허가/재승인)	• 종합유선방송, 위성방송, IPTV: 허가 • 종합편성, 보도전문, 홈쇼핑채널: 승인	신고
	등록	• 종합편성, 보도전문, 홈쇼핑채널을 제외한 나머지 PP: 등록	

적용규제		유료방송	OTT
소유 · 겸영 규제	소유/겸영 규제	• 일간신문, 뉴스통신사의 방송소유 지분 제한: 종합유선방송, 위성방송, IPTV 각 49% • 방송채널사용사업(PP)의 겸영 규제: 전체 PP 매출의 33% 상한	해당 사항 없음
	외국자본 규제	• 종합편성채널 20%, 보도전문채널 10% • 종합유선방송, 위성방송, IPTV, PP: 49%	
점유율 규제	시장점유율 규제	• 유료방송 전체 시장점유율 33.3%	해당 사항 없음 ※ 매체합산영향력 지수 산정 시 N스크린 시청행태 조사 반영, 유튜브 시청행태 시범 조사 실시
	시청점유율 제한	• 매체합산 영향력 지수 산정 결과에 따른 시청점유율 30% 제한	
내용규제	방송심의	• '방송심의에 관한 규정' 적용 • 방송 프로그램 내용에 대한 사후 심의	'정보통신에 관한 심의 규정' 적용 ※ 사업자의 심의 신청이나 이용자의 유해 정보 신고가 있을 경우
편성규제	프로그램 편성	• 오락 장르 50% 이하 편성: 종합편성채널 • 시청자 평가 프로그램 주당 60분 이상 편성: 종합편성채널 보도PP	해당 사항 없음
	국내 제작 방송프로그램 편성	• 국내 제작 방송 프로그램의 의무 편성: PP 40% 이상 등 • 국내 제작 애니메이션의 신규 편성 의무: 종합편성채널(매출 700억 원 이상) 1% 이상 등	
	채널 구성	• 전체 운용 채널 수 70개 이상 편성 • 의무편성채널: 종합편성채널, 보도PP(2개 이상), 공공채널(3개), 공익채널(분야별 1개 이상), 종교채널(3개), 장애인복지 채널(1개) • 지역 채널 편성: 종합유선방송 • 시청자 자체 제작 프로그램 방송(요청 시)	

적용규제		유료방송	OTT
광고규제	방송광고 허용 유형 및 시간량	• 광고 시간 제한: 방송프로그램 편성시간 당 평균 17%, 최대 20% 초과 금지 • 간접·가상광고 시간 제한: 방송 프로그램 시간의 7% 이내 • 가상광고 허용 장르: 운동경기 중계, 오락, 스포츠 분야의 보도 • 간접광고에 대한 시청권 보호의무 규정 • 중간광고 횟수 및 시간 제한: 프로그램 길이에 따라 광고 횟수(45분 이내 1회 등)와 시간 제한(매회 1분 이내)	해당 사항 없음
	협찬고지	• 협찬고지 위치(화면 하단)와 고지자막 크기(전체 화면의 1/4 초과 금지) 제한 • 1회 고지 45초 이내 • 행사 및 예고방송에서 협찬고지 횟수 제한: 3회	
	미디어렙	• 종합편성채널: 미디어렙을 통한 위탁판매	
	공익광고	• 공익광고를 전체 방송시간의 0.05% 이상 편성	
	방송광고 금지품목	• 부분규제(시간대 제한): 고열량저영양, 대부업, 17도 이하 주류 등 • 전면규제(광고 금지): 의료인/의료법인/의료기관, 전문의약품 등	
경쟁규제	경쟁상황 평가	• 전체 방송시장 대상	해당 사항 없음
	금지행위	• 전체 방송사업자 해당	

출처: 김정현(2019.8.29)

한편, 2020년 국내에서는 전기통신사업법 시행령을 고쳐 넷플릭스의 망 무임 승차를 막겠다고 나섰다. 개정된 전기통신사업법 시행령은 콘텐츠 사업자 (Content provider; CP) 때문에 망 부담이 늘어나니 CP도 자기 영역 안에서 망 품질 관리에 힘쓰게 의무를 부과한 것이다. 이는 국내 망에 대한 책임이 없던 해외 CP를 규제해 국내외 CP가 평등하게 경쟁하도록 만든다는 취지이지만, 국내

CP가 반발한다. 그 이유는 시행령에서 이용자 수와 아직 산정 기준도 없는 트래픽 양 1%를 적용 기준으로 제시했기 때문이다. 2020년 10~12월 동안 일 평균 트래픽 점유율 기준으로 '서비스 안정 의무 사업자'에 토종 OTT 웨이브가 포함되었다. 같은 기간 유튜브는 25.9%, 넷플릭스는 4.8% 점유율을 기록했다.

OTT의 영향력이 커지면서 규제 이슈들은 더욱 증가한다. 방송광고 시장 축소가 OTT의 성장 때문인가, OTT가 코드커팅을 유발하는가, OTT가 방송서비스와 유사한가, 실시간 서비스는 방송법 틀 안에서 규제해야 하는가, 강화된 규제를 만든다고 하면 글로벌 해외사업자들에게도 적용시킬 수 있는 것인가, 다양성 측면에서 규제는 최소화하는 게 맞지 않은가 등이다. 이외에도 EU에서 지침으로 제시된 'OTT 쿼터제'도 논의되기 시작한다. EU는 2018년 AVMSD 개정을 통해 문화적 다양성 보호를 이유로 해외 OTT 사업자에게 유럽산 콘텐츠 의무 비율 30%를 지침으로 각 회원국에 제안했다. 이상의 논의들을 정리해 보면 다음 [표 5-4]와 같이 1절에서 언급한 OTT 개념 정의와 함께 시기별 규제 정책들이 연계됨을 알 수 있다.

국내로 돌아와 보면, OTT 서비스와 사업자의 법적 지위가 부재한 가운데 법적, 제도적 환경을 마련하자는 논의가 장기화되면서 산업 내 규제의 불확실성은 더욱 증가한다. 3개 담당 부처인 과학기술정보통신부, 방송통신위원회, 문화체육관광부의 OTT 산업 관할권 확보 경쟁이 심화되면서 OTT 법적 지위 논의가 지속되는데, 현재 OTT 서비스 사업자는 전기통신사업법상 부가통신서비스 사업자로 되어 있어서, 각 부처별로 보는 법제화 방향성이 제 각각이다. 과학기술정통부는 전기통신사업법 개정안을 발의해 특수 유형의 부가통신사업자 지위를 적용하고자 하고, 방송통신위원회는 EU의 AVMSD 개정을 검토하면서 방송법 기반 OTT 규제를 추진하고자 하며, 문화체육관광부는 영상진흥기본법 발의로 산하 진흥위원회 신설을 추진한다.

미디어 산업 관점의 접근으로 기술중립성(Technology neutrality) 제도화를 위한 규제 개선 방안도 제시된다. 개인이나 조직이 필요에 부합하는 기술을 선택할 수 있는 자유를 뜻하는 기술중립성을 도입하면 기술적 제약 없이 혁신이 용이해지기 때문이다. 범용 인터넷 환경에서 기술적 제약은 산업과 시장의 성장을

[표 5-4] OTT 개념 정의에 따른 규제 정책 추이

구분	OTT 개념 정의	OTT 규제 정책
EU의 유럽전자통신규제기구 (BEREC) (2015)	• 오픈 인터넷(Open Internet)을 통해 최종 이용자에게 제공되는 콘텐츠, 서비스나 애플리케이션 – OTT-0(음성서비스), – OTT-1(음성 및 메시징 서비스), – OTT-2(전자상거래, 동영상 스트리밍 등)	• 수평적 규제 시스템하, 콘텐츠와 전송을 구분, 콘텐츠는 AVMSD, 전송은 규제프레임워크 지침으로 규율 • 2016~2018년 AVMSD 개정으로 동일 서비스, 동일 규제 원칙 (전송–등록제/콘텐츠–실시간 여부로 차등 규제)
OECD (2014~2016)	• OTT 콘텐츠 시장을 범용 인터넷 네트워크 구조를 활용하여 음성, 비디오 및 응용 프로그램을 제공하는 새로운 시장으로 파악	기존 시장에 영향을 주지 않으면서 혁신을 수행한 것으로 판단
미국 FCC (2014~2018)	• 가입형 및 선형 OVD를 MVPD에 포함시키는 공청회 시행 → IP망을 통해 사전 편성된/실시간 동영상을 제공하는 서비스	제3자망을 이용하여 프로그램을 제공하는 서비스도 MVPD로 포함시켜 규제하려고 시도함
미국 FCC (2019~)	• 통신서비스로서 분류되어 정보서비스 사업자로서 분류	방송서비스와 통신서비스를 구분하는 수직적 규제체계 유지, OTT 서비스는 신고 의무만 지니게 됨
우리나라	• 전기통신사업법상 OTT는 부가통신서비스 사업자 • 콘텐츠이용자보호지침상 OTT는 미디어상품을 제작·유통·판매하는 콘텐츠 제작자 혹은 유통업자	미국 FCC와 동일하게 신고의 의무만 지니며, 방송서비스와 달리, 규제 공백 상태 유지(소유, 점유율, 내용, 편성, 광고, 경쟁 등)

막을 수 있다고 보는 이 접근은 방송법상 전송망별로 사업자를 구분하는 것을 개선하기 위해 이미 오래전부터 이슈화되어 온 것이다. 이에 유료TV 기술 규제상 IP 방식을 제공받는 가입자단과 달리 송출단은 다른 방식을 적용받기 때문에 사업자의 비용 부담이 상당한 상황을 개선하기 위해 기술결합 서비스가 도입되는데, 이는 혼합된 전송방식으로 수평적 혼합으로 해석되어 적용 중이나 법적 해석상 논란이 존재한다.

기술중립성 논의는 2015년 미래창조과학부에서 시작된 것이다. 현행 방송법상 유료TV 기술규제는 가입자단에서는 IP 방식으로 기술을 제공하는 것이 가능하나, 송출단에서는 케이블TV의 RF 방식, 위성TV의 위성망 RF 방식, IPTV의 IP 방식 적용을 받는다. 이에 송출단에서 IP 방식을 사용할 수 없는 케이블TV는 RF에서 IP로 전송방식을 변경해야 하고, 이는 상당한 비용 부담을 준다. 이 상황을 개선하기 위해 2016년 방송법 제2조 제26호에 기술결합서비스가 도입되지만, 송출단에서 IP 방식을 적용하는 수직적 혼합에 대해 법 해석상 논란이 여전해 방송법 제2조 제26호에 대한 유연한 해석이 필요하다. 즉, 전송방식 혼합 사용에서 수평적 혼합만으로 협의로 해석되는 방송법 제2조 제26호의 기술결합서비스 정의 규정을 수직적 혼합을 포함해 광의로 해석해 기술 기준을 개정하는 것이다. 또 다른 개선 방안은 주파수 대역으로 제한된 채널의 정의를 개선하는 것이다. 현 방송법은 허가 단위별 네트워크 기준으로 특정 전송방식을 사용하도록 지정하는데, 이를 개선하려면 동일한 주파수 대역을 통해서라는 제약을 없애거나 모든 전송방식을 포함해 물리적 무선 주파수 대역이나 유선 전송망을 통해 제공되는 텔레비전방송, 라디오방송, 데이터방송의 단위를 변경해야 한다.

2021년 7월, 과학기술정보통신부는 IPTV 사업을 중소 케이블TV 사업자도 운영할 수 있도록 기술중립성을 적용하는 기본계획에 따라, 인터넷멀티미디어방송사업법 제6조 제1항에서 중소기업에 해당하는 종합유선방송사업자에 한해 적용하게 하였다. 이와 동시에 '방송법 일부개정법률안'도 발의되었다. 방송법 제9조의 4(기술중립 서비스 제공을 위한 특례)를 신설해, 유료방송사업자가 전송기술을 자율적으로 선택·사용할 수 있도록 한다는 내용을 추가하는 것이다. 다음 [표 5-5]는 국내의 3대 OTT 관련 주무부처가 OTT에 접근하고 있는 정책 내용을 요약한 것이다. 각종 법령이 현실화된다면 국내 OTT 사업자들은 방송통신발전기금, 음악저작물 사용료 등을 징수해야 하고, 서비스 이용자 보호 강화 등의 의무를 안게 된다.

혁신 속도가 높은 OTT를 방송법에 포함시키는 것은 글로벌 OTT의 공격적이고 치밀한 공략 앞에서 국내 토종 OTT 성장을 저해할 수 있다. 또한, 각 부처별로 활동하고 있는 OTT 관련 TFT(Task force team) 활동도 토종 OTT 성장에 발목을 잡을 수 있다. 부처 이기주의가 작동하기 때문이다. 실제로 각 부처가

❙ [표 5-5] 국내 주무부처별로 해석하는 OTT 정책 내용 요약

주무부처	법률명	세부 내용
과학기술 정보통신부	전기통신사업법 개정안	OTT 사업자 '특수한 유형의 부가통신사업자', 이용 자수(100만 명), 트래픽양(1%) 기준
방송통신 위원회	시청각미디어서비스법 온라인 플랫폼 이용자법	OTT 사업자 방송 서비스 포괄 예정
공정거래 위원회	온라인 플랫폼 공정화법	기업 간 거래(B2B) 초점
문화체육 관광부	영상진흥기본법 개정안 음악저작물사용료징수규정	OTT 음악저작물 사용 시 1.5% 사용료 징수
금융위원회	여신전문금융업법 시행령	구독자에게 거래조건을 명확히 알리지 않았을 경우 결제대행사가 하위 가맹점에 결제대행계약정지 및 해지 요구 가능

OTT 관할권을 주장해 사업자들에게 혼란만을 가중시키고 있다. OTT 영향력이 증가하고 있어, 규제보다는 당근 성격의 정책이 더 시급하다. 국내 영상콘텐츠 제작산업 및 OTT 산업 활성화를 위한 정책 방안들을 해외 사례를 통해 검토해 볼 필요가 있다. 첫째는 제휴 등 파트너십을 진흥하는 정책이다. 넷플릭스에 대항하기 위해 영국과 프랑스 지상파방송사들이 연합해 SVOD 플랫폼인 '브릿박스(Britbox)'와 '살토(Salto)'를 새롭게 출시했고, 국내에서도 합종연횡을 통한 웨이브(WAVVE)가 출범했다. 이는 기존 미디어에서 환골탈태하여 플랫폼화로 넷플릭스에의 경쟁 열위를 극복하려는 노력의 일환이다.

둘째는 제작 시스템을 선진화시키는 정책이다. 넷플릭스의 오리지널 전략은 제작 시스템의 모듈화 등 선진화에서 출발하고 있으며, 국내외 제작사들이 넷플릭스와의 제휴를 반기는 주요 이유 중 하나가 제작시스템 선진화를 기회로 활용하는 것이다. 국내 제작사들은 넷플릭스와의 경험을 토대로 향후 진입하는 디즈니플러스 등의 글로벌 OTT들과의 제휴에도 매우 적극적일 것이다. 국내 제작시스템의 선진화를 위해서는 ICT를 지원하는 정책도 아울러 필요하다.

셋째는 국내에서 글로벌 OTT들과 경쟁하는 상황에서 규제의 변수들을 최소화하는 정책이다. 여기에는 기존 사업자인 지상파방송 등에 대한 비대칭 규제

완화도 포함된다. 앞서 언급했듯이, EU의 2018년 개정 AVMSD는 전통 방송사에게 대폭적인 광고규제 완화 조치를 채택하여 동일서비스 동일규제 원칙을 유지하려고 노력하였다. 또한, OTT 경쟁이 치열해지면서 매출 감소에 따른 OTT 사업자들의 재정 민감도가 상승하면 사업자 간의 분쟁도 그만큼 심화될 우려가 커지므로 분쟁 조정 방안들이 아울러 필요하다. 이미 발생하기 시작한 지상파방송 재송신 대가와 프로그램 사용 대가 등을 둘러싼 협상 과정에서 사업자 간 대립이 심화될 것이고, 지금보다 더 극심한 분쟁 발생이 예상되기 때문이다.

OTT 미디어 시장의 형성

국내 방송법상의 기존 방송사업자 구분과 달리, OTT 미디어 시장은 아래 [그림 5-2]에서와 같이 기술중립적인 시장으로 이미 변화하였다. 즉, 인터넷망을 통해 OTT 서비스가 제공되며, 플레이어와 스마트TV, 스마트폰 등의 앱을 통해 제공된다.

◎ [그림 5-2] 기존 방송과 OTT 미디어 시장 비교

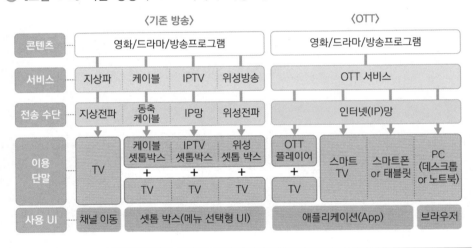

출처: 삼정KPMG(2019.6)

국내에서 활동 중인 국내외 OTT들은 콘텐츠 길이, 실시간 여부, 수익 모델에 따라 매핑된다. 다음 [그림 5-3]은 2018년 국내에서 제공되는 OTT 시장 지형을 실시간 스트리밍이냐 주문형비디오(VOD)냐, 구독모델이냐 광고모델이냐, 프리미엄 콘텐츠(주로 롱폼이며 제작비 규모가 큰)냐 사용자제작콘텐츠(UGC: 주로 숏

◎ [그림 5-3] OTT 미디어 시장 지형

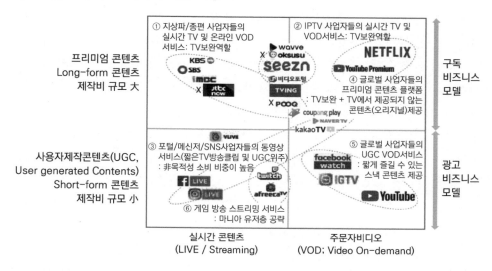

출처: KTB투자증권(2018.10.29), 2021. 5. 재구성

폼이며 제작비 규모가 작은)에 따라 보여 준 것을 2021년 중반 시점에 맞게 재구
성한 것이다.

넷플릭스는 구독모델의 VOD와 프리미엄 롱폼(Premium long form)을, 유튜브
는 광고모델의 VOD인 UGC에서 시작해 광고가 없는 유튜브 프리미엄이라는 구
독모델을 병행한다. 또한 2018년 당시 푹(Pooq)과 옥수수(Oksusu)가 비슷한 서
비스 포지셔닝을 하는 가운데 2019년 8월 합병을 통해 웨이브(WAVVE)로 재탄생
되지만 서비스 매핑에는 큰 변화가 없어 구독모델의 프리미엄, 그리고 실시간과
VOD를 모두 제공 중이다. 한편, 2020년 10월, JTBC나우와 티빙(TVING)이 합하
여 티빙으로 재탄생된다. 쿠팡도 쿠팡플레이를 2021년 2월 출시해 실시간 스포
츠 중계를 시작하고 구독모델 VOD 제공을 지향하며 로켓멤버십 대상으로 무료
서비스한다. 또한, 네이버가 멤버십 서비스를 시작해 티빙이 PIP(Platform in
platform) 형태로 서비스되고, 넷플릭스는 유료TV인 LG유플러스에 이어 KT 올레
TV에도 PIP 형태로 서비스된다. 또한, 향후에 국내에 진입할 것으로 보이는 글
로벌 OTT들은 실시간 TV가 어려워 넷플릭스와 유사한 포지셔닝을 할 것으로

보인다.

다음 [그림 5-4]는 2021년 국내 OTT들의 월사용자 수와 넷플릭스의 월사용자 수 추이이다. 국내에서 코로나19가 시작된 2020년 1~2월 기간 중 넷플릭스 월 사용자 수가 470만 4,524명에서 1,001만 3,283명으로 113%나 증가했고, 서비스 시작 5년여 만이다. 이에 반해, 토종 OTT 2월 사용자 수는 웨이브 394만 8,950명, 티빙 264만 9,509명, U+모바일tv 212만 6,608명, 시즌(SEEZN) 168만 3,471명, 왓챠 138만 5,303명순으로 이들 모두를 합쳐야 넷플릭스와 견줄 수 있는 수준이며, 중복 제외 시 이들의 사용자 수 합은 월 600만 명 수준에서 크게 벗어나지 못했다.

◎ [그림 5-4] 2021년 국내 활동 OTT 시장

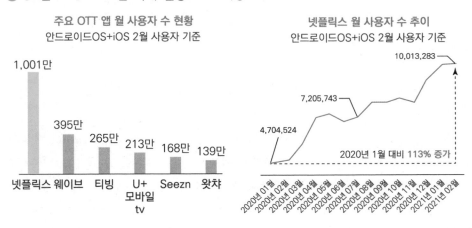

출처: 매일경제(2021.3.15)

2021년 넷플릭스는 LG유플러스에 이어 KT와 제휴를 맺어 국내 유료TV 가입자들을 유치 중이며, 디즈니플러스, 애플TV플러스, HBO맥스, 아마존프라임비디오 등 글로벌 OTT가 연달아 진출할 것에 대비하려는 글로벌 OTT 대응 규제 움직임이 토종 OTT 사업자들까지 불안하게 만들고 있다. 예로 지상파방송사나 종합편성 채널사처럼 정부가 주파수 사용이나 의무 재전송 등의 혜택을 부여한 방송사업자들에게 해당된 '방송통신발전기금'을 OTT 사업자에게도 징수하려는 '방송통신발전기금징수법안'은 글로벌 OTT들과는 사실상 무관하며, OTT 사업자들에게 영화발전기금을 부과하자는 '영화및비디오물의진흥에관한일부개정법률안'도 마찬가지이다.

게다가 국내의 제작 산업이 글로벌 OTT 사업자를 위한 하청기지가 될 것이라는 규제기관의 걱정과 규제 강화는 OTT 시장 형성에 그다지 도움이 되지 못한다. 실제로 제작사에게 넷플릭스의 국내 진출은 기회가 되었고, 넷플릭스 덕에 토종 OTT 사업자들도 콘텐츠 제작에 거액을 투자하기 시작한다. 2021년 넷플릭스가 한국에 5억 달러 이상을 투자할 것으로 발표하자, 웨이브도 2025년까지 약 1조 원을 투자할 것이라고 발표할 만큼 제작사 입장에서는 더 많은 매출을 올릴 수 있는 기회이자 글로벌 시장으로 진출할 수 있는 기회도 커진다. 결론적으로, 협소한 국내 미디어 시장에서 경쟁하는 토종 OTT 사업자에게는 근심의 골이 더 깊어지지만, 제작비와 열악한 환경을 아이디어와 의지로 극복하며 콘텐츠를 제작하면서 지냈던 중소 제작사들에게는 더 많은 투자금을 확보하고 더 좋은 품질의 콘텐츠를 제작할 수 있는 시장 환경이 열리게 된다.

국내 OTT 미디어 시장 규모가 어떻게 될 것인가가 시장의 관심사인데, 과거의 동네 비디오 시장 규모가 8천억 원 수준이었음을 감안하면, 이 매출이 대거 OTT로 이동한 것으로 해석된다. 즉, 2018년 국내 OTT 시장 규모는 약 8천억 원 수준이었다. 문제는 이 시장에서 글로벌 몫이 너무 크다는 점이다. 방송통신위원회의 '2020년도 방송매체 이용행태조사'에 따르면, 2018년 OTT 이용률 42.7% 대비, 2020년 66.3%로 상승했다. OTT 시장 각축전은 더욱 치열해지는데, 이는 넷플릭스가 아시아권에서 수요가 높은 한국 콘텐츠에 집중하기 때문이다. 미국 및 유럽 시장 포화와 글로벌 경쟁사 등장으로 넷플릭스에게는 아시아 지역이 점점 중요해진다. 다음 [그림 5-5]를 보면, 2020년 국내 OTT 이용률은 66.3%로 전년(52.0%) 대비 14.3% 증가했으며, 서비스별로는 유튜브가 62.3%로 가장 많았고 넷플릭스 16.3%, 페이스북 8.6%, 네이버TV 4.8%, 아프리카TV 2.6%로 조사됐다. 주로 시청하는 방송프로그램은 오락·연예(69.8%), 드라마(37.2%), 뉴스(27.8%), 스포츠(21.8%) 등이었다.

유료 서비스만 보면 글로벌 OTT 강세가 뚜렷하다. 넷플릭스가 7.7%로 가장 많았고, 유튜브프리미엄이 5.4%로 뒤를 이었으며 토종 OTT인 웨이브가 그 다음이지만 1.6%를 차지한다. 글로벌 대비 토종 OTT의 유료 서비스 시장 점유율이 턱없이 낮아 디즈니플러스 등이 국내에 추가로 진입하면 토종 OTT들은 신규 가입자 확보에 더욱 어려움을 겪게 될 것이다.

◎ [그림 5-5] 인터넷 동영상 서비스(OTT) 이용률(전체 응답자, 중복 응답)

(N=6,029명, 단위:%)

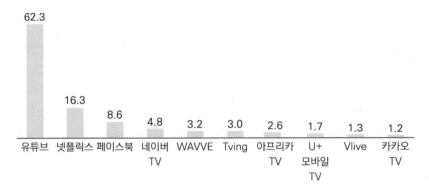

출처: 방송통신위원회(2021)

SECTION
04 OTT 미디어 플랫폼 경쟁

아래 [그림 5−6]에서 보듯이, 플랫폼(P)과 네트워크(N), 디바이스(D) 사업자들이 모두 OTT가 되었다. 콘텐츠 제작사(C)도 D2C로 플랫폼 경쟁에 가세해 CPND 간 경계가 없어졌다. 2020년 7월 기준으로 국내 토종 OTT들에 점선으로 연결된 N, P, C 중심으로만 그 경쟁 구도를 살펴보면, C 영역에서는 지상파방송사와 케이블TV 및 종합편성 계열 PP가 실시간 방송 스트리밍과 VOD 서비스를 제공하며, P 영역에서는 케이블TV, 위성TV, IPTV 플랫폼 중 IPTV인 Btv가 OTT에 연결되어 있고 영화 추천에서 시작한 독립형 OTT인 왓챠(구 왓챠플레이)가 있다. N 영역에서는 통신기업 주도 OTT 서비스로 이전의 옥수수를 지상파 방송사 연합의 푹(Pooq)과 합해 웨이브로 바꾼 SKT와 올레TV모바일을 시즌으로 개명한 후 IPTV에서 환골탈태하기 시작한 KT가 있다.

◎ [그림 5-6] 국내 활동 OTT 플랫폼 경쟁구도

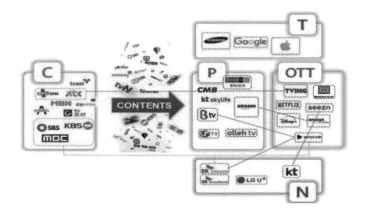

출처: 현대차증권(2020.7.20) 재구성.

TV방송 서비스의 모바일 버전 내지 N스크린 서비스는 OTT의 전신이 된다. C 영역에서는 지상파방송사 연합으로 모바일 버전 N스크린 서비스로 푹(Pooq) 이 탄생했고, 유료TV는 N스크린 서비스를 모두 시도했다. 케이블TV 계열 PP의 티빙(TVing)이 주도했으나 사실상 모양새만 갖추었을 뿐이지 투자도 활발하지 못했고 서비스 존재감도 드러나지 못했다. 이러한 상황은 N 영역의 통신사업자 들도 마찬가지였다. SKT가 N스크린 개념으로 시작했던 옥수수의 OTT화 시도가 있었으나, 가입자 수가 늘지 않자 전략이 변경되어 다시 IPTV인 Btv의 N스크린 서비스 개념으로 축소된다. 이처럼 국내에서는 그 어느 누구도 OTT를 키우려는 의지가 보이지 않는 상황에서, 이를 틈탄 넷플릭스가 2016년 국내에 상륙한다. 넷플릭스의 글로벌 전략은 국내에서도 그대로 적용되었다. 넷플릭스는 처음에는 국내의 저렴한 유료TV가 N스크린 서비스로 제공되는 상황에서 가입자 수가 증 가하지 않는 상황을 경험하다가 국내 제작사들의 드라마에 적극 투자하면서 오 리지널 전략을 실행해 가입자 수 증대를 경험한다.

넷플릭스가 오리지널 전략으로 도약하는 시점을 기점으로 국내의 OTT 미디 어 경쟁구도가 역동적으로 변화한다. 유료TV가 통신사업자 주도의 IPTV로 재편 되면서 케이블TV 위기를 인식한 CJENM은 자사 케이블TV 플랫폼인 CJ헬로(구 CJ헬로비전)에서 유료TV 모바일 버전인 티빙만 남기고 매물로 내놓았고, SKT의 CJ헬로 인수 시도가 규제기관의 발목잡기로 무산되고 CJ헬로는 LG유플러스에 인수된다. CJENM에 남겨진 티빙은 C 영역에서 CJENM의 OTT 플랫폼으로 부상 한다.

방대한 영화, 드라마를 가진 넷플릭스가 국내 유료TV와의 제휴를 시도했으 나 어려움을 겪다가 2018년 LG유플러스가 제휴에 응하면서 넷플릭스의 존재감 은 높아진다. 또한, LG유플러스 가입자 수도 증가하면서 상호 윈윈한다. 한편, 넷플릭스의 존재감이 국내 통신사업자들의 심기를 자극하기 시작하고, 논쟁은 과다한 네트워크 트래픽으로 옮겨간다. 이에 대해서는 6장에서 자세히 다룰 것 이다. 넷플릭스가 국내에서 영역을 넓히자 국내 토종 OTT들의 합종연횡이 시작 되고 가장 먼저 지상파방송사 연합의 푹과 SKT 자회사인 SK브로드밴드의 옥수 수가 통합해 웨이브가 탄생한다. 이에 대해서는 3장에서 자세히 설명하였다.

웨이브는 지상파방송 3사와 연합해 지상파방송 콘텐츠뿐만 아니라 TV조선, 채널A, MBN 등 종합편성 PP사업자들과도 콘텐츠 공동 제작 계약을 맺는다. 하지만 C 영역에서 D2C로 CJENM의 티빙이 OTT가 된 상황에서 티빙의 경쟁자는 지상파방송사뿐만 아니라 SKT가 된다. 티빙은 JTBC와 제휴하고 이들의 콘텐츠를 웨이브에 제공하지 않으려는 유인을 갖게 되었고 CJENM으로부터 물적분할후 JTBC스튜디오와 연합해 새로운 티빙으로 다시 태어난다. 아래 [그림 5-7]에서 보면, 드라마 장르 중심에 CJENM과 JTBC 채널들이 있으며, 이들의 드라마경쟁력은 넷플릭스의 글로벌 유통망을 통해 더해져 지상파방송사의 드라마 경쟁력을 압도하게 된다. 따라서 티빙은 웨이브와 경쟁할 수 있는 킬러 콘텐츠 기반을 가지게 된다.

◎ [그림 5-7] 지상파방송의 시청률 감소와 케이블TV 및 종합편성 계열 PP 채널들의 시청률 상승 비교

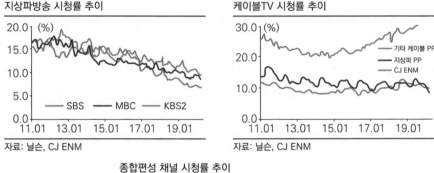

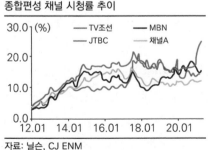

출처: 현대차증권(2020.7.20)

한편, N 영역에 속한 SKT는 넷플릭스와 망 사용료 문제로 소송 중이라 넷플릭스와 IPTV 제휴에도 나서지 못하는 상황인데, 웨이브에서 디즈니의 콘텐츠까지 철수하면서 마블 영화를 못 보는 등 글로벌 콘텐츠 소싱에도 어려움을 겪게 된다. 디즈니는 자사 OTT 출시를 앞두고 넷플릭스와의 계약도 종료한 상태에서 국내에서는 2021년 5월부터 웨이브에서 디즈니 콘텐츠(어벤져스, 스타워즈, 겨울왕국 등 100편)를 볼 수 없게 하였다. 그 주된 이유는 글로벌 OTT인 디즈니플러스가 국내 시장에 진출하면서 웨이브가 경쟁사이기 때문이다.

따라서 우선은 SKT-지상파방송사 연합 대 CJENM-JTBC 연합 경쟁구도가 형성되었고, 여기에 다른 플랫폼들이 가세하는 형태의 경쟁구도로 발전 중이다. 2021년 CJENM은 LG유플러스와 KT의 IPTV에 제공하는 프로그램 대가를 인상해 달라고 요구하면서, 그동안의 유료TV와 지상파방송사 간 재송신료 갈등이 CJENM과 IPTV 3사 간 갈등으로 확장된다. LG유플러스의 거절로 LG유플러스의 모바일 OTT인 'LGU+모바일tv'에서 tvN, OtvN, 올리브, 엠넷, 투니버스 등 CJENM 채널 10개의 실시간 방송 송출이 중단된다. 이 갈등의 불씨는 OTT 플랫폼 간 경쟁이다. 이는 넷플릭스와 제휴한 LG유플러스와 KT를 겨냥해 CJENM의 존재감을 부각시켜 향후 진입할 글로벌 OTT에의 협상력을 제고하려는 의도로 해석된다. 한편, CJENM과 JTBC는 넷플릭스에게는 매우 중요한 K드라마 공급처이며, 이들과의 협력을 위해 넷플릭스는 2020년 9월 국내에 별도의 신규법인인 '넷플릭스엔터테인먼트'를 설립해 오리지널 콘텐츠 제작부터 영화, 드라마, 예능 등 다양한 장르의 콘텐츠 수급과 투자, 제작 현장 관리와 지원을 전담하기 시작한다.

독립 OTT로 영화평 기록 및 추천 서비스로 시작해서 국내 토종 OTT로 최고의 개인화된 콘텐츠 서비스를 제공하는 왓챠는 다양한 시도를 통해 독점 콘텐츠를 제공하고 자체 콘텐츠를 개발하는 등 사용자들에게 더 나은 서비스와 고품질 콘텐츠 큐레이션을 제공하기 위해 노력하고, 특히 D 영역의 기기 사업자들과의 제휴 본격화는 넷플릭스가 초창기에 취했던 전략이다. 왓챠는 게임기인 플레이스테이션(Play Station; PS) 5 단말 탑재에 이어, LG전자의 2021년형 스마트TV 인공지능 리모콘에 왓챠 버튼을 탑재한다. 그 외에 삼성전자는 자사 스마트TV에 자체 OTT인 '삼성TV플러스'를 출시해 2021년 3월 전 세계 14개국에서 총 742개 채널을 운영 중이며 갤럭시 스마트폰으로 확대하는 등 지속적으로 서비스 국가와 채널을 늘려간다.

이상에서 OTT 미디어 플랫폼 경쟁구도를 국내 시장 중심으로 개관하였는데, OTT 플랫폼 경쟁력 확보를 위해 가장 시급해 보이는 오리지널 콘텐츠는 직접 투자해서 만들 수 있는 콘텐츠를 의미하는 동시에 투자한 플랫폼만이 수급해서 제공할 수 있는 콘텐츠이다. 따라서 투자금 회수를 위해서는 소비자가 원하는 콘텐츠를 기획하고 제작 투자 및 수급하는 역량이 함께 요구된다. 한편, 제작 투자에만 너무 몰입하다 보면 고객 편의성에 대해 소홀할 수도 있다. 지나친 투자 계획으로 파산에 직면한 훅(Hooq)의 경우가 그러하다. 중장기적으로는 최적화된 추천 시스템 등으로 고객 편의성을 도모하는 것이 동반되어야 한다. 국내 토종 OTT들은 넷플릭스보다 훨씬 많은 콘텐츠를 확보했지만 큐레이션에 있어 경쟁력이 약한 게 사실이다. 오리지널 콘텐츠 확보에만 열중하고 사용자 인터페이스 등 운영 시스템과의 유기적 관계를 고려하지 않는다면 넷플릭스 같은 글로벌 OTT들과 경쟁할 수 없을 것이다.

김광재(2020.1). EU 2018 시청각미디어서비스 지침 개정의 의미와 주요 내용, KCA Media Issue & Trend, Vol.28, pp.84−95.

김정현(2019.8.29). OTT 동영상서비스 규제, 서강대학교 ICT법경제연구소 세미나 발표문.

곽동균(2017). 4차 산업혁명 시대 OTT 동영상 산업 활성화를 위한 당면과제, 4차산업혁명 기획 시리즈, 정보통신정책연구원.

디지털경제뉴스(2021.7.13). 모티브 인텔리전스, '삼성 TV 플러스'에서 스마트TV 광고 상품 출시.

매일경제(2021.3.24). 공룡 넷플릭스와 전쟁 중인데…규제 놓고 부처 밥그릇 싸움만.

매일경제(2021.3.15). 국내 OTT 시장 넷플릭스가 독주…월 사용자수 1천만 돌파.

매일경제(2021.7.5). 모두의 다름을 인정하고 다양성이 존중받는 세상을 추구하다!

미디어오늘(2020.8.12). 넷플릭스−KT 제휴에 지상파 "토종 OTT 지켜달라."

박민성(2011.12.1). OTT 서비스의 전략적 위상과 향후 진화 방향−킨들 파이어와 Xbox 360을 중심으로, 방송통신정책, 제 23권 22호 통권 521호, 정보통신정책연구원(KISDI).

박팔현(2009.8.12). 유료방송시장의 다크호스, OTT, LG Business Insight Weekly 포커스.

방송통신위원회(2021). 2020년도 방송매체 이용행태조사.

배병환(2013). OTT(Over The Top) 서비스, 한국인터넷진흥원 정책기획팀.

삼정KPMG(2019.6). OTT 레볼루션, 온라인 동영상 시장의 지각 변동과 비즈니스 기회.

서기만(2011.3), OTT 서비스의 이해와 전망, 한국방송공학회지 제16권 제1호, pp.91−101.

송영주(2017). 유럽연합 회원국의 시청각미디어서비스지침 이행 사례를 통해 본 신유형 방송서비스 규제의 한계, 미디어 경제와 문화 Vol.15, No.3, pp.47−85.

아이뉴스(2021.3.29). 범부처 온라인 플랫폼 규제… '홍수'났는데 '댐'이 없다.

이데일리(2021.6.12). CJENM, 사용료 갈등 강경 행보 왜?…격변 앞둔 OTT 주도권 경쟁.

이투데이(2021.1.29). 규제 당국, OTT만 바라보나…뿔난 업계.

정창화/김재일(2011). 미디어콘텐츠정책의 교차국가사례 비교연구 － 유럽연합(EU)의 수평적 규제체계를 중심으로, 한·독사회과학논총 Vol.21, No.3, pp.157－176.

중앙일보(2021.4.2). [시론] 글로벌 OTT 공룡들 몰려오는데 국내 기업엔 '규제 발목.'

전자신문(2021.4.27). 왓챠, 플레이스테이션(PS) 전용 앱 설치.

지디넷코리아(2021). 중소 케이블TV, IPTV 사업 가능해진다.

천지일보(2021.7.2). 왓챠, LG 스마트TV '왓챠 버튼' 탑재… 3개월 무료.

한국방송통신전파진흥원(2018.1). 유럽연합(EU)의 시청각 미디어 서비스 지침 개정과 콘텐츠 쿼터제가 갖는 함의, 트렌드 리포트, Media Issue & Trend, Vol.4.

한화투자증권(2020.11.30). 넷플릭스 한국 별도법인 설립의 의미.

허민영/오수진(2018). OTT(Over－The－Top) 콘텐츠 시장의 거래개선 방안 연구, 정책연구 18－12, 한국소비자원.

현대차증권(2020.7.20). Post Covid－19 시대의 화두, 언택트와 디지털.

BEREC(2016). Report on OTT Service.

OECD(2014). Digital Economy paper.

CHAPTER

06

OTT 미디어 유통 산업

SECTION 01 OTT 미디어 유통의 특성
SECTION 02 OTT 미디어 유통 산업 범위
SECTION 03 OTT 미디어 유통 파트너십
SECTION 04 OTT 유통사의 오리지널 전략

OTT 미디어 유통의 특성

OTT 미디어가 기존 미디어를 보완하기 시작했고 대체할 가능성이 점점 높아진다. 미디어 이용자들이 선호하는 콘텐츠를 안정적으로 공급받을 수 있게 하고, 가격과 편리성, 멀티 디바이스 환경에서 가장 적합한 서비스로 평가받는 OTT 미디어 유통의 특성은 아래 [그림 6-1]에서처럼 코드커팅(Cord-cutting), 라이브 송출 내지 스트리밍(Live streaming), 오리지널 콘텐츠(Original content), 복합형 플랫폼(Hybrid platform), 실감 미디어(Realistic media) 등 다섯 가지이다. 각각에 대해 살펴보자.

먼저, OTT가 유료TV 해지를 발생시키는 현상을 코드커팅이라 하는데, 이는 처음에 케이블TV 이용자가 코드를 끊어 가입을 취소하는 현상을 지칭했다. 유료TV를 통해 실시간 채널과 비실시간 VOD를 소비하지만 상대적으로 저렴한 가격에 다양한 콘텐츠를 시청할 수 있는 OTT가 등장하면서 코드커팅은 심해진다. 고품질 콘텐츠를 제공하는 채널 몇 개만 추가해도 월 100달러 이상을 내야

◎ [그림 6-1] OTT 미디어 유통의 5대 특성

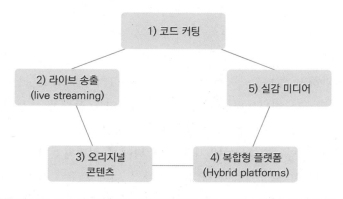

출처: 정보통신정책연구원(2017.10) 재구성

하는 미국 상황에서 10달러 가격으로 다양한 콘텐츠를 편하게 볼 수 있는 넷플릭스는 미국 유료TV 시장을 코드커팅해 나갔고, 급기야 2017년 1분기 넷플릭스 가입자 수가 5,085만 명으로 케이블TV 가입자 수(4,561만 명)를 넘어서면서 서비스 개시 10년 만에 케이블TV가 수십 년 동안 공고히 쌓은 장벽을 무너뜨리게 된다. 미디어 시장조사기관인 모펫 나한슨(Moffett Nahanson)에 따르면, 2020년 4분기에만 미국 내 코드커팅 가구 수는 85.7만 가구를 기록해 2020년 전체 코드커팅 가구 수는 600만을 기록했다.

이처럼 미국에서 강하게 나타난 코드커팅은 유료TV 요금제와 관련된다. 미국에서는 기존 유료TV와 독립형 OTT 서비스의 월 구독료 차이가 8~10배까지라서 코드커팅이 급속히 진행되었다. 케이블TV와 위성TV의 코드커팅 현상이 심해지면서 TV 대신 태블릿PC나 스마트폰을 통해 넷플릭스 등 OTT 애플리케이션(앱)을 보는 게 일상이 되었고 일체형 스마트TV가 보편화되면서 앱은 TV에서도 이용 가능해진다. 2017년 기준, 미국의 유료TV 가입자당 월 평균 매출(Average revenue per user; ARPU)은 77.6달러(약 8만 900원)로 주요 OECD 32개국 평균 29.4달러를 한참 웃돈다. 이에 반해, 넷플릭스의 월 구독료는 최고가 상품에도 15.99달러(약 1만 8,500원)에 불과하다.

그런데 2019년 코로나19로 전 세계 OTT 구독은 더욱 증가하고 2020년 전 세계 OTT 서비스 구독자 수가 10억 명을 돌파하면서 코드커팅이 미국만의 특성이 아니기 시작한다. 세계 인구 7명 중 1명 꼴로 OTT 서비스를 이용하는 셈이며, 전 세계 1위는 넷플릭스로 구독자 수가 2억 명 이상이고, 뒤이어 아마존프라임비디오가 2위인데, 모두 구독 서비스를 운영한다.

국내로 돌아와 보면, 유료TV와 OTT 간 요금 격차는 많아야 1.5배 정도라 코드커팅은 심각하지 않다. 따라서 국내에서는 OTT가 대체재보다는 보완재라는 인식이 더 강해 코드커팅보다는 복합형인 하이브리드 플랫폼 특성이 아직은 더 강하다. 이는 IPTV와 독립형 OTT 간 제휴 형태인 PIP(Platform in platform)로 IPTV에 탑재되는 방식이다. 이에 대해서는 뒤에서 설명하겠다.

따라서 국내에서 코드커팅이 나타날 이유가 적다고 유료TV 업계는 보고 있으나, 이는 향후에 대체재가 될 것이냐의 문제로 이어진다. 결국 점차적으로는 젊은 세대 중심으로 코드커팅 현상이 증가할 것이며, 국내에서도 중장기적으로 는 OTT의 코드커팅 특성을 배제할 수 없다. TV보다는 모바일로 동영상을 즐기 려는 소비행태가 부모로부터 독립한 젊은 세대의 코드커팅을 촉진시킬 것이기 때문이다. 방송통신위원회가 매년 시행하는 '방송매체 이용행태 조사' 결과를 보 면, 2019년 응답한 전체 OTT 이용자(3,316명) 중 남성(53.4%)이 여성에 비해 약 간 높은 데 비해, 연령대별로는 20대와 30대가 각각 23.6%, 23%로 타 연령대 대비 높으며, 집에 TV가 없는 20대는 38%에 달한다. 20대에게는 지상파방송보 다는 OTT 콘텐츠가 더 다양하고 흥미롭다는 인식이 강하기 때문에 화면이 작더 라도, 또는 비용이 추가적으로 들더라도 모바일로 시청하는 OTT 콘텐츠를 택하 게 된다.

한편, 추가적 요금에 좀 더 민감한 젊은 세대를 겨냥한 티빙은 네이버와 제 휴해 월 4,900원 네이버 멤버십에 가입하면 티빙의 오리지널 콘텐츠를 제외한 모든 방송 프로그램을 무료로 볼 수 있게 하고, 3천 원을 추가한 베이직 요금제 를 쓰면 오리지널 콘텐츠도 즐길 수 있게 하며, 스탠더드 및 프리미엄 요금제인 6천 원, 9천 원을 더 내면 좀 더 고화질로 영화까지 감상 가능하게 한다. 쿠팡도 자사 제공의 이커머스인 쿠팡 멤버십(월 2,900원)에 가입하면 무료로 이용할 수 있는 '쿠팡플레이'를 출시하였다.

OTT 미디어의 두 번째 유통 특성은 라이브 스트리밍이다. OTT 시장 초기에 는 주로 VOD였으나, 라이브 송출이 선호되면서 장르는 주로 뉴스와 스포츠, 일 부 예능 프로그램이다. 이는 특히 유료TV의 종속형 OTT에서 제공하기에 용이 하다. 웨이브는 '라이브 스트리밍'이라는 메뉴를 통해 지상파방송 3사 콘텐츠를 비롯해, 종합편성 채널과 라디오를 실시간 서비스하며, 월 이용료 지불 없이 무 료로 시청할 수 있다. 넷플릭스 같은 독립형 OTT는 실시간TV를 제공하지 않는 경우가 대부분이라서 스포츠나 뉴스 등에 특화하는 전문 OTT가 별도로 등장하 기도 한다. 라이브 스트리밍 필요성을 인식한 넷플릭스도 2020년 말, 프랑스에 서 '넷플릭스 다이렉트(Netflix Direct)'라는 선형(Linear; 전통 TV시청 방식) 채널을 실험하기 시작했다.

한편, 그동안 스포츠 중계권 시장의 성장을 유럽 축구 방송 패러다임을 바꾼

위성TV가 주도해 왔는데, 1992년 출범한 잉글랜드 프로축구리그(EPL)가 대표적
이다. 중계권료가 급상승하면서 2018년 영국 EPL 중계권료는 연간 2조 4천억
원에 달했다. 유료TV 가입자 수의 감소로 EPL은 OTT에도 중계권을 판매하는
전략적 선택을 하면서 20경기에 대한 중계방송 패키지를 아마존프라임비디오에
가장 먼저 출시한다. 미국에서는 2015년 실시간 구독형의 스포츠 OTT인 푸보
TV(Fubo TV)도 출시되어 110개 이상 채널을 제공하며 월 54.99달러를 내는
SVOD에 더해 2019년 광고 기반의 AVOD인 '푸보 스포츠 네트워크(Fubo Sports
Network)'도 선보였다. 국내에서는 2021년 쿠팡플레이가 손흥민 선수 소속 EPL
토트넘 중계권을 가져와 생중계한다. OTT 스포츠 비즈니스에 대해서는 11장에
서 자세히 다룰 것이다.

OTT 미디어의 세 번째 유통 특성은 '오리지널 콘텐츠'이다. 플랫폼 간 경쟁
이 심화되면서 오리지널 콘텐츠 확보가 OTT 시장의 핵심 경쟁력이 된다. 오리
지널 콘텐츠는 플랫폼 또는 채널 사업자가 직접 투자에 참여해 제작한 자체 콘
텐츠이다. OTT 사업자들은 자체 제작 투자 비중을 높이는 등 독점 콘텐츠 확보
를 위해 노력한다. 오픈서베이의 2020년 조사에 따르면, 국내 OTT 1위인 넷플
릭스의 유료 가입자 절반은 '여기서만 이용할 수 있는 특정 콘텐츠가 있어서
(45.3%)' 넷플릭스를 택했다고 답변했다. 넷플릭스는 수년 전부터 오리지널 콘텐
츠를 앞세운 전략으로 콘텐츠 시장 변화를 일으켰다.

토종 OTT로는 웨이브가 2019년 9월에 출범하면서 '녹두전'을 시작으로 공격
적인 오리지널 콘텐츠 투자에 돌입한다. 2020년 웨이브 오리지널 콘텐츠 수는
15편으로 'SF8', '좀비탐정' 등 드라마부터 '마녀들' 등 예능까지 장르를 다각화한
다. 2020년 12월 개편을 통해 '오리지널' 전용관을 신설한 시즌도 오리지널 영화
'더블패티' 등을 제작해 해외에 선판매한다. 왓챠도 2020년 '키딩', '와이 우먼
킬', '미세스 아메리카' 등 넷플릭스에 없는 오리지널 전략으로 신규 가입자를 늘
리기 시작하는데, 대부분 국내 시장에 국한되어 있다.

이처럼 오리지널 콘텐츠는 모든 OTT 플랫폼 업체들이 가장 공들이는 부분이
다. 넷플릭스가 '하우스 오브 카드', '킹덤' 등 오리지널 콘텐츠로 가입자 기반을
넓히자 타 국내외 OTT들도 콘텐츠 투자를 대폭 확대했다. 독점 제공뿐 아니라

'작품성'이 중요해지면서 콘텐츠 투자 금액은 더욱 늘어날 수밖에 없는데, 넷플릭스 외에 아마존, 훌루에서 만든 드라마와 영화들이 에미상과 오스카 등에서 수상할 정도로 수준이 높아져 OTT 콘텐츠에 대한 이용자 눈높이도 덩달아 높아졌다. 국내 OTT들은 콘텐츠 자체는 물론, 원천 IP가 되는 웹툰·웹소설 사업, VR·AR 활용 등 다양한 방식으로 오리지널 콘텐츠를 유통하기 위한 투자에 나서고 있다.

하지만 국내 OTT들의 오리지널 콘텐츠 투자 규모는 글로벌 OTT들의 투자 규모에 비해서는 매우 작다. '킹덤' 등 오리지널 콘텐츠 인기로 한국 안착에 성공한 넷플릭스는 2021년 한국 콘텐츠에만 5,500억 원을 투자하겠다고 밝혔고, 이는 2016~2020년 투자 금액이 7,700억 원임을 감안하면 얼마나 오리지널 콘텐츠 확보에 매진하는지 알 수 있다. 넷플릭스를 필두로 국내의 웨이브, 티빙 등 토종 OTT들도 앞다퉈 오리지널 콘텐츠 확보에 투자하겠다고 발표했다. 오리지널 콘텐츠 투자 방식은 넷플릭스를 따르는 경향이 강해, 전액 또는 반액 투자 중 선택하게 된다. 오리지널 제작 투자 관련 제작사와의 파트너십에 대해서는 뒤의 4절에서 자세히 다룰 것이다.

OTT 미디어의 네 번째 유통 특성은 하이브리드 플랫폼 제공이다. 국내 케이블TV 가입자 수는 감소하는 데 비해 통신사업자 3사가 이끄는 IPTV 가입자는 꾸준히 늘어 2019년 케이블TV 1,347만 가구, IPTV 1,712만 가구로 집계되었다. 유료TV 가입자의 수평 이동이다. 이에 IPTV 성장을 위해 KT와 LG유플러스는 넷플릭스를 자사 플랫폼으로 끌어들여 이용자 이탈을 방지하려 노력하게 된다. IPTV는 통신사업자가 제공하는 초고속 인터넷과 스마트폰이 결합된 형태로 제공되므로 결합상품 가입자들에게도 매력적이라, 넷플릭스는 2018년부터 LG유플러스와, 2020년 KT와 제휴해 서비스를 제공 중이다. 유료TV 플랫폼들과 OTT의 이러한 파트너십은 전 세계적으로 진행 중인데, 이에 대해서는 3절에서 좀 더 자세히 다루기로 한다.

한편, 유료TV에게 OTT가 보완재로 계속 인식된다면 이 특성은 유효하다. 국내에서는 LG유플러스에 넷플릭스가 PIP(Platform in platform) 형태로 탑재되었고, 가입자 수 증가에도 양쪽 모두에게 도움이 되었다. OTT 강점이 어디서든 스마트폰으로 콘텐츠를 시청할 수 있는 것이지만, 영화 등 장르의 콘텐츠는 조금 더 큰 화면으로 즐기고 싶은 니즈가 강하기 때문에 넷플릭스도 TV 기기를 무시할 수 없다. 2018년 LG유플러스 제휴에 이어 2020년 KT와의 제휴를 통해 PIP 방식으로 IPTV에 들어간 넷플릭스는 망 사용료 문제로 법적 갈등을 벌이는 SK브로드밴드와는 제휴 가능성이 낮아, 카카오TV가 웨이브의 파트너가 된다. 카카오TV는 자체 제작 콘텐츠를 웨이브에 PIP 형태로 제공한다. 유료TV에서 OTT 서비스를 이용할 수 있도록 결합한 사례를 만들어 낸 넷플릭스는 전 세계에 걸쳐 하이브리드 플랫폼 전략을 실행에 옮기고 있다. 넷플릭스 이용자는 LG유플러스 등 IPTV에서 자신의 아이디로 로그인하면 스마트폰으로 보던 것과 동일하게 넷플릭스 콘텐츠를 TV에서 시청할 수 있다. 2021년 LG유플러스는 디즈니플러스와도 가장 먼저 제휴한다.

OTT 미디어의 다섯 번째 유통 특성은 AR/VR/360도 기술을 통한 유통 단계에서의 실감 미디어 제공이다. 실감 미디어란 사용자 만족을 위해 몰입감과 현장감을 극대화할 수 있도록 현장의 모든 감각 정보를 전달하는 미디어이며, 실감 미디어 기술은 고품질의 시각, 청각 정보는 물론, 촉감 등 다감각 정보의 생성, 처리, 저장, 변환, 전송, 재편 등에 관한 기술로, 무선망 및 스마트폰 발전으로 실감 미디어 서비스들이 출현하게 된다. 이는 특히 통신사업자들의 5G 기반에서 성장한다. 예로 영국의 브리티시텔레콤(BT), 독일의 도이치텔레콤(DT) 등이 스포츠 장르에 투자하고 있다. 이처럼 유통 영역에서 시작된 AR/VR은 음악, 스포츠, 여행에서 연예, 교육 등 다양한 장르로 확장되는데, 메타버스라는 신조어가 등장하면서 제작 영역에서도 관심 갖기 시작한다. 제작 영역의 실감 콘텐츠에 대해서는 7장에서 다룰 것이다.

OTT 플랫폼들이 새롭게 도전하는 실감미디어는 VR과 AR이다. SKT는 2017년부터 자회사인 SK브로드밴드의 당시 OTT였던 '옥수수'를 통해 HEVC 기술을 적용한 4K급의 360도 VR을 제공하기 시작했고, KT도 2016년 8월 자사 IPTV의 모바일 버전인 당시 '올레tv모바일'을 중심으로 AVA 엔터테인먼트와 제휴해 360도 VR 동영상 서비스를 제공하기 시작했다. 삼성전자도 2017년 6월 기어VR를 통해 뮤직콘서트, UFC 212 등 스포츠 서비스를 제공하였다.

VR 서비스의 대표 장르는 단연 스포츠이며, e스포츠의 VR 중계도 함께 발전한다. 옥수수와 푹이 합병하여 재탄생한 웨이브를 통해 SKT는 e스포츠 대회인 LCK(리그오브레전드 챔피언스 코리아)를 VR, AR로 생중계한다. 이는 실제 경기장 관객석에 앉아 있는 듯한 현장감을 전달하며 AR 영상으로 직접 게임 속에 들어가 경기를 관람하는 서비스이다. OTT 서비스 내에서 VR, AR 기술 활용이 더욱 활성화되면 스포츠 및 e스포츠 중계뿐만 아니라 영화, 콘서트 등 다양한 분야의 콘텐츠를 집에서 생생하게 즐길 수 있게 된다.

KT는 한 발 더 나아가 단말 기반의 구독형 VR OTT를 출시하여 기기 구입 후 월정료를 내면 영화, 여행, 스포츠 등의 콘텐츠를 VR로 시청하고 VR 게임도 즐길 수 있게 하였다. KT의 슈퍼VR은 스타트업들에 개방되어 기술을 가진 다양한 분야의 기업들이 참여 중이다. 부동산 거래 전 VR로 매물을 확인하거나, 영어회화 공부를 하고, 면접 준비를 하는 등의 서비스가 대표적이다. SKT는 자사 OTT를 통해 AR 영상을 선보이는데, 예로 웨이브에 공개된 야구 예능 프로그램인 '마녀들'의 예고편을 자사의 점프VR 플랫폼을 활용해 혼합현실 형태로 제공한다. LG유플러스도 자체 앱을 통해 AR 영상을 제공하고 있다.

해외 사례를 보면, 국내와 마찬가지로 5G 홍보를 원하는 통신기업 중심으로 VR/AR 서비스가 다수 출현하고 있다. 스포츠, 여행 콘텐츠에서 시작해 뉴스, 교육, 연예, 게임 등 장르로 확대되고 있다. 영국 통신기업인 BT의 스포츠 전문 OTT인 'BT스포츠VR'은 2D 영상을 360도 영상으로 전환해 영국 프리미어리그, FA컵 등 다양한 스포츠 경기를 제공한다. 국제 모터사이클 경주대회인 MotoGP는 직접 중계를 위해 OTT 서비스인 '비디오패스'를 만들어 360도 촬영기법을 활용해 MotoGP 경기 영상을 고화질로 제공한다. 유튜브도 2016년 4월 360도 라이브 스트리밍과 공간 오디오 VR 기술을 자사 서비스에 지원하기 시작했고 360도 라이브 영상을 획득하기 위해 라이브 API를 공개하기에 이른다.

OTT 미디어 유통 산업 범위

아래 [그림 6-2]를 보면, OTT 미디어 산업 가치사슬은 다수의 생태계 참여자들의 가치가 상호작용하는 구조를 보인다. OTT 미디어 유통 산업만 보면, OTT 서비스 플랫폼 외에, 데이터를 안전하게 전송해 주는 콘텐츠 전송 네트워크(Content delivery network; CDN)와 OTT 미디어 소비자들에게 직접 초고속 인터넷 서비스를 제공해 주는 물리적 네트워크 제공 사업자가 존재한다.

OTT 미디어 서비스는 고용량 고화질 콘텐츠를 끊김 없이 제공하기 위해서 트래픽 부담을 줄여 줄 수 있는 기술들을 필요로 한다. CDN은 OTT 서비스 플랫폼에서 제공되는 인터넷 콘텐츠를 빠르게 배달하는 데 도움을 주는 분산 서버인데, OTT 서비스 사업자가 CDN 서비스를 이용하면 HTML 페이지, 자바스크립트(JAVA script) 파일 외에 이미지나 비디오 등 다양한 대용량 포맷의 인터넷

◎ [그림 6-2] OTT 산업 가치사슬의 유통 산업 범위

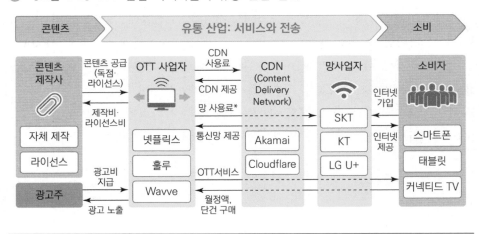

출처: 삼정KPMG경제연구원(2019.6) 재구성

콘텐츠를 전송할 수 있다. 따라서 OTT 서비스 사업자들은 콘텐츠 수급 비용 외에도 콘텐츠 트래픽 부담을 경감시켜 주는 CDN 서비스 비용을 추가로 부담하게 된다.

CDN은 사용자를 다른 서버로 전환해 대규모 인터넷 트래픽을 처리함으로써 로드를 효율적으로 분산시킨다. OTT 수요 증가와 5G 상용화로 방송, 영화, 교육 콘텐츠에 대해 초고화질, 고용량, 초저지연 데이터를 처리하려는 요구가 증가하면서 최신 기술을 적용한 수익모델들이 개발되고 맞춤형 서비스도 제공된다. CDN 초기에는 콘텐츠 분산과 데이터 처리 등 효율적 전송에 집중했지만, 점차 인코딩(Encoding), 중간 광고, 트랜스 코딩(Transcoding), 데이터 분석 등 컴퓨팅 영역까지로 CDN 서비스 범위가 확장된다.

CDN이 콘텐츠 전송, 스토리지 및 접근성을 향상시킬 수 있는 개선이 필요한 비즈니스로 발전하였고, 글로벌 사업자로 아마존의 AWS(Amazon web service), 아카마이(Akamai), 구글(Google), 라임라이트네트워크(Limelight networks), 타타 커뮤니케이션즈(Tata communications) 등이 등장한다. 또한, 포털 사업자로서 CDN의 중요성을 체험한 구글은 자체 구축한 GGC(Google global cache)를 제공하기 시작했고, 넷플릭스도 캐시(Cache)를 자체 구축하여 전 세계 통신사업자들에게 배포한다. 인기 있는 콘텐츠를 가입자 단에 두고, 인기가 떨어지면 캐시서버에서 제거해 복사본을 최상위 서버에 두었다가, 콘텐츠가 인기를 얻으면 가입자 단으로 캐시하는 CDN은 망 용량을 절감시키고 이용자에게 망 지연을 감소시키게 한다.

2007년부터 CDN 개발에 나서 5년 만에 자체 개발한 캐시를 무료로 공급하는 넷플릭스는 '오픈 커넥트(Open connect; OC)'라는 이름의 캐시를 물리적 네트워크를 가진 망 사업자들에게 제공한다. 이는 각국의 망 사업자가 가진 인터넷 데이터 센터(Internet data center; IDC)에 설치되는데, 망 사업자는 이의 설치를 통해 자사 망의 외부 CDN에서 유입된 넷플릭스 트래픽으로 인한 전송 비용을 줄이고 백본망 증설 비용도 대폭 절감하게 된다.

OTT 미디어 유통산업의 또 다른 한 축은 물리적 네트워크를 제공하는 망 사업자이다. 망 사업자는 인터넷콘텐츠 사업자(Internet content provider; ICP)로 불리는 OTT 사업자와 최종 소비자를 양면에 둔 플랫폼으로서 인터넷서비스사업자(Internet service provider; ISP)라 불린다. 이러한 시장구조에서 한쪽의 최종 이용자가 초고속 인터넷 비용을 망 사업자에게 지불하고, OTT 사업자들은 직접 물리적 망에 접속하는 것이 아니기 때문에 망 이용료를 지불하지 않는다. 물리적 망 개념에서 보는 망 사용료는 주로 망 사업자 간에 지불하는 '상호접속료'를 말하며, 전용회선료, 유료 피어링(Paid peering), 트랜짓 피(Transit fee)와 동일한 의미이다. 보통은 인터넷 구조를 훼손하지 않는 범위에서 망 사업자 간 상호접속료를 상호 면제하는 형식을 취하나, 자신과 연결된 라우터 숫자가 많은 라우터 소유자인 망 사업자는 타 망 사업자와의 물리적 망 접속 대가로 상호접속료를 요구하여 더 많은 라우터들과의 연결을 개통하고 유지하는 망 비용 회수 유인을 갖기도 한다.

OTT 서비스 트래픽이 늘어나면서 얼마나 많은 라우터와 동시에 패킷을 주고받느냐가 더욱 중요해지면서 물리적 네트워크를 제공하는 망 사업자들의 회선 증설이 불가피해지고, 이는 곧 이들의 네트워크 투자 비용으로 이어진다. 국내에서도 넷플릭스의 '킹덤 시리즈 1' 제공을 계기로 트래픽 과부하가 발생하면서 망 사업자들이 급하게 국제 회선을 증설하였다. 글로벌 OTT들의 국내 트래픽 급증으로 인해 망 사용료 개념과 '네트워크 중립성(Network neutrality; 이후 망 중립성)' 개념이 혼돈되면서 법적 이슈가 된다.

'망 중립성'은 인터넷 망에 대한 중립성으로 인터넷을 통한 데이터 트래픽을 망 사업자가 대상, 내용, 유형에 상관없이 동등하게 처리해야 함을 말한다. 즉, 망 사업자는 OTT 사업자가 동영상을 송출하는 데 필요로 하는 데이터와 개인 사용자가 OTT를 소비하는 데 쓰는 데이터를 동등하게 취급하라는 것이다. 망 중립성은 정보에 대한 차별 없는 접근을 보장하여 인터넷 확산과 ICP 성장에 기여하였고, ICP인 OTT 사업자가 발생시키는 인터넷 트래픽이 기하급수적으로 급증하면서 망 사업자와 대형 OTT 사업자 간 대립 구도가 형성되면서 망 중립성 원칙을 계속 유지해야 하는가에 대한 논란이 발생하게 된다.

망 사업자 입장에서는 매년 급증하는 데이터 트래픽에 맞춰 망 투자가 용이하게 진행되려면 대형 OTT들이 망 투자를 분담해 줘야 한다는 주장이다. 이에 반해, 대형 OTT 입장에서는 소비자 효용을 위해 오히려 망 중립성 원칙을 강화해야 한다는 주장이다. 국내의 경우를 예로 들면, 망 사업자인 SK브로드밴드는 OTT 사업자인 넷플릭스의 이용자 증가로 해외망 증설 등 망 유지 비용이 증가했기 때문에 넷플릭스가 망 이용료를 내야 한다고 주장한다. 한편, 넷플릭스는 이 요구가 망 중립성 원칙에 위배된다며 한국 법원에 소송을 제기하게 된다. OTT 사업자는 콘텐츠를 유통하는 분배 사업자이지 물리적 네트워크를 가진 망 사업자가 아니라는 것이 그 이유이다. 문제는 이러한 주장을 펴는 넷플릭스가 실제로 미국과 프랑스 등에서는 일부 망 사업자들에게 망에 대한 댓가를 지불하고 있다는 점이다. 넷플릭스의 주장에 의하면, 이는 사적 계약에 따른 비용 지불일 뿐이지 망 사용료가 아니라는 입장이다.

'망 중립성' 원칙에서 보면, ICP인 OTT와 최종 이용자를 양면시장으로 갖고 있는 망 사업자는 OTT에게 어떠한 차별도 해서는 안 되지만 '무료'라는 의미는 아니다. 즉, 이는 망 사업자가 콘텐츠, 서비스, 기기, 장치를 차단하거나 합법적 트래픽을 불합리하게 차별하는 것을 금지한다는 원칙으로, 국내에서는 두 가지 예외 규정이 추가된 바 있다. 2011년 말에 '망 중립성 및 인터넷 트래픽 관리에 관한 가이드라인'이 만들어져 2012년부터 시행 중인데, 관리형 서비스(Managed service)가 '망 중립성' 원칙이 적용되지 않는 예외 영역으로 규정되어 있다. 즉, 품질 보장 의무에 따라 IPTV와 VoIP 등이 이러한 관리형 서비스에 포함된다. 한편, 미국 트럼프 정부가 들어섰던 2018년 미국 연방통신위원회(FCC)도 '망 중립성' 규제를 다소 완화해 '인터넷 회복 규칙'을 발표한 바 있다.

한편, 망 사업자들 간에 거래하는 '망 사용료'의 경우를 예로 보면, 미국에서는 망 사업자인 컴캐스트와 레벨3(Level 3; 이후 L3) 간에 무정산 방식의 상호접속 협정이 체결된 상태에서 넷플릭스와 CDN 계약을 체결한 L3의 트래픽이 폭증하면서 L3와 컴캐스트 양사 간의 무정산 방식에 대한 갈등이 생기게 되었고, 법정 공방 끝에 컴캐스트의 승리로 끝나게 된다. 그 이후부터 넷플릭스가 자체 개발한 CDN인 OC 제휴를 거절한 컴캐스트가 2014년부터 넷플릭스와의 사적 계약을 통해 망 사용에 대한 대가를 받기 시작했으며, 타임워너케이블과 AT&T도 잇따라 망 사용에 대한 대가를 받기 시작한다. 하지만 소규모 망 사업자들은 넷플릭스가 제안한 OC 제휴를 수용하게 된다. 프랑스에서도 오랑쥬(Orange) 등 일부 대규모 망 사업자들이 사적 계약에 의해 망 사용 대가를 넷플릭스로부터 받고 있는 상황이 벌어진다. 바로 이 점이 국내 SK브로드밴드가 넷플릭스에게 망 사용료를 요구하는 레퍼런스가 된다.

한편, '접속료' 개념과 '전송료' 개념을 확실히 구분하려는 넷플릭스는 물리적 네트워크에 실제로 접속한 망 사업자에 대해서만 '접속료'를 내며, 가입자 단의 콘텐츠 전송에 대해서는 인터넷 이용료를 최종 이용자로부터 받는 망 사업자 책임이기 때문에 '전송료'를 낼 이유가 없다고 주장한다. 또한, 넷플릭스는 최종 이용자가 이용을 원할 때 적시에 전송하게 하는 OC 제휴가 언제나 가능하기 때문에 더더욱 '전송료'인 망 이용료를 낼 이유가 없다는 입장이다.

국내에서도 넷플릭스의 입장은 동일하다. 즉, ICP인 OTT 사업자로서 넷플릭스는 양질의 콘텐츠 제작 및 배포 의무만 가지며 이를 위해 막대한 자금을 동원해 오리지널 콘텐츠 제작 투자를 하고 있다. 한편, ISP인 망 사업자는 망 유지 보완 의무를 가지며 '망 중립성' 원칙을 지켜야 한다는 게 넷플릭스의 강력한 주장이다. 국내에 연결된 일본과 홍콩의 넷플릭스 캐시서버 연결 지점까지의 비용에 대해 넷플릭스와 ISP가 각자 부담하기로 합의했다고 주장하는 넷플릭스에 따르면, 2021년 현재 전 세계에 연결된 1,700여 개 ISP들에게 어떤 '전송료'도 지불하지 않고 있다는 입장이다.

국내에서 이러한 넷플릭스의 주장에 대응하고 있는 SK브로드밴드는 ISP 간 트래픽 발생량에 따라 서로 정산하도록 규정하고 있음을 내세우고 있으며, '망 중립성'에 대해서도 넷플릭스와는 다른 의견을 주장한다. 즉, SK브로드밴드는 "망 사용이 공짜가 아니란 점을 인정"하는 한국의 '망 중립성' 정책에 기반해 '망 사용료' 지급 의무가 '망 중립성' 원칙을 결코 훼손하지 않는다고 주장한다. 특히 넷플릭스의 엄청난 트래픽은 캐시서버로도 감당이 안 되는 상황이기 때문에, 넷플릭스는 별도 자금을 동원해 전용회선을 구축하여 그 비용을 망 사업자에게 내야 하고 망 이용 대가는 '접속료'와 '전송료' 개념 모두를 포함한다는 주장이다. 또한, '망 중립성' 원칙은 결코 강제력 있는 법안이 아니며, 이미 해외에서는 망 사용료를 내는 추세이고, 기존의 무정산 방식에서 벗어나 일방향 정산 방식인 유료 피어링(Paid peering)으로 바뀌고 있는 추세라고 SK브로드밴드는 주장한다.

늘 그랬듯이, '망 중립성' 이슈는 여전히 풀리지 않는 난제로 남아 있다. 미국에서는 트럼프 정부로 바뀌면서 이전의 오바마 정부에서 마련된 합병인가 조건이 기각되는 일도 발생한 바 있다. 즉, 2020년 10월, 미국 워싱턴 D.C. 연방항소법원은 케이블사업자인 차터(Charter)가 타임워너케이블(Time Warner Cable; TWC)을 2016년 인수합병할 당시 '망 중립성' 원칙에 의거해 ICP들로부터 망 이용대가를 받지 말라고 명령했던 FCC의 합병인가 조건을 기각하는 판결을 내렸다. 결국, OTT 사업자에게 망 이용대가를 부과하는 것이 정당하고 일반적 거래 행위라고 인정한 격이 된 이 판결은 미국을 넘어 글로벌 시장에서 망 이용 대가 부과에 대한 중요한 근거가 되었고, 글로벌 ICP들과 각국의 망 사업자들이 망 이용대가를 두고 첨예하고 대립하는 상황에서 갈등을 더욱 심화시키는 요인이 되었다. 미국 워싱턴 D.C. 연방항소법원은 판결문에서 "인터넷 시장은 물침대와 같아, 어느 한쪽 요금을 내리면 다른 한쪽 요금이 올라가기 마련"이라 판시했는데, 이는 ISP가 ICP로부터 망 이용대가를 받지 못하면 망 투자 및 유지 비용 충당을 위해 소비자 부담이 필연적으로 증가한다는 것을 간접적으로 표현한 것이다.

다시 말해, 양면시장 구조에서 ISP가 ICP로부터 정상적인 망 이용대가를 수취하지 못하면, 이로 인해 발생하는 모든 비용이 고스란히 인터넷 이용자들에게 전가되는 결과가 발생한다는 것이다. 이미 대형 ICP들이 망 이용대가를 거부하는 모습들은 글로벌 시장에서 동시 다발적으로 일어나고 있고, 사실상 소프트웨어가 세상을 집어삼키고 있는 현실에서 글로벌 ICP에 대한 반감도 많아진 게 사실이다. 또한, 미국 법원까지도 2016년 인수합병 조건인 망 이용대가 부과 금지가 부당하다고 판결한 것은 이 이슈가 끝나지 않았음을 의미하기도 한다. 국내에서도 일명 '넷플릭스법'이라는 개정된 전기통신사업법 시행령에 따르면, 국내 일 평균 이용자가 100만 명 이상이면서 일 평균 트래픽이 국내 총량의 1% 이상인 부가통신사업자는 통신서비스 품질 유지 의무가 있다. 여기에는 구글, 넷플릭스, 페이스북 외에도 국내의 네이버와 카카오가 포함된다. 이는 해외 사업자에게 강제할 근거가 되는지의 여부에 따라 자칫 역차별 이슈로 이어질 수 있다는 우려를 낳게 한다.

한편, OTT 미디어 유통산업의 서비스 제공 주역인 OTT 서비스 사업자는 망 사업자와의 관계에서는 ICP이지만, 콘텐츠 제작사와 콘텐츠 소비자를 양면으로 갖는 플랫폼 사업자가 된다. 이에 OTT 소비자 보호를 위해 플랫폼에 대한 사후 규제가 필요하다. 2021년 국내 공정거래위원회는 넷플릭스 등 국내 6개 OTT 플랫폼 사업자의 서비스 이용약관을 심사해 7개 유형의 불공정 약관조항을 시정하도록 했다. 사업자의 귀책사유가 있거나 고객이 서비스를 이용하지 않았으면 매 결제일 이후 7일 이내 해지하면 환불받을 수 있게 됐다. 시정된 불공정 약관 조항 유형은 중도 해지 시 환불하지 않는 조항(넷플릭스, 시즌, 왓챠), 고객에게 부당하게 불리한 위약금을 요구하는 조항(웨이브, 티빙, 시즌), 청약철회권을 제한하는 조항(웨이브, 티빙, 시즌), 사전 고지 또는 동의 없이 자의적인 요금변경 등을 규정한 조항(구글, 왓챠), 환불 시 현금환불을 원칙으로 하지 않거나, 선물받은 사이버머니 등에 대한 환불불가 조항(웨이브, 티빙, 시즌, 왓챠), 회원계정 종료 및 즉시 해지 사유가 불명확한 조항(구글, 티빙, 왓챠) 등이다.

이러한 시정 이유는 구독경제가 성장하면서 해지·환불·유료 전환 등 소비자 분쟁이 증가했기 때문이다. 실제로 OTT 분야 1372 상담센터 접수 민원 현황을 보면 2016년 16건에서 2020년 590건으로 5년간 3587.5% 늘었다. 한 예로, 넷플릭스 경우 중도해지를 해도 결제주기(1개월) 내에는 어떤 경우에도 환불받지 못하고 잔여기간을 의무적으로 이용해야 했다.

OTT 미디어 유통 파트너십

OTT 미디어 유통 파트너십을 플랫폼 기업인 유통사 간 제휴나 협력으로 제한해 먼저 설명하고자 하며, 유통사와 콘텐츠 제작사 협력에 대해서는 4절에서 다루고자 한다. 여기서 유통사는 OTT 유통 산업 범위에 속한 OTT 서비스 사업자와 CDN 및 망 사업자 모두를 포함한다. 망 사업자에게 ICP인 OTT 사업자도 콘텐츠 제작사와 최종 이용자를 양면으로 하는 시장을 가진 플랫폼 사업자이며, 실제로 콘텐츠(C) 제작사, 네트워크(N) 사업자, 플랫폼(P) 사업자, 기기(D) 사업자 모두가 OTT 사업자로 포지셔닝 중이라 유통 파트너십은 매우 복잡한 양상을 보인다.

앞서 언급한 '망 중립성' 논쟁이 2012년 카카오톡의 무료 보이스톡 서비스 제

◎ [그림 6-3] 양면시장 플랫폼이 고려할 전략 요소

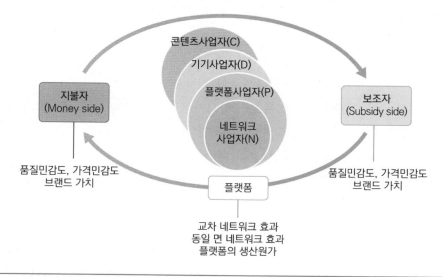

출처: Eisenmann et al.(2006); 송민정(2013: 209); 송민정(2021.8) 재구성

공으로 재점화되자, 송민정(2013)은 '망 중립성' 갈등을 희석시킬 수 있는 파트너십을 통한 대안적 비즈니스 모델을 제시한 바 있다. [그림 6-3]에서 보듯이, 그 이론적 배경이 된 아이젠만 외(Eisenmann et al. 2006)는 플랫폼을 보조하는 지불자(Money side)와 플랫폼 보조를 받는 보조자(Subsidy side)를 고려한 여섯 가지 전략 요소를 제시한다.

첫째는 교차면 네트워크 효과(Cross-sided network effect)로, 플랫폼과 고객 간 직접 네트워크 효과, 양면 고객 간 간접 네트워크 효과 외에 타 양면시장 플랫폼 이용자들에게 혜택을 주는 교차면 네트워크 효과가 발생한다. 둘째는 플랫폼 한 면의 이용자에게 혜택을 주는 동일 면 네트워크 효과(Same-sided network effect)이다. 플랫폼은 한 면에 있는 특정 공급자에게 배타적 권리를 부여하는 대신 대가성의 비용 등을 요구할 수 있다. 셋째는 플랫폼의 생산원가로 양면 이용자 모두에게 과다한 보조를 하지는 않으면서도 니즈를 적절히 반영한 가격 정책을 세워 시장 참여자 수를 늘려 생산원가를 만회하게 된다. 넷째는 이용자의 가격 민감도로, 플랫폼이 가격에 더 민감한 그룹을 보조하는 것이다. 다섯째는 이용자의 품질 민감도로, 양쪽 고객의 품질 민감도에 따라 어느 쪽이 보조를 받아야 할지가 결정된다. 마지막은 이용자의 브랜드 가치로, 플랫폼은 한쪽 이용자 그룹을 확보하기 위해 다른 쪽 그룹의 브랜드 가치가 높은 특정 사용자에게 보조금을 지급한다.

이 논문을 OTT 유통 파트너십에도 그대로 적용해 보면, 다양한 유형의 비즈니스 모델을 위한 유통사 간 및 유통사와 제작사 간 파트너십이 가능하다. 여기서는 유통사 간 파트너십에 대해 설명하고자 한다. 먼저 교차면 네트워크 효과를 차단할 수 있는 파트너십을 제안할 수 있다. 이는 주로 자체 제작 능력을 가지고 있거나 제작사 지분 투자를 통해 화학적 결합을 시도하는 OTT들에 해당되며, 글로벌 OTT로 디즈니나 NBC를 가진 컴캐스트, 토종 OTT로 CJENM, JTBC나 지상파방송사, 그리고 지상파방송사 연합체와 합한 웨이브를 가진 SK브로드밴드가 있다. 예로 웨이브가 탄생하면서 합병 전의 푹에 속했던 지상파방송 채널을 경쟁사 OTT에게 제공하지 않는 시도가 있다. 하지만 2019년 공정위원회의 양사 합병 승인 조건에 지상파방송 3사가 향후 3년간 경쟁사 OTT에 VOD를 안정적으로 공급하는 것이 포함되었다.

두 번째 OTT 유통 파트너십 유형은 동일 면 네트워크 효과를 발휘하는 것이다. 송민정(2013)도 제시했듯이, MS는 인터넷 접속 게임콘솔 기기이며 스마트 셋톱박스(STB)인 엑스박스360 온디멘드(Xbox360 OnDemand)에 컴캐스트의 OTT인 엑스피니티TV(XfinityTV)를 PIP로 독점 탑재하는 대신에, 컴캐스트는 자사 OTT가 엑스박스에서 이용될 때 250GB 데이터 상한을 적용하지 않는 제로레이팅(Zero-rating)을 허용한 바 있다. 제로레이팅은 양면시장 최종 이용자의 실질적인 통신비 절감을 도모함과 동시에 배타적 제휴를 한 공급자의 독과점을 강화시키는 데 도움을 준다.

한편, 송민정(Song, 2020)은 2013~2018년 1분기 동안 전 세계 ISP와 넷플릭스 간 성사된 PIP 등 파트너십들을 분석해 유형화한 바 있다. 그 이론적 배경으로 제시된 체스브러(Chesbrough, 2002)의 기업 투자 모델(Corporate Investment Model)은 한편으로 전략적 투자와 재무적 투자, 다른 한 편으로 긴밀한 투자와 느슨한 투자로 구분한다. 이 논문을 토대로 보면, 전 세계 유료TV를 가진 망 사업자들과 넷플릭스 간의 OTT 유통 파트너십이 관찰된다. 송민정(2020)은 다음 [그림 6-4]와 같이 체스브러의 이론을 근간으로 네 가지 파트너십 모델을 유형화했고, 이해도를 높이기 위해 활성적 모델을 마케팅 모델, 수동적 모델을 번들링 모델, 주도적 모델을 협력 모델, 미지적 모델을 협정 모델로 재정의하였다. 2013~2018년 ¼분기 동안의 전 세계 망 사업자인 ISP와 ICP인 넷플릭스 간 파트너십을 조사한 결과 117개의 사례가 도출되었으며, 4개 모델 중 번들링 모델과 협력 모델이 80%를 차지하였으며 협정 모델은 유아기 단계이다.

ISP들은 대개 마케팅, 번들링에서 시작하여 협력 모델로 확대해 나간다. 예로 컴캐스트는 2014년 마케팅 모델에서 시작해 2016년 협력 모델로 급속히 발전하게 된다. 송민정(Song, 2020) 논문에는 포함되지 않았으나, 2018년 5월에 컴캐스트와 넷플릭스 간 협력 모델은 다시 코브랜딩(Cobranding)이라는 협정 모델로 발전하게 된다. 컴캐스트는 엑스피니티(Xfinity) 패키지와 종합 구독 서비스에 넷플릭스를 코브랜딩한다. 기존 엑스피니티 구독자 및 신규 고객이 이에 가입 가능하고 케이블TV, 모바일폰, 인터넷서비스를 모두 포함한다.

◉ [그림 6-4] ISP와 ICP인 넷플릭스 간 파트너십 유형화

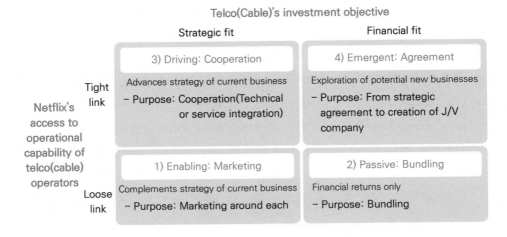

출처: Song(2020: 17)

　　결국 마케팅 모델이 OTT 유통 사업자 간 파트너십의 시작점이며, 단순 마케팅과 할인된 끼워팔기를 넘어 협력 모델로 발전해 나가고 있다. 일부 파트너십에서는 둘 이상의 모델이 혼재하기도 한다. 망에 대한 기득권을 가지고 IPTV 등 유료TV 비즈니스를 영위하는 ISP인 망 사업자들과 ICP인 넷플릭스 간 유통 파트너십은 양면시장 플랫폼 전략 요소와도 연계된다. 국내의 경우에 2018년 5월, 국내 LG유플러스와 넷플릭스 간 첫 번째 파트너십은 8만 8,000원 LG유플러스 무제한 데이터 요금제에 가입하면 넷플릭스 동영상을 3개월간 독점으로 무료 프로모션 제공하며 제로레이팅이 포함된다. LG유플러스는 이 마케팅 모델을 협력 모델로 발전시켜 2018년 11월부터 2년간 자사 IPTV인 '유플러스tv(U+tv)'에서 넷플릭스를 PIP로 제공하게 된다.

　　LG유플러스가 넷플릭스와의 배타적 파트너십이 종료되는 시점인 2020년 말에는 KT가 넷플릭스를 PIP로 제공하면서 마케팅 및 번들링 모델을 거치지않고 바로 협력 모델 파트너십을 택하게 된다. 이는 넷플릭스의 존재감이 상당해지고 있음을 보여 주는 것이다. 2021년에는 LG유플러스가 디즈니플러스를 자사 IPTV, 모바일, 그리고 인수한 LG헬로비전케이블TV 서비스에 PIP하는 계약을

체결하였다.

세 번째 OTT 유통 파트너십 유형은 플랫폼의 생산원가를 절감하는 것이다. 콘텐츠 수급 등 초기 매몰비용이 상당히 높기 때문에 OTT는 구독료 등 수익모델을 고민하며 특히 글로벌 OTT들은 국가별로 상이한 가격 정책을 채택하기도 한다. 우선은 구매자 고객 집단 크기가 조기에 커져야 매몰비용을 회수할 수 있어서 가입자 확대가 중요한데, 넷플릭스의 글로벌 진출을 시작으로 미국 OTT들은 글로벌을 지향하며 국가별 가격 정책을 달리한다. 글로벌 전략이 쉽지 않은 국내 토종 OTT 경우에는 자본력이 있는 망 사업자들이 잠재적 OTT 가입자인 유료TV 가입자 수 확대를 위해 케이블TV 기업들을 인수합병하는 전략을 추진한다. 이미 엘지유플러스의 CJ헬로 합병, SK브로드밴드의 티브로드 합병이 진행되었고 KT의 현대HCN 인수로 이어진다.

네 번째 OTT 유통 파트너십 유형은 최종 이용자인 소비자의 가격 민감도를 고려하는 것이다. OTT 사업자로 CPND 사업자들이 모두 가세한 경쟁 환경에서 가격 경쟁은 더욱 심화될 것이기 때문에 최종 이용자의 가격 협상력이 높다. 가격 전략에서 상대적으로 유리한 사업자는 이미 인터넷 시장에서 상당수 가입자 기반을 가지고 있는 네이버, 카카오, 쿠팡 등이다. 이에 티빙은 네이버플러스 멤버십에 방송 무제한 이용권을 추가해 JTBC·tvN 드라마와 예능 등 7만여 개 방송 콘텐츠를 제공한다. 네이버가 2020년 6월 출시한 네이버플러스 멤버십은 네이버 쇼핑 시 결제 금액의 5%까지를 네이버페이 포인트로 적립해 주고 네이버 웹툰·웹소설 이용권이나 시리즈온 영화 한 편을 매월 선택할 수 있게 하는데, 티빙 제휴로 티빙 방송 이용권도 추가된 것이다. 티빙 영화까지 추가하면 월 3천 원을 더 낸다. 네이버플러스 구독료 7,900원은 티빙 '베이직'(방송+영화 무제한) 요금과 동일하다.

SECTION
04 OTT 유통사의 오리지널 전략

앞에서 여섯 가지 양면시장 전략 요소 중 네 가지 전략 요소 중심으로 OTT 유통 파트너십이 설명되었다. 여기서는 콘텐츠 제작사의 품질 민감도와 관련되는 유통사와 제작사 간 파트너십을 통해 제작 기반이 없는 OTT들의 오리지널 전략이 모색될 수 있다. 고액의 라이선스 비용을 지불하거나 오리지널 콘텐츠 투자 비중을 늘려 나가면서 오리지널 전략을 추진하는 넷플릭스는 오리지널 콘텐츠를 더 많이 보유하면서 일반 콘텐츠 라이선스 협상력도 덩달아 높아지고 충성 구매자들이 넷플릭스에 더 머물게 되는 플랫폼 생태계의 선순환구조를 경험하게 된다. 아래 [그림 6-5]을 보면, 글로벌 OTT 유통사의 오리지널 전략의 기반은 콘텐츠 제작 투자이며 넷플릭스에 이어 아마존이 추격 중임을 볼 수 있다.

2021년 넷플릭스가 발표한 오리지널 전략을 보면, 500여 개 오리지널 라이브

◎ [그림 6-5] 글로벌 주요 OTT 사업자의 콘텐츠 제작 투자 비교: 2013~2021(E=전망)

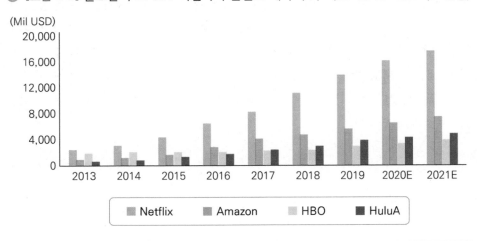

출처: 이베스트투자증권(2021.3.16)

러리를 구축한 가운데 2021년부터 '매주 넷플릭스 오리지널 한 편 공개'를 목표로 해외의 현지 콘텐츠 제작 투자를 확대하는 것이다. 사업 초기 넷플릭스가 취한 오리지널 전략은 생산원가 절감이었다. 콘텐츠 제작사에 비용을 보전해 주면서 투자와 위험을 공유하자는 취지에서 BBC 드라마가 원작인 '하우스 오브 카드(House of Cards)'가 첫 오리지널 시리즈로 등장한다. 이는 2013년 미국 상반기 인기를 주도했던 드라마로 65회 에미상에서 최우수 감독상을 비롯한 3관왕을 차지했다. 따로 방영시간을 정해 두지 않았고 인터넷 스트리밍으로 에피소드를 한 편씩 차례대로 공개한 이 드라마는 '넷플릭스 오리지널(Netflix Original)' 시리즈로 기획되었고, 특히 데이터마이닝을 통해 유명 감독인 데이비드 핀처(David Fincher)를 참여시키고 케빈 스페이시(Kevin Spacey) 등의 배우들을 캐스팅해 큰 성공을 거두었다.

그 이후 '오렌지 이즈 더 뉴 블랙(Orange is the New Black)' 등 잇따른 넷플릭스 오리지널의 성공으로 넷플릭스는 영화와 드라마, 버라이어티쇼, 애니메이션, 코미디, 다큐멘터리, 키즈 콘텐츠 등 다양한 장르의 오리지널 콘텐츠를 제작하기 시작한다. 과학적 방법으로 고민하고 투자한 드라마, 영화 등은 입소문을 통해 이용자 유입을 이끌어 냈고, 몇몇 작품들은 높은 몰입감과 작품 완성도로 명망 높은 시상식에서 수상한다. 국내 제작사들의 글로벌 수출 환경을 우호적으로 조성하는 데 가장 기여하기도 한 넷플릭스는 글로벌 표준에 맞게 치밀한 계약을 진행하며 세세한 부분까지 짚어 계약하고 있는 추세이지만 예산과 내용 심의에서 자유로운 넷플릭스는 전 세계 콘텐츠 제작사들이 가장 선호하는 투자자로 자리매김된다. 2020년 콘텐츠진흥원에서 실시한 국내 제작사 대상 심층 인터뷰 결과를 보면, 국내 드라마 제작사들은 다양한 스토리와 대작 드라마 제작, 드라마 구성의 다양화, 드라마 영상의 고품질화, 글로벌에 대한 동시 유통, 그리고 제작 과정의 체계화 때문에 넷플릭스를 파트너로 선호하고 있다. 넷플릭스는 오리지널 제작 시 제작비의 10~20% 마진을 보장하고 있다.

한편 OTT 경쟁이 보다 심화되면서 넷플릭스는 점차 콘텐츠 지식재산(Intellectual property; IP)을 재무적 자산을 넘어 전략적 자산으로 만들기 위해 제작사들과 더 긴밀한 관계를 구축하기 시작한다. 그 주된 이유는 디즈니나 NBC

콘텐츠 수급이 전면 끊어졌기 때문인데, OTT 플랫폼으로 포지셔닝하는 콘텐츠 기업들에 선제 대응하기 위해 전략적 IP 확보는 불가피해진다. 넷플릭스는 오리지널 투자에 매진하면서 가입자들이 충성고객화되는 것을 함께 경험하게 된다. 2011년 6개(전체의 2.3%)에 불과했던 넷플릭스 오리지널은 2018년 160개(32.3%)로 증가한다. 라이선스 가격이 상승하는 데다가 공급이 거절되는 상황이 함께 전개되면서 넷플릭스의 오리지널 전략은 작품 수보다는 고품질 콘텐츠에 더 초점을 두기 시작한다. 2020년 총 라이브러리 수는 5,838개로 2010년(7,285개) 대비 감소했지만 오리지널 제작 투자는 크게 증가한다.

한편 '성인향'의 오리지널 전략을 추구하고 있는 넷플릭스와 달리, 넷플릭스에의 콘텐츠 공급을 끊고 후발로 진입하는 월트디즈니(이후 디즈니)의 디즈니플러스에는 성인물이 없다고 해도 과언이 아니다. 1984년 영화 '스플래시'의 성적 장면을 수정해 비판을 받을 정도로 모든 연령대에 초점을 맞추는 디즈니는 이미 가지고 있는 막강한 콘텐츠 자산을 기반으로 아이언맨, 어벤져스 등 마블 히어로를 소재로 콘텐츠 세계관을 구축한 '마블 시네마틱 유니버스(Marvel Cinematic Universe; MCU)'라는 IP를 가지고 있다. 2019년 MCU 영화 '어벤져스 엔드게임'은 27억 9,780만 달러 수입으로 세계 최고 흥행수입을 기록했다. 디즈니플러스는 이러한 MCU 기반의 '완다비전', '호크아이', '팔콘 & 윈터솔저' 등을 독점 제공하며, 마블 만화로 등장한 '문 나이트(Moon Knight)', 여자 헐크가 주인공인 '쉬 헐크', 캡틴 마블과 이야기가 연결되는 '미즈 마블'도 독점 드라마로 제작한다. 디즈니 보유의 '스타워즈'도 독점 제공된다. 스타워즈 소재 드라마인 '더 만달로리안(The Mandalorian)'은 전 세계 스타워즈 팬들의 주목을 받는다. 또한, '미녀와 야수' 등 디즈니 명작과 '토이스토리' 등 픽사 스튜디오 콘텐츠까지도 독점 공급이 가능하다. 디즈니가 인수한 21세기폭스 콘텐츠도 디즈니플러스의 경쟁력 중 하나이다. 미국 국민 캐릭터 '심슨 가족'은 21세기폭스 IP이다. 디즈니는 21세기폭스 콘텐츠 IP를 이용해 MCU 세계관을 확장할 수 있고, 막강한 영화 IP 자산을 디즈니플러스에 공급해 새로운 드라마를 제작할 수 있다.

이처럼 공격적인 글로벌 OTT들의 오리지널 전략에 대해 고품질을 원하는 전 세계 콘텐츠 제작사들은 기술적 위험과 사업적 위험 모두를 이들과 공유하는 관계를 반기면서 비즈니스 파트너로 발전할 수 있다. 콘텐츠 제작사의 비즈니스 모델이 OTT의 기획 프로세스에 통합되고, 그 수단으로 합작 투자나 지분 투자 등이 진행된다. 국내의 예로 넷플릭스와 CJENM 및 드라마 부문 자회사인 스튜디오드래곤 간 체결된 콘텐츠 제작 파트너십이 한 예가 된다. CJENM과 스튜디오드래곤은 2020년부터 3년간 넷플릭스 오리지널을 제작하고 넷플릭스는 K-콘텐츠를 전 세계에 선보이는 파트너십의 일환으로 CJENM이 스튜디오드래곤 주식 4.99%를 넷플릭스에 매도하게 된다. 또한, 2021년 넷플릭스는 한국 콘텐츠 투자에 5,500억 원을 투입할 것을 발표하는데, 이는 지난 5년 간 투자 총액의 70% 수준이다.

한편, OTT의 과다할 정도의 오리지널 전략은 재무적 리스크를 함께 갖는다. 동남아시아의 대표적 OTT 사업자인 훅(Hooq)의 몰락 원인은 과중한 오리지널 콘텐츠 투자였다. 지나친 콘텐츠 투자로 재무 상태가 나빠져 파산에 이른 훅은 싱텔(Singtel), 소니픽처스(Sony Pictures), 워너브라더스(Warner Bros.)와의 합작을 통해 만들어졌지만, 콘텐츠 투자에 있어서 지분 투자자인 소니와 워너가 미온적 태도를 보인 데다가 해당 지역에서 넷플릭스가 선전하면서 부채를 감당하지 못하고 도산하게 된다. 2015년 출범해 2016년까지 필리핀, 태국, 인도, 인도네시아, 싱가포르 등으로 시장을 확장해 탄탄한 가입자 기반을 가지고 있다가 넷플릭스의 동남아시아 상륙으로 출범 5년 만인 2020년 4월에 서비스를 중단하게 된 훅은 서비스 중단 사유로 콘텐츠 조달 비용과 독립적 OTT 플랫폼 운영 비용을 지속해서 감당할 수 있을 만큼 충분한 수익이 발생하지 못했다고 밝혔다.

국내의 경우로 돌아와 보면, 통신사업자들이 유료TV 진입을 통해 미디어 비즈니스를 본격화했을 때는 콘텐츠 제작 투자에 대한 필요성이 크지 않았다. 그 주된 이유는 유통을 장악한 독과점 구조가 가능했기 때문이다. 시기적으로 보면, 통신서비스를 제공하는 국내 망 사업자의 미디어 사업은 1990년대 말 지상파 재전송에서 시작된다. 이후에 KT가 2002년 위성TV에 2006년 IPTV에 진입하고, 이후에 IPTV에 통신 3사 모두 진입한다. 이들은 실시간 방송 위주에서 VOD로 확대한 후 모바일IPTV로도 서비스하는 중에 넷플릭스의 국내 상륙으로 OTT로의 진화 필요성을 절감하기 시작한다.

국내의 OTT로의 발전 상황을 상기하면, SKT가 자회사인 SK브로드밴드를 통해 옥수수라는 모바일 IPTV를, KT가 올레TV 모바일, LGU＋는 U＋TV모바일을 각각 내놓았다. 그 이후에 지상파방송 3사의 연합 OTT 플랫폼인 푹(Pooq)은 옥수수와의 합병을 통해 OTT인 웨이브로 재탄생되고, KT도 올레TV모바일을 시즌이라는 OTT로 새롭게 포지셔닝한다. 한편, 케이블TV의 모바일 버전이었던 티빙은 CJ헬로비전 매각으로 인해 채널 사업자 주도의 OTT로 전환되었고, 종합편성 채널인 JTBC도 자체 OTT를 내놓는다. IPTV의 경우 가정에 공급되는 인터넷 선에 셋톱박스를 연결하고 셋톱박스가 다시 TV로 연결되는 기술적 상황에서 AI 스피커가 그 기능을 담당하면서 IPTV 시청 행태를 크게 바꿔 놓는다. AI 스피커를 통해 TV가 인터넷에 접속되면서 통신 사업자인 LG유플러스와 KT가 넷플릭스와 파트너십을 맺으면서 TV를 통해 넷플릭스를 시청할 수 있게 된다.

 이러한 OTT 발전이 지속되면서 OTT 간 오리지널 콘텐츠 확보 경쟁이 시작된다. 국내에서 콘텐츠 확보 및 품질과 관련해 OTT 유통 사업자들이 가장 먼저 바라본 대상은 지상파방송사이다. 킬러 콘텐츠의 강자를 지상파방송으로 본 SKT는 자회사인 SK브로드밴드를 통해 옥수수라는 모바일IPTV를 OTT로 전환시키기 위해, 오리지널 전략이 필요해진다. 한편, 지상파방송 3사는 공동으로 푹을 통해 실시간 방송과 지상파방송의 VOD 서비스를 제공하기 시작했지만, 유통 경험 부족을 깨닫게 된다. 2019년 기준, 순 이용자 300만 명으로 가장 많은 이용자를 확보한 옥수수이지만 오리지널 부족으로 애플리케이션 다운로드 수 대비 실제 이용률은 30% 수준에 불과한 데 반해, 푹은 약한 가입자 기반에 비해 실시간 및 VOD 시청이 가능해 이용률 60%를 보여 옥수수의 2배를 기록한다. 이에 옥수수와 푹은 서로의 필요에 의해 통합을 결정하고 2019년 9월 웨이브라는 통합 브랜드로 재탄생한다. SK브로드밴드는 자사 OTT의 콘텐츠 경쟁력 확보를 위해 지상파방송사가 필요했고, 제작사로서의 위상이 점점 낮아지면서 고품질 콘텐츠 제작 욕구는 있으나 재무적으로 취약한 지상파방송사는 투자자가 필요했던 것이다. SKT가 지분 30%의 최대주주가 되고, 지상파방송 3사는 각각 17% 지분을 보유하여 출범하면서 신규 자금 2천억 원 투자를 받은 웨이브의 기업 가치는 1조 2천억 원으로 인정받았고, 기존 보유자금과 합쳐 2023년까지 3천억 원을 투자한다고 발표한 후 다시 2025년까지 1조 원을 투자하기로 하는 등 오리지널 투자 규모를 확대해 나간다.

5천억 원 콘텐츠 투자 계획과 함께 오리지널 콘텐츠 제작에 나서는 등 자본력을 갖춘 OTT로 포지셔닝하기 시작한 KT는 2021년 1월 스튜디오지니를 설립하면서 오리지널 제작을 위해 콘텐츠 사업을 내부화한다. 이는 웨이브가 지상파 방송사와의 협력을 통해 투자한 것과 다른 모습이다. 즉, KT는 웹툰/웹소설 자회사인 스토리위즈를 통해 2023년까지 원천 IP 1천 개를 확보하며 확보된 콘텐츠 IP를 기반으로 자체 및 외부 자금을 통해 2023년까지 100개 이상의 오리지널 콘텐츠를 제작한다는 계획을 발표한다. 이렇게 KT가 종합 스튜디오 설립을 통해 콘텐츠 산업의 단편이 아닌 모든 영역에 뛰어들기로 결정한 이후, 앞서 언급한 SKT는 기존에 계획한 웨이브 투자를 변경 확대하여 2025년까지 1조 원으로 확대하기로 수정 발표한다.

이렇게 국내의 2대 망 사업자가 보유한 OTT의 오리지널 전략이 진행되는 동안, CJENM의 티빙도 JTBC스튜디오와 합작법인을 설립해 티빙으로 재탄생하면서 2021년부터 2023년까지 3년간 4천억 원 이상의 오리지널 콘텐츠 투자를 결정하게 된다. JTBC스튜디오는 2021년 4월 4천억 원의 유상증자를 통해 충분한 투자비를 확보했다. 이처럼 국내에서는 자본력을 갖춘 망 사업자가 콘텐츠 제작사를 통합하거나 내부화하고, 채널 사업자 간의 브랜드 통합 등을 통해 오리지널 콘텐츠 확보에 주력하게 된다.

2021년 상반기 기준으로 정리해 보면, 향후 5년 간 확정된 국내 OTT 콘텐츠 투자 예산은 웨이브 1조 원, KT 5천억 원, 티빙 4천억 원, 카카오와 네이버 각각 3천억 원순이다. 그 이후 네이버가 CJ그룹과 빅히트 등과 제휴해 투자금을 더했고, 카카오는 카카오TV에 3년 간 3천억 원을 투자해 오리지널 시리즈 200개 이상을 제작하며 2024년부터 연간 4천억 원 투자할 계획을 발표함과 동시에 카카오페이지와 카카오엠을 합병해 카카오엔터테인먼트로 재탄생한다. 쿠팡도 쿠팡플레이에 1년간 1천억 원을 투자한다는 계획이다. 이러한 투자는 모두 오리지널 전략을 추진한다는 것을 의미하는데, 넷플릭스의 오리지널 전략을 교훈 삼아야 할 것이다. 무작정 드라마 제작에만 올인하는 전략보다는 다양한 장르의 오리지널 콘텐츠가 등장해야 궁극적으로 OTT와 콘텐츠 업계가 함께 성장하는 효과를 낳게 될 것이다. 이에 대해서는 7장의 장르 전략에서 검토하기로 한다.

한편, 국내 OTT들이 넷플릭스의 오리지널 전략을 그대로 따라 하면 재정적 한계에 봉착할 수 있다는 우려도 제기된다. 초기에는 콘텐츠 독점보다는 우선 공개나 디지털 이원 제작 등의 형태를 띠게 되는데, 그 이유는 손익분기점을 가진 가입자 수를 토대로 투자 회수가 가능할 때만 넷플릭스식의 독점 공개 투자가 가능하기 때문이다. KB증권이 2018년 넷플릭스를 레퍼런스로 하여 실제로 비교 분석한 결과에 의하면, 국내에서는 800만 명 이상 가입자 확보가 손익분기점이다. 2018년 기준으로 넷플릭스와 동일한 비용 구조인, 모든 콘텐츠를 오리지널로 채운다고 보고 콘텐츠 비용 상각비 10년, 매출액 대비 판관비 비중 65.5%를 갖는다고 가정하면 가입자당 평균 매출(ARPU) 1만 원의 100만 가입자 매출액 수준으로 연간 41억 원의 콘텐츠 비용 투자가 가능하다. 여기에 유료TV 대비 OTT 서비스 이탈률이 매우 높다는 사실까지 함께 감안하면 가입자 규모 확대는 안전한 투자를 위한 필수 조건이 된다. 그러므로 특정 규모의 가입자 확보가 가능한 OTT 플랫폼이 형성되기 전까지는 제공 시점이나 장르, 그리고 제공하는 지역 등을 차별화하는 등 다양한 형태를 통해 수급 비용을 줄이는 방안이 우선적으로 필요하다. 콘텐츠 우선 공개나 디지털 이원 제작 등이 하나의 방안이 되겠다.

김회재(2021.5~6). Telco의 미디어 사업 진출 동향 및 전략, Media issue & trend, 방송통신전파진흥원, Vol.44, pp.48－63.

동아비즈니스리뷰(DBR)(2018. 9). Sports Marketing, 중계권 '코드커팅'을 예견한 MLB의 혜안, Issue 1.

매일경제(2021. 1.18). 넷플릭스, 美·유럽서 망 이용료 내면서 韓서는 버틴다.

방송통신위원회(2019). 2019 방송매체이용행태조사.

서웅찬/김기일/정준석(2013. 5). 스마트 시대에서의 실감 미디어 기술 동향, 정보와 통신, 한국전자통신연구원(ETRI).

송민정(2000). 인터넷콘텐츠 산업론, 진한도서.

송민정(2021.8). 글로벌 OTT 시장 지형과 국내 기업의 과제: OTT 플랫폼의 6가지 양면시장 전략, 동아비즈니스리뷰(DBR) 326호 Issue 1.

송민정(2021.3). 디지털전환시대의 미디어경영론.

송민정(2021.1). 성큼 다가온 미래의 미디어, in: 한국 대표 디지털 전문가 26인 지음. Digital Power 2021, SW가 주도하는 미래 사회의 비전, HadA, pp.209－224.

송민정(2020. 10). 포스트 코로나 시대의 미디어 산업 생태계 변화, 특집: 포스트 코로나 시대 언택트 미디어 라이프, 방송공학회지, 방송과 미디어, 제25권 4호, pp.313－321.

송민정(2016.7~8). 모바일 온리 시대, 기존 미디어 기업의 OTT 전략(1) (2), 자동인식보안.

송민정(2015.9). 동영상스트리밍 기업인 넷플릭스의 비즈니스 모델 최적화 연구: 비즈니스 모델 혁신 이론을 토대로, 방송통신연구, 방송학회, 2015년 가을호, Vol.93, pp.40－74.

송민정(2013.3). 망 중립성(Network Neutrality) 갈등의 대안인 비즈니스 모델 연구: 양면시장 플랫폼전략의 6가지 전략 요소를 근간으로, 사이버커뮤니케이션학보, Vol.30, No.1, pp.192－239.

송민정(2012). 비즈니스 모델 혁신 관점에서 살펴본 스마트TV 진화에 관한 연구, SK
    텔레콤 학술지, Telecommunication Review, Vol.22, No.2, pp.168－187.

송민정(2010). 플랫폼흡수 사례로 본 미디어플랫폼전략 연구: 플랫폼흡수이론을 토대
    로, 사이버커뮤니케이션학보, 6월, Vol.27, No.2, pp.46－89.

송민정(2010). IPTV의 오픈형 플랫폼 전략에 대한 연구: 플랫폼 유형화 이론을 기반으
    로. 방송문화연구, Vol.22, No.1, pp.173－203.

아이뉴스(2021. 1. 12). OTT 시장 변화…미디어 경계와 범주.

유건식(2020). 넷플릭스가 국내 드라마 시장에 미친 영향－제작자 심층 인터뷰를 중
    심으로, 한국콘텐츠진흥원.

엔에이치(NH)투자증권(2021.4.9). 콘텐츠: 업사이드는 여전히 유효.

유안타증권(2021.4.13). 미디어/광고.

정보통신기획평가원(IITP)(2021). ICT R&D 기술로드맵 2023.

정보통신정책연구원(2017.10). 모바일 동영상 서비스의 광고효과에 관한 연구.
    No.933.

중앙일보(2021.3.4). "이래도 안 써?" 네이버 멤버십, 티빙 방송 무제한 이용권 제공.

케이티비(KTB)투자증권(2018.10.29). 미디어/엔터: 5인치 화면을 장악한 K－Content.

케이비(KB)증권(2018.10.15). 통신/방송이 융합되는 최대의 빅뱅을 보고 있다.

팍스넷뉴스(2020.8.7). 케이블TV를 사양산업으로 만든 넷플릭스, 우리나라는?

파이낸셜투데이(2021.1.27). 공정위, 넷플릭스 등 6개 OTT 플랫폼 사업자 불공정 약
    관 시정.

한겨레(2021.9.26). LG유플러스, 디즈니＋와 독점 계약 … 유료방송 시장 흔들까.

한겨레(2021.4.2). 반격 노리는 토종 OTT … 승부수는 '오리지널.'

한국경제신문(2021.4.23). 글로벌 OTT 산업, 본격적인 콘텐츠 경쟁에 돌입.

한국경제신문(2021.2.12). 도망가는 '넷플릭스' 맹추격 중인 '아마존.'

한화투자증권(2021.4.22). 초록뱀 미디어.

헤럴드경제(2021.4.28). 디즈니＋ 한국 진출 임박...토종 OTT 합치나.

한국콘텐츠진흥원(2020.5). 동남아시아 OTT 서비스 HOOQ의 몰락과 시사점, 방송트
    렌드&인사이트 Vol.32.

한국콘텐츠진흥원(2020.10). 그럼에도 콘텐츠 OTT 시대 업의 본질로 도약하기, 방송

트렌드&인사이트, SPECIAL ISSUE.

흥국증권(2021.9.7). 콘텐츠 전성시대, 트래픽을 장악하라.

Chesbrough, H.(2002. 3). Making Sense of Corporate Venture Capital", Harvard Business Review, Vol.80, No.3, pp.90－99.

Chesbrough, H.(2006). Open business models, Harvard Business Review Press, 1st edition, 서진영/김병조(역)(2009). 오픈 비즈니스 모델, 플래닛.

Doran, J.(2018.4). Operator－OTT Partnerships Tracker: 1Q18, OVUM report.

Eisenmann, Thomas R., Parker, Geoffrey, and Marshall W. Van Alstyne(2006). Strategies for two sided markets. Harvard Business Review, Oct. pp.92－101.

Eisenmann, Thomas R., Parker, Geoffrey, and Marshall W. Van Alstyne(2008). Opening Platforms: How, When and Why? Harvard Business School, Working paper.

Song, M.Z.(2021). A Comparative Study on Over－The－Tops, Netflix & Amazon Prime Video: Based on the Success Factors of Innovation, International Journal of Advanced Smart Convergence, March, Vol.10 No.1, pp.62－74.

Song, M.Z.(2020). A Case Study on Partnership Types between Network Operators & Netflix: Based on Corporate Investment Model, International Journal of Internet, Broadcasting and Communication, Vol.12 No.1, pp.14－26.

Song, M.Z.(2019). A Study on Artificial Intelligence Based Business Models of Media Firms, International Journal of Advanced Smart Convergence, Vol.8 No.2, pp.56－67.

CHAPTER

07

OTT 미디어 제작 산업

SECTION 01 OTT 미디어 제작의 특성
SECTION 02 OTT 미디어 제작 산업 범위
SECTION 03 OTT 미디어 제작 파트너십
SECTION 04 OTT 제작사의 장르 전략

OTT 미디어 제작의 특성

미디어 산업 가치사슬 소비 변화에서는 개인화와 상황맞춤화를, 제작 변화에서는 파편화와 초세분화를 다루었다. 아래 [그림 7−1]처럼 OTT 미디어 제작 특성을 미디어 소비 및 제작 변화와 연계해 개인맞춤화(Personalization), 상시접속화(Instant connectivity), 틈새화(Distinction), 편리화(Convenience), 현지화(Localization) 등 5개로 구분하여 살펴보자.

◎ [그림 7-1] OTT 미디어 제작의 5대 특성

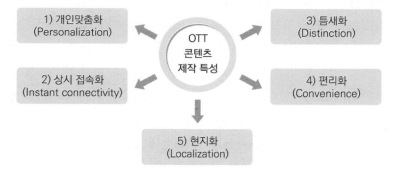

출처: DMC(2015.6) 재구성

첫 번째 OTT 미디어 제작 특성은 개인 맞춤화로, OTT 편성도 포함된다. 최혜선/김승인(2020)이 모바일 앱을 이용해 태스크 실험과 심층 인터뷰, 설문조사를 병행해 국내에서 활동하는 넷플릭스, 왓챠, 웨이브의 이용자 경험(UX)을 측정한 결과, OTT 서비스 유용성이나 접근성에 대해서는 OTT 서비스 간 큰 차이를 느끼지 못하는데, 개인 기호에 따른 콘텐츠의 개인 맞춤화가 OTT 서비스 선택에 있어서 가장 큰 영향을 미치는 것으로 나타났다. 심층 인터뷰 결과, 넷플릭스의 포스터 형식 콘텐츠 배열이 영화관 포스터를 보는 것과 유사해 시각적 즐거움을 제공하고 이미지 자체에 흥미를 느껴 콘텐츠에 쉽게 접근하게 하며 메인 화면에서 인기 콘텐츠를 쉽게 파악할 수 있다. 한편, 왓챠에서는 콘텐츠 장르 구별 기준을 모르겠다는 응답이 많아, 특정 장르로 들어가면 혼돈을 주는 콘텐츠들이 많았고 카테고리 내 콘텐츠 순서 기준을 모르겠다는 의견이 많았다. 웨이브에서는 상대적으로 가볍게 즐길 수 있는 콘텐츠가 많지만 메인 페이지 정보가 너무 많아 콘텐츠 선택에 어려움이 있다는 의견이다.

실제로 OTT에 들어가면 콘텐츠가 너무 많아 평생 봐도 다 못 볼 분량이라는 점에 모두 공감할 것이다. 따라서 점차 중요해지는 것은 콘텐츠 양이 아니라, 얼마나 개인이 원하는 콘텐츠를 적시에 보여 줄 수 있는지의 여부이다. 선택지가 너무 많은데 큐레이션 없이 백화점식으로 많은 양의 콘텐츠 제공에만 열을 올리면 어떤 콘텐츠가 있는지 둘러만 보고 실제 시청은 하지 않은 채 떠나가는 이용자들이 많아질 수 있다. 이는 큐레이션과 관련된다.

넷플릭스는 '하우스 오브 카드(House of Cards)'를 기획하고 제작하는 과정에 관여했다. 즉, AI를 통해 분석한 시청자들의 이용 행태를 참고하고 보다 고도화된 알고리즘에 기반해 같은 취향군에 속하는 구독자의 시청 데이터를 바탕으로 콘텐츠가 기획되고 제작된다. 넷플릭스 '태거(Tagger)'들이 콘텐츠를 직접 시청하고 분석한 태그들을 추가해 정확도를 높이는 등 AI와 인간의 협업도 이루어진다. 그 외에도 제작물의 섬네일이 이용자 취향에 맞게 제공되는 등 같은 콘텐츠라도 개별 이용자에 따라 섬네일을 다르도록 하여 흥미를 유발할 수도 있다. 토종 OTT 중에는 큐레이션에 전력을 쏟는 왓챠가 콘텐츠에 대한 고객 평가와 어떤 영화를 검색하고 봤는지 등 방대한 데이터를 분석해 제작을 직접 기획하고 있다. 그 외에도, 2018년 12월, 넷플릭스가 인터랙티브 오리지널로 제공한 '블랙미러: 밴더스내치(Black Mirror: Bandersnatch)'가 개인화의 한 사례가 되겠다.

두 번째 OTT 미디어 제작의 특성은 상시 접속화로, 모바일로 OTT 시청이 가능해져 이용자가 원하는 순간에 원하는 콘텐츠를 볼 수 있으며 이용자 간 소통할 수 있음을 의미한다. 이는 PC나 TV보다는 모바일 이용 성향을 더 반영하는 특성으로, 주로 숏폼 콘텐츠와 양방향 콘텐츠 제작이다. 먼저, 숏폼 콘텐츠는 스

마트폰이 만들어 주는 스낵컬처와 관련된다. 숏폼 OTT 플랫폼인 '틱톡(TikToc)'
이 국내에 진입했을 때 15세~24세를 타깃으로 하는 MCN(Multi-channel
network)인 다이아티비(DIA TV) 소속의 채널들과 협업을 통해 브랜디드 콘텐츠
가 제작, 배포되었다. 틱톡 이용자들은 짧은 시간 내에 기분 전환할 수 있는 스
낵컬처용 콘텐츠를 소비할 수 있고 소비에만 끝나지 않고 마음만 먹으면 본인
스스로도 콘텐츠를 만들어 수시로 업로드할 수 있는 환경을 좋아하게 된다.

한편, 프리미엄 숏폼 OTT 플랫폼의 '넷플릭스'를 선언하고 2020년 4월 출시
한 '퀴비(Quibi)'의 실패가 시사하는 바는 '상시 접속화'된 콘텐츠는 프리미엄 영
화나 드라마보다는 가볍게 즐길 수 있는 예능이 더 적합하다는 점이다. 카카오
TV 제작을 담당하는 카카오엔터테인먼트는 예능 장르의 숏폼 시장을 겨냥하며
'상시 접속화' 특성을 반영하는 제작에 적극적이다. 2021년 7월부터 '톡드립' 앱
을 통해 제공되는 3분 콘텐츠는 카카오엔터테인먼트의 오리지널 콘텐츠를 재가
공해 만들어진 영상과 카카오톡 대화 형식을 빌린 유머 콘텐츠로, 주 타깃은 독
서나 영화 감상 등 온·오프라인 콘텐츠를 유튜브 축약본으로 보는 MZ세대이
며, 주 내용은 주로 최신 트렌드부터 인터넷에서 회자되는 유머처럼 출·퇴근
시간이나 등·하교 때 가볍게 즐길 수 있는 스낵컬처용 콘텐츠이다.

상시 접속을 가능하게 하는 양방향 콘텐츠는 주로 소셜미디어를 활용하는 콘
텐츠를 말한다. SNS를 잘 활용하는 왓챠의 대표 사례로 '헐 왓챠에'가 있다. 이
는 트위터에 '헐 왓챠에 영화 XX도 있어'라고 언급된 것들을 시작으로 펼친 캠
페인으로, 이용자가 지금 보고 싶어 하는 콘텐츠를 왓챠가 가져와 주겠다는 뜻
인데, 10만여 건 요청이 줄을 이었고, '해리포터' 시리즈, '007' 시리즈, '나이브스
아웃' 같은 명작들이 소개되었다. 여기서 고객들이 요청한 것을 공개하면 그로
인해 언급량이 늘어나는 등 선순환으로 이어진다. 그 외에도 '왓챠 파티'를 통해
함께 영상을 보면서 이야기할 수 있는 소셜시청(Social viewing)의 장도 만들어졌
다. 여기서도 SNS가 활용된다.

양방향 콘텐츠 제작에서는 게임 장르가 선두이다. 2019년 북미 스타트업인
래티튜드(Latitude)가 딥러닝을 통해 인간다운 텍스트를 만들어 내는 자기회귀
언어모델인 GPT-3(Generative pre-trained transformer-3)을 이용해 무한한 스

토리를 생성하는 텍스트 기반 온라인 게임인 'AI 던전(AI Dungeon)'을 출시했다. 기존의 텍스트 기반 게임은 개발자가 설계한 스토리라인을 벗어날 수 없지만, 'AI 던전'은 플레이어의 모든 행위에 상시 반응하며 이야기를 계속 이끌어 나갈 수 있어서, 플레이어들의 자유를 완벽하게 보장할 뿐 아니라 모든 플레이어에게 서로 다른 플레이 경험을 제공할 수 있는 OTT 게임이 된다.

넷플릭스도 게임 장르를 추가하기 위해 2021년 7월, 비디오 게임을 서비스에 추가하려는 움직임을 보인다. 게임업체인 일렉트로닉아츠(EA)와 페이스북을 거친 마이크 버듀를 게임 개발 부분 부사장으로 영입한 넷플릭스는 오리지널 콘텐츠 스토리 등 이미 가지고 있는 데이터가 많아 게임 스토리가 구축된 상태이기 때문에 OTT 게임 콘텐츠를 제작하기에 좋은 환경을 가지고 있다. 경쟁이 더욱 심해지는 글로벌 OTT 플랫폼 경쟁 상황에서 넷플릭스는 팬과의 양방향 연결을 더 강화하고 팬덤을 만들어 낼 수 있는 흥미로운 구성 요소이자 중요한 엔터테인먼트 콘텐츠인 게임을 주시하기 시작한 것이다.

국내에서는 이미 팬덤 플랫폼이 엔터테인먼트 기획사 중심으로 등장하고 있으며 상시 접속화 특성을 지닌 콘텐츠가 제공되기 시작한다. 예로 SM엔터테인먼트의 팬덤 플랫폼인 '리슨(Lysn)'에서 아티스트와 1:1 대화 형식으로 제공하는 '디어버블' 서비스는 아티스트의 메시지를 1:1 채팅방으로 수신하면 그 메시지에 답장을 보낼 수 있는 양방향 메시지 서비스이며, 자동으로 갱신되는 월정액 기반의 구독 모델이다. 팬들은 수신을 원하는 SM엔터테인먼트의 그룹을 선택한 후 원하는 멤버 수만큼 구독권 결제 이후부터 상시로 해당 아티스트가 보내는 텍스트와 이모티콘, 음성메시지, 사진, 동영상 등을 수신할 수 있다.

세 번째 OTT 미디어 제작의 특성은 '틈새화'이다. 다양한 형태가 가능하다. 먼저, 특정 주제나 장르를 공략하는 틈새(Niche) 콘텐츠 제공이 가능한데, 이에 대해서는 4절에서 자세히 다루고자 한다. 한편, 시기적으로 코로나19 팬데믹 기회가 준 틈새화는 'TV로의 귀환'이다. 집콕 환경이 장기화되면서 TV로 OTT를 즐기기 시작한 것이다. 인터넷에 접속된 다양한 방식의 TV 시청 기기들이 출현한 지는 이미 오래인데, TV 일체형과 STB형 외에도 USB 스틱형이나 게임기로도 OTT를 TV 스크린으로 즐길 수 있다. 넷플릭스의 고품질 오리지널 영화를 보기에는 TV 기기가 적격이다. 동영상 전송 최적화 기술업체인 콘비바(Conviva)의 보고서에 따르면, 2020년 4분기 소비자들이 OTT 스트리밍에 소비한 시간은 전년 동기 대비 44% 증가했으며, 특히 인터넷에 커넥티드된 스마트TV를 통한 스트리밍 시간이 157%나 증가했다.

이러한 틈새를 재빨리 겨냥한 OTT 유통사인 로쿠(Roku)는 자사 OS를 스마트 TV 제조업체에 라이선싱하고 스트리밍 스틱을 제공하며 광고형(AVOD) OTT인 '로쿠채널(Roku channel)'을 직접 운영한다. 스마트TV 화면에서는 명확하고, 직관적이며, 쉽게 이용할 수 있는 서비스 인터페이스를 제공하며, 초기에 하드웨어 기반 수익모델로 시작해 광고 기반의 앱으로도 전환하는 데 성공한 로쿠는 전통 TV 방송 시장에서 다수 채널들을 한 데 묶어 제공하는 유료TV 사업자 역할을 틈새로 고려한다. 일체형 스마트TV 기기를 통한 OTT 이용이 더욱 보편화되면 개별 OTT 앱들은 D2C(Direct-to-consumer)에서 D2D(Direct-to-distributor) 모델로 확장해 유료TV 산업구조와 유사해지게 만들 수 있다고 본 로쿠는 그 틈새를 먼저 잡은 것이다.

이러한 틈새화는 그동안 모바일 환경에서 스트리밍 시장을 주도하고 있는 많은 SVOD 및 AVOD 기반 OTT 앱들이 향후에 로쿠를 거쳐 TV 시청자들에게 제공됨을 뜻한다. 2020년 말 종료된 퀴비(Quibi)의 콘텐츠 라이브러리를 인수해 오리지널 전략을 시작한 로쿠는 2020년 1,400만 명 이상의 활성 이용자 증가를 경험했고, 총 스트리밍 시간도 전년 대비 55% 증가한 587억 시간에 달하게 된다. 이는 TV를 활용하려는 광고주의 TV 광고비 지출 증가로 이어지며, 광고 수익을 바탕으로 콘텐츠를 폭넓게 확보하는 선순환 구조가 이루어질 것으로 기대된다. 기기 기반의 로쿠가 'TV로의 귀환' 기회를 포착하면서, 일체형 TV 기반의 삼성 TV플러스, LG채널 등을 비롯해 새로운 광고 기반 OTT인 주모(Xumo), 플루토(Pluto) TV 등이 등장하기 시작한다. 2020년 바이어컴은 플루토TV를 3억 4천만 달러에, 폭스는 투비TV(Tubi TV)를 4억 4,500만 달러에, 컴캐스트는 주모를, 판당고가 부두(Vudu)를 인수하는 등 광고 기반 OTT 앱들이 'TV로의 귀환' 틈새를 포착한 기기 및 유료TV 사업자들의 인수 대상이 되기 시작한다.

여기서 주목되는 것은 제작사인 폭스가 영화사, 방송 제작 스튜디오 등 폭스

뉴스(FOX News)와 방송을 제외한 모두를 디즈니에 넘기면서 미국 최대 AVOD 기반 OTT인 투비TV를 인수하였다는 점이다. 그 주된 이유는 제작사로서 자사의 지식재산권(IP) 매출을 확실하게 해줄 OTT 플랫폼이 필요했기 때문이다. 3,300만 명이 시청하는 투비TV의 메인 단말은 로쿠처럼 인터넷에 커넥티드된 스마트 STB 기반 TV이다. 일체형의 스마트TV나 스마트 STB, 그리고 스트리밍 스틱에서 투비TV를 시청하면 TV용으로만 제작된, 스킵이 불가능한 TV 광고가 나오게 된다. 물론 TV 광고 단가는 높지만, 이는 실시간 TV에서 OTT 미디어로 이동한 이용자들 때문에 방황하고 있던 TV 광고주들에겐 매우 매력적인 광고 옵션이다.

이러한 틈새화를 노린 폭스가 OTT 앱 인수 후에 가장 먼저 한 것은 가장 인기 있는 TV 콘텐츠를 투비TV에만 공급하는 것이다. 예로 국내 MBC의 '복면가왕'을 리메이크한 '마스크한 가수(The Masked Singer)'는 폭스의 TV 시리즈 중 첫 시즌 성적이 가장 좋은 핵심 틈새 콘텐츠였고 넷플릭스에는 제공되지 않는다. 전년 대비 100% 이상의 성장을 기록한 투비TV는 폭스뉴스(FOX News) 등 광고 기반 실시간 채널들도 공급한다.

이처럼 미국에서 SVOD에 대한 틈새화로 '광고 기반 스트리밍TV(Free Ad-supported streaming television; FAST)'가 주목받으면서 폭스는 주로 일체형 스마트TV를 제공 중인 삼성전자의 삼성TV플러스, LG전자의 LG채널을 비롯해, 새로운 광고 기반의 OTT인 주모, 플루토 TV 등에 폭스뉴스와 폭스스포츠(FOX Sports) 등 채널들을 공급한다. 시청자들이 이미 TV 방송을 떠났다 해도 넷플릭스 같은 OTT 서비스를 보기 위해 TV 기기 자체를 떠나지는 않을 것이라는 점에 주목한 폭스는 2020년 소비자가전전시회인 CES에서 아프리카계 미국인들을 위한 OTT인 '폭스 소울(FOX Soul)' 출시 계획을 발표했다. 이는 모바일, TV용 앱 외에도 유튜브에서 볼 수 있으며 FAST 기반이다. '마스크한 가수'의 성공 이후 폭스는 CJENM의 채널인 Mnet의 인기물인 '너의 목소리가 보여'를 영어 버전으로 리메이크한다. 컴캐스트가 인수한 주모에서도 틈새화가 모색된다. 주모가 선택한 국내 영화배급사인 뉴(NEW)의 자회사 뉴아이디(NEW ID)가 출시한 뉴키드(NEW K.ID)는 K팝을 중심으로 리얼리티쇼, 시트콤, 뮤직쇼 등 K-콘텐츠를

24시간 제공하며, 프로그램 제공사로는 MBC플러스, YG엔터테인먼트, 키위미디어그룹 등이 있다.

　네 번째 OTT 미디어 제작의 특성은 편리화로, 제작하는 데 필수적인 아이디어 도출과 스토리 구성을 도와주는 소프트웨어들이 등장한다. 예로 SVOD 기반의 고품질 양방향 숏폼 OTT인 픽토(Ficto)는 제작 단계에서부터 픽토에 최적화된 콘텐츠를 에피소드 회당 3~5분 분량으로 구성하며, '픽션 라이엇(Fiction Riot)'이라는 콘텐츠 창작도구를 제작사에 제공해 창작자들을 도우면서 픽토만의 서비스 콘셉트를 일관되게 유지한다. 이는 OTT 유통사가 직접 창작도구를 개발한 사례인데, 제작사가 기획력과 제작력만 보유하고 있다면 이 콘텐츠 제작 툴을 활용해 영상을 찍고 편집해서 제작할 수 있다.

　독자적으로 콘텐츠를 창작하게 하는 AI 기반의 제작툴도 있다. 2012년 영국의 주크덱(Jukedeck)은 이용자 취향에 맞춰 음악을 자동으로 생성하는 AI 작곡 솔루션으로, 2019년 틱톡(TikTok)을 가진 바이트댄스(Bytedance)에 인수되어 이용자들이 만드는 숏폼 콘텐츠의 배경음악 제작에 활용되고 있다. 앞서 언급한 자기회귀 언어모델인 GPT-3은 방대한 데이터를 학습해 고차원적 추론 결과를 인간적 텍스트로 만들어 내는 언어지능으로 인간처럼 대화하고 글을 쓴다. 미국 채프먼대학교 학생들이 이를 활용해 '방문판매원(Solicitors)'이라는 단편영화 시나리오를 작성해 3분짜리 OTT 영화로도 제작했다. 영화 20초부터 "여기부터 AI가 쓴 이야기입니다"라는 자막이 나온다.

　AI는 스토리텔링 외에도 촬영, 편집, 스케줄 관리 작업에도 쓰인다. 미국 엔드큐(End Cue)의 '애자일 프로듀서(Agile Producer)'는 각본 분석을 통해 촬영에 필요한 캐릭터, 소품, 오디오 및 비디오 효과 등 다양한 요소들을 추출하고, 배우의 스케줄, 촬영 장소, 장비, 날씨 및 예산 등을 고려한 스케줄을 관리한다.

　이스라엘의 픽셀롯(Pixellot)은 AI와 클라우드 기반의 무인 스포츠 중계 콘텐츠 제작 시스템으로, 경기장에 설치된 무인의 다중 카메라들이 경기장 전체를 파노라마 촬영하여 클라우드에 저장하면, 클라우드상의 AI가 경기 상황에 따라 적절한 부분을 스스로 편집하여 라이브 스트리밍으로 내보낸다. SKT와 카카오 VX도 AI를 스포츠 중계에 활용해 2021년 6월부터 골프 중계에 도입된 AI가 주요 장면을 실시간으로 자동 편집하고, 선수의 퍼팅 라인을 예측해서 보여 주게 된다.

마지막 OTT 미디어 제작 특성인 현지화는 '문화적 할인'을 줄일 수 있는 전략이다. 현지 창작자 커뮤니티와 협업해 자사 콘텐츠를 현지에 연착륙시키는 현지화 전략의 대표적 예는 넷플릭스의 '킹덤'이다. '킹덤'은 '시그널'로 작품성을 인정받은 국내의 김은희 작가가 집필을 맡은 조선시대 좀비물이다.

유럽연합(EU)은 유럽 콘텐츠 산업 보호를 위해 유럽에서 활동하는 글로벌 OTT 서비스 유통사에게 아예 30% 유럽 콘텐츠 쿼터제를 권고하기 시작했고, 프랑스는 수익의 25%를 자국의 현지 콘텐츠 제작에 투자하는 법안까지 통과시킨다. 2018년 '시청각미디어서비스지침(AVMSD)'에 따른 30% 유럽산 콘텐츠 의무화 후 넷플릭스는 파리에 지사를 설립하고 2억 유로를 투자한다. 'AVMSD'에 대해서는 5장에서 자세히 설명하였다.

한편, 글로벌 OTT 미디어와 협력하는 현지 제작사들의 최대 관심사는 번역이다. 국내에서 아이유노미디어그룹으로 시작해 2021년 3월 미국 SDI미디어 인수 후 개명된 아이유노-SDI그룹(Iyuno-SDI Group; 이후 아이유노)은 번역, 자막 제작, 더빙, 가공과 판권 유통, IP 관리까지 해외 유통에 필요한 현지화 서비스를 통합 제공한다. 2002년 작은 영상 번역 회사로 설립된 이 기업은 2019년 유럽 영상 재제작 분야 1위인 영국의 BTI스튜디오를, 2021년 미국 SDI미디어를 차례로 인수하며 세계 영상 재제작 시장 1위 기업이 되었고, 34개국 67개 지사를 두고 글로벌 콘텐츠 시장에서 가장 큰 규모로 현지화 서비스를 제공 중이다.

OTT 미디어 제작 산업 범위

넷플릭스 같은 OTT 사업자가 등장하기 전의 영상 콘텐츠 제작은 TV방송사의 편성을 목적으로 한 것이었고, 제작사에게 방송사, 특히 지상파방송사는 '슈퍼갑'의 지위를 누렸다. 즉, 영상 제작은 편성을 목적으로 하는, 방송이라는 큰 완성품의 '부품'이 되길 자처했던 것이다. 방송사도 높은 시청률을 올려 광고 단가를 높이려는 목적을 명시적으로 추구했고, 제작사 간의 경쟁은 한정된 채널 수를 가진 지상파방송사들의 편성 시간대 때문에 매우 치열할 수밖에 없었다. 드라마 한 편 편성이 몇 개월 동안 편성 슬롯을 차지하므로 방송사는 작품을 선정하는 데 있어서 매우 신중해야 했고, 그 선정 기반은 그간의 실무 경험에 바탕을 두었다.

이처럼 기존 방송사가 콘텐츠 시장을 지배하던 시기 동안에 경험과 감에만 의존했던 미디어 제작 과정의 제한적인 의사결정 방식은 넷플릭스 같은 OTT 미디어의 등장으로 정성적 분석과 경험 외에도 데이터 분석에 의한 정량적 방식을 통해 기획되고 제작된 '하우스 오브 카드'처럼 TV방송사 편성을 패스한 OTT 오리지널이라는 의사결정이 가능해진다. 사실 MRC(Media Rights Capital)라는 독립 제작사가 이 드라마의 제작 여부를 놓고 우선 방송사를 찾아가 편성 가능성을 타진했으나, 전개가 복잡하고 정치 드라마라는 이유로 파일럿 제작이 단념되면서 새롭게 등장한 OTT 미디어로 가게 된 것이다. 넷플릭스를 통해서는 러닝타임을 맞출 필요도 없고 광고를 위한 어색한 전개를 할 필요도 없으며 오직 콘텐츠의 품질에만 집중하여 제작할 수 있게 하는 새로운 제작 비즈니스 환경이 MRC에게는 매력적인 대안이 되었다.

따라서 OTT 미디어 산업 가치사슬에서 제작 산업 범위는 제작사가 콘텐츠를 제작하는 영역만을 의미하는 것이 아니라, 오리지널 등 콘텐츠 기획과 제작에 실제로 관여하는 OTT 유통기업을 포함해야 한다. OTT 유통 사업자는 콘텐츠를 먼저 기획하고 어느 정도 범위까지 해당 콘텐츠 제작에 투자하느냐, 또 어떤 방식으로 계약하느냐 등의 역할을 담당함으로써 제작 산업의 범위를 확대시키고 있다. 실제로 넷플릭스의 오리지널 제작의 경우 콘텐츠 제작을 직접 하지 않고 '투자'만 하지만, '넷플릭스 제작'이라고 기사화될 만큼 제작 산업 영역으로 간주되고 있다. '하우스 오브 카드'는 넷플릭스가 직접 제작한 것이 아닌, 막대한 투자와 데이터 기반의 기획만 해준 첫 사례이며, 이를 통해 넷플릭스는 오리지널 콘텐츠 제작 투자에 대해 확신을 가지게 되었다. CEO인 리드 헤이스팅스도 '하우스 오브 카드'를 "경쟁 방송사들을 제치는 계기"가 되었다고까지 표현하였다.

따라서 여기서는 OTT 미디어 제작 산업을 직접 제작하는 비즈니스 범위를 넘어서는 영역으로 확대한다. 즉, OTT 사업자가 기획하고 제작비를 투자하고 제작은 전문 제작사를 통해 하는 형태가 모두 포함된다는 의미이다. 통상적으로 기존 방송사들은 자체적으로 제작 PD와 팀을 가지고 있으면서 동시에 드라마 같은 특정 장르의 경우에만 외주제작사 라이선싱을 병행한다. 하지만 OTT 미디어 제작 산업에서는 이러한 범용 라이선싱 외에도 OTT 사업자의 적극적인 재무적 및 전략적 투자로 완성된 오리지널 콘텐츠 제작이 가능하고, 특히 디즈니나 CJENM 처럼 콘텐츠 기업이면서 동시에 D2C 개념의 OTT 사업자가 되어 직접 제작과 유통을 모두 하는 경우에는 직접 오리지널을 기획, 제작, 편성하는 데 있어서 유리한 위치에 있게 된다.

정리해 보면, OTT 제작 산업 범위는 콘텐츠 라이선스를 주는 것과 오리지널 콘텐츠 제작 투자로 대별된다. 전자의 경우에는 콘텐츠 제작사들이 콘텐츠를 제작하고 나서 그 라이선스를 OTT 사업자에게 판매하는 것을 의미하는데, 이 또한 때로는 범용이 아닌 독점 공급의 형태를 띠는 라이선스 계약이 체결되곤 한다. 후자의 경우에는 OTT 유통 사업자들이 콘텐츠 제작사에 제작비나 라이선스 비를 미리 보전(recoup)하는 형태로 제작 투자를 진행하는 것을 의미한다. 넷플릭스가 OTT 제작 산업의 범위를 넓혀 주었다는 전제하에 다음 [그림 7-2]에서와 같이 크게 둘로 구분되는 넷플릭스 관점의 제작 유형을 보면, 오리지널과 범용으로 구분되어, 하나는 '넷플릭스 오리지널', 다른 하나는 2차 판권의 개념이 된다.

◎ [그림 7-2] 넷플릭스 제공 콘텐츠의 제작 유형

출처: 미래에셋대우(2017.9.5)

'넷플릭스 오리지널'은 다시 넷플릭스가 제작 비용 전액을 투자해 모든 콘텐츠 권리를 가져가는 '자체 기획 및 제작'과 제작비 절반 정도의 투자를 통해 해당 국가의 독점 방영권만을 얻는 공동 제작 형태의 '라이선싱 오리지널'로 구분된다. 기획부터 섭외, 투자 등 결과물에 대한 방영권과 판권 등 저작권 전부를 자체적으로 가지게 되는 오리지널 시리즈의 경우에는 투자 비용이 가장 많이 들고 그만큼 리스크도 크지만 추구하는 방향대로 제작할 수 있고 콘텐츠 품질을 높여 자사 OTT 플랫폼의 서비스 품질을 높이는 데 긍정적 영향을 준다. 한편, 절반만을 투자하여 콘텐츠를 확보할 수도 있는데, 이는 개별 제작사의 완성된 콘텐츠에 OTT가 라이선스 수수료를 내고 특정 지역에서 독점으로 방영권을 얻는 방식으로 외국의 판권을 독점해 제공하는 형식을 말한다. 제작사와 공동 제작하는 방식이 이에 속한다.

'라이선싱' 방식은 OTT와 제작사 간에 방영권이나 콘텐츠 공급 계약을 체결하여 OTT가 콘텐츠를 확보하는 것으로, 비용이 투자보다 훨씬 적게 들며 콘텐츠 수량도 비교적 짧은 기간 내에 다량으로 확보할 수 있다는 장점을 가진다. 즉, 오리지널이 OTT 플랫폼을 질적으로 특징짓는 주요 콘텐츠라면, 라이선싱은 양적으로 범용 콘텐츠를 확보하는 데 도움을 준다. 다시 말해, 2차(2nd Run) 판권은 콘텐츠 품질 보다는 콘텐츠의 수를 확보하기 위한 콘텐츠 패키지 계약으로 이해된다.

이상의 세 가지 OTT 미디어 제작 유형을 넷플릭스의 경우로 다시 살펴보면, '자체 기획 및 제작' 유형은 넷플릭스가 기획부터 관여해 제작진을 섭외하여 제작비 대부분을 투자하는 형태로, 방영권과 판권 등 저작권 전부를 넷플릭스가 갖는다. 넷플릭스의 '옥자(2017)', '킹덤(2019)' 등이 대표적 예가 되며, 간혹 직접 기획하지는 않았지만 잘 만들어진 기존 완성작의 판권 전체를 획득하는 경우도 있는데, '아이리시맨'이 이에 속한다. 자체 기획 및 전액 투자 형태는 배타성이 가장 높아 타 플랫폼에 공개되는 경우는 거의 드물다.

이처럼 '넷플릭스 오리지널'은 전액 투자와 절반 투자로 나뉜다. 하지만 국내 토종 OTT들이 말하는 '오리지널'은 오직 넷플릭스에서만 볼 수 있는 개념과 달리 대부분 TV 편성과 함께 편성되어 넷플릭스식 '오리지널'이 아니다. 예능 장르 경우에 일부 넷플릭스 같은 '오리지널' 라인업을 하기도 한다. 웨이브의 'M토피아', '소년멘탈캠프', '어바웃 타임', '신과 함께' 등의 예능 오리지널이 SM C&C에 의해 제작된 오리지널이다. 드라마나 영화 같은 제작비가 많이 드는 경우에는 국내 시장만으로는 투자비 회수가 어렵기 때문에 국내 토종 OTT들에게는 가입자 수 확대 전략이 오리지널 전략보다 우선시되고 있는 형편이다.

두 번째인 '라이선싱 오리지널'이라 불리는 OTT 제작 유형은 제작 금액의 절반 또는 일부를 투자하는 방식으로, OTT 사업자가 개별 제작사의 이미 완성된 콘텐츠에 라이선스 수수료를 지급하고 특정 지역에 독점 방영권을 얻는 형태를 말한다. 넷플릭스의 대표적 사례로 '미스터 선샤인(2018)', '비밀의 숲(2017)', '오렌지 이즈 더 뉴 블랙(Orange is the New Black)', '하우스 오브 카드' 등이 있다. 제작 당시에 투자하지 않은 제작물의 판권을 구입해 해외 방영권을 독점해 '라이선싱 오리지널'이 된 넷플릭스의 예로는 '추잉 껌(Chewing Gum)'이 있다. 영국 방송사인 E4의 코미디물인 '추잉 껌'은 제작사인 프리맨틀(Fremantle)의 코미디 부문에서 제작했고, E4에서 방영된 지 약 1년 후인 2016년 10월에 넷플릭스 미국 플랫폼에서 '넷플릭스 오리지널' 프로그램으로 방영되었다. 또한, 영국의 지상파방송사인 BBC와 공동으로 제작한 '마지막 왕국(The Last Kingdom)' 시즌 2도 '라이선싱 오리지널' 콘텐츠에 속한다. BBC는 2015년 자사 채널인 BBC2와 BBC America에서 방영한 '마지막 왕국'의 시즌2를 넷플릭스, 방송제작사 카니발필름(Carnival Films)과 공동제작했다. 해당 시즌2는 2017년 공개되었고, 영국 내에서는 BBC2 채널을 통해, 해외에서는 '넷플릭스 오리지널'로 방영되었다.

마지막으로 가장 일반적인 '라이선싱'은 콘텐츠 독점권이 아닌 방영권만을 다량 구매하는 방식으로, 콘텐츠의 양적 확보를 목적으로 하거나 범용 방영권을 얻기 위해 이루어지는 경우가 대부분이다. 넷플릭스의 대표적인 사례로는 EPIX와 2010년 체결한 연 2,200억 원, 디즈니와 2016년 체결했던 연간 3,400억 원 규모의 방영권 거래, 그리고 2017년 국내 JTBC와의 600시간 콘텐츠 공급 계약 등이 있다. JTBC는 이를 통해 '우리가 결혼할 수 있을까?', '순정에 반하다' 등 드라마와 '냉장고를 부탁해', '비긴어게인', '비정상회담', '썰전', '아는 형님', '효리네 민박' 등 예능물을 넷플릭스에 제공했다.

별 기대 없이 확보한 '벤허'나 '바람과 함께 사라지다' 같은 클래식 영화들의 예기치 않은 성공이 넷플릭스로 하여금 라이선싱을 통한 범용 콘텐츠 확보를 확대하게 하는 계기가 되었다. 이는 비교적 적은 비용으로 보유 콘텐츠 수량과 시간을 크게 확보하기에 좋은 방식이지만, 콘텐츠 사업자들도 D2C 형식의 OTT 출범을 가시화하면서 점차 OTT들의 콘텐츠 확보가 불안정해질 수 있다. 대표적 예로 디즈니는 자사 OTT인 디즈니플러스 출범으로 인해 넷플릭스와의 방영권 거래를 중단하기에 이른다.

콘텐츠를 직접 보유하고 있는 유료TV 채널사나 독립제작사에게 OTT 콘텐츠 수요 증가는 기회 요인이다. OTT 사업자들의 콘텐츠 투자 및 라이선싱이 증가할 것이므로 제작사는 이 기회를 제대로 잡기 위해 제작의 품질을 제고하는 제작 파트너십을 고민해야 한다. 먼저, 제작력을 가진 채널사들은 D2C(Direct to consumer) 개념의 OTT 유통을 직접 함과 동시에 제작사 간의 파트너십에 열심이다. 미국에서는 AT&T 산하로 들어온 워너미디어가 기업 분할된 후 2021년 디스커버리와 제작 파트너십을 위해 합병하였다. 먼저 AT&T가 워너미디어를 기업분할한 후에 미디어 사업에서 손을 떼고, 워너미디어와 디스커버리의 합병으로 430억 달러(현금＋부채)를 수령한다. 이 금액은 3년 전인 2018년 AT&T가 워너미디어의 전신인 타임워너를 인수한 금액(850억 달러)의 절반 수준이다.

제작사인 CBS와 바이어컴도 2019년 재결합해 바이어컴CBS가 되었다. 2005년 분사된 바이어컴과 CBS는 재합병을 통해 파라마운트픽처스, MTV, BET, 코미디센트럴, 니켈로디언, CBS 방송네트워크, 쇼타임 같은 전통 방송사부터 플루토TV, CBS올액세스 같은 OTT를 하나로 묶는다. 새로운 이름을 얻게 된 바이어컴CBS는 TV 드라마, 영화를 비롯한 각종 IP를 가진 콘텐츠 중개자로 포지셔닝하여 글로벌 콘텐츠 라이선스 조직의 입지를 다지게 된다. 양사 간 합병으로 코미디센트럴은 CBS의 '더 레이트 쇼 위드 제임스 코든'을 본방송 다음 날 재방송하고, MTV는 CBS 방영 그래미시상식을 이차로 방영하며, '스타트렉' 같은 시리즈 영화와 TV 콘텐츠를 하나로 묶는 등의 시너지를 경험하기 시작한다.

미국처럼 국내에서도 2021년 초에 제작 기능과 OTT 유통 기능을 동시에 가진 채널사인 JTBC의 JTBC스튜디오가 CJENM을 모회사로 가진 OTT인 티빙과 합작 파트너십을 맺는다. 합작법인 출범을 위한 선 작업으로 2020년 10월에 티빙은 CJENM으로부터 분할하여 독립법인이 되고, 이후에 CJENM과 JTBC스튜디오 제작 역량을 결집시켜 '티빙'이라는 이름으로 재탄생한다. 2021년 3월 JTBC 스튜디오가 200억 원을 투자해 티빙 지분의 16.67%를 확보한다. CJENM 채널인 tvN은 '사랑의 불시착', '슬기로운 의사생활'을, JTBC는 '부부의 세계', '이태원 클라쓰' 등 최고의 드라마 화제작들을 낸 채널들로, 양사의 콘텐츠 경쟁력은 수년 간 그 역량을 검증받아 왔으며, OTT 유통을 위해 티빙으로 결집하게 된 것이다. 여기에 네이버까지 투자해 양사 간 합작을 통한 제작 파트너십은 더욱 공고해진다. 양사가 보유한 IP를 기반으로 한 공동 제작과 스핀오프 프로그램 제작이 가능하게 된 것이다. 2021년 7월, 티빙이 400억 원 유상증자를 하고, 네이버가 현금출자로 티빙 지분의 15.4%를 취득하면서 티빙은 CJENM(70.5%), 네이버(15.4%), JTBC스튜디오(14.1%)의 삼자연합으로 변신한다.

독립제작사의 OTT 제작 파트너십 사례로는 2016년 '태양의 후예'를 제작한 넥스트엔터테인먼트월드(Next entertainment world; 이후 NEW)가 있다. 중국의 미디어 규제 정책 변화로 100% 사전제작을 해야 했던 '태양의 후예'는 영화 투자배급사인 NEW의 첫 번째 드라마이며 한국 KBS와 중국 OTT인 아이치이(Iqiyi)에 동시 방영되었다. '태양의 후예'는 그 당시 국내 드라마 중에서는 최고가인 회당 25만 달러(한화 약 3억 원)라는 기록적인 금액으로 판권을 판매하며 드라마 사상 최초로 한중 동시방송을 가능케 했던 작품으로 남게 된다. 이에 대해서는 8장에서 다시 언급하기로 한다.

2008년 설립해 2014년 말에 코스닥 상장한 NEW는 영화 투자배급을 시작으로 드라마, 음악, 시각효과(Visual Effects: VFX) 등 사업을 영위하며 국내에서 가장 다양한 투자를 받는 제작사 중의 하나로 자리매김된다. NEW의 2021년 기준 사업 영역은 [그림 7-3]과 같다. 드라마 제작 비중을 늘려 OTT 드라마 제작 파트너십을 본격화한 NEW는 자회사인 스튜디오앤뉴를 통해 2021년 말 국내에서 출시되는 디즈니플러스와도 드라마 2편에 대한 660억 원 채무보증 계약을 체결했다. 채무보증이란 스튜디오앤뉴가 작품을 완성하고 납기일 내에 납품을 이행하겠다는 조건을 말한다. NEW는 디즈니플러스와의 장기적 제작 파트너십을 통해 안정적 수익원을 확보하고, 디즈니플러스는 한국 드라마 콘텐츠 확보를 위해 35~40%대 마진을 지급하는 것으로 알려져 넷플릭스에 이어 국내 제작사

◎ [그림 7-3] 2021년 현재, NEW의 사업영역

출처: 이베스트투자증권(2021.3.16)

들이 선호하는 OTT 제작 파트너가 되고 있다.

한편, OTT를 바라보고 질 좋은 제작을 해야 하는 제작사 입장에서는 제작사 간 파트너십 외에 제작 기술 기업과의 파트너십도 중요해진다. 다음 [표 7-1]에서 보듯이, 대작의 오리지널 콘텐츠 제작을 위해서는 VFX 등의 기술력이 점점 더 요구된다. 글로벌 OTT들의 적극적인 제작 투자 확대로 제작사들의 리스크가 낮아지긴 했으나, 제작 완성도는 더욱 중요해져서 글로벌 OTT들에게 선택되기 위해 제작사들의 기술력이 매우 중요해진다.

넷플릭스와 디즈니플러스 등 글로벌 OTT에 납품되는 콘텐츠 계약에 VFX 등의 실감기술 기업들의 참여 기회가 발생하면서 CJENM 같은 제작사들이 VFX 부문을 자회사화거나 VFX 기업과의 파트너십을 통한 제작이 시작된다. 2021년 7월, 넷플릭스와 2년간 파트너십을 체결한 국내 VFX 기업인 덱스터스튜디오 및 자회사인 라이브톤은 '킹덤', '승리호', '보건교사 안은영', '사냥의 시간' 등 넷플릭스 시리즈와 영화 제작 후반 작업을 담당했고, 넷플릭스는 이를 통해 덱스터스튜디오의 색 보정 담당 DI(Digital intermediate) 사업부 및 사운드 디자인과 믹

┃ [표 7-1] 해외 및 국내의 VFX 기술 기업과 협업한 대표작

해외 주요 VFX 기업 현황

기업명	설립연도	대표작
인더스트리얼 라이트 앤 매직	1975	〈스타워즈〉, 〈인디아나 존스〉, 〈백 투 더 퓨처〉, 〈쥬라기 공원〉
블루스카이 스튜디오	1987	〈아이스 에이지〉, 〈로봇〉, 〈리오〉, 〈에픽: 숲속의 전설〉
디지털 도메인	1993	〈타이타닉〉, 〈터미네이터 2〉, 〈어벤져스〉, 〈레디 플레이어 원〉
소니 픽처스 이미지웍스	1992	〈쥬만지〉, 〈킹스맨〉, 〈수어사이드 스쿼드〉
메소드스튜디오	1998	〈맨 인 블랙 3〉, 〈어벤져스〉, 〈퍼스트 어벤져〉
루마 픽처스	2002	〈토르〉, 〈아이언맨3〉, 〈엑스맨〉, 〈레지던트 이블〉
웨타 디지털	1993	〈반지의 제왕〉, 〈나니아 연대기〉, 〈킹콩〉, 〈분노의 질주〉

국내 주요 VFX 기업 현황

기업명	설립연도	대표작
덱스터스튜디오	2011	〈미스터 고〉, 〈신과 함께-죄와 벌〉, 〈신과 함께-인과 연〉, 〈백두산〉, 〈승리호〉
위지웍스튜디오	2016	〈뮬란〉, 〈시신령〉, 〈프라이멀〉, 〈승리호〉
모팩	1994	〈역도산〉, 〈맨발의 꿈〉, 〈해운대〉, 〈명량〉, 〈별에서 온 그대〉
포스크리에이티브파티	2009	〈설국열차〉, 〈대호〉, 〈암살〉, 〈옥자〉, 〈강철비〉
매크로그래프	2007	〈명량〉, 〈유랑지구〉, 〈미인어〉, 〈홍해행동〉
디지털아이디어	1998	〈루카: 더비기닝〉, 〈도시남녀의 사랑법〉, 〈사이코지만 괜찮아〉, 〈사바하〉
매드맨포스트	2010	〈남산의 부장들〉, 〈킹덤〉, 〈마약왕〉, 〈터널〉
코코아비전	2014	〈사냥의 시간〉, 〈신의 한수〉, 〈돈〉, 〈국제시장〉

출처: 키움증권(2021.4.6)

싱 및 음향 담당 자회사인 라이브톤과의 후반 작업에서 협력하게 된다.

VFX나 증강현실, 가상현실 등의 실감 기술을 포함하는 제작을 가상제작

(Vitual production)이라 부르고 있는데, 이에 대해서는 4장에서 이미 다루었으므로, 여기서는 이 영역 중에서 급부상 중인 메타버스(Metaverse) 중심으로 제작 파트너십이 어떻게 발전하고 있는지 살펴보자. 초록뱀미디어가 드라마까지 제작할 정도로 국내외 최고 인기를 얻은 방탄소년단(BTS)이 자신들의 신곡인 '다이너마이트'를 발표한 곳이 포트나이트의 메타버스 안이다. 또한, "넷플릭스의 최대 경쟁자는 디즈니가 아닌 포트나이트"라고 넷플릭스 CEO인 헤이스팅스가 말할 정도로 넷플릭스도 메타버스를 주시하기 시작한다. 타이틀 게임인 포트나이트는 실제로 메타버스에 가장 근접했다는 평가를 받았는데, 아래 [그림 7−4]처럼 다 같이 가상 세계에서 트래비스 스콧(Travis Scott)의 콘서트를 공유하며 즐기고, 게임도 하고, 구매도 할 수 있다. 포트나이트는 메타버스 플랫폼이 되었고, 전 세계에서 3억 5천만 명에 이르는 포트나이트의 가상공간인 '파티로열'에서 새로운 영화의 예고편들이 상영되고 있다.

넷플릭스 등 OTT 플랫폼의 단점이라면 콘텐츠의 양방향성 확보가 쉽지 않다는 점인데, 그럼에도 불구하고 앞서 인터랙티브 콘텐츠를 언급했듯이 넷플릭스는 반응형 콘텐츠를 제작한 바 있다. 양방향적 소통을 중요시하는 젊은 세대들을 타깃팅하기 위해 메타버스가 부상하는데, 이용자들은 자기만의 메타버스 가상세계를 가져 자기만의 콘텐츠를 이용할 수 있다. 이미 음악이나 게임, 공연 등에서 증강현실(AR)이나 가상현실(VR) 등의 기술이 이용되고 있는데, OTT에서

◎ [그림 7-4] 포트나이트에서 열린 트래비스 스콧의 공연

출처: 에픽게임즈; 키움증권(2021.5.17) 재인용

메타버스가 가능해지면 이용자의 머무는 시간을 확장할 수 있으며, 커뮤니티 기능 덕분에 친구들과의 게임이나 실시간 채팅이 이루어질 수 있다. 게다가 기존 게임과 달리, 메타버스는 다양한 콘텐츠 제작자나 이용자들의 직접 제작을 가능하게 하는 게임엔진 같은 엔진을 제공하므로 개방형 플랫폼이라 볼 수 있다.

따라서 OTT 플랫폼이 메타버스 플랫폼으로 확장될 수 있으며 가장 대중적 인기가 있는 장르부터 먼저 진행될 것으로 보이는데, 메타버스 특성상 우선적으로 고려될 장르는 게임이며, 향후에 스포츠, 예술, 교육 등으로 확장될 것이다. 넷플릭스나 유튜브, 페이스북 같은 글로벌 이용자 기반을 가진 OTT들은 기존의 가입자들을 메타버스 플랫폼으로 자연스럽게 전환할 수 있기 때문에 메타버스 구축에 더 앞장서게 된다.

메타버스에서는 가상, 증강, 혼합현실(MR)과 홀로그램 등의 형태로 더욱 많은 실감형 콘텐츠가 제공될 것이기 때문에 4장에서 언급된 VFX 등을 다루는 가상제작 기술 기업들이 제작사와 파트너십을 맺게 된다. VFX가 실사 촬영이 어려운 환경인 동영상 제작 단계를 이미지 변경이나 생성 및 합성을 통해 사실적 캐릭터나 환경으로 만드는 과정이라면, 메타버스에서는 이러한 기능을 담당했던 VFX가 다른 방식으로 활용될 것이다. 즉, VFX는 게임엔진과 유사한 리얼타임 엔진 및 AI 접목으로 대용량의 실감형 콘텐츠 이용자와 실시간 소통하며 콘텐츠를 소비하게 만드는 핵심기술로 활용될 것이다. 이용자의 메타버스 캐릭터 연동, 버추얼 휴먼의 생성, 버추얼 휴먼의 실시간 소통 기술과 콘텐츠가 필요한데, 이를 위해 고도화된 안면인식 기술이 필요하고 텍스트를 음성으로 전환하거나 또는 그 반대로 음성을 텍스트로 전환하는 AI 기술력이 필요하다.

OTT에서 고려할 수 있는 메타버스 영역 중에서 가장 먼저 기대되는 제작 파트너십은 버추얼 휴먼 부문이다. 국내에서는 아티스트와의 협업 제작이나 가수나 배우 등의 콘텐츠 제작이 가능하다. 다음 [그림 7-5]에서 보듯이, 4장에서 국내 가상제작 대표기업으로 소개한 자이언트스텝은 버추얼 휴먼 '빈센트'를 개발했고, 연예기획사인 SM엔터테인먼트 소속 아티스트 그룹인 에스파의 아바타로 '아이에스파'를 협업 제작했다.

◎ [그림 7-5] 버추얼 휴먼 '빈센트'(좌)와 에스파 그룹 및 '아이에스파'(우)

자이언트스텝, 버추얼 휴먼 〈빈센트〉

에스엠, 현실과 가상을 동시에 〈에스파와 아이에스파〉

출처: 자이언트스텝; 키움증권(2021.5.17) 재인용

또한, 코로나19 팬데믹 상황에서 공연 미개최 상황이 장기화되면서, 2020년 자이언트스텝과 SM엔터테인먼트의 아티스트가 협업하여 네이버가 제공하는 OTT인 V라이브에서 '비욘드 라이브(Beyond Live)' 콘서트를 통해 오프라인 콘서트를 디지털로 구현했다. 이는 단순 공연 실황의 온라인 중계를 넘어 AR 등의 실감기술을 접목하고 팬과의 온라인 소통과 응원 세션 등을 선보이면서 메타버스 플랫폼 역할을 했으며, 오프라인 콘서트 대비 대규모 팬덤 유입을 통해 낮은 가격 책정으로 글로벌 팬덤 동시 모객을 가능하게 했다. 다음 [표 7-2]에서 보듯이, SM엔터테인먼트를 비롯해 JYP엔터테인먼트, 하이브[HYBE; 전 빅히트 엔터테인먼트(BigHit)], YG엔터테인먼트 등 국내 엔터테인먼트 기업들이 메타버스 제작 파트너십에 합류하게 된다.

4장의 가상제작에서 자이언트스텝과 함께 언급한 위지윅스튜디오도 자회사인 엔피 중심으로 YG엔터테인먼트와 네이버의 합작사인 와이엔컬처스페이스와 함께 메타버스를 가능하게 할 버추얼 스튜디오 개발 파트너십을 맺는다. 위지윅스튜디오가 이미 보유하고 있는 CG/VFX 기반의 오리지널 콘텐츠 제작 역량과 자회사인 엔피가 보유하고 있는 미디어 및 가상제작 역량이 네이버 및 YG엔터합작의 제작 콘텐츠와 시너지를 창출하게 되는 것이다. 특히 작품의 집필단계에서부터 영화와 드라마, 웹툰 IP의 트랜스미디어전략을 가진 고즈넉엔티를 인수함으로써 원천 IP 강화에 성공한 위지윅스튜디오는 AR 전문기업인 시어스랩에

▌[표 7-2] 국내 주요 아티스트들의 언택트 콘서트 개최 현황(2020~2021 상반)

	1H20	2H20	1H21
SM	• V Live BLC(4~5월) • 슈퍼 M, NCT127 등 6개팀	• V Live BLC(11월)/ 슈퍼주니어 • V Live BLC(12월)/ NCT	• V Live BLC(1월)/백현 • V Live BLC(5월)/태민
JYP	–	• V Live BLC(8월)/ TWICE • V Live BLC(11월)/ Straykids	• NTT Docomo Special Live(3월) TWICE
Hive (前 BigHit)	• Bang Bang Con(4, 6월) • BTS	• Bang Bang Con(10월)/BTS • G Con(11월)/여자친구	• IN-COMPLETE(1월)/ 세븐틴 • Bang Bang Con(4월)/BTS
Cube	–	• Cube TV App(7월)/ 여자아이들	–
FNC	–	• V Live 눕콘(7월),(10월) 엔플라잉, SF9	–

출처: 각사; 키움증권(2021.5.17)

도 지분을 투자하는 등 메타버스 콘텐츠 제작에 노력하게 된다. 위지윅스튜디오는 이미 CG/VFX, 자회사들인 래몽래인의 드라마, 메리크리스마스의 영화, 이미지나인컴즈의 드라마&예능으로 사업영역을 확장해 기술력을 가진 종합 미디어 제작사로 자리매김되었다.

구독료 기반의 OTT 동영상은 넷플릭스 사례에서 보듯이, 초기에 가입자 수 증대에 매진하고 신규 가입자 유치를 위해 지역을 확장하는 글로벌 전략을 추진하고 나면 장르의 확장에 관심을 갖게 된다. 또한, 스트리밍 서비스가 음악에서 동영상, 게임으로까지 가능해지면서 게임 전문 OTT도 등장하기 시작한다. OTT 동영상 스트리밍의 선두주자인 넷플릭스도 2021년 2분기 실적 보고서를 통해 게임 분야로 사업을 확장한다고 밝혔다. 모바일 게임에 한정해 구독 이용자에게 추가 비용 부담 없이 게임을 제공하겠다는 넷플릭스는 그동안 오리지널 영화, 애니메이션, 언스크립티드(Unscripted: 각본 없는) 프로그램으로 장르를 확장해 왔고, 게임을 또 다른 장르로 추가하고 있는 것이다. 각본 없는 프로그램은 다큐멘터리 장르를 말하며, 넷플릭스는 스포츠 등 다양한 서브 장르를 가진 다큐멘터리 제작에도 힘을 쏟고 있다.

이러한 장르 확대 전략을 거듭하는 넷플릭스가 2016년 국내에 진입했다. 초기에는 완만한 가입자 증가 추이를 보이다가 유플러스와의 파트너십을 계기로 그 존재가 인식되기 시작한 2018년 당시 국내 활동 OTT 수가 20개 정도로 파악되었고, 넷플릭스를 제외한 8대 OTT에서 선호되는 콘텐츠 장르가 데이터 분석을 통해 처음으로 도출되었다. 다음 [표 7-3]을 보면, 2018년 기준 국내 8대 OTT는 방송사업자(티빙, 푹), 통신사업자(옥수수, 올레TV모바일, LGU+비디오포털), 포털사업자(네이버TV), 독립 플랫폼(유튜브, 아프리카TV)으로 나뉜다. PC와 모바일 버전에서는 크롤링을 통한 데이터 분석으로, 모바일 버전만 가능한 OTT에서는 수작업으로 진행해 이 OTT들의 콘텐츠 유형 비중이 제시되었다. 4대 유형은 방송 콘텐츠, 1인 미디어 콘텐츠, 영화 콘텐츠, 그리고 웹 콘텐츠 등이다.

2018년 기준으로 티빙, 푹, 옥수수, 네이버TV, 그리고 유료TV의 모바일 버전인 올레TV 모바일과 LGU+비디오포털의 방송 콘텐츠 비중이 매우 높다. 이는

▌[표 7-3] 국내 8대 토종 OTT별 콘텐츠 유형 비중

	티빙	푹	옥수수	유튜브	아프리카 TV	네이버 TV	OTV 모바일	LGU+ V포털
방송 콘텐츠	60.3%	72.2%	79.7%	0.0%	0.0%	92.1%	71.4%	58.0%
1인/ MCN 콘텐츠	1.3%	0.0%	0.0%	100.0%	100.0%	3.3%	0%	0.9%
영화 콘텐츠	37.9%	27.8%	4.0%	0.0%	0.0%	0.3%	27.6%	41.4%
웹 콘텐츠	0.5%	0.0%	15.3%	0.0%	0.0%	3.5%	0.5%	0%
기타	0.0%	0.0%	1.0%	0.0%	0.0%	0.7%	0.6%	0%

출처: 곽동균(2019.1).

주로 지상파방송, 종합편성 및 케이블TV 계열 채널이 제공하는 콘텐츠이다. 유튜브와 아프리카TV는 1인 미디어 콘텐츠 유통 OTT이고, 옥수수의 웹콘텐츠 비중이 상대적으로 높다. 또한, 아래 [표 7-4]를 보면, 8대 OTT 모두에서 국내 콘텐츠 이용 비중이 해외 콘텐츠 비중보다 상당히 높음을 알 수 있다. 유튜브에서조차도 인기 콘텐츠 항목은 거의 국내 콘텐츠들로 나타났을 정도로 국내에서 제공되는 주요 OTT들에서 소비되는 국내 콘텐츠 비중은 매우 큼을 알 수 있다.

▌[표 7-4] 분석 대상 OTT별 국내외 콘텐츠 소비 비중

	티빙	푹	옥수수	유튜브	아프리카 TV	네이버 TV	OTV 모바일	LGU+ V포털
국내	87.5%	79.3%	98.2%	96.8%	100.0%	97.1%	52.4%	75.0%
해외	12.5%	20.7%	1.7%	2.0%	0.0%	2.9%	46.8%	25.0%
기타	0.0%	0.0%	0.1%	1.2%	0.0%	0.0%	0.8%	0%

출처: 곽동균(2019.1)

아래 [표 7-5]는 1인 미디어 콘텐츠 중심의 유튜브와 아프리카TV를 제외하고 수집된 인기 콘텐츠들의 비중을 장르별로 구분한 것이다. 대체로 오락연예 및 예능, 드라마, 영화가 국내 OTT 서비스의 킬러 콘텐츠임이 확인되었다. OTT 플랫폼별 비중에 약간의 차이가 존재하나, 티빙에서는 영화(38%), 푹에서는 오락연예(34.1%), 옥수수에서는 드라마(46.3%) 비중이 가장 높고, LGU＋비디오포털에서는 드라마 비중이 상대적으로 낮게 나타났다.

이 조사 이후 2년이 지나 국내 방송통신위원회가 2021년 초에 발표한 '2020년 방송매체 이용 행태조사' 결과를 보면, OTT 서비스 이용률은 유튜브가 제일 높아 62.3%이며, 다음으로 넷플릭스(16.3%), 페이스북(8.6%), 네이버TV(4.8%), 아

▌[표 7-5] 2018년 분석 대상 인기 콘텐츠의 장르별 비중

	티빙	푹	옥수수	네이버TV	OTV모바일	LGU+ V포털
생활교양	0.2%	2.4%	0.3%	3.9%	0.8%	0.9%
다큐	0.9%	0.9%	0.1%	2.2%	0.5%	0.0%
드라마	22.3%	20.8%	46.3%	24.1%	40.8%	13.7%
영화	38.0%	29.6%	9.8%	0.5%	27.9%	42.3%
만화 어린이	0.8%	1.5%	0.1%	4.0%	1.8%	0.0%
보도	0.3%	1.4%	0.4%	6.1%	1.0%	2.7%
생활정보	0.9%	1.0%	0.5%	11.4%	1.8%	1.4%
홈쇼핑	0.0%	0.8%	0.0%	0.0%	0.9%	0.0%
스포츠 게임	0.1%	1.0%	1.1%	2.1%	5.3%	0.0%
시사교양	0.8%	2.4%	2.5%	1.8%	0.8%	4.7%
라디오 음악	1.5%	4.0%	0.8%	8.4%	0.7%	1.4%
오락연예	34.9%	34.1%	37.9%	35.0%	17.4%	32.9%
기타	0.2%	0.1%	0.1%	0.5%	0.5%	0.0%

출처: 곽동균(2019.1)

프리카TV(2.6%)순이며 유튜브, 넷플릭스, 페이스북의 국내 OTT 시장 점유율이 88.2%로 나타났다. 구독제 OTT 서비스 이용률을 떼어 보면, 넷플릭스 이용률이 가장 높아 7.7%이며, 그다음이 유튜브 프리미엄(5.4%), 웨이브(1.6%)순이다. 코로나19의 영향으로 OTT에서 선호되는 실시간 TV방송 장르에서 뉴스가 상승세를 보이기 시작한다. 이 조사 결과, 2020년 국내 활동 OTT들에서 주로 시청하는 방송 콘텐츠 장르는 오락연예가 가장 높아 69.8%를 차지했고, 그다음으로 드라마(37.2%), 뉴스(27.8%), 스포츠(21.8%)순이다. 이 장르들 대부분 유료TV에서 제공되는 인기 장르들이며 지상파방송 연합과 SK브로드밴드의 통합 브랜드인 웨이브를 포함한 유료TV 종속형 OTT와 CJENM과 JTBC 연합의 통합 브랜드인 티빙에서 제공되기가 용이하다.

국내에 진입한 넷플릭스는 이러한 국내 선호도에 기반해 국내 영화에서 시작해 국내 드라마, 국내 예능 장르로 제작 투자를 확대하기 시작한다. 2021년 들어서는 국내 인터넷 기업들의 드라마, 예능 장르 투자도 시작되어 네이버와 하이브(HYBE, 구 빅히트엔터테인먼트) 간 파트너십을 통해 드라마와 예능 제작에 나섰고 카카오도 카카오엔터테인먼트 출범을 통해 이들 장르의 롱폼 및 숏폼 콘텐츠 제작에 나섰다. 드라마와 연예오락 장르의 오리지널 콘텐츠 제작 경쟁이 본격화되면서 국내의 관련 제작 업계 규모도 커진다. 국내 제작 업계는 넷플릭스를 통해 킹덤, 스위트홈, 오징어게임 등 다양한 장르의 드라마를 성공시켜 대규모 투자금액을 유치한다. 한편, 국내 토종 OTT들은 글로벌 OTT들에 비해 투자 여력에 한계를 가진다.

2021년 하반기에 디즈니플러스라는 OTT로 국내에 진입하는 디즈니는 자사 스포츠 채널인 ESPN을 OTT로 제공하고 있어서 경쟁사 OTT들은 초기에 관심 밖에 있던 스포츠 장르를 보기 시작한다. 미국에서는 실시간 콘텐츠의 대명사인 스포츠의 라이브 중계를 전문으로 내세운 OTT도 등장했다. 다음 [표 7-6]에서 보면, 2021년 예상된 국내 활동 OTT들의 스포츠 장르 경쟁을 보면, 디즈니와 아마존에 이어 일부 국가에서 스포츠 중계를 시작한 넷플릭스, 그리고 국내 토종 OTT로 통신 3사도 가세했으며, 후발주자인 쿠팡의 쿠팡플레이가 차별화 전략 차원에서 EPL 중계권 등을 보유한 스포TV(SPOTV)와의 협업을 추진한다.

▌[표 7-6] 국내에서의 주요 OTT 스포츠 콘텐츠 경쟁

아마존	남자프로테니스, 미국프로풋볼, 프리미어리그 등 중계
디즈니	ESPN플러스 번들 선택 시 주요 스포츠 경기 중계
넷플릭스	프랑스에서 2020~2021시즌 프로축구 리그앙 중계
통신 3사	프로야구, 골프 등 중계, KT는 프로축구연맹과 K리그 중계권 논의
쿠팡플레이	스포티비와 콘텐츠 협업

출처: 매일경제(2021.1.7)

넷플릭스 CEO인 리드 헤이스팅스는 2019년 3월 자사에서 열린 기자간담회에서 "앞으로도 광고 비즈니스나 스포츠 중계 같은 데엔 들어가지 않을 것"이라고 공언한 바 있지만, 스포츠 콘텐츠 확보에 나서는 글로벌 후발주자들의 움직임이 넷플릭스의 스포츠로의 장르 확장을 불가피하게 만들고 있다. 초기에 영화와 드라마 위주로만 펼쳐진 OTT들의 장르 경쟁은 예능오락, 스포츠 등 인기 있는 타 장르로 확대될 수밖에 없으며, 일부러 공언까지 한 넷플릭스의 '무풍지대'인 스포츠 장르에 대해 많은 후발주자들이 더 공을 들이게 된다. 디즈니는 ESPN플러스를 보유 중이고 2017년 메이저리그(MLB) 경기 스트리밍 권한을 보유한 밤테크미디어(BAMTech Media)를 인수하기도 했다. 스포츠 장르에 강점을 가진 훌루(Hulu)도 디즈니의 소유가 되었다.

한편, 2017년 미국 유료TV 가입자 대상으로 프라이스워터하우스쿠퍼스(PwC)가 진행한 조사에 따르면, 유료TV 가입자의 82%가 생방송 스포츠 경기를 볼 수 없을 경우 유료TV를 취소할 것이라고 답한 바 있다. OTT의 코드커팅이 가시화된 상황에서 유료TV 시청이 그래도 유지되게 하는 주요 장르가 스포츠인 셈이다. 따라서 후발 OTT로서 스포츠 경기를 생중계하는 것이 구독자를 확대할 절호의 기회로 여겨진다. OTT 스포츠들이 등장하면서, PwC 조사 응답자 중 90%는 '최근 유료TV가 아니더라도 스포츠 생중계를 볼 수 있는 다른 옵션들이 늘어나고 있음을 인지하고 있다'고 답했다. 이는 OTT를 통한 스포츠 소비층이 존재함을 의미한다. 미국 TV 방송사업자들도 스포츠 중계를 OTT에 잠식당하지 않기 위해 자체 OTT 스포츠 중계 서비스 출시를 모색한다. NBC는 스트리밍 전

담 조직인 플레이메이커 미디어(Playmaker Media)를 설립하고, 스포츠 경기 스트리밍이 제공되는 가입 상품 패키지를 다양하게 출시했다. 스포츠협회가 직접 OTT 개발에 나서기도 하는데, 그 이유는 중계권 가치가 높아지면서 협회가 직접 플랫폼을 만드는 것이 낫다고 판단했기 때문이다. 예컨대, 2018년 PGA투어가 디스커버리 커뮤니케이션즈와 계약해 출시한 골프TV(GOLFTV)는 PGA투어 경기 생중계는 물론 VOD 비디오 스트리밍 서비스를 세계 여러 국가에 제공한다. 유럽 챔피언스리그 등 세계적 인기를 끄는 축구 리그를 운영 중인 유럽축구협회(UEFA)도 자체 OTT를 선보인다.

국내에서도 스포츠 콘텐츠가 후발 OTT에게 중요한 장르로 부상 중이다. 2019년 한국프로야구(KBO) '뉴미디어 중계권' 우선협상자로 통신 3사와 포털 2사 연합이 선정되었다. 뉴미디어 중계권은 TV 중계를 제외한 인터넷 서비스와 재판매 권리로, 지상파방송, 유료TV 중계권과는 별개이다. 컨소시엄이 제시한 금액은 5년간 총 1,100억 원으로, 에이클라엔터테인먼트와의 종전 계약 금액의 두 배이다. 컨소시엄은 방송사들이 포기한 2019년 3월 26~27일 KT위즈와 NC 다이노스의 경기를 자체 제작해 자사 OTT 플랫폼들에 생중계하게 된다. 이렇게 주목받고 있는 OTT 스포츠에 대해서는 11장에서 자세히 다루기로 한다.

곽동균(2019.1). 국내 주요 OTT 서비스의 동영상콘텐츠 제공 및 이용현황 분석, 정보통신정책연구원, KISDI Premium Report.

디엠씨(DMC)(2015.6). 모바일 앱 환경에 대한 이해와 전망.

리딩투자증권(2021.5.17). NEW.

매일경제(2021.1.7). ESPN 가진 디즈니, 韓스포츠 중계 흔드나.

매일경제(2020.4.28). 월 구독료 안내도 영화가 무료… '광고형 OTT' 뜬다.

미디어오늘(2021.5.8). [미디어 MZ] 왓챠 경쟁자는 넷플릭스가 아닌 'ㅇㅇㅇㅇ'이다.

미래에셋대우(2017.9.5). 미디어/엔터테인먼트 − 동영상 콘텐츠 전성시대.

박종진(2021.5~6). 콘텐츠 재제작의 힘, "커넥트 콘텐츠, 커넥팅 피플", Media Issue & Trend, 한국방송통신전파진흥원, Vol.44, pp.71 − 98.

송민정(2003). 디지털미디어와 콘텐츠, 진한도서.

스페셜경제(2021.5.4). 카카오엔터, MZ세대 맞춤 '3분 숏폼' 선보인다.

시사경제신문(2021.7.15). 넷플릭스, 비디오 게임 분야 진출한다.

연합뉴스(2021.7.6). 넷플릭스, 텍스터스튜디오·라이브톤과 장기 파트너십.

연합뉴스(2016.3.6). <태후 빅뱅> ① 사전제작 흑역사 깨다 … "차이나머니 효과."

이베스트투자증권(2021.3.16). 드라마피디아.

영화진흥위원회(2020.1.14). 바이어컴CBS, "콘텐츠 라이선스 회사로 입지 다질 것."

이수엽(2021. 5~6). 인공지능과 미디어 엔터테인먼트 산업, Media Issue & Trend, 한국방송통신전파진흥원, Vol.44, pp.31 − 46.

정보통신정책연구원(2019.3.29). 국내 주요 OTT 서비스의 영상콘텐츠 제공 및 이용현황 분석, KISDI Premium Report.

중앙일보(2019.5.12). 스포츠 콘텐트로 번진 OTT 경쟁.

지디넷코리아(2021.7.21). 넷플릭스, 게임 시장 진출 … "구독자에 추가 비용 없이 제공".

차우진(2021.5~6). 엔터테인먼트 산업의 미디어 플랫폼화, Media Issue & Trend, 한국방송통신전파진흥원, Vol.44, pp.6 − 18.

최혜선/김승인(2020). 국내외 OTT 서비스의 사용자 경험 연구: 넷플릭스와 왓챠, 웨이브를 중심으로, 디지털융복합연구 제18권 제4호, pp.425−431.

톱데일리(2021.1.7). 티빙, JTBC 제휴 통해 사업 본격화.

케이프투자증권(2021.6.22). 플랫폼으로 레벨업.

키움증권(2021. 7.6). 덱스터(206560) 넷플릭스 포스트프로덕션 장기 계약 체결.

키움증권(2021.5.17). 메타버스, 새로운 디지털 전쟁터.

키움증권(2021.4.6). VFX는 달리는 말이다.

한국방송통신전파진흥원(2021.5~6). 디바이스 기반 스트리밍 플랫폼의 역할과 성장 전망, Media Issue & Trend, Vol.44, pp.81−88.

한국콘텐츠진흥원(2020.10.26). 스트리밍으로 인한 미디어 생태계의 수렴과 분화, 방송 트렌드 & 인사이트, Vol.24.

BroadbandTVNews(2021.7.15). Netflix moves into gaming.

PART

03

OTT 미디어 비즈니스

CHAPTER 08 OTT 드라마 비즈니스

CHAPTER 09 OTT 예능 비즈니스

CHAPTER 10 OTT 뉴스 비즈니스

CHAPTER 11 OTT 스포츠 비즈니스

CHAPTER 12 OTT 영화 비즈니스

CHAPTER 13 OTT 비즈니스와 콘텐츠 IP

CHAPTER

08

OTT 드라마 비즈니스

SECTION 01 국내 드라마 산업의 진화
SECTION 02 OTT 드라마의 개념과 특성
SECTION 03 OTT 드라마 유통 비즈니스
SECTION 04 OTT 드라마 제작 비즈니스

1장에서 국내 미디어 산업 3단계 변화 과정의 중심에 드라마 산업이 있음을 확인하였다. 지상파방송사가 외주를 통해 제작하는 것과 유료TV 채널사가 산하 제작사를 통한 제작 시스템을 가져가는 단계를 거친 국내 TV 드라마 산업은 특히 중국 시장이 열리면서 발전하게 된다. 여기에 OTT들의 투자를 통한 오리지널 제작이 가능해지면서 국내 드라마 산업은 3단계의 진화과정 단계로 접어들고 있다.

아래 [그림 8-1]에서 보면, 1단계는 지상파방송사 자체 제작과 외주제작을 통해 드라마를 제작하는 시기로, 제작사의 지상파방송사에의 제작비 의존도가 매우 높았던 시기이다. 외주제작 제도가 시행되기 전인 1990년까지는 지상파방송사 주도로 드라마 제작이 이루어졌기 때문에 드라마에 대한 모든 권리는 지상파방송사에 귀속되었다. 1991년 외주제작 의무편성제도의 도입으로 본격적인 외주정책이 시작되어 외주제작사라는 새로운 주체가 등장했으나, 여전히 방송사

◎ [그림 8-1] 1990년 전후 드라마 제작비 부담 구조의 변화

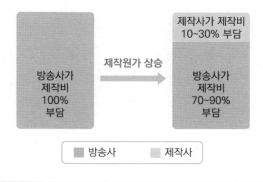

출처: 유진투자증권(2020.10.14)

에 납품하는 구조가 지속되고 지상파방송사가 주도적 위치에 있게 된다. 드라마 제작사들은 방송사로부터 제작비 대부분을 보전받았으나, 출연료 상승에 따라 제작 비용이 증가하자 제작사들은 부족해진 비용을 간접광고(Product placement; PPL) 등으로 충당하게 된다. 통상 지상파방송사는 외주제작사에게 드라마 제작비의 70~90%를 보전해 주며 제작사는 PPL 등을 통해 제작비의 10~30%를 메꾸는 비용구조이다.

국내 드라마 산업 2단계는 외주제작사의 지상파방송 의존도가 낮아지기 시작한 2013년부터이며, 그 계기는 중국 시장이다. 아래 [그림 8-2]에서 보면, 2013~2014년 '별에서 온 그대'를 시작으로 중국 내 한국 드라마 판권 가격이 오르기 시작하면서 한국 드라마 제작사의 협상력도 상승한다. 제작사들은 지상파방송사에서 보전해 주는 편성 매출 외에 부가 판권을 활용해 중국 시장으로 눈을 돌리게 되었고, 한국 드라마의 중국 시장에서의 위상이 상승하면서 지상파방송사를 통하지 않고 제작사가 직접 중국 사업자들과 협상을 할 수 있는 수준까지 성장하기 시작한다. [그림 8-2]에서 보듯이, 2013년 '별에서 온 그대' 이후

◎ [그림 8-2] 2013년부터 상승한 한국 드라마의 중국 판권 가격

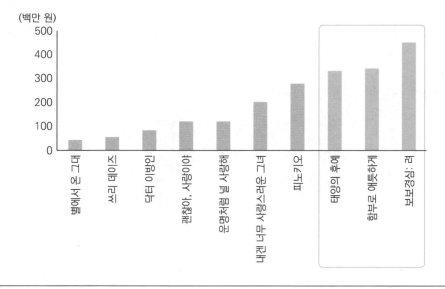

출처: 유진투자증권(2020.10.14)

한국 드라마의 중국 내 판권 가격은 지속적으로 급상승하기 시작하였고, 중국의 미디어 규제 정책에 의해 의무화된 사전제작으로 강행된 '태양의 후예'의 판권이 중국에서 높게 평가받게 된다.

2016년 사전제작한 '태양의 후예'는 KBS 자회사인 KGCS를 통해 50% 출자되었으며, KBS는 국내 방영권만 획득하고 총 제작비의 30%인 40억 원만을 보전했고, 광고수익으로 투자 대비 3배인 120억여 원의 수익을 창출한다. 한편, '태양의 후예'를 전송한 중국 OTT인 아이치이는 중국 독점 전송권을 400만 달러(회당 25만 달러)에 확보해 총 수익이 투자 대비 30배가 된다. 결론적으로 엄청난 성공을 거둔 '태양의 후예'는 KBS에 투자 대비 3배의 수익을, 아이치이에게 KBS의 30배가 넘는 거대한 수익을 안겨 주었다. 이 시기는 지상파방송 광고시장이 급속도로 위축되면서 지상파방송사의 드라마 편성 예산이 삭감되었던 때이다. 이는 경쟁력 있는 드라마에 거대한 투자를 하지 못하는 요인으로 작용하고 지상파방송 시청률 하락에도 영향을 미치기 시작하는데, 유료TV의 주요 채널사들에게는 기회로 다가오기 시작한다.

국내 드라마 산업 2단계는 케이블TV 계열 채널인 tvN, 신문사를 모기업으로 하는 종합편성계열 채널인 JTBC 중심으로 지상파방송의 드라마 시청률을 빼앗아 오면서 본격화된다. 초록뱀, 에이스토리, 삼화네트웍스 등의 외주제작사들은 tvN, JTBC에도 드라마를 납품하기 시작했고 영화 성장세도 주춤해지면서 NEW 등의 영화 제작사들도 TV 드라마 제작에 뛰어들기 시작한다. 주요 유료TV 채널들은 지상파방송사보다 유리한 조건을 드라마 제작사들에게 제시하기 시작했고, 이런 움직임은 유료TV 채널 중심으로 국내 TV 드라마 산업이 이동하는 계기가 되었다.

게다가 드라마 외주제작사가 이들 유료TV 채널을 소유한 프로그램 공급자(Program provider; PP) 소속의 제작사로도 확대되면서 유료TV PP는 방영권만 주려는 제작사에게 제작비의 50%까지를 보전해 주는 구조로까지 발전한다. tvN, OCN 등 인기 채널들을 보유한 CJENM, 종합편성 채널인 JTBC를 같은 계열사로 둔 중앙미디어그룹의 JTBC콘텐츠허브 등은 규모와 채널 접근성을 갖추게 된다. 이는 채널사 소속 드라마 제작사의 1개 작품 평균 제작비의 상승으로도 이어진다. 2017년 기준으로 1개 드라마의 평균 제작비는 약 88억 원대로 치솟았고 국내 드라마 지식재산권(IP)의 VOD 및 OTT 판권 확대로 이어져 지상파방송사의 드라마 제작비는 4천억 원, 유료TV 채널사의 드라마 제작비는 1,500억~1,800억 원으로 나타났으며, 이들을 더하면 총 5,500억~5,800억 원 규모의 제작비가 된다.

2013~2017년 기간 동안 국내 드라마의 해외 판권 가격은 26배까지 상승하였고, 국내 드라마 IP의 VOD 및 OTT 판권 확대가 본격화된다. VOD 판권은 국내 유료TV 시장 중심으로, OTT 판권은 중국 등 해외시장 중심으로 형성된 이후, 해외 판권이 국내 드라마 산업을 더 좌우하기 시작하면서 IP 확보 경쟁이 치열해지고, IP를 확보한 사업자와 그렇지 않은 사업자 간 부익부 빈익빈 현상이 나타나기 시작한다. 3대 드라마 제작사인 스튜디오드래곤, 제이콘텐트리, IHQ는 드라마 제작비의 해외 판권 수익률 50~100%를 상회하면서 큰 이익을 가져가기 시작한다.

2018년 tvN에서 이미 방영된 스튜디오드래곤의 '미스터 선샤인'에 대해 넷플릭스가 제작비의 70%를 보전해 주고 오리지널로 드라마 방영권 라이선스 계약을 맺는 것을 계기로 글로벌 OTT가 드라마 제작사의 새로운 파트너가 되었고, 또 다른 단계로의 진화를 보여 주게 된다. '미스터 선샤인'이 총 제작비 430억 원의 70%를 넷플릭스로부터 보전받았으며, 중국 판권 발생 수익과 더불어 570억 원 이상의 경제적 효과를 누린 이후 국내 드라마의 주요 투자처가 된 넷플릭스는 오리지널 콘텐츠 제작을 보다 확대한다. 이때부터 넷플릭스는 국내 드라마의 주요 OTT로서 오리지널 드라마 제작을 더 확대해 나간다. 통상 오리지널 콘텐츠를 제작할 때마다 넷플릭스 주가가 상승하곤 했는데, 스튜디오드래곤과 제이콘텐트리 주가도 넷플릭스 주가와 유사하게 움직이기 시작한다. 이는 국내 드라마 제작사들의 가치 상승의 기저에 넷플릭스의 투자가 자리잡고 있음을 보여 주는 것이다.

2018년의 '미스터 선샤인'을 계기로 국내 드라마는 넷플릭스와 중국 시장을 넘어 아시아권 OTT들에게도 판매되기 시작하였고 국내 드라마 산업은 3단계로 진입한다. 넷플릭스가 한국 드라마 산업을 바꾸어 놓은 것이며, 강력한 힘을 가진 글로벌 OTT의 등장이 오랜 시간에 걸쳐 조금씩 변화해 오던 국내 드라마 시장을 단시간에 바꾸어 버린 것이다. 하지만 아래 [그림 8-3]에서 보듯이, 3단계는 1, 2단계와 공존하고 있다. 또한 7장에서 언급했듯이, 넷플릭스와의 거래는 넷플릭스 선판매(완성된 콘텐츠 판매(라이선싱계약)와 오리지널 콘텐츠 제작 투자로 구분된다.

◎ [그림 8-3] 국내 드라마 산업의 수익구조 유형

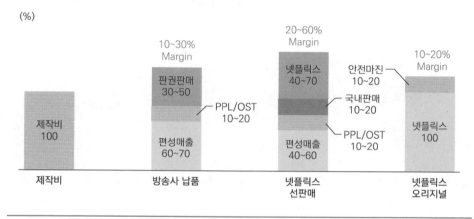

출처: 유진투자증권(2020.10.14)

3단계에 접어들면서 다수의 투자자와 제작자가 다양한 유통 채널인 지상파 방송사, PP 채널사, OTT 등과 다양한 방식의 계약 관계를 맺으며 드라마를 제작할 수 있게 되었고, 과거처럼 고비용의 제작 인프라를 구축하지 않아도 드라마를 제작할 수 있는 환경이 마련되었다. 드라마 수요는 더욱 급증하고 공급도 늘어나면서 중소 규모 드라마 제작사들의 수익구조도 함께 개선되기 시작한다. 제작 비즈니스에 대해서는 4절에서 다루고자 한다. [그림 8-4]는 1, 2, 3단계를 거치는 드라마 제작 구조를 나타낸 것이다. 이로써 국내 드라마는 일차원적 수익에만 집중할 필요가 없게 되었으며, 넷플릭스를 시작으로 다양한 국내외 OTT들의 핵심 장르가 되고 있다.

3단계로 접어들면서 드라마 시장에는 부가적으로 가져갈 수 있는 수익이 존

◎ [그림 8-4] 드라마 제작 구조의 변화

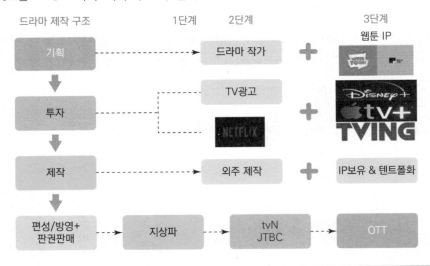

출처: 키움증권(2021.5.31)

재하게 되었으며, 특히 드라마의 원천 IP를 확보한 제작사는 그렇지 못한 제작
사에 비해 엄청난 수익을 얻을 수 있게 된다. OTT 플랫폼 간 주도권 전쟁은 전
통 미디어와 뉴 미디어 간 경쟁 시장에서 원천 IP 경쟁 시장으로 확대되고 있으
며 오리지널 콘텐츠 보유 여부가 더욱 중요해지면서 콘텐츠 제작을 위해 필수적
으로 제작비 투자 규모가 상향되고 시청자를 사로잡기 위한 서사 개발과 원천
IP 확보는 지속될 것이다. 한국 드라마의 해외 시장 가치가 상승하면 할수록 그
수익은 더욱 증가할 것이며, 드라마의 원천 IP 확보 경쟁도 함께 치열해질 것이
다. 한국 드라마 산업과 비즈니스가 IP 산업과 비즈니스로 변화해야 하는 이유
가 여기에 있다. 콘텐츠 IP 산업에 대해서는 13장에서 결론에 즈음하여 자세히
다루기로 한다.

SECTION 02 OTT 드라마의 개념과 특성

OTT 드라마 개념을 이해하려면 웹 드라마 개념에 대한 이해가 먼저 필요하다. 미국에서는 웹 드라마를 웹 시리즈라 불렀고 주로 5분 미만의 짧은 동영상 시리즈를 의미했으며, 제작 및 투자의 주체도 제작사, 방송사, 영화사, OTT 등 다양했다. 인터넷 미디어의 등장으로 TV 시청이 점차 감소하면서 주요 방송사 및 영화사들이 웹 드라마 내지 웹 시리즈 시장에 선두 진입하여 웹 환경에 맞는 숏폼 콘텐츠를 제작하기 시작했으며, 제작사들은 자체 제작해 직접 유통함으로써 웹 시리즈의 시장 확대와 경쟁을 더욱 촉진하게 된다. 예로 디즈니의 자회사인 픽사(Pixar)는 2019년부터 숏폼 애니메니션 시리즈를 제작한다. 유럽에서도 전통 방송사들이 숏폼 드라마를 제작해 유통하기 시작한다. 예로, 영국의 채널4는 2020년 100만 파운드를 숏폼에 투자하기로 했고, 주요 장르로 코미디 드라마를 선택했으며, BBC도 코미디 드라마 투자를 늘려 나간다.

국내 웹 드라마는 소셜미디어가 한창인 2012년부터 주목받기 시작했다. 초기에는 SNS 드라마라 불리었고 10여 편 이상의 웹 드라마가 방송되었다. 드라마가 TV가 아닌 다른 유통 채널을 통해서 방영되었다는 점에서 주목을 받은 웹 드라마는 스마트폰의 확산으로 모바일 드라마로도 불리면서, 보고 싶은 콘텐츠를 PC나 스마트폰을 사용해서 보는 시청자 층이 증가하기 시작한다. 10분 내외 시리즈물로 제작된 웹 드라마는 주로 주요 포털인 네이버와 다음 등을 통해 선보이기 시작한다. 웹툰을 보듯 짬 날 때 부담 없이 볼 수 있다는 점이 장점이다.

네이버가 2012년 7월 네이버TV캐스트를 출시하면서 숏폼의 웹 드라마 유통에 많은 노력을 기울이기 시작한다. 다음 [그림 8-5]처럼 메인 화면 상단 검색바 옆에 "웹 드라마, 드라마를 보는 새로운 방법" 링크를 걸어 사용자들의 웹 드라마 이용방법을 제공하기 시작했으며, 좌측의 TV캐스트 메뉴 바에는 '웹 드라마'라는 이름의 전용관이 따로 있게 된다. 다음도 다음TV팟과 스토리볼에서 웹

◎ [그림 8-5] 네이버 TV캐스트 메인페이지

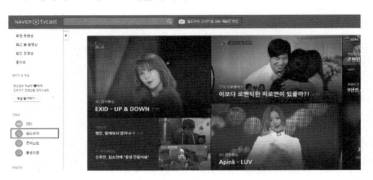

출처: 비주얼라이즈(2014.12.7)

드라마를 적극적으로 유통해 나가기 시작했는데, 그 당시에 이들을 OTT 드라마라고 부르지는 않았다. 이후 네이버TV캐스트는 네이버TV로, 다음TV팟은 카카오와의 흡수합병 과정을 거쳐 카카오TV로 변신하였으며 OTT 대열에 오르게 된다.

일반 기업들도 브랜디드 드라마를 기획해 제작을 의뢰하면서 웹 드라마가 광고로도 활용되기 시작한다. 광고주가 되는 기업들은 SNS나 포털을 통해 자신들이 전하고자 하는 메시지나 브랜드, 제품을 자연스럽게 노출시키는 드라마를 제공하고 이와 연계되는 이벤트도 진행한다. 주로 출퇴근 시간 등 이동 시간을 활용한 시청이 많기 때문에 숏폼 제작이 주를 이루며, 스마트폰 등 화면 크기를 고려한 큰 자막과 클로즈업샷이 많다. 다음 [그림 8-6]에서 보듯이, 브랜디드 드라마로 제작된 교보생명의 '러브 인 메모리'가 2013년 2월 네이버 TV캐스트에서 방영된 이후부터 점차 많아져, 2014년 8월 중순 14개의 웹 드라마로 확장된다. 2013년 11월 방영된 삼성전자의 '무한동력'의 경우에는 네이버TV캐스트를 통해 방영되어 취업난에 시름하는 청춘들의 희망찬가가 되었고 삼성도 이를 통해 열린 채용 가치를 전달하는 홍보 효과를 가지게 된다. 이 외에도 죠스떡볶이의 '매콤한 인생(2013년 2~7월),' 패션업계인 한섬의 '핸드메이드 러브' 등이 브랜디드 드라마로 인기를 얻었다.

이처럼 브랜디드 드라마들은 주로 네이버를 통해 시청되었으며, 점차 포털들은 차별화 차원에서 틈새 콘텐츠로 웹 드라마에 주목하게 된다. 포털은 웹 드라

◎ [그림 8-6] 네이버 웹 드라마 '러브 인 메모리'(2013년 2월 시작)

출처: 비주얼라이즈(2014.12.7)

마의 독점 유통을 통해 이용자 충성도를 높이고자 하고, 광고주가 되는 일반 기업들도 가성비가 좋은 브랜디드 드라마 제작 투자에 더 열중하는 등 시너지가 발생한다. TV 드라마 대비 저렴한 비용으로 기업이 전하고자 하는 이야기를 더 적극적으로 전할 수 있는 데다가, 시청자 댓글과 공유를 통해 바이럴 확산에 용이한 브랜디드 드라마는 TV 간접광고(Product placement; PPL)의 대안이 된다. 기업이 전하고자 하는 메시지나 브랜드와 제품이 자연스럽게 노출되며, 10분 내외 짧은 영상의 리트윗(Retweet; RT)으로 콘텐츠 몰입을 유도한 웹 드라마는 이동 시간에 시청하기 좋게 제작되었고 SNS 내 공유로 인해 바이럴 확산에도 기여해 시청자 간 소통과 공유가 활발해지면서 기업 인지도 제고에 상당한 도움을 주게 된다. 소비자에게 자연스럽게 기업 이미지를 전달할 수 있으며, 기업의 블로그 및 SNS 페이지를 통해서도 방송되기 때문에, 소비자가 콘텐츠를 찾아 해당 SNS 페이지로 직접 찾아오게 만들 수 있다는 게 큰 장점이다.

이렇게 발전한 국내 웹 드라마는 이용자들의 모바일 기기 시청이 증가하면서 인지도와 화제성이 올라감을 경험하고, 2014년 국내 유료TV의 모바일 버전이 등장하면서 차별화를 위한 니치 콘텐츠로 웹 드라마가 주목받기 시작한다. 2015년부터는 아이돌이 등장하는 고품질의 숏폼 오리지널 웹 드라마 제작 붐이 일기 시작했다. 2012~2014년이 태동기였다면 2015년은 본격적으로 숏폼 오리지널

웹 드라마 제작 붐이 일어난 시기이다. 20대 청춘들의 꿈과 현실을 반영한 '초코
뱅크'를 비롯해 '도전에 반하다', '우리 옆집에 EXO가 산다' 등 인기 아이돌을 기
용한 웹 드라마들이 특히 10대 중심으로 인기를 끌었고 제작사들의 제작 역량도
점점 향상되면서 이에 대한 투자도 늘기 시작한다. 웹 드라마는 1020세대를 겨
냥해 소재도 그들의 일상과 사랑, 우정 등에 집중되었으며, 예로 72초TV는 참신
한 소재와 모바일에 특화된 감각적 편집으로 2018년 CJ오쇼핑과 제작한 숏폼
드라마인 '신감독의 슬기로운 사생활'에 이어 2019년 'dxy'가 에미상 숏폼 시리
즈 후보에 오르기도 했다. 또한 점차 20~30분 미드폼 웹 드라마 제작도 증가해,
예로 네이버 플레이리스트에서 공개된 '연애플레이리스트(연플리)'는 시즌 4까지
제작되어 누적 조회수 7억 뷰를 넘겼다.

　앞서 언급했듯이 국내 드라마 산업은 제작사가 지상파방송사로부터 제작비
를 보조받고 외주제작하는 형태로 이루어지다가, '태양의 후예'를 계기로 중국
OTT 시장 활로가 열리고 케이블TV 계열 및 종합편성 채널 등 유료TV 채널 시
장도 확장되면서 더욱 많은 질 좋은 드라마 제작이 가능해진다. 부진한 광고 매
출 등으로 인한 지상파방송사의 제작비 규모 축소 움직임 속에서도 새로운 시장
활로를 본격적으로 열어 준 글로벌 OTT인 넷플릭스는 2019년 1월 첫 한국 오
리지널 시리즈인 '킹덤'을 내세우며 고품질의 롱폼 OTT 드라마 시대를 열었다.
물론, 전 세계적으로는 넷플릭스가 오리지널 제작에 투자하고 독점 유통하기 시
작한 시점은 '하우스 오브 카드(House of cards)'로 2013년 2월 독점 방영되었다.
장르는 정치 스릴러이고 46분~59분의 롱폼이라 기존 TV 드라마와 유사하지만,
웹 드라마가 OTT 드라마로 발전하는 계기를 마련해 주었다. 같은 시점에 국내
에서는 숏폼 웹 드라마가 주를 이루던 때였다.

　이렇게 숏폼 SNS 드라마를 시작으로 미드폼을 거쳐 롱폼으로 발전한 OTT
드라마는 전통적 TV 드라마와 비교해 몇 가지 특성들을 갖는다. 첫째 특성은 드
라마의 영향력이 기존의 TV 시청률이 아니라, 웹의 특성상 검색량, 재생수, 댓
글, 재생산 등 다양한 부차적인 영향력 지수들이라는 점이다. 다음 [표 8-1]은
2014년 네이버 방영 웹 드라마 재생 횟수 10위권을 나타낸 것이다.

　OTT 드라마의 둘째 특성은 에피소드 러닝타임들이 매우 유동적이라는 점이

[표 8-1] 2014년 네이버 방영 웹 드라마 재생 횟수 상위 10위권

순위	작품	편수	재생횟수	순위	작품	편수	재생횟수
1	연애세포*	15	600만 이상	6	도도하라	10	112만
2	후유증(시즌 1, 2)	11	413만	7	인형의 집*	12	약 100만
3	뱀파이어의 꽃	6	228만	8	어떤 안녕	5	79만
4	간서치열전	7	141만	9	모모살롱	6	56만
5	출중한 여자	5	120만	10	최고의 미래	5	53만

출처: 동아일보(2015.4.4); 고찬수(2015:6-7: 35) 재인용
* 연애세포, 인형의 집은 유료 VOD로 대략적 수치만 공개하고 있음

다. 젊은 세대와 기기 환경을 고려한 숏폼 웹 드라마인 '출중한 여자' 에피소드들은 10~16분 정도 인데 비해 앞서 언급한 '하우스 오브 카드'는 일반 TV 드라마와 유사하나 에피소드마다 유동적이라 46~59분 정도이다. 또한, 포털 중심으로 제공되는 국내 웹 드라마의 각 에피소드들은 20~30분 정도의 미드폼이며 다양한 소재들을 다루기 때문에 한 시즌당 보통 6회 정도로 비교적 짧게 구성해 기존 TV 드라마와는 다르다. 기존 전통 TV에서는 일반적으로 1시간 남짓 분량으로 일주일에 2회분씩 방영하는 방식을 취한다.

OTT 드라마의 셋째 특성은 TV 드라마와 달리 거대한 자본력이 투입되지만 제작진의 상상력에 한계를 두지 않고 다양한 장르와 연출을 할 수 있다는 점이며, 실패를 최소화하기 위해 원천 IP로 웹툰이나 웹소설 원작을 이용하는 경우가 많다. 위의 [표 8-1]에서 제시된 '후유증'과 '뱀파이어의 꽃', '연애세포' 모두 웹툰과 웹소설 원작을 드라마화한 것이며, 이미 성공한 웹툰과 웹소설을 원작으로 제작해 탄탄한 스토리를 장점으로 가지며, 실패 확률을 줄일 수 있다. 게다가 이미 웹툰 원작에 대한 충성고객들이 존재하고 있다는 것도 초기 홍보와 마케팅에 큰 도움을 준다. 예로 네이버에 2012년 5~12월 연재된 웹툰 '후유증'을 각색해 제작된 웹 드라마 '후유증'이 포털에 서비스되자 이미 연재가 종료된 웹툰의 조회수가 일평균 10배 증가했다. 이에 원천 IP 경쟁도 치열해진다. 다음 [그림 8-7]은 '후유증'의 웹툰과 웹 드라마의 한 신을 비교한 것이다.

결론적으로 기존 전통 TV 드라마와 달리 OTT 드라마는 편성 시간이나 에피

◎ [그림 8-7] 후유증의 웹 드라마(좌)와 웹툰(우) 장면 비교

출처: 고찬수(2015:6-7: 36)

소드 러닝타임, 상상력의 수위나 제작 방식 등의 제약이 없고 규제도 다소 자유
로워 다양한 포맷을 통해 실험하여 제작할 수 있다는 특성들을 갖는다. 따라서
전 연령층 및 불특정 다수를 대상으로 하는 전통 TV에 비해, OTT 드라마는 규
제 제약이 적고 개인화된 플랫폼이라는 장점들을 충분히 활용할 수 있을 것이다.

SECTION
03 OTT 드라마 유통 비즈니스

웹 드라마로 시작된 OTT 드라마는 OTT 유통사에게 아주 매력적인 장르이다. 특히 롱폼 콘텐츠 유통 시에는 드라마 장르가 영화 장르와 함께 없어서는 안 될 가장 인기 있는 장르이며, 글로벌 OTT 기업들이 오리지널 콘텐츠를 확보하는 경쟁 속에서 글로벌 진출을 위한 필수적인 장르이다. 이를 보여 주듯이, OTT 드라마의 활성화가 전통 드라마 산업구조에도 변화를 가져와, 드라마 산업 3단계로까지 진화했다. 상기하면, 첫 번째 단계는 지상파방송사 위주이며, 주요 유료TV 채널사들의 드라마 제작 투자가 시작된 시점이 두 번째 단계이며, 세 번째 단계에서 넷플릭스의 국내 드라마 투자 확대가 새로운 방향을 터 주게 된다. 롱폼 드라마 확보 경쟁이 가열되면서 드라마 제작사들이 목소리를 낼 수 있는 환경이 조성되고 기존 방영권과 PPL 수익 외에 글로벌 OTT로부터 벌어들이는 수익이 늘면서 수익성도 좋아지고 더 좋은 드라마를 제작할 수 있는 환경이 펼쳐진다.

국내 드라마 산업을 IP 산업으로까지 확장시키는 계기를 심어 준 넷플릭스는 인터넷 기술 발전으로 등장한 기술 기업이지만, 수익모델을 광고에서 구독제로 변화시킨 디지털 전환(Digital transformation) 시대의 게임 체인저이다. 기존에는 지상파방송을 비롯한 전통 미디어(케이블TV, 위성방송, IPTV 등)들이 광고료를 수익 원천으로 삼았으며, 드라마 산업도 이런 수익 구조와 함께 갈 수밖에 없었다. 그러나 광고와 시청 데이터가 구글, 페이스북에 의해 독점되면서 전통 미디어가 살아남기는 더욱 힘든 현실이 되었고, 이 틈을 탄 넷플릭스는 미디어도 소비자에게 직접 구독료를 받는 비즈니스가 될 수 있음을 증명했고 이를 유지하기 위해 드라마 장르를 매우 잘 이용했다.

드라마 장르를 기반으로 한 넷플릭스의 대성공은 다른 OTT들의 등장을 유도했고, OTT 시장은 기존 미디어 시장을 장악하면서 춘추전국 시대를 맞는다. 구독모델을 선택한 OTT들은 이를 유지하기 위해 더욱 치열한 콘텐츠 확보 경쟁을 시작했다. 특히 글로벌 OTT들은 자본력을 동원해 다양한 소비자 니즈에 부합하는 콘텐츠를 확보하기 위해 다양한 국적, 다양한 장르의 콘텐츠에 투자를 아끼지 않고 있다. 새롭게 재편되는 미디어 산업에서 가치가 가장 높게 평가되고 있는 드라마 장르는 한 발 더 나아가 새로운 비즈니스인 원천 IP 비즈니스로까지 확대 중이다.

◎ [그림 8-8] 2021년 상반 국내 활동 중/활동 예정인 국내외 OTT 유통사 근황

해외 플랫폼	국내 플랫폼	
NETFLIX • 콘텐츠 투자비: 19년 153억→20년 173억 →21년 190억 달러 예상 • 순수 한국 콘텐츠 투자: 20년 3,300억→21년 6,000억 원 • 20년 9월 한국 콘텐츠 별도 법인 설립 • 21년 1월 파주시 스튜디오와 다년 임대 계약	MBN, SBS, JTBC, MBC, 채널A, KBS, 연합뉴스TV, CJ E&M	기존 사업자
Disney+ • 디즈니+: 19년 11월 12일 출시 • 월 6.99달러, 24년 약 3억 명 타깃. • 21년 하반기 한국 진출, 통신사 접촉 중. 24년까지 국가별 50여 편 오리지널 콘텐츠 제작	**wavve** • 웨이브: 23년까지 3,000년 →25년까지 총 1조 원 투자 **coupang play** • 쿠팡: 20년 7월 싱가포르 OTT Hooq 인수 • '쿠팡플레이' 출시 • 쇼박스+NEW와 콘텐츠 공급 계약	신규 사업자
tv+ • 애플tv+: 19년 11월 1일 출시 • 월 4.99달러, 21년 아시아 타깃 드라마 '파친코' 제작 (총제작비 약 1,000억 원) • 20년 2월 한국 인력 채용 시작, 8월 한국어 자막 추가, 한국 UI 업데이트	**NAVER** • NAVER: 3년간 총 3,000억 원 투자 • CJ그룹과 빅히트와 제휴 • IP 기반 콘텐츠 확장 **kakaoTV** • 카카오: 3년간 총 3,000억 원 투자 • 24년부터 연간 4,000억 원 투자 • 카카오페이지+카카오M +카카오엔터테인먼트	
HBO max • HBO MAX: 20년 5월 27일 출시 • 월 14.99달러, 20년 오리지널 31개 • 21년 신작 17편 모두 극장과 동시 개봉 • 한국 진출 위해 국내 통신사, OTT와 적극 협업 계획 有	**TVING** • 티빙(CJENM): 3년간 4,000억 원 투자 • 오리지널 콘텐츠 20여 개 공개 • 23년까지 유료 가입자 500만 명 확보 목표	
prime video • 아마존 프라임 비디오: 06년 9월7일 출시 • 전 세계 약 1,500만 명 구독자 보유 • 연내 한국 론칭 목표, SKT와 협력 방안 논의 중	통신 3사 • KT: 3년간 4,000억 원 투자, 100여 개 드라마 IP 확보 • SKT: 3년간 오리지널 콘텐츠에 3,000억 원 투자 • LGU+: 해외 OTT와 제휴해 서비스 제공	

출처: 한화투자증권(2021.4.22); 송민정(2021.8) 재인용 및 일부 수정

OTT 드라마의 유통 비즈니스로 국한해서 보면, OTT 유통사들은 다양한 방식의 제휴 및 인수합병(M&A)을 통해 제작 및 유통 역량이나 투자처를 확보하는 등 경쟁력을 더 강화하려고 노력한다. 아래 [그림 8-8]은 2021년 상반기 기준 국내 활동 중이거나 활동 예정인 국내외 OTT 유통사들의 근황을 도식화한 것이다. 제휴와 M&A를 토대로 투자 금액이 제시되고 있는데, 투자 대상 대부분은 핵심 장르인 오리지널 OTT 드라마로 예상된다.

유통 비즈니스 측면에서 OTT 드라마 확보 방식을 국내 중심으로 관찰해 보면, 첫 번째는 OTT 유통사가 드라마 제작사를 인수합병하거나 투자, 제휴하는 것이다. 토종 OTT인 티빙을 가진 CJENM은 지분 71%를 보유한 스튜디오드래곤을 통해 드라마 제작사들을 인수해 나간다. 스튜디오드래곤은 2016년 출범한 드라마 전문 제작 및 유통사로, 출범 첫 해에 박지은 작가와 배우 전지현 등이 있는 문화창고, 김은숙 작가의 화앤담픽처스, '육룡이 나르샤'의 김영현·박상연 작가가 소속된 KPJ 등을 잇달아 인수한 후 2017년 코스닥에 상장했으며, 2018년 한 해 동안에만 모두 25편의 드라마를 제작해 KBS·MBC·SBS 등 지상파방송사를 위협하는 제작사가 되었고, 2019년 159억 원을 투자해 '남자친구' 드라마 제작사인 본팩토리 지분 53%를 인수했다. 이는 자체 제작 드라마 역량 강화가 향후 유통 경쟁력의 핵심이라는 판단에 의한 것이다.

카카오는 2017년 인수한 로엔을 카카오M으로 개명한 이후부터 카카오M을 통해 공격적인 드라마 제작사 인수와 함께 오리지널 드라마 제작을 담당하게 된다. 카카오M은 로엔이 설립했던 모바일 영상 제작소인 크리스피스튜디오를 통해 웹 드라마 제작을 하고, 메가몬스터, 로고스필름, 글앤그림미디어, 바람픽처스를 줄줄이 인수해 드라마 제작 역량을 강화해 나간다. CJENM 자회사인 드라마 제작사였던 메가몬스터는 2017년 카카오M에 의해 전량 인수된 이후 지분 일부를 카카오페이지도 가져갔으며, 스튜디오드래곤도 출자해 CJ와도 합작하는 형태를 가져간다. 드라마 제작사인 로고스필름, 글앤그림미디어, 바람픽처스는 모두 2020년 카카오M에 인수되었다. 카카오는 웹툰 IP 기반 드라마 제작을 계획하면서 카카오페이지와 카카오M을 합병해 2021년 3월 카카오엔터테인먼트로 새롭게 출범시킨다. 또한, 2021년 7월 자회사로 독립된 멜론은 다시 카카오엔터테인먼트로 합병되는 수순을 밟는다. 이러한 카카오의 M&A 행적에 대해서는 13장에서 다시 다루기로 한다.

OTT 드라마 수급 물량을 확보하려는 OTT 유통사의 두 번째 방식은 OTT 간 인수합병을 통해 OTT 드라마 유통 경쟁력을 강화하는 것이다. 이는 일종의 보험을 드는 형식이며, OTT 유통사가 된 티빙과 JTBC 간의 협력으로 JTBC스튜디오와 티빙이 합병해 티빙으로 다시 태어나고, 푹과 옥수수의 합병으로 웨이브가 다시 탄생하면서 드라마 유통 물량을 대거 확보하게 된다. 예로 푹의 지분을 가진 SBS의 스튜디오S와 웨이브가 콘텐츠 유통 협약을 체결하는 등이다. 스튜디오S는 지상파방송 SBS 콘텐츠 제작과 유통을 병행하는 드라마 전문 스튜디오로 '스토브리그', '낭만닥터 김사부2', '펜트하우스', '앨리스' 등 다수의 인기 드라마를 제작했다. 이는 푹과 옥수수가 합쳤기 때문에 수월한 협약이 가능했던 것으로 보인다.

OTT 드라마 수급 물량을 확보하려는 OTT 유통사의 세 번째 방식은 드라마의 원천 IP가 주로 웹소설, 웹툰이기 때문에 이를 기반으로 드라마 제작사와 협업하는 것이다. 이는 네이버와 카카오에 모두 해당되지만, 앞서 언급했듯이 카카오는 드라마 제작사와의 협업보다는 카카오 엔터테인먼트를 통한 적극적 인수를 통해 드라마 제작 기능을 내부화하고 있기 때문에 네이버가 협업 방식의 대표주자가 된다.

2017년 네이버는 웹 드라마 투자 지원을 확대했고, 네이버TV캐스트에서만 제공되었던 웹 드라마는 네이버웹툰과 스노우가 공동 투자한 플레이리스트에서 직접 제작되어 유통되기 시작한다. 플레이리스트는 인기 웹 드라마로 '연애 플레이 리스트', '이런 꽃 같은 엔딩', '에이틴', '한입만', '리필' 등을 제작했다. 드라마 콘텐츠가 점점 더 중요해지면서 네이버가 택한 전략은 2020년 스튜디오드래곤에의 지분 투자와 공동제작을 통한 협업이다. 네이버웹툰의 '스위트홈'이 흥행하면서 네이버웹툰의 제작 자회사인 스튜디오N과 스튜디오드래곤이 OTT 드라마인 '스위트홈'을 공동 제작하였고 넷플릭스가 이의 라이선스를 확보한다.

네이버와 스튜디오드래곤 간 협업은 주식 맞교환에서 시작된다. CJENM은 네이버의 웹툰 기반이 필요했기 때문에 2020년 1,500억 원 규모의 지분 맞교환과 함께 전략적 파트너십을 체결했고, 2021년 상반기에 네이버가 티빙에 400억 원 규모의 지분을 투자한다. 이는 오리지널 드라마 투자를 가속화하겠다는 의지로 보인다. 드라마 제작 역량을 가진 CJENM과 다양한 원천 IP를 보유한 네이버가 협업하게 되면 웹툰이나 웹소설 등 원천 IP 기반의 OTT 드라마가 티빙에서 오리지널 유통될 가능성이 더욱 높아지게 된다.

다양한 방식의 OTT 드라마 유통 비즈니스를 통해 드라마 콘텐츠의 소재와 형태는 더욱 다양화될 것으로 보인다. 이미 OTT 드라마는 지상파방송에서 다루지 못한 것들을 다룸으로써 시청자의 눈길을 사로잡고 있다. 또한, 아직 텐트폴 드라마 등 대작 롱폼 형태 드라마 위주로 각광받고 있지만, 1020세대를 겨냥한 숏폼, 미드폼 등 다양한 러닝타임의 드라마가 고루 제작될 것이다. 넷플릭스에서 회당 20~30분으로 제작된 '에밀리 파리에 가다'가 인기를 끈 바 있으며, 카카오TV가 인터뷰 형식, 실사와 애니메이션을 결합한 형태 등 다양한 방식의 미드폼 드라마를 선보여 호평받기 시작했고, 인기 웹 드라마인 '오구실', '출출한 여자' 등은 왓챠를 통해 서비스되고 있으며, 다른 토종 OTT들도 여러 형식의 콘텐츠를 선보일 것으로 보인다.

OTT 드라마 제작 비즈니스

OTT 드라마 제작으로 주목받는 국내의 주요 제작사로는 대형 제작사로 불리는 CJENM의 스튜디오드래곤, 중앙홀딩스 소속 제이콘텐트리 및 JTBC스튜디오와 중소형의 독립 제작사로 불리는 에이스토리(Astory), NEW의 스튜디오앤뉴, 초록뱀미디어, 팬엔터테인먼트, 키이스트(Keyeast) 등이 대표적이다. 이들은 모두 글로벌 진출을 위해 글로벌 OTT 드라마 제작에 적극적인 제작사들이다. 예컨대 스튜디오드래곤과 제이콘텐트리는 넷플릭스와 2020년부터 3년간 콘텐츠 공급 계약을 맺은 바 있다. OTT 드라마 제작 비즈니스에 대해 좀 더 살펴보자.

먼저, 넷플릭스 오리지널 제작으로 위상을 강화해 워너브라더스, AMC 등과의 제작, 리메이크 계약 등 글로벌 사업자와의 파트너십으로 확장해 나가는 스튜디오드래곤의 전략은 OTT 오리지널 제작 판권 자체보다는 제작 역량을 높일수 있고 경험과 노하우를 쌓을 수 있으며 글로벌 유통망을 통한 인지도와 브랜드 가치를 높여 글로벌 메이저 제작사로 발돋움하는 것이다. 이러한 전략은 스튜디오드래곤의 제작 역량을 키우는 데 크게 기여하였고, 신작뿐 아니라 구작 판매에까지 드라마 IP 가치를 더 높이며, 캡티브 마켓을 넘어 비캡티브 마켓을 향해 드라마 제작 비즈니스를 확대해 OTT 미디어 시장의 가장 큰 수혜자가 된다. 넷플릭스 외에 다른 OTT들과의 드라마 제작에 적극적인 스튜디오드래곤은 애플tv플러스, 미국 제작사인 스카이댄스와 '더 빅 도어 프라이즈' 공동 제작에도 나서는데, 이는 손해 없이 규모 측면에서 드라마 제작 역량을 높일 수 있고 경험과 노하우를 쌓을 수 있으며 대형의 글로벌 유통망을 통해 인지도와 브랜드 가치를 높여 글로벌 메이저 제작사로 커간다는 전략에서만 가능한 행보이다.

그럼에도 불구하고 글로벌 OTT의 외주제작사로 전락할 수도 있다는 우려를 함께 고려하는 스튜디오드래곤이 추구하는 OTT 드라마 제작 전략의 다른 한 축은 단순 드라마 외주제작사가 아닌 IP를 직접 소유하고 IP 활용을 통해 실적을

◎ [그림 8-9] 네이버의 콘텐츠 부문 자회사 지배구조

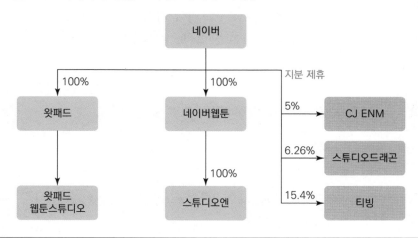

출처: 더벨(2021.7.1)

향유하는 것이다. 이러한 배경에서 위 [그림 8-9]처럼 네이버와 손잡은 스튜디오드래곤은 네이버와의 긴밀한 협력으로 국내는 물론 글로벌 시장에 통할 수 있는 최고 품질의 드라마를 제작해 토종 OTT인, 계열사인 티빙 오리지널의 영향력을 강화할 것이다. 네이버 웹툰 및 웹소설은 국내뿐 아니라 일본, 동남아, 미국 등에서도 인기를 얻고 있으며, 네이버는 해외 콘텐츠 시장 공략을 위해 세계최대 웹소설 플랫폼 왓패드도 인수한 상황이다. 게다가 쿠팡플레이를 내놓은 쿠팡과 경쟁해야 하는 네이버도 티빙 지분의 확보로 콘텐츠 밸류체인을 어느 정도 완성하게 된다.

스튜디오드래곤 못지않은 강력한 캡티브 채널을 보유하고 있는 제이콘텐트리(Jcontentree)는 지속적인 JTBC 채널의 TV 드라마 편성 확대에 따라 제작 편수를 계속 증가시킨다. 2017년 6편, 2018년 12편, 2019년 15편까지 증편해 왔고, 이를 통해 더욱 강력한 드라마 제작 역량을 보유하게 된 것이다. 2017년 넷플릭스에 드라마 '맨투맨'을 라이선싱한 제이콘텐트리는 이때부터 본격적으로 드라마 제작 역량에 집중하기 시작해 2019년부터 2년여 동안에만 필름몬스터, 퍼텍트스톰, 비에이(BA)엔터테인먼트 등 국내 제작사 12개를 인수하거나 지분 투자

를 단행하는 등 다양한 방식으로 드라마 경쟁력 확보에 매진한다. 아래 [그림 8-10]은 2021년 상반기 기준 제이콘텐트리의 지배구조를 나타낸 것이다. 제이콘텐트리 밑에 JTBC스튜디오의 지분 54.23%, 메가박스 지분 90.82%를 가지고 있다.

◎ [그림 8-10] 2021년 상반 기준 제이콘텐트리의 지배구조

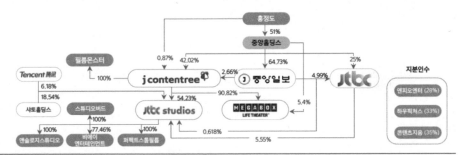

참고: 제이콘텐트리의 JTBC스튜디오 보유 지분율은 1) 제이콘텐트리 스튜디오 합병, 2) 제3자배정유상증자 ('21.4.15), 3) 중앙홀딩스 보유 지분 현물출자 ('21.5.28 예정), 4) 제3자유상증자 ('21.6.30 예정) 반영

출처: 삼성증권(2021.5.7)

제이콘텐트리는 2019년 4월에 100% 지분을 인수한 드라마·영화 제작사인 필름몬스터와 함께 '다모', '베토벤 바이러스' 등 흥행 드라마 연출가로 유명한 필름몬스터 대표도 함께 영입하였는데, 이는 드라마 제작 역량을 강화하려는 의지를 보여 주는 것이다. 또한, JTBC스튜디오는 2019년 말에 퍼펙트스톰의 100%, BA엔터의 77.46% 지분을 인수하였다.

한편, 드라마 산업이 IP 산업으로 변화 중임을 극명하게 보여 주는 독립 드라마 제작사로 에이스토리가 있다. 2004년 설립되어 '백일의 낭군님', '우리가 만난 기적', '시그널' 등을 제작했던 에이스토리는 넷플릭스 오리지널 시리즈 '킹덤'과 '첫사랑은 처음이라서'를 제작하며 유명해졌고, 2021년 방영하는 '지리산'과 글로벌 합작 텐트폴 드라마인 '실크로드의 왕(The King of Silk Road)', '모닝글로리' 등이 줄을 잇는다.

에이스토리가 '시그널'(2016)과 '킹덤'(2019-2020)을 제작할 당시만 해도 드라

마를 제작해 국내 PP의 계열 제작사나 글로벌 OTT에 납품하는 외주제작사 정도로만 관찰되었다. 하지만 2021년 '지리산'부터 본격적으로 드라마 IP 기업으로 변신하는 에이스토리는 김은희 작가와 이응복 감독, 전지현 주연의 '지리산'에 대해 2020년 9월 CJENM의 스튜디오드래곤과 208억 원 규모의 국내 방영권 공급 계약을 체결하였고, 중국 OTT인 아이치이 등 중국을 포함한 해외 방영권 라이선스 계약을 연이어 체결한다. 이처럼 총 제작비 320억 원으로 추정된 '지리산'을 통해 드라마가 IP 확보를 통한 수익 창출이 가능하다는 것을 입증해 보인 에이스토리는 그 외에도 웹툰, 게임, 드라마로 동시 개발되는 '실크로드의 왕(The King of Silk Road, 2022년 개봉)'과 한국, 일본의 스타 작가와 협업하는 '모닝글로리'의 IP 확보를 통해 더욱 큰 수익을 낼 것으로 예상된다.

이처럼 2016년 '시그널' 외주제작을 시작으로 2019~2020년 넷플릭스 오리지널 '킹덤'을 거쳐 2021년 '지리산'을 통해 OTT 드라마 IP까지 확보하고, 2022년 '실크로드의 왕'으로 단숨에 글로벌 텐트폴 제작사로 발돋움한 에이스토리는 넷플릭스의 외주제작사가 되어 제작비 전액을 보장받고 최소 15% 총마진(Gross profit margin; GPM)이 보전되는 장점에도 불구하고 드라마에 대한 IP 권한을 넷플릭스에게 넘긴다는 점에 대해 매우 아쉬워하는 제작사 중 하나이다. 이에 대해서는 뒤에서 다시 이야기하겠다.

NEW가 2016년 9월 콘텐츠 제작을 위해 설립한 스튜디오앤뉴는 2016년 '태양의 후예' 성공 이후에 영화·드라마 제작, 매니지먼트 영역으로 사업을 확대해 나간다. 스튜디오앤뉴는 영화 '안시성'과 '비스트', 드라마 '뷰티 인사이드', '미스함무라비', '보좌관' 등을 만들어 주목받았고 최근 OTT 시장이 확대되고 콘텐츠 IP 확보가 중요해지면서 스튜디오앤뉴의 역할도 더욱 커지고 있다.

2021년부터 스튜디오앤뉴는 5년 동안 매년 한 작품 이상 디즈니플러스에 공급하기로 했고, 디즈니플러스가 국내에서 장기 계약을 체결한 첫 사례가 된다. 스튜디오앤뉴는 디즈니플러스를 통해 자체 제작한 콘텐츠를 국내뿐 아니라 해외에도 선보인다. 영화 제작사이기도 한 NEW에 힘입어 드라마 제작에 영화적 시선을 접목할 수 있는 게 스튜디오앤뉴의 차별점이다. 영화사업부와 드라마 사업부로 나뉜 지배구조하에서 드라마 사업부에서 제작한 '뷰티 인사이드'는 기존 영화 IP를 활용해 드라마로 만든 것이었고, '보좌관'은 정치 드라마에 영화적 시선을 접목해 시네마틱 드라마가 되어 좋은 반응을 얻었다. 또한, 500억 원 제작비가 들어간 '무빙'은 강풀의 동명 웹툰을 드라마화한 것으로, 웹콘텐츠 IP를 활용한 것이다.

초록뱀미디어는 '결혼작사 이혼작곡'(TV조선) 시즌 1, 2와 펜트하우스(SBS) 시즌 1, 2, 3, '오케이 광자매'(KBS) 등 기존 TV방송의 주요 드라마 제작사이며, 드라마 IP로 인식된 BTS 드라마와 '어느 날'(김수현, 차승원 주연)이 차례로 OTT의 주목을 받는다. 2021년 4월, 초록뱀미디어는 '어느 날'에 대한 100억 원 규모의 국내 OTT 라이선스를 쿠팡플레이에 판매했는데, 이는 전년도 초록뱀미디어 매출의 21.39%에 해당하는 금액이라 그동안의 TV방송 라이선스와는 비교가 안 된다. '어느 날'은 BBC의 '크리미널 저스티스'를 리메이크한 것으로 제작비는 200억 원이며, 쿠팡플레이에서 공개하는 첫 번째 한국 OTT 드라마가 된다.

팬엔터테인먼트도 '동백꽃 필 무렵'과 '청춘기록'에 대해 스튜디오드래곤과 해당 판권을 절반씩 공동 보유하면서 10% 이상의 이익을 냈고, 2021년 '라켓소년단'도 넷플릭스와의 공급 계약을 체결해 아시아 및 영어권 지역을 시작으로 전 세계 190여 개국에 공개되면서 드라마 '겨울연가'에 이어 팬엔터테인먼트가 IP를 온전히 100% 보유하고 있는 드라마가 된다.

키이스트는 크리에이터를 중심으로 영상 콘텐츠를 기획, 제작하고 다수의 글로벌 스타의 산실이 되어 온 스튜디오 지향 종합엔터테인먼트 기업으로 시작해, '하이에나', '나의 위험한 아내', '허쉬' 등을 제작하여 시장 내 영향력을 확대했다. 2020년 한 해 동안에만 6편의 드라마를 다양한 채널을 통해 선보인 키이스트는 tvN '싸이코패스 다이어리'(tvN) '하이에나'(SBS), '나의 위험한 아내'(MBN), 네이버의 플레이리스트와 공동 제작한 '라이브온'(JTBC), '허쉬'(JTBC) 등을 기존 TV 방송사에 제공했고, OTT로는 넷플릭스 오리지널 '보건교사 안은영'을 공개해 독특한 세계관으로 호평을 받았다.

유료TV 소속 PP 계열사 및 독립의 드라마 제작사들이 이렇게 괄목할 만한 성장을 하는 동안 OTT 미디어 유통사들도 드라마 제작에 뛰어들기 시작한다. OTT 드라마 제작 시장에 뛰어든 유통사들은 킬러 콘텐츠 확보가 구독자를 모으는 최우선적인 과제임을 피부로 깨닫고 있는 장본인들로서 콘텐츠를 외부에서 수급할 뿐 아니라 자신들이 직접 제작에 투자자로 참여하거나 제작 부문 자회사를 두어 콘텐츠 IP를 공급하는 것이 안정적이라고 생각하게 된 것이다. 가장 적극적인 유통사 군은 포털 등 인터넷 기업이다.

앞서 유통 비즈니스에서 언급했듯이, 포털사업자들은 드라마 제작사 지분 참여나 인수를 통해 적극적으로 제작에 뛰어들고 있다. 2014년부터 꾸준히 웹툰과 웹소설과의 시너지를 위해 웹 드라마를 제작해 온 네이버는 2019년 자회사인 플레이리스트를 통해 웹 드라마인 '연애플레이리스트', '에이틴' 등을 제작해 억 단위의 누적 조회 수를 기록하면서 가능성을 확인한 바 있으며, 네이버웹툰인 '스위트홈'을 스튜디오드래곤과 공동으로 다시 드라마로 제작하고 스튜디오드래곤의 지분을 확보하는 등 자사 콘텐츠 IP를 활용해 드라마 제작 비즈니스에 본격 진입하고 있다.

네이버와 다른 전략을 추진 중인 카카오도 결국은 드라마 제작 역량 확보를 목표로 기존 엔터테인먼트 자회사인 카카오M을 주축으로 롱폼, 숏폼 드라마 제작을 진행하는 등 이용자를 확보하기 위해 노력을 기울이기 시작했고, 카카오페이지와 카카오M을 합병해 보유한 IP와 드라마 콘텐츠 제작 역량을 바탕으로 웹툰 IP 기반의 드라마를 제작하는 등 콘텐츠 확장을 추진한다.

유통사들의 이러한 드라마 제작 움직임은 포털 사업자에만 한정되지 않는다. 국내 토종의 구독형 OTT 중 제일 많은 구독자를 보유하고 있는 웨이브도 2021년 초에 SBS의 드라마 제작스튜디오인 스튜디오S와 협약을 맺는 등 주로 지상파방송의 자회사를 활용해 드라마 제작을 통한 콘텐츠 확보에 주력하기 시작한다.

2021년 국내 제작되는 드라마는 약 90여 편으로 제작비만 약 2조 원 이상 투입된다. 다음 [표 8-2]에서 보듯이, 넷플릭스에서의 K드라마 슬롯이 증가했다. CJENM 계열 채널들(tvN, OCN)과 JTBC, SBS 채널에서도 드라마 편성이 증가하는 추세라 대형 제작사 외에 독립 드라마 제작사들도 다양한 계약 관계를 통해 드라마 시장에 진출할 수 있는 기회가 더욱 증대된다. 2021년 9월 넷플릭스에서 개봉된 '오징어 게임'은 전 세계 1위권을 강타한 가운데, 국내에서는 이 시리즈를 보기 위해 넷플릭스 앱이 100만 건 이상 신규 설치되었다.

▌[표 8-2] 2021년 넷플릭스 오리지널 K드라마 및 K영화

타이틀	제작사	출연	연출/극본
승리호	비단길	송중기, 김태리, 유해진	조성희/조성희
낙원의 밤	㈜금월, 페퍼민트컴퍼니	엄태구, 전여빈, 차승원	박훈정/김현우
좋아하면 울리는 2	스튜디오드래곤	김소현, 정가람, 송강	김진우/차연수, 김서희
무브 투 헤븐: 나는 유품 정리사입니다	넘버쓰리픽처스, 페이지원필름	이제훈, 탕준상	김성호, 윤지련
오징어 게임	싸이런픽처스	이정재, 박해수	황동혁/황동혁
마이네임	스튜디오산타클로스	한소희, 박희순, 안보현	김진민/김바다
지옥	클라이맥스 스튜디오	유아인, 박정민, 김현주	연상호/최규석
지금 우리 학교는	필름몬스터	윤찬영, 박지후, 조이현	이재규/천성일
킹덤: 아신전	바람픽처스, BA 엔터테인먼트, 스튜디오드래곤	전지현, 박병은	김성훈/김은희
내일 지구가 망해버렸으면 좋겠어	미스틱스토리	박세완, 신현승, 영재	권익준/서은정
D.P.	클라이맥스 스튜디오	정해인, 구교환, 김성균	한준희/김보통
고요의 바다	아티스트 스튜디오	배두나, 공유, 이준	최향용/박은교

출처: 키움증권(2021.6.1)

국내 드라마 제작사들이 이익을 창출하기 위해서는 해외 판매와 더불어 글로벌 OTT로의 진출이 무엇보다도 중요하게 되었다. 국내에 아마존프라임비디오, 애플tv, 디즈니플러스 등의 글로벌 OTT가 서비스되면 국내 드라마 제작사 입장에서는 다양한 드라마 창구가 생겨날수록 판권 계약 관계에서 우위를 가져갈 수 있게 된다. 높은 수준의 드라마를 제작할 수 있는 능력과 더불어 드라마 IP까지 확보하고 있다면, 안정적 외형 확대와 높은 수익을 얻을 수 있다. 다음 [표 8-3]은 드라마 제작사가 맡는 세 가지 역할별로 본 수익모델이다.

▌[표 8-3] 드라마 제작사의 세 가지 역할별로 본 수익모델

	(1) 한국 방송사의 외주제작사	(2) 글로벌 OTT의 외주제작사	(3) IP+캡티브 채널 보유 제작사
기업	팬엔터테인먼트, 삼화네트웍스, NEW, 초록뱀미디어, 키이스트, 쇼박스 등	스튜디오드래곤, 제이콘텐트리, 에이스토리, 키이스트	스튜디오드래곤, 제이콘텐트리, IHQ(캡티브채널 有, IP전략 有), 키이스트, 에이스토리, 팬엔터, NEW, 초록뱀미디어, 삼화네트웍스(캡티브 채널 無, IP 전략 有)
수익 모델 개요			
수익 모델 설명	• 원가의 70~80%는 본방영을 담당하는 방송사로부터 '방영권료' 항목으로 인식 • IP는 방송사에 귀속, 20~30% 차액은 드라마 제작사가 직접 협찬, PPL 등의 부가수익을 통해 창출 • 한 드라마 작품당 적자~7% GPM의 박한 수익률	• 원가 전부와 15% 이상의 GPM을 안정적으로 글로벌 OTT 플랫폼이 부담 • IP 기반의 부가수익 창출 시, RS 구조 가능 • 최근 다양한 플랫폼으로부터 오리지널 콘텐츠 니즈 확대, 향후 보장 GPM은 더욱 높아질 것. • 후발주자인 디즈니플러스 GPM 30~40% 예상	• 제작비 전액을 제작사가 직접 투자한 후, 드라마를 방영하면서 회수하는 구조 • 평균적으로 50~70%는 '방영권료', 10~20%는 협찬+PPL, 나머지는 국내외 판권 판매로 회수 • 일반 드라마 5~10%, 텐트폴 20~30% GPM 겨냥
매출처	방송국, Non-captive 채널	글로벌 OTT 플랫폼	캡티브 채널, 글로벌 OTT, Non-captive 모두 커버, 판권 비딩을 통해 수익성 극대화
IP 소유권	IP 미보유(IP의 대부분은 방송사에 귀속)	IP 미보유(모든 IP는 넷플릭스 귀속)	IP 보유

	(1) 한국 방송사의 외주제작사	(2) 글로벌 OTT의 외주제작사	(3) IP+캡티브 채널 보유 제작사
장점		• 제작원가 부담이 없어 안정적 수익 창출 • 글로벌 인지도 상승, 제작역량 가치 상승	• 구작+신작 IP 활용을 통한 부가수익 레버리지 • 안정적인 캡티브 채널 확보로 편성 부담 없음
단점	• IP 축적 불가능, 비용 증가 우려로 제한적인 수익성	• 영상물에 대한 IP 축적 불가능	• 구조적인 제작비용 증가에 따른 수익성 저하

출처: 각사 제공; 한화투자증권(2021.5.21) 재구성; RS=Revenue Share(수익배분)

위의 [표 8-3]의 수익모델을 비교하면, 첫 번째인 국내 TV 방송사의 외주제작사 역할만 할 경우에는 원가의 70~80%는 해당 방영을 담당하는 TV방송사로부터 '방영권료' 항목으로 인식되고, IP는 100% TV 방송사에 귀속된다. 나머지 차액은 드라마 제작사가 직접 협찬이나 PPL 등의 부가 수익을 통해 창출해야 하며 한 드라마 작품당 보통 적자를 보거나 7% 정도의 총마진(Gross profit margin; GPM)을 기대할 정도의 박한 수익률이 기대된다. 이는 1절에서 언급한 드라마 산업 1, 2세대의 수익모델이다.

두 번째인 넷플릭스 같은 글로벌 OTT의 외주제작사 역할을 할 경우에는 원가 전부의 15% 이상의 GPM을 안정적으로 글로벌 OTT 유통사가 부담하고, IP 기반의 부가수익 창출이 있을 때에는 수익배분(Revenue share; RS) 구조가 가능하다. 기존의 TV 방송사 외에 다양한 OTT 유통사로부터 오리지널 콘텐츠 요구가 확대될수록 보장될 GPM은 더 높아진다. 예로 후발주자인 디즈니플러스에게서 기대되는 GPM은 30~40% 수준이다. 문제는 드라마에 대한 IP 전부가 글로벌 OTT에 귀속된다는 점이다.

마지막으로, 캡티브 채널을 보유하고 드라마를 제작하며 IP를 100% 가져가는 세 번째의 경우에는 제작비 전액을 제작사가 직접 선 투자한 후에 해당 드라마를 방영하면서 회수하는 구조로, 평균적으로 50~70%는 방영권료, 10~20%는 협찬 및 PPL, 나머지는 국내외 판권 판매로 회수된다. 일반 드라마의 경우 5~10%, 텐트폴 드라마의 경우 20~30% 정도의 GPM이 기대된다.

앞에서 에이스토리에 대해 설명하면서 잠깐 언급했는데, [표 8-3]의 두 번째 수익모델을 받아들이면 글로벌 OTT들을 위한 드라마 제작 붐으로 잠시 좋을 수는 있겠으나 자칫하면 국내의 역량 있는 드라마 제작사들이 줄줄이 글로벌 OTT의 하청업체로 전락할 수 있다는 우려가 나오게 된다. 물론, 에이스토리는 이를 기회로 활용한 드라마 제작사로 평가받기도 한다. 즉, 글로벌 OTT에 콘텐츠를 제공해 다양한 국가에 콘텐츠를 수출함으로써 수익구조를 개선할 수 있고, 이를 바탕으로 고품질의 콘텐츠를 제작하는 선순환 구조를 구축해 가는 드라마 제작사들이 늘고 있으며, 아예 직접 미국 등 현지 방영 드라마 제작에 직접 나서는 곳도 생겨나 향후 글로벌 제작사 탄생도 기대해 볼 수 있다는 장점도 존재한다.

[표 8-3]의 두 번째 수익모델 역할을 통해 K드라마 위상이 지속적으로 높아지고 있는 것을 부정할 수는 없다. 실력 있는 감독과 배우, 제작사가 다수 포진되어 있는 점도 기회 요소이다. 넷플릭스가 2016년 국내에 상륙한 후 몇 년이 안된 짧은 기간 동안 OTT 드라마는 괄목 성장하게 발전하였고, 메타버스 등 기술기업과의 협업으로 더욱 고품질 드라마를 제작할 것으로 기대되지만, 장기적으로는 IP를 보유하면서 드라마 제작을 할 수 있는 투자 환경이 필요하다고 판단된다.

고찬수(2015. 6−7). 웹 드라마, 성공의 조건, 한국콘텐츠진흥원, 방송 트렌드 & 인사
이트, 2015. 6−7, Vol.1.

뉴스토마토(2021.7.8). 제이콘텐트리, 자회사 통해 콘텐츠 강화… "글로벌 역량 확대."

더벨(2021.7.1). 네이버, 티빙 지분확보로 '콘텐츠 밸류체인' 완성.

문화일보(2019.1.3). 본팩토리 인수하는 CJ, 드라마 시장 지상파 추월.

비주얼라이즈(2014.12.7). Culture:: − 웹 드라마의 특성, 해외−국내 웹 드라마의 차
이점, 블로그: https://visualize.tistory.com/239.

삼성증권(2021.5.7). 제이콘텐트리.

송민정(2021.8). 글로벌 OTT 시장 지형과 국내 기업의 과제: OTT 플랫폼의 6가지 양
면 시장 전략, 동아비즈니스리뷰(DBR), Issue 1, No.326.

아주경제(20121.10.8). "오징어 게임 보려고 넷플릭스 받았어요" … 한국, 9월에만
100만 건 이상 신규 설치.

유진투자증권(2020.10.14). 드라마 제작사에게 주어지는 합격 목걸이.

이베스트증권(2021.3.16). 드라마피디아(Dramapedia).

키움증권(2021.5.31). 2021 미디어, 엔터, 레저 하반기 전망.

한국경제(2021.5.12). 스튜디오앤뉴 "디즈니 손잡고…K콘텐츠 위상 높이겠다."

한국방송통신전파진흥원(2014). 웹 드라마, 한국형 동영상 콘텐츠로 부상, 동향과 전
망: 방송·통신·전파, Vol.78, pp.72−82.

한국일보(2021.6.30). 판 키우는 CJENM의 '티빙'… 네이버와 손잡는다.

한화투자증권(2021.7.14). 중소형제작사주가조정, 그후?

한화투자증권(2021.5.24). 초록뱀미디어.

헤럴드경제(2020.4.2). CJENM, 본팩토리 159억에 인수…자체 제작 올인.

CHAPTER

09

OTT 예능 비즈니스

SECTION 01 국내 예능 산업의 진화
SECTION 02 OTT 예능의 개념과 특성
SECTION 03 OTT 예능 유통 비즈니스
SECTION 04 OTT 예능 제작 비즈니스

SECTION
01 국내 예능 산업의 진화

　다른 장르와 달리, 예능 장르는 국민소득 기준으로 그 소재가 진화되는 경향이 매우 강하다. 2015년 미래에셋증권리서치센터 조사에 따르면, 1인당 국민소득 기준 1만 달러 이하(사회 풍자 개그, 꽁트 중심), 1~2만 달러(드라마/시트콤 형식, 연예인 게스트 위주 게임), 2만 달러 이상(체험형, 요리 등 취미생활, 토크쇼, 지역/세계화) 식으로 소득 수준에 따른 인기 예능 콘텐츠가 변화되어 온 흐름이 아래 [표 9-1]과 같이 제시되었다.

▌[표 9-1] 국민소득(GDP)별로 본 유행한 예능 장르의 콘텐츠

GDP(USD)	1,000~10,000	10,000~20,000	20,000~
Trend	• 사회 풍자 개그 • 꽁트 중심	• 드라마/시트콤 형식 • 연예인 게스트 위주 • 게임	• 체험형 • 요리 등 취미생활 • 토크쇼 • 지역/세계화

출처: 미래에셋증권(2015.7.10)

　국민소득 구간을 나누어 국내 예능 산업을 살펴보면, 1인당 GDP 1천~1만 달러 시기에는 '일요일 밤의 대행진', '유머 일번지', '청춘행진곡' 등 사회 풍자 개그와 꽁트가, 1인당 GDP 1~2만 달러 시대에는 '출발 드림팀', '헤이헤이헤이' 등 시트콤이나 연예인 게스트를 위주로 한 게임 형식 프로그램이, 그리고 1인당 GDP 2만 달러 이상 시대에는 신 경험과 도전, 타인의 재능 등을 다루며, 특히 식생활에 대한 관심도가 높아지면서 리얼리티 쇼가 주도해 '식신로드', '냉장고를 부탁해' 등 요리를 주제로 하는 예능 프로그램이 주를 이룬다. 진화는 계속되고 점차 쿡방에서 집방으로 발전하더니, 3만 달러 시대를 넘으면서 보다 다양한 소재 중심으로 사회 분위기와 문화에 맞춰 끊임 없는 변화

◎ [그림 9-1] 국내 예능 산업 진화 1단계: 1980년대

프로그램명	유머일번지	일요일 밤의 대행진	청춘행진곡
이미지			
방송국	KBS	MBC	MBC
방송 기간	1983~1992	1981~1988	1984~1988

출처: 미래에셋증권(2015.7.10)

를 이루고 있다.

따라서 국내 예능 산업의 진화 단계를 국민소득별로 구분된 3단계로 나누어 구분할 수 있다. 먼저, 위 [그림 9-1]에서 제시되듯이, 1인당 GDP 1천~1만 달러 시대인 1단계는 1980년대로 풍자 코미디가 가장 인기를 모았던 시기이다. 재벌 그룹 임원 회의실을 배경으로 당시 일어났던 정치, 사회 전반의 상황을 풍자하는 '유머 일번지'에서 '회장님, 회장님, 우리 회장님' 같은 코너들이 선풍적인 인기를 끌었다. 그 당시 풍자 코너는 전체 코미디 프로그램 시간의 1/3 가량을

◎ [그림 9-2] 국내 예능 산업 진화 2단계: 1990년대

프로그램명	남자셋 여자셋	헤이헤이헤이	열전! 달리는 일요일
이미지			
방송국	MBC	SBS	KBS
장르	시트콤	시트콤	게임
방송 기간	1996~1999	2002-2003, 2006	1990~1993

출처:. 미래에셋증권(2017)

차지했다고 한다.

그러나 1990년대 들어 국민소득 1만 달러 시대가 도래한 때부터인 2단계에서는 [그림 9-2]와 같이 풍자 코미디가 점차 사라지고 개인의 오락과 재미를 추구하는 프로그램들이 주를 이룬다. '오늘은 좋은날-귀곡산장, 울엄마(MBC)', '일요일 일요일 밤에-TV인생극장(MBC)', '헤이헤이헤이(SBS)' 등이 있다.

2000년대 중반 이후 국민소득 2만 달러 이상이 되기 시작한 3단계에서는 다양한 리얼리티쇼들이 나오기 시작한다. 다음 [그림 9-3]에서처럼 GDP로 일본과 우리나라를 비교해 볼 수 있다. '무한도전', '1박2일' 같은 도전 프로그램과 'K팝 스타', '슈퍼스타 K(슈스케)' 같은 일반인 참가 오디션 프로그램이 국내에서는 대표적이다. 오디션 프로그램을 이은 것은 관찰 예능이다. '인간의 조건'(KBS), '나혼자 산다'(MBC), '진짜사나이'(MBC), '아빠! 어디가?'(MBC), '백년손님-자기야'(SBS), '꽃보다 할배'(tvN)가 대표적이다.

지역적이면서 세계적인 콘텐츠를 개발하려는 노력도 시작된다. 특히 '냉장고를 부탁해', '오늘 뭐 먹지', '식신로드' 같은 음식 관련 프로그램들은 일본에서 1990년대 중반 이후 인기 있던 예능 프로그램 장르들과 유사하다. 일본은 1990년대에 국민소득 2만 달러를 달성하였다. 특히, 오디션 프로그램은 인구 5천만 국가에서 한 프로그램의 예선에 200만 명이 참가하는 대기록을 나오게 했다. 2012년 방영된 '슈퍼스타K(슈스케)시즌4'(Mnet)가 그 주인공이다. '슈스케'의 성공으로 각 방송사들이 경쟁적으로 유사한 오디션 프로그램을 내놓는다. '위대한 탄생'(MBC), '밴드 서바이벌 TOP밴드'(KBS), '서바이벌 오디션 K팝스타'(SBS), '보이스코리아'(Mnet)가 대표적이다. 1인당 소득이 오르면서 음식 프로그램이 인기를 끌고, 경제수준이 더 올라가면서 인테리어와 가드닝 등 집에 관한 프로그램이 등장하기 시작한다. 이처럼 버라이어티쇼, 오디션에서 요리 프로그램인 쿡방, 먹방까지 넘어 온 리얼리티쇼는 점차 '구해줘 홈즈', '내방의 품격' 같은 집방으로 확장되기 시작한다.

한편 모바일 시대를 맞아 예능을 스마트폰으로 보려는 수요가 증대하면서 2015년에 웹 예능을 표방한 '신서유기'와 웹 예능과 TV 예능을 접목시킨 '마이리틀 텔레비전(이후 마리텔)' 시즌 1이 등장했다. 웹 예능의 개념에 대해서는 2절

◉ [그림 9-3] 일본(1990년 중후반)과 비교되는 국내 예능 산업 진화 3단계(2000년대 중반 이후)

장르		일본	한국
버라이어티쇼	프로그램명	우짱난짱의 우리나라	무한도전
	이미지		
	방송국	NTV	MBC
	내용	멤버들 및 게스트들의 사교댄스, 도버해협 횡단 등 스포츠 중심의 다양한 취미 활동 도전 및 경험	멤버들이 매주 다양한 주제에 도전
	방송기간	1996~2002	2006~현재
오디션	프로그램명	ASAYAN	K-POP 스타
	이미지		
	방송국	TBS	SBS
	내용	모닝구무스메, CHEMISTRY 등 가수 배출한 오디션	차세대 K 팝스타를 발굴하는 서바이벌 오디션
	방송기간	1995~2002	2011~현재
요리	프로그램명	요리의 철인	냉장고를 부탁해
	이미지		
	방송국	Fuji TV	JTBC
	내용	당일 공개하는 테마 재료로 요리사끼리 대결. 요리 후 심사위원 평가	게스트의 냉장고에 있는 재료로 음식을 만들어 대결을 펼치는 프로그램
	방송기간	1993~1999	2014~현재

출처: 미래에셋증권(2017)

에서 다시 설명할 것인데, 이는 기존 TV 프로그램과 달리 주로 평균 5분에서 15분 등 짧은 러닝타임으로 편성되며, tvN D에서 2015년 '신서유기'를 제작한 이후부터 웹 예능이라는 명칭이 본격적으로 사용된다.

2015년 CJENM의 나영석, 신효정 PD가 공동 연출한 '신서유기'는 시즌 2까지 OTT인 네이버TV에서 먼저 방영되었고, 시즌 3부터는 유료TV 채널인 tvN의 버라이어티 예능 시리즈로 확장된다. 요괴들(출연진)이 각자 소원을 이루기 위해 순차적으로 미션을 해결하는 내용인데, 시즌마다 사방으로 떨어진 용볼을 모아 소원을 이뤄 주는 개념으로 운영되었다. 한편, 2015년 4월 처음 지상파방송인 MBC에 정규 편성된 '마리텔' 시즌 1은 인터넷방송을 TV에 접목시킨 국내 최초의 사례로, 출연자와 불특정 인터넷 시청자들이 실시간 채팅창을 통해 TV를 보면서 소통하고 시청자 반응이나 제안을 반영해 TV 기기가 가진 일방향성의 한계를 돌파했다는 평가를 받았다. 2019년 시즌 2도 매우 성공적이었지만, 이후에 PD들이 카카오M으로 이적하면서 종영하게 된다.

이처럼 2015년부터 개화하기 시작한 국내 웹 예능은 2017년 카카오와 네이버가 웹 예능 투자를 발표하면서 그 성장세가 본격화된다. 네이버TV와 브이라이브(VLive) 같은 포털사 제공 OTT의 제작에서부터 스튜디오룰루랄라(JTBC 제작사)와 tvN D(tvN의 제작사) 같은 TV 채널 제작에까지 보다 차별화된 웹 예능 콘텐츠들을 쏟아 내려는 노력들이 시작된다. 네이버TV와 V라이브의 '신인식당(2017.9.15.~2018.3.16. 26부작)', '진리상점(2018.10.25.~2019.1. 24부작)', '슈주 리턴즈(SJ returns) 3'(2018.12.~2019.1.5), '노홍철의 길바닥쇼(2016.2.5.~2016.4.22)' 같은 프로그램들이 나왔으며, 스튜디오룰루랄라의 '와썹맨'과 '워크맨'은 가장 성공한 웹 예능 콘텐츠로 평가받는다.

네이버와 카카오의 웹 예능 투자에 자극받은 지상파방송사들도 변화하기 시작한다. 2018년 '퀴즈온 코리아', '어머니와 고등어', '옥탑방의 문제아들', '아육대' 등 만남, 취미, 지식 등 예능의 소재가 점차 다양해지더니 2019년을 기점으로 웹 예능과 TV 예능의 경계가 점차 사라지기 시작한다. '커피프렌즈', '스페인하숙'처럼 유튜브에서 1인 미디어 크리에이터들이 시도할 만한 방송을 역으로 지상파방송에서 시도하면서, TV 예능이 웹 예능의 영향을 받는 사례들이 나타나기 시작한다. 웹 예능과 TV 예능의 경계가 사라지는 블러링(Blurring) 현상은 점점 더해져, 웹 예능처럼 TV 예능도 시즌제를 도입한다. 시즌 2를 끝으로 종영된 '마리텔' 외에도 '대화의 희열', '연애의맛', '프로듀스101' 등이 시즌제 편성을 했다. 시즌제는 익숙한 제목과 포맷으로 시청자들에게 예측 가능한 수준의 재미를 예고한 뒤 출연진이나 소재, 스토리의 변화로 새로움을 주는 방식이다.

웹과 TV 간의 경계가 희미해지는 이러한 현상은 기존 TV 예능의 유통구조 변화도 불러온다. 예컨대 기존에는 MBC에서 제작해 MBC에서 먼저 편성하고 자사 계열 유료TV 채널인 MBC에브리원에서 재방송 편성하는 게 일반적이었는데, 웹 예능의 TV 예능처럼 발상의 전환이 일어난다. 즉, MBC에브리원에서 제작해 정규 편성했던 프로그램인 '세빌리아의 이발사'를 MBC 지상파방송에 후속으로 내보내는 실험을 하기도 한다. 지상파방송사의 본 방송, 지상파방송 계열 유료TV 채널의 재방송순으로 이어지는 유통구조가 바뀐 것이다. 보다 경쟁력 있는 편성을 위해서라면 지상파방송과 지상파 계열 유료TV 채널 간 구분도, 순서도 개의치 않는 상황이 전개된다. 유튜브 등 OTT에 선 공개한 뒤 정규 방송에 편성하거나 TV로 프리퀄을 보여 준 뒤 웹에 전체를 올리는 형식도 나타난다. 대표적인 사례로 '신서유기'가 웹 예능 내지 OTT 예능으로 먼저 보여준 뒤 TV로 방영된 경우이다. 영화나 드라마처럼 예능 장르에도 창구효과가 존재하는데 홀드백 기간이 바뀜으로써 기존의 창구효과가 무너지기 시작한다.

TV 예능이 아예 웹 예능과 닮아가는 편성전략도 생겨난다. 먼저, 분할편성 전략으로 SBS는 2020년 4월부터 그동안 1, 2부로 나눠 방송하던 '미운우리새끼'를 40분씩 3부로 나눠 방송했다. 이는 120분 프로그램을 60분씩 2부로 나누던 기존 방식보다 3부 편성이 시청자들의 짧아진 호흡과 패턴에 더 부합할 것이기 때문인데, 물론 추가 광고 수익 확보라는 계산도 함께 담겨 있다. 광고 수익 급감으로 어려움을 겪는 지상파방송사로서는 시청률 높은 인기 프로그램을 통해 시청자의 광고 노출을 늘리고 광고 판매를 늘리기 위한 고민도 병행해야 하는 상황이기 때문이다. 또 다른 전략은 텐트폴 전략으로 특정 장르는 특정 시간에 방영한다는 철칙이 무너진다. 예컨대, MBC는 '뉴스데스크' 시간 변경에 이어 월화드라마, 수목 미니시리즈 방송 시간대를 저녁 9시로 옮기고 10시대에 교양 프로그램을 배치하는 실험을 시작했고, SBS도 월화 드라마 방영 시간대인 저녁 10시에 예능 프로그램을 편성하는 등의 파격적인 편성에 나서기 시작한다.

2018년 국민소득 3만 달러 시대에 들어선 국내 예능 장르의 산업이 어떻게 발전할 것인지가에 관심을 갖게 된다. 2015년 2만 달러 시대의 끝자락에서 TV 예능으로 tvN의 '삼시세끼', JTBC의 '냉장고를 부탁해', tvN의 '집밥 백선생' 등 예능 프로그램의 대세는 '쿡방'이었고, 점차 XTM의 '수컷의 방을 사수하라'를 시작으로 JTBC의 '헌 집 줄게 새집 다오', tvN의 '내방의 품격', 채널A의 '머슴아들' 등 새로운 '집방' 예능 프로그램들이 등장하였고, 코로나19가 시작되면서 전통 트로트와 서바이벌 포맷을 접목시킨 '내일은 미스트롯'(TV조선), 왕년의 인기 배우의 모습을 그린 '덕화TV'(KBS), 조직 내 상하관계를 다룬 '사장님 귀는 당나귀 귀'(KBS), 새로운 음식과의 조우가 빚어 내는 다양한 색을 다룬 '스페인하숙'(tvN) 등 다양한 소재와 맛을 내는 예능의 진화는 계속되고 있다. 2021년이 되면서 TV예능의 대표채널인 tvN에서 제시된 주요 예능 프로그램은 '체류 예능'이다. tvN의 '윤식당'을 시작으로 '어쩌다 사장'과 강궁 PD의 '바퀴 달린 집' 등으로 이어지고 있다.

웹 예능이란 웹(Web)과 예능의 합성어로 TV가 아닌 인터넷을 통해 공개 또는 방송되는 예능 프로그램을 지칭한다. 하지만 MCN을 통해 주로 유튜브로 전송되는 1인 미디어 크리에이터들의 예능 콘텐츠를 웹 예능이라고 부르지는 않는다. 이보다는 웹에서 처음 공개한다는 의미의 '오리지널 콘텐츠' 성격을 말한다. 특히 인터넷 동영상 서비스인 OTT시장 경쟁에 심화되면서 더 이상 영화나 드라마에서만 의존할 수 없게 되면서 웹 예능이 오리지널 콘텐츠의 부상과 함께 주목받기 시작한다. 그러나 앞에서 언급했듯이 국내에서는 '신서유기'를 시작으로 웹 예능이라는 명칭이 일반화되었으며, 웹 예능을 TV로 끌어들인 '마리텔'도 등장한다. 그 이후 2017년부터 카카오와 네이버가 웹 예능에 적극 투자하기 시작하면서 국내 웹 예능은 OTT 예능 비즈니스로 발전할 채비를 마련하게 된다. 실제로 콘텐츠 소비 창구가 TV에서 스마트폰으로 급속히 옮겨져 웹 예능 콘텐츠 전문 제작을 담당하는 JTBC의 스튜디오룰루랄라, 네이버의 플레이리스트, 에이앤이(A&E)코리아의 달라스튜디오 등이 생겨났고, 새롭게 개명한 네이버TV와 카카오TV가 웹 예능 콘텐츠를 유통시키면서 OTT 예능 경쟁으로 이어진다.

OTT 환경 이전부터 등장한 웹 예능이 발달하게 된 배경들을 간단히 정리하면, 첫 번째는 TV 시청자들과의 소통이 용이하다는 점이다. TV 예능과 비교해 웹 예능은 거의 무한대 소통을 가능하게 하며, 편집을 할 때에도 댓글을 캡처해 상황에 맞게 편집하는 등 소비자 반응을 신속하고 적극적으로 반영한다. 브랜디드 콘텐츠인 '네고왕'을 예로 들면, 특정 기업 대표를 찾아가 소비자들이 주로 소비하는 제품에 대해 흥정을 하도록 해 실제로 소비자들에게 혜택을 제공하며, 유튜브 댓글을 통해 소비자들의 반응과 다음 흥정을 요청할 기업을 추천받는 등 TV 시청자들과의 양방향 소통을 중심으로 예능 프로그램을 진행하면서 좋은 반응을 이끌어 냈다.

두 번째 배경은 선호하는 웹 예능의 콘텐츠 길이가 짧고 흐름이 빠른, 숏폼이라는 점이다. 2015년 등장한 '신서유기'를 예로 들면, TV 예능을 통해 먼저 숏폼이 선보이고 유튜브를 통해 전편을 공개해 성공한다. 즉, 최초 5분 편성으로 화제를 모든 나영석 PD의 '신서유기 외전 – 삼시세끼: 아이슬란드에 간 세끼'는 5분 TV 예능 프로그램으로 TV 시청자들을 먼저 만나 화제를 모았고, 유튜브 채널인 '채널 십오야'에서 좀 더 긴 버전을 업로드하면서 이용자들의 관심을 한몸에 받았다. 이후 '라끼남', '마포 멋쟁이', '나홀로 이식당' 등 신서유기 멤버들을 활용한 숏폼 콘텐츠가 화제성을 이어 나가며, '출장 십오야'에서는 각종 콜라보레이션을 통해 숏폼 예능의 영역 확장을 꾀하게 된다. 기존 예능 프로그램의 장점(출연진, 게임 소재 등)을 개별적으로 극대화 해 숏폼으로 변화시키는 기획과 실행 능력이 주요 성공 요인인데, 특히 나영석 PD를 필두로 양정우 PD('라끼남', '나홀로 이식당'), 박현용 PD('마포 멋쟁이'), 신효정 PD('출장 십오야')의 또 다른 역량을 맛볼 수 있는 좋은 기회로서도 활용된다.

세 번째 배경은 매우 솔직하고 센스 있는 브랜디드 콘텐츠인 간접광고(Product placement; PPL) 진행이 가능하다는 점이다. 지상파방송에서는 간접광고에 대한 제재가 많지만, 인터넷방송은 지상파방송과 대비해 광고 규제의 폭이 좁다. 하지만 웹상에서는 시청자들을 기만하지 않는 선에서 오히려 솔직하게 광고에 대한 이야기를 할 수 있고, 광고를 받았다는 것이 흥행의 증표라며 시청자들이 이에 축하를 해주기도 한다. 콘텐츠 시나리오나 대사 속에서도 대놓고 광고나 협찬을 요구하는 멘트를 하는 등 웹 예능 프로그램 진행 중에 PPL은 하나의 콘텐츠 소재로 사용된다. 스토리 안에 PPL을 녹이는 형태가 아닌, 하나의 콘텐츠 주제로 활용하는 방식으로 웹 예능을 제작하는 것이다. 대표적인 예로 '와썹맨'이 있다.

스튜디오룰루랄라는 '와썹맨'에서 예산 부족으로 인해 폐지 위기에 처한 프로그램을 살리자는 콘셉트로 제모 PPL 방송인 '털 없는 쭈니형, 제모 PPL 위해 겨털스 많은 게스트 섭외함'이라는 영상을 제작했고, 이 영상을 본 시청자들은 대놓고 PPL을 하는 게 더 웃기다는 긍정적 반응을 보인다. 또한, 2017년 9월부터 미스틱엔터테인먼트와 협업해서 진행한 PPL 웹 예능인 '빅픽처'에서도 김종국과

하하가 프로그램 제작비 확보를 위해 중소기업부터 대기업까지 PPL을 원하는 광고주를 찾아다니면서 PPL을 유치하고 진행해 주는 방식으로 제작되는 등 웹 예능에서 PPL을 하나의 주제로 적극 활용하고 있다.

이러한 배경에서 발전하기 시작한 국내 웹 예능은 OTT 플랫폼들의 대거 등장으로 OTT 예능으로 진화하게 된다. OTT 플랫폼에서 예능 비즈니스 환경을 먼저 구축한 중국 OTT 예능 개념과 전개 과정을 잠깐 살펴보고 국내로 돌아가 보자. 케이블TV와 위성TV를 거쳐 IPTV가 보편화된 국내 유료TV와 달리, 중국에서는 위성TV가 유일한 유료TV인 상황에서 유료TV의 내용규제가 심했기 때문에 이를 피하기 위해 다소 느슨한 규제 정책이 반영되는 OTT 예능이 2014년쯤부터 발전한다. 대표작으로 '기파설'이 있다. 소셜미디어(위챗 등)와 커머스(알리바바 등), 검색엔진(바이두) 같은 인터넷 플랫폼들은 유쿠투도우, 아이치이 등 벤처 OTT들을 인수했고, 한국 PD들도 유입하는 등 탄탄한 OTT 예능 제작 기반을 마련한다. 2015년과 2016년에는 대형 위성TV의 예능 프로그램보다 더 많은 수의 OTT 예능이 제작되었다. 2017년 OTT 예능이 황금기를 맞지만 관련 규제가 지속적으로 강화되고 경쟁이 심화되면서 수익모델은 구독 및 광고 외에 연예매니지먼트, 오프라인 공연에 나서거나 판권, 프로그램 포맷 판매 등으로 확대되며, 2018년 아이치이(바이두가 보유), 텐센트비디오(텐센트가 보유), 유쿠투도우(알리바바가 보유) 3강 체제로 굳어진다.

2014년 아이치이의 '기파설'은 토론대회라는 파격 형식과 B급 코드, 청년층의 가치관과 세계관을 엮은 참신한 OTT 예능으로 데이터를 활용한 정확한 시장 포지셔닝, PC나 모바일 댓글 투표 등 웹의 장점을 십분 활용한다. '기파설'의 성공을 경험한 아이치이는 플랫폼 개방 전략을 내놓았고, OTT 예능 제작 여건을 마련하기 위해 프로그램 연구센터나 편집실, 공작실 등을 외부 제작자들에게 개방한다. 이는 직접 제작에 나서지는 않지만 외부 제작진들이 들어와 제작할 수 있는 환경을 구축한 아마존의 스튜디오와 유사하다. 이를 통해 아이치이는 토크쇼 중심 소재 외에도 음악, 역사 등 다양한 OTT 예능 소재들을 선보였으며 AI를 활용하거나 온라인 쇼핑몰과 연계한 커머스 사업으로까지 확장한다.

텐센트비디오는 펀드를 조성하는 방식으로 OTT 예능 제작에 뛰어들었다.

2015년 고품질 OTT 예능 제작, 최고 제작진 섭외 등 창작력 제고를 위해 10억 위안의 펀드를 조성한 텐센트비디오는 중국 대표 위성TV인 둥팡위성, 네덜란드 TALPA 방송국 등과 협력 체계를 구축해 서바이벌 버라이어티를 제작한다. 텐센트비디오는 JTBC와도 공동제작 계약을 체결해 중국판 '냉장고를 부탁해'를 제작했는데, 중국 시장에 맞도록 방송 포맷을 일부 수정하였다. 시청자와 소통하기 위해 소셜미디어와 연계하고 프로그램 중간에 온라인으로 시청자와 소통하는 코너 등을 추진한 텐센트비디오가 YG, SBS와 공동제작한 '작전파우상'은 '더콜라보레이션'이라는 제목으로 SBS MTV와 SBS FunE에서 방송되기도 했다. 텐센트비디오도 아이치이처럼 커머스 기능까지 도입해 중국 쇼핑 플랫폼과 O2O 서비스로 확장한다.

한편, 유쿠투도우는 모든 시청자를 공략하기보다는 시장을 세분화해 프로그램마다 시청 타깃을 다르게 설정한 OTT 예능을 내놓는다. 토크쇼가 주를 이뤘던 초기부터 유쿠투도우는 아이돌 육성, 코미디, 스포츠, 가상 연애 등 다양한 유형의 자체 제작한 오리지널 OTT 예능을 선보였고, 가상현실(VR), 증강현실(AR) 등을 콘텐츠에 접목시켜 2016년 아이돌 육성 프로그램 '국민미소녀' 결승전에서 VR 기술을 접목해 동시 접속자 400만 명을 기록했고, 리얼리티 여행 프로그램 '여행' 시즌 3에서는 중국 최초로 모든 장면을 4K 기법으로 촬영했다.

이렇게 대형 OTT 플랫폼 중심으로 오리지널 웹 드라마나 웹 영화에서 경험한 성공 공식을 웹 예능에 적용한 중국의 OTT 예능처럼 국내 OTT 예능도 넷플릭스의 국내 오리지널 예능 투자를 시작으로 특히 오리지널 OTT 예능에 대한 관심을 보이기 시작한다. 넷플릭스는 '유병재의 블랙 코미디', 유재석이 출연하는 '범인은 바로 너!' 등 오리지널 OTT 예능에 투자했고, 유튜브, 훌루(Hulu), 애플, 아마존 등이 국내 OTT 예능 제작에 투자하기 시작하더니 국내 토종 OTT들의 오리지널 예능 투자로 이어진다.

따라서 TV 시청의 부산물로 등장했던 웹 예능과 구분되는 국내 OTT 예능의 첫 번째 특성은 글로벌 OTT, 네이버, 카카오, 웨이브, 시즌 등 토종 OTT들의 오리지널 독점 장르로 특화되었다는 점이다. 네이버는 오리지널 OTT 예능인 '찍히면 죽는다: 마트전쟁'을 만들어 네이버TV에만 독점 공개했고, 카카오도

2020년 오리지널 예능으로 제작된 이경규의 '찐경규', 이효리의 '페이스아이디'를 새로 출시된 카카오TV에 독점 공개한다. '대탈출' 시리즈의 정종연 PD가 만든 '여고추리반'은 티빙의 최초 오리지널 예능으로서 '대탈출'의 노하우를 바탕으로 매회 추리 덕후들의 사랑을 받는다. 웨이브도 2020년 '시간을 사는 사람들 — 어바웃타임'을 자체 제작하여 시간 경매를 시도했고, 시즌도 MBC 디지털스튜디오와 아이돌 프로그램을 공동제작하였다. 후발주자인 쿠팡의 쿠팡플레이도 방송인인 신동엽이 출연하는 오리지널 OTT 예능 'SNL 코리아'를 독점 출시한다.

◉ [그림 9-4] 티빙의 오리지널 OTT 예능들

기존 웹 예능과 구별되는 국내 OTT 예능의 두 번째 특성은 OTT들에 대한 대응 차원에서 전통 TV 방송사들이 예능 프로그램 아카이브 콘텐츠를 재활용한다는 점이다. 2019년 KBS 예능 프로그램 아카이브에서 OTT로 재활용된 '크큭티비', '깔깔티비'가 대표적이다. 코미디와 예능 프로그램으로 구분하여 유튜브의 채널에서 방영된 이 둘의 특이점은 다른 지상파방송 유튜브 채널과 달리 편성표가 존재한다는 점이다. 시간대별로 맞춤형 콘텐츠를 선보이며, 섬네일에 신경을 써서 제작되었고, 스핀오프 예능도 있다. MBC의 '전지적 참견 시점'의 경우에는 먹방 OTT 예능으로도 확장되었다.

기존 웹 예능과 구별되는 국내 OTT 예능의 세 번째 특성은 OTT 드라마나 OTT 영화 대비 가성비가 높기 때문에 제작사, 방송사, 유통사 모두 관심 갖는 장르가 되었다는 점이다. 시간 분량도 적어 저예산으로 제작하는 것이 가능하고, 실험적 시도도 가능하다는 장점이 있다. TV 예능 콘텐츠의 유통 흐름이 뒤섞이면서 TV 방송사가 직접 OTT와 손잡고 OTT 예능을 제작하는 공동제작 사례로 등장하긴 했지만, 제작사, 방송사, 포털사 간에 경계 없는 OTT 유통 경쟁이 심화되면서 점차 OTT 예능의 질적 수준도 향상되고 있으며, 제작비도 함께 상승하게 된다. 중국에서처럼 국내에서도 내용규제 강도가 상대적으로 약한 OTT가 예능 장르의 유통 플랫폼으로 선호되고 있으며, 드라마의 경우와 마찬가지로 브랜디드 예능으로도 발전하여 기업이나 기관의 홍보 도구로도 활용되고 있다.

정리해 보면, 글로벌 OTT에 힘입어 국내 OTT 예능은 질적으로나 양적으로 모두 성장하였다. 영화나 드라마에 비해 초기 투자금이 적어 진입장벽이 낮은 데다가 콘텐츠 자체 성과도 좋아 제작사와 유통사뿐만 아니라 전통 미디어까지 뛰어들고 있다. 무엇보다도 초기 투자 금액 대비 높은 가성비로 오리지널 콘텐츠 제작이 가능하다는 점이 가장 큰 장점인데, 그 외에도 최초 유통망이 통신망이다 보니 방송법 규제를 상대적으로 덜 받아 내용면에서나 편성면에서 상당히 자유롭고 실험적인 기획이 가능하다는 점이 크게 작용한다. 자유롭게 다양한 실험이 가능한 환경이다 보니 OTT 예능은 기존 TV 예능보다 훨씬 많은 소재들을 다루게 된다.

OTT 예능 유통 비즈니스

앞서 언급했듯이, 자유로운 감성을 잘 살린 '와썹맨', 브랜디드 예능 콘텐츠로 발전한 '네고왕' 등 선전하고 있는 기존의 웹 예능 환경에서 OTT 경쟁이 심화되자 오리지널 OTT 예능이 발전하기 시작한다. 여기서는 OTT 유통사들의 예능 유통에 초점을 두고 살펴보자. 넷플릭스는 2018년 상반기에 '범인은 바로 너!', '유병재의 블랙 코미디' 등을 자체 제작하면서 글로벌 OTT의 오리지널 범위가 현지의 제작진과 직접 협업이 가능함을 보여 주었다. 물론 넷플릭스가 YG엔터테인먼트와 함께한 'YG전자'는 지나친 '병맛'으로 비판을 받기도 했다. 유튜브도 YG엔터와 손잡고 '달려라 빅뱅단' 오리지널을 공개했다. 넷플릭스 등의 이러한 행보에 대응하기 위해 국내 토종 OTT들은 스타 PD 등 역량 있는 예능 제작 인력 확보 전쟁을 시작한다.

기존의 웹 예능 제작사를 아예 인수하거나 투자하면서 자사 OTT 플랫폼에 독점 유통하기 시작한 네이버와 카카오는 OTT로 도약하기 위해 2017년부터 웹 예능 투자를 늘려 나갔다. '포토피플', '포커페이스' 등 오리지널 웹 예능 제작 투자에 뛰어든 네이버는 2017년 총 1억 원 지원 계획을 발표하고 소규모 제작사인 작품 창작 독려를 위해 네이버TV 사용자 지표 기준으로 우수작을 유통하는 지원도 펼치는 가운데, 2018년 3월 '찍히면 죽는다: 마트전쟁'을 V라이브(V Live)와 네이버TV에 독점 공개한다. 2021년 V라이브와 엔터테인먼트 팬 플랫폼인 위버스의 통합으로 글로벌 월 이용자(MAU)는 3,470만 명에 달하고, 이 중 85% 이상이 글로벌 이용자이다.

카카오TV는 카카오톡 플랫폼에 올라탄 PIP 형태의 OTT 플랫폼이기 때문에 20분 내외 짧은 콘텐츠 위주로 구성하며 카카오톡을 통해 콘텐츠에 쉽게 접근 가능하다는 장점을 갖는다. 카카오는 연예기획사, 영화·드라마 제작사, 음반 제작사 및 유통사 등을 공격적으로 인수하고, 지상파방송사와 종합편성 채널 출신

PD들을 잇따라 영입해 자체 제작 기반을 마련하고 2020년 9월 독자 OTT인 카카오TV를 통해 자체 제작한 프로그램들을 공개하였는데, 특히 모바일에 특화된 예능들이 주목을 끈다. 세로 화면을 활용한 이효리의 '페이스아이디'(2020), 카카오톡을 활용한 '톡이나 할까'(2020), 채팅방을 활용한 '거침마당'(2021), 기프티콘 기능을 활용한 '빨대퀸'(2021) 등이 대표적이다. 2021년 출범한 카카오엔터테인먼트의 제작 환경을 가진 카카오TV는 2021년 총 55개 타이틀의 오리지널 예능 및 드라마를 선보이는 등 2023년까지 3년간 약 3천억 원을 투자해서 총 240여 개의 오리지널 콘텐츠를 제작하겠다는 계획이다.

2019년 3월, 숏폼 콘텐츠 투자를 대폭 늘리면서 디지털 콘텐츠 제작 스튜디오 조직 개편(예능은 tvN엔터)을 단행한 CJENM의 OTT인 티빙에서는 정종연 PD의 '여고추리반'(2021), 나영석 PD의 tvN '신서유기'의 스핀오프인 '스프링 캠프'(2021), 이태경 PD의 '놀라운 토요일─도레미마켓'의 스핀오프인 '아이돌 받아쓰기 대회'(2021), '꽃보다 할배', '여름방학' 등을 연출했던 이진주 PD의 연애 리얼리티 예능인 '환승연애'가 공개된다. 2021년 8천억 원을 시작으로 향후 5년 간 5조 원 이상의 콘텐츠 투자 계획을 밝힌 CJENM은 자사 보유 히트작과 역량 있는 제작진 중심으로 프랜차이즈 IP를 육성해 티빙에 독점 유통하는 전략을 추진 중인데 '여고추리반'이 티빙의 최초 오리지널 예능으로 독점 공개되었다. 이어 tvN의 주말 정규방송 예능인 '놀라운 토요일─도레미마켓'의 이태경 PD가 스핀오프 성격의 '아이돌 받아쓰기 대회', 신서유기 새 시즌인 '신서유기 스프링캠프'를 티빙 오리지널로 줄줄이 독점 유통한다.

SKT와 지상파방송 연합의 OTT 플랫폼인 웨이브도 오리지널 콘텐츠 제작에 2025년까지 1조 원을 투자하겠다는 계획으로 단독 공개하는 콘텐츠를 늘리는 가운데, OTT 예능으로 강호동·이수근을 앞세워 스타의 시간을 경매한다는 콘셉트로 제작된 '어바웃타임'(2020) 외에 MBC와 협업해 여자 연예인 야구단을 다룬 '마녀들'(시즌1 2020~시즌2 2021), 제작사 SMC&C와 협업해 제작한 '반전의 하이라이트'(2021), '소년멘탈캠프'(2020) 등이 있다. KT의 OTT인 시즌도 MBC 디지털스튜디오 'M드로메다'와 라이브 예능 '빽 투더 아이돌'을 공동제작한다. '빽 투더 아이돌'은 OTT인 시즌에서 실시간 생중계 방송으로 독점 제공되고 편집본은 'M드로메다' 유튜브에 공개된다.

이에 대응해 보려는 지상파방송사들은 과거 방송된 레전드 예능들을 업로드하는 채널들을 유튜브에서 운영하기 시작한다. KBS는 '개그콘서트', '유머 1번지' 클립으로 운영한 '크큭티비' 채널의 성공에 힘입어, '1박2일', '해피투게더', '안녕하세요', '스펀지', '남자의 자격', '천하무적 야구단' 등 2000년대에 인기몰이를 했던 TV 예능들을 '깔깔티비' 채널을 통해 업로드한다. SBS도 유튜브 채널인 빽능에 '런닝맨', '패밀리가 떴다', 'X맨', '영웅호걸' 등을, MBC도 유튜브 채널인 옛능에 '무한도전', '아빠 어디가?', '라디오스타', '무릎팍도사' 등을 업로드하면서 대응하고 있다.

그 외에도 OTT 예능과 이커머스의 결합이 진행된다. 2020년 말, 쿠팡은 쿠팡플레이라는 독자 OTT를 출시한 이후 에이스토리와 함께 신동엽 출연의 OTT 예능인 'SNL Korea'를 리부트 제작하여 독점 유통하게 되었고, 카카오TV의 '머선129'(2021~)는 기업 CEO와 혜택을 걸고 대결한 뒤 승리할 경우 선물을 준다는 콘셉트로 자연스럽게 기업과 해당 기업의 상품을 노출하는 브랜디드 예능이 된다. 또한, 카카오TV의 OTT 예능인 '뮤즈강림'(2021~) 경우 한혜진이 브랜드 이미지에 적절한 모델을 찾아 나서는 과정에서 브랜드와 상품이 가진 이미지나 효능 등을 자주 언급하게도 한다.

글로벌 OTT들이 촉발시킨 국내의 OTT 예능 유통 비즈니스는 플랫폼 자체 오리지널 콘텐츠를 확보하기 위한 양적 경쟁으로 시작했지만, 콘텐츠의 다양성 확대를 통해 질적으로도 발전한다. TV 예능에서는 지킬 수밖에 없었던 내용과 형식의 제약에서 과감히 벗어나 보다 다양한 것들을 실험하며 새로운 재미를 선사하고, 파일럿 프로그램을 통해 본격 제작 전의 사전 실험도 가능해 다양한 주체에 의한 제작이 용이하다. 또한 OTT 플랫폼으로 콘텐츠의 유통 경로가 다변화되어 수익을 롱테일로 회수하는 것이 가능해졌다. 한정된 시간 자원을 활용해야 하는 TV 채널과는 달리, OTT에서는 콘텐츠를 거의 무제한으로 유통시킬 수 있다. 지상파방송사가 자신들의 라이브러리를 활용해 유튜브 채널을 통해 올리는 부가 수익이 대표적이다.

그러나 OTT 예능 유통의 급격한 성장과 확대에 따라 간과하기 어려운 문제들도 지적된다. 첫 번째 문제는 제작비의 상승이다. 웹 드라마 장르 대비 비교적 저렴한 비용으로 제작이 가능했던 것이 웹 예능이었으나, 주요 OTT에서 경쟁적으로 오리지널 예능 제작에 나서면서 방송 프로그램에 견주어도 손색없는, 고품질의 예능 콘텐츠 제작을 위해 비용이 증가하고 있으며 전문 인력 부족과 캐스팅 경쟁에 따른 인건비 상승도 잇따르고 있다.

두 번째 문제는 편성 규제의 사각지대에 있다는 점이다. 2015년 웹 예능으로 등장한 '신서유기' 공개 당시 문제가 될 수 있는 장면들이 있었으나 방송법에 의한 방송심의 규제를 적용할 수 없었는데, 심의에서 비교적 자유롭고 자유로움에서 오는 날 것의 느낌을 이용자들이 좋아한다는 사실에 더욱 집중하다 보니 일부의 경우 논란이 발생하기 시작했다. 한 예로 개그맨 박나래의 성희롱 발언이다. 2021년 3월 공개된 OTT 예능 '헤이나래'에서 그가 남자인형을 두고 한 발언을 두고 성희롱 논란이 발생해 결국 업로드 채널인 CJENM의 스튜디오와플은 해당 영상을 삭제하고 기획했던 전체 프로그램을 폐지했다. 2020년 카카오TV의 '가짜사나이'(시즌1 & 2)도 1인 미디어 크리에이터들이 해군 특수부대 훈련을 받는 과정을 리얼하게 담아 내어 화제를 모으고 시즌 2까지 제작됐지만 욕설과 막말 논란에 성폭력 전과, 불법 퇴폐업소 출입 등 출연자 이슈까지 더해져 제작 중단 후 재개했다가 빠르게 종영하였다.

세 번째 문제는 간접광고 규제로부터 자유로워 독특한 형식의 브랜디드 콘텐츠가 가능하다는 점이 장점으로 작용하지만, 아예 예능 프로그램과 광고의 경계가 불분명해진다는 부정적 이슈를 낳는다. 마치 신문이나 TV 방송에서 뉴스의 형식을 띠고는 있으나 사실 관계를 파악하지 않거나 왜곡시켜 제작되는 기사형 광고가 자칫 실제 뉴스로 인식될 수 있다는 위험성을 가진 것처럼, 광고가 교묘하게 녹아 있는 브랜디드 예능에서도 이러한 위험성이 상존하게 된다. 이는 드라마나 뉴스 등 다른 장르에서도 모두 적용되는 문제이며, 기사형 광고나 브랜디드 콘텐츠를 분별할 수 있도록 제도적 규제와 콘텐츠 이용자의 훈련이 동시에 필요하다.

예능 콘텐츠는 완결성 있는 스토리로 구성되어 그 스토리가 끝나면 종료되는 것이 아니라, 특정 포맷을 기반으로 대중과의 라포(Rapport)를 형성해 간다. 스토리 전개 예측이 어려워 초기 기획안만으로 투자를 결정하기가 어려우며, 해당 국가의 문화와 정서에 더욱 민감한 콘텐츠라서 이미 대중에게 잘 알려진 인지도 높은 출연진 섭외가 매우 중요한 결정 요소 중의 하나이다. 따라서 섭외력, 캐릭터를 발굴해 내는 안목, 창의성 등 다양한 연출자로서의 역량이 예능 콘텐츠 포맷 구축에 영향을 미친다.

이러한 예능 장르의 포맷 구축은 웹 환경에서 더욱 발전하게 된다. TV 방송에서 말하는 포맷은 '일련의 시리즈물 프로그램에서 각각의 에피소드를 관통하여 시리즈물 내내 변하지 않고 꾸준히 유지되는 요소들을 집합적으로 뜻하는 용어'이다. 이유진·유세경(2016)에 의하면, 방송 포맷은 경제적, 문화적 장점을 가지며, 방송 콘텐츠는 한계 생산비용이 0에 가까워 완성형 프로그램을 수출하기보다 포맷을 판매해 콘텐츠 연한을 지리적·시간적으로 증가하는 것이 경제적으로 좋다. 또한, 판매된 포맷은 국가의 문화와 사회적 맥락에 맞게 재구성할 수 있어 문화적 할인율을 줄일 수 있는데, 예능은 다큐멘터리나 드라마보다 문화적 할인이 낮다.

이런 장점으로 인해 2010년부터 본격화된 국내 예능 포맷의 수출은 2010년부터 2015년까지 6개국, 36건에 불과했지만, 2016년부터 2020년까지 이전 대비 네 배 이상에 달하는 168건 수출을 달성했고, 이러한 예능 포맷 구축 전략은 웹 예능에서도 활발하다. 웹 예능에서는 기존 미디어의 힘을 빌려 포맷을 재탄생시키거나, 자신만의 포맷을 구축하는 전략 모두 가능하다. 다음 [그림 9-5]에서 보면, 웹 예능 포맷을 구축하는 과정은 4단계로 진화했다. 한 프로그램이 TV와 유튜브에 함께 공개되는 이원화 전략에서 시작해 스핀오프 웹 예능 콘텐츠 개발,

◎ [그림 9-5] 웹 예능 포맷 구축 4단계 과정

OTT 예능 포맷 강화를 거쳐 점차 TV 방송에 교차 편성되는 상황으로까지 발전하였다.

웹 예능 포맷 구축 1단계는 프로그램 이원화 공개로, 웹 예능 초기에 TV 방송에 앞서 인터넷에서 생중계하거나 선 공개를 한 후 TV 본 방송에서 하이라이트 장면이나 일부 부적절한 장면을 편집하는 등의 전략을 취했다. TV가 아직 높은 시청률과 광고 판매 수익으로 강세를 보이는 환경에서는 TV 편성 전에 사전 검증을 위한 경로로만 유튜브가 활용되었던 것이다. 2015년부터 약 5년 간 시즌 2개 프로그램으로 방영된 MBC의 '마리텔'은 유튜브, 아프리카TV 등의 1인 미디어 포맷을 차용한 대표적 이원화 공개 프로그램이다. OTT에서 생중계해 시청자와 소통한 후 TV 편성에서는 시청자 댓글을 활용하고 주요 장면을 편집하여 완성도를 이끌어 낸 '마리텔' 포맷은 2020년 미국 TBS에서도 방송되었다. 2016년 KBS의 '어서옵SHOW'는 홈쇼핑 포맷을 활용해 현재 네이버TV인 네이버TV캐스트로 스타들의 재능 기부를 생중계했는데, 시청자 문자 내용과 주문량을 확인하고 본방송에서 주요 장면을 편집 방송했다.

웹 예능 포맷 구축 2단계는 스핀오프 웹 예능이다. 주요 시청 기기로 모바일이 대두되면서 영화와 드라마에서 활용했던 스핀오프를 웹 예능에 도입한다. 스핀오프(Spin-off)는 파생작이라는 뜻으로, 큰 틀을 바탕으로 다양한 이야기 줄기를 만들어 내는 것을 말한다. 하나의 예능 콘텐츠가 성공하면 팬덤을 형성해 다음 시즌에도 안정적인 시청자 확보와 광고주 유치가 가능한데, 스핀오프는 기존 프로그램에서 출연자가 TV 방송에서 보여 주지 못했던 자연스럽고 솔직한 모습을 보여 줘 대중의 마음을 사로잡는다. 예로 MBC '나혼자산다'의 스핀오프 웹 예능 '여자들의 은밀한 파티(여은파)'와 코미디TV의 '맛있는 녀석들'의 스핀오프 웹 예능 '오늘부터 운동뚱'이 있다. 기존 프로그램에서 세계관(Universe)을 구축하고 기존 세계관을 활용해 OTT에 맞춘 짧은 호흡으로 담아 내, 2020년 8월 '여은파'는 누적 조회수 1천만, '오늘부터 운동뚱'은 영상마다 200만 조회수를 기록했다.

웹 예능 포맷 구축 3단계는 OTT 예능 포맷의 강화이다. OTT를 통한 웹 예능은 모바일 기기에 최적화되어 짧은 러닝 타임과 실시간 생중계, 세로형 화면 등을 사용한 포맷 구축으로 TV 예능보다 편하고 자유롭게 시청할 수 있다는 장점으로 인기를 끈다. 카카오TV의 '공부왕찐천재'는 유튜브에서 인기 있는 포맷인 '스터디 위드 미(Study with me) ─ 유튜브 라이브로 함께 공부하는 방송'을 활용해 방송인인 홍진경의 공부 영상을 실시간 중계하고 시청자와 소통하는 포맷을 구축해 3개월 만에 구독자 60만 명을 달성했고, '스터디 위드 미'는 조회수 156만 회를 기록했다. 피식대학의 '비대면 데이트'는 모바일의 세로형 영상 통화 형태와 코로나19 '비대면' 소재를 활용했다. 5명의 남성들과 1:1 영상통화 소개팅을 하는 콘셉트로 10분 영상을 편집 없이 롱테이크로 보여 줘 분명한 색깔의 캐릭터와 자율감각쾌락반응(Autonomous sensory meridian response; ASMR)과 같은 통화 영상으로 구독자 124만 명과 '비대면 데이트'의 최고 조회수 400만 회를 기록했다.

웹 예능 포맷 구축 4단계는 TV 방송과의 교차 편성이다. 웹 예능의 포맷이 강력하게 구축되어 TV로 편성되어 재방송되는 전략은 웹 예능에서 구축된 팬덤을 TV에서 역으로 활용하는 방법이면서 동시에 웹 예능의 세계관을 확장한 것이기도 하다. TV 광고가 꾸준히 감소해 높은 제작비를 투입하여 TV 예능을 제작하기가 어려워, 드라마에 비해 회당 제작비가 상대적으로 저렴한 웹 예능 포맷을 활용한 것이다. 웹 예능이 크게 성공해 TV 편성이 된 대표 사례인 '신서유기'는 2015년 tvN의 모바일 예능 tvN go에서 제작되어 한 회 10분 분량의 4~5편의 콘텐츠를 온라인으로 공개했는데, 모바일에 맞춘 자막 크기를 선택하여 배치하고, 내용규제가 낮은 강점을 살려 브랜드명을 그대로 노출하는 등의 과감함을 보였다. 시즌 1이 공개되고 이틀 만에 조회수 1천만 건을 돌파하고, 중국에서도 조회수 2억 8천만 회를 기록(2016.6월)하는 등 인기를 끌며, TV에서 다시 편성되어 현재까지 시즌 8편을 선보였다.

또 다른 사례인 '문명특급'은 2018년 유튜브의 '스브스뉴스' 채널에서 시작해 2019년 별도 채널로 독립해 135만 명 구독자를 가지게 된다. 일명 '숨듣명(숨어 듣는 명곡)'으로 가수의 예전 노래의 주요 요소를 살펴보고 해당 가수를 인터뷰하고 무대를 보는 등의 포맷을 구축했다. 틴탑, 유키스가 나온 '숨듣명' 콘텐츠는 조회수 300만 회와 함께, '숨듣명' 가수를 모아 TV에서 해당 콘텐츠를 활용한 콘서트도 진행했다. '여은파', '오늘부터 운동뚱'도 유튜브에서 인기를 끌며 TV 본방송과 함께 편성되거나 별도 편성되는 등 웹 예능은 기존 TV와 연계해 4단계로 발전하면서 엄연한 하나의 포맷으로 자리 잡았다.

이러한 포맷 구축 4단계를 거친 국내 OTT 예능 비즈니스를 살펴보면, 먼저 2015년의 '신서유기'는 당시 네이버TV캐스트 단독 공개 후 하루 만에 조회수 610만 건을 기록하여 나쁘지 않은 성적으로 출발했고 시즌 2까지 독점 공개되다가 시즌 3부터 tvN에 정규 편성되고, 유튜브 채널인 '채널십오야'로 옮겨 시즌 8까지 OTT 예능으로 방송되고 '스프링 캠프' 본방송을 티빙에서 독점 제공하면서 OTT 예능 프로그램 면모를 갖추게 된다. 이렇게 오리지널 OTT 예능으로 성공한 주요 배경은 호흡이 잘맞는 제작진과 출연진, 그리고 독특한 편성 때문이다. '신서유기 외전'을 5분 신규 예능으로 정규 편성해 TV 방송을 예고편으로, 실제 본방송을 유튜브 채널을 통해 편성한 것은 제작진의 미래지향적 전략 마인드가 있었기 때문에 가능한 것이다.

2018년 SBS의 '문명특급'도 비교적 매우 오랜 기간 동안 제작된 사례인데, 시즌제 없이 기획된 프로그램이 이렇게 롱런할 수 있었던 배경에는 매력적인 세부 콘텐츠가 있었기 때문이다. '숨어 듣는 명곡(숨듣명)'의 경우, 해당 콘텐츠가 요즘 세대에게는 레트로 감성으로 통했으며, 예전의 아이돌들이 다시 뭉쳐 공연을 해보는 기회도 주어지면서 멜론 등의 음악 OTT 앱에서는 '숨듣명' 리스트가 생겨났고 '다시 컴백해도 눈감아 줄 명곡(컴눈명)'을 통해 그룹이 다시 모여 공연을 하고 이를 지상파방송에서도 보여 주게 된다.

한편, 국내 OTT, 방송사, 포털사 등의 오리지널 OTT 예능 제작 경쟁으로 OTT 제작비가 상승하고 있다. OTT 예능 제작비는 1.5시간 회당 7천만~1억 원을 호가하는 지상파방송 예능 프로그램만큼 필요해지게 되었다. 내용규제 및 편성규제로부터 자유로워 일종의 예능 문법과 규제가 존재했던 지상파방송과 달리, OTT 예능은 특정 브랜드 노출, 선정성 등으로부터 자유롭고 브랜디드 예능으로도 가능해 기업의 홍보 도구로도 활용된다. 다양한 제작사들이 OTT 예능을 제작하면서 차별화된 콘텐츠를 제공하기 위한 경쟁은 더욱 치열해졌고, 덕분에 질적 수준은 높아졌으나 고품질 콘텐츠를 만들어 내기 위한 제작비도 함께 상승한 것이다. 이에 점점 더 치열해지는 경쟁 속에서 사업자들은 변화하는 시청자의 취향을 명확히 분석하고 각 플랫폼이 가진 특성을 살린 콘텐츠를 보다 전문제작해야 할 필요성이 제기된다.

이에 OTT 예능 콘텐츠를 전문 제작 및 운영하는 별도 조직들이 생겨난다. CJENM의 tvN D와 JTBC 스튜디오룰루랄라에 이어, MBC의 M드로메다, SBS의 모비딕 등이 각사의 웹 콘텐츠 제작을 전담한다. 2017년 세워진 JTBC의 스튜디오룰루랄라는 '와썹맨'(시즌1 2018년, 시즌2 2020년), '워크맨'(2019년부터~) 같은 인기 프로그램을 제작했고 진행 중이다. MBC 웹 예능 스튜디오인 'M드로메다'는 웹툰 작가에서 1인 미디어 크리에이터로 전향해 인기를 끌고 있는 이말년 작가와 함께 주식을 하는 '말년을 행복하게'(2020~2021), 운동을 하는 '말년을 건강하게'(2021~)를 제작했다. SBS는 유튜브 채널인 모비딕 출시 이후 다양한 웹 드라마와 웹 예능을 선보이고 있다. '제시의 쇼터뷰'(2020~), '고막메이트'(KT Seezn과 공동제작, 시즌1 2019년~시즌3 2021년), '정식의뢰'(2021년부터~), '연애블랙리스트'(2021년부터~) 등이 대표적이다. KBS에서도 평소 거침없는 입담을 가진 방송인 김구라와 함께 지하철을 타고 다니며 시청자들이 평소 궁금해 하던 것을 해결한다는 내용의 '구라철'(시즌1 2020년~시즌2 2021년)을 제작한다.

그 외에도 웹 예능과 연계된 미디어 커머스(Media Commerce) 제작도 발전한다. 앞서 언급했듯이, 달라스튜디오가 제작한 '네고왕'은 브랜드를 활용해 선호도를 증가시킨 브랜디드 예능 콘텐츠로서 제품 정보를 전달할 뿐만 아니라 즉각적인 판매를 유도해 인기를 얻었다. 2020년 '네고왕' 조회수는 최대 780만 회, 평균 380만 회를 기록하였고, 출연한 유통·식품업계 매출도 크게 상승했다. SBS의 '맛남의 광장'도 우리 농수산물을 활용한 다양한 레시피와 쇼핑 라이브를 진행해 지역 특산물을 소개하고 판로를 확대하였고, 신세계의 유통 채널과 연계해 30톤의 감자와 450톤의 고구마를 모두 판매한 바 있다.

미디어 커머스란 미디어를 활용해 마케팅 효과를 높이려는 전자상거래의 모든 형태로 초기에는 TV홈쇼핑과 PPL로 시작했지만, 이처럼 소비 변화에 따라 보다 적극적인 형태로 변모했다. OTT 예능은 TV 예능보다 상표 노출, 브랜드 홍보가 자유로워 적극적으로 상품을 알릴 수 있으며, OTT 플랫폼에서 버튼 하나로 구매가 가능하게 해 미디어커머스가 된다.

웹 예능 콘텐츠는 기존 미디어와 상호작용하면서 기존 포맷을 확장하거나 새롭게 구축하여 인기를 끌게 되었고, 웹 예능이 유통되는 OTT 플랫폼(인터넷, 모바일)의 특성을 활용하여 미디어 커머스를 진행함으로써 추가 매출을 올리기도 한다. 이처럼 확장된 OTT 미디어 시장 환경에서 웹 예능 내지 OTT 예능 제작사가 가야 할 두 가지 전략 방향을 정리하면, 결국 포맷 구축의 강화와 스토리텔링이라고 하겠다.

먼저, 포맷 구축 전략은 지속적으로 필요하다. 제작사가 예능 포맷을 한 번 구축하게 되면 강력한 팬덤을 이루게 되고, 하나의 포맷을 다양한 프로그램으로 변모(스핀오프)시킬 수 있으며, 해외 수출까지도 모색할 수 있기 때문이다. 게다가 웹 예능은 기존 TV 예능과 비교해 제작비가 상대적으로 적고, 포맷 구축을 했더라도 소재나 출연자를 교체하기가 비교적 용이하다는 장점을 갖는다. 다시 말해 예능 프로그램의 확장성과 유연성이 매우 뛰어나다. 또한, 시즌제를 활용하여 드라마보다 더 길게 콘텐츠 내용 연수를 유지할 수 있어서 웹 예능의 라이프 사이클을 원하는 만큼 연장시킬 수도 있다. 또한, OTT의 특성상 1회의 완결성을 지닌 포맷을 구축해 숏폼을 선호하는 모바일 세대에게 큰 인기를 끌 수 있다.

한편, 과거 일본 예능 포맷을 표절했던 시절처럼, 국내 TV 방송사 간에도 예능 포맷 표절 시비가 끊이지 않으며, OTT 예능에도 이어질 것으로 우려된다. 한 TV 프로그램이 인기를 얻으면 타 방송사들도 비슷한 소재들을 편성하는 경향이 강하다. 2009년 인기 폭발을 경험한 오디션 예능인 엠넷의 '슈퍼스타K' 이후 MBC의 '위대한 탄생', KBS2의 '탑밴드', SBS의 'K팝스타'가 등장했고, MBC의 리얼리티 예능인 '무한도전' 이후 KBS2의 '1박2일'이 등장했다. 이러한 모방은 유료TV 채널들로도 이어진다. MBN의 '나는 자연인이다'가 인기를 얻자 TV조선 등 많은 채널사들이 모방했다. 코로나19 팬데믹과 맞물려 인기를 얻은 TV조선의 '미스트롯'과 '미스터트롯' 이후 거의 모든 주요 방송사들이 이를 따라하면서 포맷 논쟁이 정점에 달한다. 논문 표절 기준과 달리, 프로그램 모방이 독창성 차원에서 명확히 판단하기 어렵기 때문에 다양한 방식의 유사 프로그램 모방이 쉽게 이루어지고 있지만, 포맷 베끼기가 국내에서 당연해지면 예능 포맷을 해외에 수출해 부가 수익을 창출하는 데 걸림돌이 되는 것은 분명하다. 글로벌 OTT에게 제값 받는 라이선싱과 포맷 수출을 하기 위해서 자정 능력이 필요하다.

예능 콘텐츠 제작사가 추진해야 할 또 다른 전략은 스토리텔링 개발이다. 오리지널 예능을 토대로 파생되는 스핀오프 예능 확대나 웹 예능의 미디어 커머스 확장을 위해서도 스토리텔링이 매우 중요하다. OTT 예능이 먼저 발달된 중국에서는 스핀오프 콘텐츠가 급성장하고 있다. 아래 [표 9-2]에서 보면, 텐센트비디오 제작 밴드 오디션 예능인 '명일지자악단계'의 경우 2020년 참가자들의 각종 취미 생활을 소재로 한 '니적명자(你的明子)'와 참가자들의 숙소 생활을 담은 '명일고교숙사일기(明日高校宿舍日记)' 등 스핀오프 예능 6편이 방영되었다. TV

▌[표 9-2] 중국 밴드 오디션 예능 <명일지자악단계>의 스핀오프 예능 소개

콘텐츠 명칭	주요 내용
명일고교소고연연간((明日高校小考连连看)	제1차와 제2차 공연 전 테스트 과정과 내용을 소개
니적명자(你的明子)	식사, 운동, 등산 등 참가자들의 여가 생활을 소개
명일고교숙사일기((明日高校宿舍日记)	참가자들의 숙소 생활을 기록
명일고교취저마 밴드(明日高校就这么BAND)	참가자들의 연습실 생활·멘토 수업·여가 게임 등을 담은 리얼리티
명일지자 8시 애프터파티(明日之子After Party 8点见)	매주 화요일 8시 생방송 버라이어티 쇼 형태로 진행
명일고교입학고시연연간(明日高校入学考试连连看)	참가자들의 모든 오디션 과정과 멘토들의 평가 등 미방영 콘텐츠로 구성

출처: 바이두(2020); 방송통신전파진흥원(2020.10; 45) 재인용

예능에서는 오리지널 예능에 대한 지나친 의존과 스토리텔링 부재로 스핀오프 예능으로 진화하기 어려웠고 프로그램 편성과 방영 시간을 유연하게 조절하기 어려웠으나, 콘텐츠 창작 및 방영 환경이 자유로운 OTT 플랫폼은 스핀오프 예능이 성장하는 밑거름을 제공했다. 이를 통해 예능 IP의 가치를 극대화시킬 수 있게 된다.

또한, 다음 [표 9-3]에서 보듯이, 미디어 커머스는 드라마, 예능 등의 방송 콘텐츠, 영화, 1인 미디어에 이르기까지 다양한 콘텐츠를 통해 상품을 판매하는 서비스인데, TV 예능 프로그램의 미디어 커머스 사례로 '코미디빅리그(코빅)' 코미디언들이 CJ오쇼핑 '코빅마켓'에 직접 출연해 '코빅'에서 활용한 스토리텔링과 연관된 상품을 판매하였다.

앞서 언급한 '네고왕'에서는 기업 브랜드의 철학을 볼 수 있다. 광희가 길거리를 다니며 제품의 불만사항을 들은 다음 해당 본사에 전달하고 대표와 협상하는 스토리텔링인데, 제안 내용은 다소 황당한 것부터(당근마켓 사용자끼리 만나서 거래할 때 바니바니로 인사한다)부터 가격 할인이나 1+1 행사 같은 프로모션까지 다양하다. 인터넷 이용자는 각 회차의 주인공이 되는 기업을 간접적으로 체험할 수 있고, 직원들이 입는 옷, 사무실 구조, 직원간 호칭, 대표 자리의 모습, 대표의 의사 결정하는 방식 등을 관찰할 수 있다. OTT 예능이 미디어 커머스와 연계할 때 어떤 스토리텔링이 전개되는가에 따라 이용자가 느끼는 진정성과 친숙함이 달라지기 때문에 시청에서 구매까지 자연스럽게 이어지게 하는 스토리텔링 개발이 요구된다.

▌[표 9-3] 이커머스와 미디어커머스 구분

	이커머스	미디어커머스	
구성	커머스	콘텐츠+커머스	
커머스 제품 형태	주로 NB	PB	NB
역할	상품 유통	콘텐츠 유통+자체 상품 유통	콘텐츠 유통+상품 유통
콘텐츠 형태	– 하드 셀(hard sell) • 제품의 기능이나 특징을 강조 • 사진과 텍스트 중심의 상세 설명서, 튜토리얼 콘텐츠, 사용 팁, 상품 기획전 등	– 소프트 셀(soft sell) • 제품이나 브랜드를 직접적으로 떠올리지 않고 간접적 혹은 감성적인 이미지로 소비자에게 소구하는 광고 전략 • 영상(라이브, VOD), 소셜미디어 등	
소비자 유형	구매 목적형	콘텐츠/커머스 발견형 소비자	
목적	제품 판매	콘텐츠로 고객을 유인 후 고객이 예상하지 못한 쇼핑 욕구를 자극해 제품 판매	
핵심 요소	배송/가격 경쟁력	1) 콘텐츠 제작 능력: 재미와 즉각적이고 정확한 공유 필요 2) 콘텐츠 플랫폼 선정 및 편성 능력: 소비자 타깃팅 능력 1)/2) ↑ ⇒ PB 판매량/경쟁력 있는 NB 입점 ↑ ⇒ 배송/가격/플랫폼 경쟁력	
전파력	느림	빠름	
광고수익률 (Return on ad spend; ROAS)	낮음	높음	

NB(National brand)는 제조업체 상표, PB(Private brand)는 유통업체 상표
출처: DB투자증권(2019.11.26)

교보증권(2021.2.1). 카카오&네이버 엔터 진출 행보 가속화.

국민일보(2015.8.6). '신서유기' 인터넷방송, 여론 때문? 제작진 "기획의도에 따랐을 뿐".

뉴시스(2021.4.9). 왓챠, '노는언니' 스핀오프 예능 '노는브로' 공동 제작.

뉴스핌(2020.6.9). MBC '마리텔', 美포맷 수출…제이슨 므라즈·디플로·데미무어 자녀 출연.

뉴시스(2021.3.5). '문명특급' 윤여정 인터뷰 확장판, TV로 특별 편성.

뉴시스(2021.5.15). [초점] 예능 시즌제…언제 시작됐고 왜 계속 만드나?

뉴시스(2021.1.6). 조회수가 곧 매출…예능 콘텐츠 선보이는 유통업계.

뉴스엔(2019.12.12). 5분 파격 편성→유튜브 방송, 웹 예능 '신서유기' 없었다면[2019 케이블 결산②].

뉴스핌(2020.6.16). 미국서 웃고 중국서 울고…판권 수출과 표절의 딜레마.

대한민국정책브리핑(2019.3.5). 1인당 국민소득 3만 달러 넘었다…지난 해 3만 1,349달러.

데일리한국(2020.12.23). 진격의 K−포맷, 전 세계 65개국 200여 건 리메이크 성과.

데일리한국(2015.10.15). [특집기획−스낵컬처 시대 ②] 브라운관을 떠난 예능·드라마.

디비(DB)투자증권(2019.11.26). 디지털광고 발광.

문화뉴스(2021.3.24). 미디어 돋보기 웹 예능편 ① … 웹 예능이 뭐야? TV예능과 차이점, 장점, 유래, 논란까지.

미래에셋증권(2015.7.10). 하반기 슈가보이, 미디어!

비즈워치(2021.4.27). 롯데홈쇼핑이 '웹 드라마·예능' 만드는 까닭.

서울경제(2020.10.12), "카톡으로 예능 직배송"…카카오TV 한 달 만에 800만 시청자.

서울신문(2021.6.1). 개인방송 수익 접은 카카오TV… 넷플릭스 모델로 승부.

스냅타임(2021.3.9). 숏폼 인기타고 고공 행진하는 '웹 예능'.

스포츠조선(2016.6.17). [SC초점] '투트랙 예능' 온라인−TV 온도차를 극복하라.

씨제이뉴스(cjnews)(2021.5.21). tvN 예능, 진화는 계속된다!

연합뉴스(2015.9.5). tvN '신서유기' 1~5회 조회수 610만.

연합뉴스(2021.1.21). OTT도 뛰어드는 웹 예능… '가성비'는 강점이자 한계.

연합뉴스(2021.5.25). 콘텐츠 늘려가는 쿠팡플레이… 'SNL 코리아' 독점 서비스.

이데일리(2021.1.27). 카카오M 콘텐츠, 카카오TV 2억 뷰 돌파…넷플·웨이브서도 인기.

이유진, 유세경(2016). 한국 예능 프로그램 포맷 수출 활성화 방안 연구: 글로벌 예능 프로그램 포맷 특성과의 비교분석을 중심으로. 한국콘텐츠학회논문지, Vol.16 No.12, pp.160-169.

전자신문(2021.3.18). 웨이브, 오리지널 콘텐츠 1조 원 투자… 하반기 글로벌 시장 진출.

전자신문(2015.5.27). [지상파-유료방송 콘텐츠 대가 갈등]<상> 총공세 나선 지상파.

조선일보(2020.9.4). 방송업계, 카카오TV 반응 폭발에 비대칭 규제 불만 '증폭'.

조선일보(2021.4.8). 양지은·홍지윤 등 톱7 헤쳐모여.. '스핀오프 예능' 전성시대.

증권플러스인사이트(2016.1.18). '쿡방'에 이은 '집방'의 시대가 열리다.

최세정(2020). 콘텐츠와 커머스의 융합; 미디어 커머스의 트렌드와 전망, KCA Media Issue & Trend, 2020년 특집호, 한국방송통신전파진흥원.

쿠키뉴스(2021.3.27). TV 밖으로 나온 예능 [웹 예능 전성시대].

하나금융그룹(2020.2.26). SBS 리포트.

한국방송통신전파진흥원(2020.10). 중국 웹 예능 시장의 스핀오프 콘텐츠 증가 현상, KCA Media Issue & Trend, Vol.38, pp.44-50.

한국방송통신전파진흥원(2018). 중국 온라인 동영상 사업자별 웹 예능 사업 전략.

한국일보(2019.9.25). TV선 '예고편'만… 나영석의 '5분 예능'이 의미하는 것.

한국일보(2015.9.21). 방송·인터넷 경계 사라졌는데… 노골적 광고·막말 등 여과없이.

한국경제(2021.6.27). 네이버 멤버십 혜택에 티빙이 들어간 이유… "이거였구나".

헤럴드경제(2021.3.24). 유튜브 예능, 뜨는 채널은 어디일까?

CHAPTER

10

OTT 뉴스 비즈니스

SECTION 01 국내 뉴스 산업의 진화
SECTION 02 OTT 뉴스의 개념과 특성
SECTION 03 OTT 뉴스 유통 비즈니스
SECTION 04 OTT 뉴스 제작 비즈니스

국내 뉴스 산업의 진화

김위근(2014, 2015)은 뉴스의 생산-유통-소비 영역 중 언론 권력의 집중 경향에 따라 국내 뉴스산업을 4단계로 구분하였다. 1단계는 종이신문 및 지상파방송 중심의 생산자권력집중, 2단계는 케이블 TV 및 무료신문 중심의 소비자권력집중, 3단계는 언론사닷컴과 포털뉴스 중심의 언론권력 파편화, 그리고 4단계는 포털 뉴스 중심의 유통자권력집중 단계이다. 여기서는 국내 뉴스 산업의 진화를 위의 3단계인 인터넷 시기부터 살펴보고자 한다. 시기적으로 1995년 중앙일보가 조인스닷컴을 제공하면서부터 인터넷신문이라는 용어가 처음 등장했다. 이를 시작으로 국내 인터넷 뉴스 산업은 대략 3단계로 진화하는데, 8장에서 논의한 드라마 산업의 진화 단계와 마찬가지로 뉴스 산업 3단계에서도 1, 2단계는 병행된다.

국내 인터넷 뉴스 산업 1단계는 포털 뉴스 서비스 시대로 아직까지도 그 영향력이 지속되고 있다. 첫 인터넷신문으로 인정받았던 조인스닷컴이 등장한 이후부터 여러 다른 종이신문들의 인터넷 홈페이지가 생겨나 뉴스가 인터넷상에 노출되기 시작하였다. 하지만 이는 형식적인 사이트 구축에 머물렀고, 정작 온라인상의 인터넷신문이 애용되게 한 인터넷 플랫폼은 포털이다. 그런데 포털에서 제공되는 뉴스 서비스도 변화를 거듭하였으므로 시기별로 살펴볼 필요가 있다.

포털 뉴스 1기는 2000년부터 2008년까지로 포털로 뉴스 서비스가 시작되어 정착되는 기간이다. 2000년에 네이버가, 2002년에 다음이 처음으로 뉴스 서비스를 시작하였으며, 이때부터 뉴스 서비스는 주로 포털에서 제공하는 형태로 이용된다. 주요 신문사와 TV 방송사의 포털 진입 시기를 연대기별로 살펴보면, 2000년 국민일보, 동아일보, 한국경제신문, 연합뉴스, 오마이뉴스가, 2002년 MBN, 경향신문, 문화일보, 한겨레가, 2004년 SBS, 서울신문, 내일신문이, 2006년 MBC가 포털에 각각 진입했다. 뉴스 유통만을 담당하는 포털 뉴스 서비스가 뉴스를 제작하는 인터넷신문보다 더 큰 영향력을 가진다는 것은 상당한 의미를 갖는다.

포털 뉴스 2기는 2009~2015년으로 네이버가 '뉴스캐스트' 시스템을 도입하여 메인 화면 배치 기사 편집 정책을 수정해 나가면서 시작된다. 2009년 1월부터 시작된 '뉴스캐스트'는 네이버에게 뉴스를 제공하는 언론사가 직접 뉴스를 편집하는 시스템을 채택하고 아웃링크(Out-link)도 실시되었다. 그 당시 경쟁 포털인 다음과 네이트에서는 특정 기사를 선택하면 뉴스섹션 내 기사로 이동하는 인링크(In-link) 방식이 유지되고 있어서, 언론사 트래픽이 상당히 개선되는 효과가 기대되었다. 하지만 선정성 논란은 사라지지 않았고, 언론사를 선택한 후 뉴스를 선택하는 구조로 인해 언론사의 트래픽도 크게 감소시켰다. 이러한 논란이 거세지면서 2013년 4월, 언론사가 직접 편집한 기사를 언론사별 편집 박스를 통해 메인 화면에 배치하는 뉴스스탠드 시스템으로 개편한 네이버는 메인 화면에 배치되는 기사 편집과 관련된 방침을 대폭 수정해 이용자가 '마이뉴스'를 선택할 수 있도록 했다. 하지만 '뉴스스탠드'에 대한 일부 언론사의 트래픽에 대한 불만이 발생하면서 2014년 2월 네이버는 '뉴스스탠드'에 과거 '뉴스캐스트' 방식을 일부 병행하기 시작하였다.

이러한 노력에도 불구하고 포털로 뉴스 서비스 이용이 편중되면서 국내 언론사들이 포털 뉴스 서비스에 종속되어 자체적인 독자 데이터 분석 시스템을 갖추지 못한다는 비판의 소리가 제기된다. 네이버와 뉴스 제휴를 맺은 언론사들이 자체 편집을 한다는 점에서 포털 1기와는 구별되지만, 네이버 '뉴스캐스트' 서비스가 2009년 시작되면서 전년 대비 23,273.3%의 페이지뷰가 증가하였다. 이는 총 인터넷신문 사이트 페이지뷰 65.6%와 비교하면 포털 뉴스 서비스의 영향력이 대단함을 알 수 있다. 포털 뉴스 1기에는 동참하지 않았던 KBS도 2010년 스포츠 뉴스를 시작으로 2012년 일반 뉴스를 모두 네이버에 제공하기 시작했고, 2013년에는 종합편성 채널인 JTBC·TV조선·채널A가 네이버에 뉴스를 제공하기 시작하면서 포털 뉴스의 영향력은 더욱 커지게 된다.

네이버는 모든 종합편성 채널들이 포털에 진입한 2013년부터 뉴스 검색 제휴를 보다 확대해 나간다. 이에 '뉴스스탠드' 도입과 검색 제휴의 증가, 종합지 추가 참여를 비롯해 높은 조회수로 광고수익을 창출하려는 어뷰징 기사들이 중가한다. 어뷰징 기사의 폐해가 커지고 뉴스 소비자들의 포털 뉴스 서비스 의존도가 더욱 높아지면서 포털의 막강한 영향력에 대한 부정적 여론이 증가하게 된다. 포털이 신문사, 방송사 홈페이지보다 더 빨리 정보를 접할 수 있게 하므로 '포털이 언론사인가'라는 이슈가 제기되고, 대법원은 포털이 유사 취재 기능을 수행한다고 판결하기에 이른다. 포털의 언론사 협상력이 더욱 커지면서 2015년 서울고등법원은 인터넷 포털도 언론사라고 판결한다. 이는 월등한 배포 기능과 편집 기능, 유사 취재 기능 등 언론의 세 가지 핵심 기능을 포털이 수행하고 있다고 보았기 때문이다.

한편, 포털의 영향력이 강해지고 있는 2015년까지도 국내 언론사의 디지털 유통 대응은 매우 미온적이었다. 뉴스 서비스 유통을 담당하는 포털과 언론사 간 힘의 논리가 작용해, 언론사의 포털 종속이 가속화되었고, 언론사들은 조회수와 인터넷 트래픽을 얻기 위해 제목이나 내용을 바꿔 가며 같은 내용을 반복 송고하는 어뷰징 기사를 마구 쏟아 냈으며 어떠한 자정력을 발휘하지 않았다. 결국 포털을 언론사로 보는 대법원 판결이 나오게 된 것이다. 포털이 취재, 편집, 배포 등 언론의 세 가지 핵심 기능을 모두 갖추었다고 판단한 대법원 판결이 있은 이후부터 네이버와 다음 등의 양대 포털은 뉴스 유통 방식에 변화를 주어야 했다.

포털은 언론사 지위를 획득하면서 자정력을 발휘하기 시작한다. 물론 대법원 결정 전에도 포털 뉴스 서비스의 자율규제는 존재했다. 2005년 다음의 '열린사용자위원회', 네이트의 '미디어책무위원회', 네이버와 다음의 '아웃링크' 방식 등 자율규제가 나타났다. 하지만 대법원 결정 후인 2015년 3월, 양대 포털의 '뉴스제휴평가위원회(이후 뉴스제평위)'가 구성된다. 포털과 뉴스 제공자 간 합리적 제휴를 통해 뉴스를 유통하고 이를 평가하는 기준을 마련해 지속 가능한 공생관계를 만들고자 함이다. '뉴스제평위'는 허위 사실, 중복기사 반복 전송, 검색 목적의 키워드 남용 여부 등을 1년에 두 번 평가해, 기준에 미달하는 언론사 제휴 관계를 박탈한다.

기자가 기사를 작성해 송고하고 데스크가 이를 수정 · 편집해 인터넷신문의 인터넷 사이트 내지 언론사닷컴에 표출시켰다 하더라도 네이버, 다음 등의 대형 포털 사이트에 노출되지 않으면 기사 클릭 수는 매우 저조하게 나타나기 때문에 제휴 관계 박탈은 언론사닷컴의 생사와 관련된다. 따라서 매년 포털 '뉴스스탠드' 심사 시기가 시작되면 인터넷신문 및 언론사닷컴들은 포털 메인페이지 뉴스 노출권 내지 표출권을 따내기 위해 혈안이 될 수밖에 없다. 기사 생산량, 자체 기사 비율, 저널리즘 품질 요소, 윤리적 요소 등 '뉴스제평위'에서 정해 놓은 자율적 규정에 따라 포털의 선택을 받기 위해서이다. 뉴스 소비자들은 각 인터넷 신문 및 언론사닷컴에 들어가 기사를 일일이 찾아보는 수고로움을 포털 뉴스 서비스를 이용함으로써 한 번에 해결하고자 하고, '뉴스제평위' 구성에 따른 한계점들이 드러나기 시작한다.

'뉴스제평위' 구성에 따른 첫 번째 한계점은 많은 인터넷 신문 및 언론사 닷컴 자신의 저널리즘 재생산 위기이다. 재정 및 인력 측면 모두에서 회사를 유지하기 어려운 수준이다. 두 번째 한계점은 저널리즘의 품질 저하이다. 뉴스 통신사 기사를 거의 베껴 쓴 기사가 증가하고 실시간 업데이트를 중시해 스트레이트 뉴스에 가중치를 두게 되면서 저널리즘 핵심 기능인 기획기사, 해설, 분석기사는 관심 받기 불리한 자리로 밀려난다. 세 번째 한계점은 필터 버블(Filter bubble) 발생으로 인한 정치적 양극화이다. 개인 추천 알고리즘의 버블에 갇혀 개인이 다양한 관점으로 사고할 기회를 놓치고 자신의 이념 성향을 오히려 더 강화하게 되어 사람 간 갈등이 심화된다. 마지막 한계점은 가짜 뉴스와 허위 정보 유통의 증가이다. 카카오톡 같은 문자메시지를 통해 가짜 뉴스 또는 허위 정보를 접하게 되는 경우가 더 많아졌고, 팩트 체크된 뉴스를 접할 기회가 점점 줄어든다.

이에 2014년부터 이미 AI 기반으로 기사 선별 및 배치를 시도하기 시작한 네이버는 AI 콘텐츠 추천 시스템인 에어스(AiRS)에 딥러닝 기반 인공신경망 기술인 RNN(Recurrent neural network)을 접목해 이용자의 뉴스 소비 패턴을 학습·예측해 맥락에 따라 뉴스를 추천하는 서비스를 시작한다. 다음도 2015년 뉴스 추천 AI 알고리즘인 루빅스(RUBICS) 미디어랩 서비스를 통해 각 이용자 취향에 맞게 맞춤형 뉴스를 자동 제공하는 시도를 시작한다.

2016년부터 포털 뉴스 3기가 시작되는데, 네이버가 언론사에게 자율권을 부여하고 지원하기로 한 것이다. 즉 2017년 플러스(PLUS) 펀드를 조성해 뉴스 제작자에게 광고 수익을 제공하기로 한 것이다. 플러스는 'Press-linked user support'의 약자로 네이버가 뉴스 광고 수익의 70%는 매체에 직접 제공하고, 나머지 30%는 팩트체크 기금 등 뉴스 서비스 실험 예산으로 활용하기 위해 시작한 펀드이다. 인터넷신문이 포털에서 이용되는 것이 자연스러워졌으며 2019년 한국인이 좋아하는 포털 뉴스 서비스 플랫폼은 네이버 75%로 압도적이었고 다음이 14%, 구글이 6%를 차지하였다. 이는 현재까지도 이어져 오고 있다.

한편, 2019년 조사에서 국내 뉴스 이용자들은 포털의 AI 알고리즘 배열 인지 여부에 대해 절반이 조금 넘은 53.7%만이 알고 있다고 대답할 정도로 포털 뉴스 알고리즘에 대한 이해도는 낮다. 포털의 뉴스 서비스 알고리즘 배열은 100%라고 밝혀졌는데, 알고리즘 배열에 활용되는 뉴스 추천 방식에 대한 조사 중에서 '많은 사람들이 본 뉴스 추천'에 대한 선호도 40.5%를 차지했다. 이는 결국 내가 좋아하는 뉴스와 다른 사람들이 본 뉴스 등 선택되어진 소수의 본 것들만 계속 올라오는 오류를 범하게 만든다는 비판을 받게 된다. AI 알고리즘의 강점은 투명성을 바탕으로 한 신속성과 다양성이나, 언론인이나 편집자가 편집하는 심층취재 분야를 따라가지는 못한다고 본 것이다. 따라서 포털은 무조건적인 알고리즘에 의존한 편집 방향보다는 인간과 함께 전문 분야를 세분화하면서 진지하게 협업을 해야 할 필요성을 갖게 된다.

네이버는 2019년 말에 구독 기반 OTT 시대에 대응하는 정책을 발표한다. 즉, 네이버는 기사 공급 언론사에게 지급하는 전재료 모델을 없애고 대신 네이버 뉴스 플랫폼에서 발생하는 광고 수익을 언론사에 전액 지급하기로 하는 광고 수익 배분 방향을 새롭게 설정하고 2020년 4월부터 시행하게 된다. 이에 언론사는 네이버 포털에서 개별 영역의 전체 광고(언론사홈, 기사중간광고, 기사하단광고)를 직접 영업할 수 있고, 네이버는 언론사에게 이를 위한 '스마트미디어스튜디오' 툴을 제공한다. 이는 편집, 소통, 통계, 비즈니스 관련 소프트웨어로, 언론사가 독자 공간을 운영할 수 있게 도와주는 툴이다. 네이버는 이를 통해 언론사 수익 감소 시 향후 3년 간 별도 재원으로 보전해 주겠다는 계획과 함께 어뷰징 기사에 대해서는 광고수익 배분 시 패널티를 부여해 보다 기사다운 기사가 유통되도록 한다는 의지를 보여 주었다. 이의 시행 이후 네이버에서의 언론사 구독자 수는 더욱 급증했고 개인 페이지를 신설하는 기자들도 급증하였다. 모바일 네이버 언론사 구독 서비스는 2017년 10월 시작되었는데, 이 정책 시행 이후 3개월이 지난 2020년 7월 조사 결과, 모바일 네이버에서의 언론사 구독 서비스 이용자 수는 2천만 명으로 2018년 7월 100만 명, 2019년 4월 1천만 명에 비해 상당히 증가하게 된다.

이처럼 국내에서는 인터넷 뉴스 산업 1단계라 할 수 있는 포털 뉴스 서비스가 진화를 거듭하였고 아직도 그 영향력은 지배적이다. 스마트폰이 점점 더 보편화되면서 국내 인터넷 뉴스 산업은 1단계가 지속되는 가운데 2단계인 소셜 뉴스 서비스로도 진화한다. 전 세계 주요 언론사들은 소셜미디어를 활용해 실시간 양방향 소통을 일찍부터 시도해 왔으며, 영국의 이코노미스트나 미국의 뉴욕타임스, 워싱턴포스트가 대표적이다. 소셜 플랫폼의 대표주자인 페이스북에는 선호하는 분야의 뉴스와 정보가 많다는 다양성 측면에서 이용자들이 팔로우하는 언론사 계정들이 많고, 언론사들이 라이브 방송을 할 수 있기 때문에 그 선호도도 매우 높다.

이처럼 페이스북이 소셜 뉴스 서비스 성격의 맞춤형 뉴스를 제공하면서 국내에서는 TV 방송 뉴스채널인 JTBC가 방송사 최초로 뉴스룸 방송 후에 바로 SNS에서 시청자와 소통하는 소셜뉴스를 시도했고 성공적이었다. JTBC 뉴스룸은 다음, 네이버, 네이트 등 포털 생중계 외에 소셜미디어로 뉴스를 공유하고 의견을 남길 수 있게 하였다. JTBC는 2016년 '소셜스토리'라는 페이스북 계정을 개설했고, 보도국과의 협업을 통해 방송과 디지털이 연동되는 방식의 '소셜라이브' 서비스를 대표 서비스로 2016년 10월부터 시작했다.

'소셜라이브'는 뉴스룸과 소셜미디어를 연결하여 자연스럽게 시청자와 소통할 수 있게 한 코너로서 최순실 국정농단 사태 보도를 시작으로 2017년 촛불 정국과 조기 대선을 거치며 영향력을 키웠다. 이 코너가 양방향 소통의 장이 되면서 모기업인 중앙그룹은 중앙일보와 JTBC를 포함해 그룹 전체적인 통합 뉴스룸 전략을 추진하며 뉴스 조직을 에디터 중심으로 바꾸고, 취재 기자로 하여금 SNS 등 모든 플랫폼들에 뉴스를 내보낼 수 있도록 뉴스 스토리 제작 구조를 전면적으로 바꾸어 나간다.

뉴스 제작사나 기자 개인이 새로운 소식을 보다 이해하기 쉽고 재밌게 만들어 소셜미디어에 올리면, SNS 이용자들 사이에서 공유 기능을 통해 매우 급속도로 확산된다. 단순히 메이저급의 신문이나 방송, 뉴스통신사라 해서 미디어 파워가 높은 게 아니라, 소셜미디어를 어떻게 잘 활용하느냐에 따라 강한 힘을 가질 수 있는 시대가 된 것이다. 이에 많은 언론사들이 트위터, 인스타그램, 페이스북, 밴드 등 각 세대별로 많이 이용하는 소셜미디어를 선택해 뉴스 콘텐츠를 적극 유통하기 시작한다.

SNS상의 뉴스 유통은 뉴스 피드와 개인 맞춤화된 뉴스 유통으로 자리매김되어 TV 방송 뉴스와 인터넷신문이 소셜미디어 플랫폼에서 함께 경쟁하는 구도를 형성하기 시작한다. 게다가 소셜 뉴스 서비스는 단순히 기사만을 공유하는 것이 아니라, 한 발 더 나아가 기자들의 뉴스 보도가 아닌, 뉴스원으로부터 직접 여과되지 않은 날 것의 뉴스를 얻는 창구로도 발전하게 된다. 2018년 한국언론진흥재단의 조사 결과, 페이스북 언론사 계정 팔로우 이유에 대해 선호 분야의 뉴스

▌[표 10-1] 인터넷 동영상 플랫폼(OTT) 이용률 조사 결과(2018).

내용	통계
미디어 이용률	33.6%
뉴스 이용률	6.7%
미디어 · 뉴스 이용률	20.0%
1주간 평균 이용일	1.4일
1주간 뉴스 평균 이용일	0.2일
하루 평균 이용시간	10.6분
하루 평균 뉴스 이용시간	1.3분
하루 평균 이용시간 점유율	3.1%
인터넷 동영상 플랫폼별 뉴스 점유율	유튜브(65.7%)>네이버TV(13.6%)>아프리카TV(9.7%)>카카오TV(5.8%)>곰TV(2.6%)>판도라TV(1.1%)

출처: 신문과방송(2019.1.3); 송민정(2019.12: 68쪽) 재인용

와 정보가 많고 사회적 여론을 잘 반영하고 있다는 대답이 상위권을 차지했고, 이 때부터 유튜브도 국내 처음으로 뉴스 이용률 조사 대상이 되었다.

[표 10-1]을 보면, 2018년 한국언론진흥재단이 처음으로 OTT 이용률 조사에 뉴스 이용률을 조사 대상에 포함시켰다. OTT에서의 하루 평균 뉴스 이용률이 6.7%로 나타났다. 첫 조사이기 때문에 그동안의 추이를 알 수는 없지만, OTT 이용률과 이용시간이 증가할 것으로 기대되기 시작한다. 조사 항목을 보면, 다른 장르는 모두 미디어로 묶었으며, OTT 플랫폼별 뉴스 점유율이 함께 조사되었다. 여기서 포털이었던 네이버와 다음을 보유한 카카오가 모두 OTT를 내놓았음을 보게 되고, 1인 미디어 플랫폼으로 간주되었던 아프리카TV와 판도라TV, 곰TV가 함께 OTT 플랫폼 대열에 올랐음을 보게 된다. 점유율로는 유튜브가 가장 높아 65.7%를 나타냈고, 그다음으로 네이버TV(13.6%), 아프리카TV(9.7%), 카카오TV(5.8%), 곰TV(2.6%), 판도라TV(1.1%)순이다.

동영상 위주의 OTT가 부상하면서 소셜 뉴스의 플랫폼인 페이스북도 이용자의 체류시간을 늘리고 OTT 시대에 대응할 목적으로 동영상 우대 정책을 내놓는다. 즉, 페이스북은 알고리즘을 바꿔 언론사 피드를 더 노출시키겠다고 발표하면서 유튜브와 같은 광고 수익배분 정책을 내놓는다. 이에 언론사들은 포털에게서 경험한 박탈감을 뒤로 한 채 페이스북에 다시 매달려 보지만 실제로 수익이 나지 않게 되자 페이스북은 알고리즘을 되돌려 언론사가 아닌 개인 이용자 피드가 더 자주 노출되게 하겠다고 기존 발표를 번복하게 된다. 국내 뉴스 이용률 조사 대상에 OTT가 들어오고 OTT 중에서도 유튜브가 1위를 차지한 2018년, 실제로 국내 언론사 상당수가 페이스북보다는 유튜브를 통한 뉴스 유통에 더 적극적이면서 뉴스 산업 3단계인 OTT 뉴스로 진화하게 된다. 전 세계적으로 이미 종이신문 독자 수는 급감하였고, TV 방송의 실시간 뉴스까지도 OTT 뉴스 서비스로 이동하면서 인터넷신문과 TV 방송 뉴스는 다시 OTT에서 경쟁하게 되는데, 동영상 스트리밍 서비스에 강점을 가진 OTT 플랫폼의 특성상 TV 방송 뉴스의 유튜브 유통이 더 빛을 발하게 된다.

소셜 뉴스 서비스에서도 선두적이었던 JTBC는 2018년부터 유튜브에 정규 뉴스 방송을 실시간 방송으로 라이브 송출하기 시작했다. 인터넷 뉴스 산업 1, 2,

3단계가 공존하는 가운데 포털의 영향력이 아직은 강하지만, 언론사닷컴, 포털, 소셜미디어, 그리고 OTT 등 유통 채널들이 증가하면서 언론사들은 구독자 확대를 위해 각 매체 특성과 콘텐츠 포맷에 따른 플랫폼 선택을 고민하게 되며, 일부 언론사들은 자체의 메인 뉴스 채널 외에 별도의 뉴스 채널을 유튜브 등의 OTT 서브 채널로 운영하기 시작한다.

뉴스 시청자들은 신문은 물론이고 TV를 통해서도 뉴스를 시청하지 않을 것으로 전망되는 가운데, 신문계와 방송계 언론사 모두 모바일 환경에 익숙해진 이용자들에게 엔터테인먼트적 요소가 가미된 뉴스 제공에 공을 들이기 시작한다. OTT 뉴스 시대를 맞아 가장 미래지향적 플랫폼이면서 광고수익 배분 구조가 정착된 유튜브가 선호되는 가운데, 언론사들은 유튜브 이용자 취향에 맞는 뉴스 콘텐츠 제작에 더욱 심혈을 기울이게 된다. 네이버가 2019년 말에 언론사 구독을 독려하는 정책을 내놓았다고 앞에서 언급하였는데, 인터넷 뉴스 산업 3단계에서는 구독 기반의 OTT 뉴스 유통이 주를 이루게 될 것으로 보인다. 이에

◎ [그림 10-1] 디지털 플랫폼에서의 뉴스 이용 정도

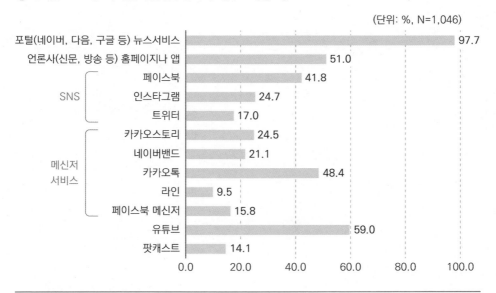

(단위: %, N=1,046)

포털(네이버, 다음, 구글 등) 뉴스서비스	97.7
언론사(신문, 방송 등) 홈페이지나 앱	51.0
SNS — 페이스북	41.8
SNS — 인스타그램	24.7
SNS — 트위터	17.0
메신저 서비스 — 카카오스토리	24.5
메신저 서비스 — 네이버밴드	21.1
메신저 서비스 — 카카오톡	48.4
메신저 서비스 — 라인	9.5
메신저 서비스 — 페이스북 메신저	15.8
유튜브	59.0
팟캐스트	14.1

출처: 한국언론진흥재단(2019.9; 72)

유튜브는 구독모델 기반의 '유튜브 프리미엄'을 내놓았고, 유튜브 이용자는 구독료를 지불하지 않아도 광고 기반의 서브 채널들을 구독할 수 있다. 2019년 8월 19~23일, 5일 동안 실시한 한국언론진흥재단의 국내 디지털 플랫폼에서의 뉴스 이용 정도는 [그림 10-1]과 같이 나타나, 포털의 영향력은 여전하다.

이처럼 국내 인터넷 뉴스산업 1, 2, 3단계가 공존하고 있는 가운데, 여전히 포털 이용 비율은 97.7%로 절대적인 강자로 군림하고 있으며, 그다음이 유튜브 뉴스 이용 비율로 59%를 나타냈다. 그다음으로 언론사 홈페이지나 앱(51%), 카카오톡(48.4%), 페이스북(41.8%)순이다. 또한, OTT 뉴스 플랫폼으로 주목받는 유튜브에서 언론사 채널은 증가하고 있다. 위의 조사에서 유튜브 언론사 채널 구독 경험자 비율은 31.5%로 나타났고, 유튜브 채널 구독 이유에 대해서는 '선호하는 분야의 뉴스와 정보가 많아서'가 4.04점(6점 만점)으로 가장 높게 나타났다.

SECTION 02 OTT 뉴스의 개념과 특성

앞에서 국내의 인터넷 뉴스 산업 3단계를 살펴보았다. 인터넷 뉴스는 초기 언론사닷컴 뉴스에서 시작해 유통 플랫폼의 발전에 따라 지금의 OTT 뉴스로 진화한다. 국내에서는 '신문 등의 진흥에 관한 법률(이후 '신문법')'상의 '인터넷신문'이 OTT를 통해 유통되는 뉴스 콘텐츠이다. 따라서 국내에서 인터넷상에 유통되는 '인터넷신문'의 법적 개념을 살펴볼 필요가 있다. 전통적인 뉴스 미디어로는 신문과 방송, 그리고 뉴스통신사를 떠올리게 되며, 규제 시스템을 적용해온 대표 법률은 '신문법'이다.

2010년 '신문법' 제정으로 '인터넷신문'을 발전시키기 위한 기틀이 마련된다. '신문법' 제2호에서 '인터넷신문'은 "컴퓨터 등 정보처리 능력을 가진 장치와 통신망을 이용하여 정치·경제·사회·문화 등에 관한 보도·논평 및 여론·정보 등을 전파하기 위하여 간행하는 전자간행물로서 독자적 기사 생산과 지속적인 발행 등 대통령령으로 정하는 기준을 충족하는 것"으로 법적 정의된다. 마찬가지로 법적 정의된 '인터넷 뉴스 서비스'는 신문, 인터넷신문, '뉴스통신 진흥에 관한 법률'에 따른 뉴스통신, '방송법'에 따른 방송 및 '잡지 등 정기간행물의 진흥에 관한 법률'에 따른 잡지 등의 기사를 인터넷을 통하여 계속적으로 제공하거나 매개하는 전자간행물을 말한다.

또한, '신문 등의 진흥에 관한 법률 시행령'(이후 '신문법시행령')으로 정한 기준은 제2조(인터넷신문)에서 확인된다. 즉, '인터넷신문'은 "독자적인 기사 생산을 위한 요건으로서 주간 게재 기사 건수의 100분의 30 이상을 자체적으로 생산한 기사로 게재"(제1항 제1호)해야 하고 "지속적인 발행요건으로서 주간 단위로 새로운 기사를 게재"(제1항 제2호)해야 한다. 일부 자체 제작 기사가 100분의 30 미만인 경우에도 시행령에 근거해 '인터넷신문'이 된다.

정리하면, '신문법' 및 '신문법시행령'에서 정의된 '인터넷신문'은 독자적 기사

생산 요건으로 주간 게재 기사 건수의 100분의 30 이상을 자체 제작 기사로 게재해야 하며, 지속적인 발행 요건으로 주간 단위로 새로운 기사를 게재해야 한다. 2013년, 이 '신문법'에 의거해 등록된 인터넷신문은 문화체육관광부 조사 결과 4,780건이었으며, 등록된 인터넷신문 중에서 실제로 운영되는 것은 전체의 72.3%인 것으로 나타나, 그 당시 실제 운영되고 있는 인터넷신문은 총 3,456건 정도로 추산되었다. 한편, 3대 포털인 네이버, 다음, 네이트와 뉴스 공급 제휴를 맺고 있는 언론사 수는 뉴스 미디어 브랜드 기준으로 245개에 불과해, 운영되고 있는 인터넷신문의 7%, 등록된 인터넷신문의 5%만이 포털과 뉴스 공급 제휴를 맺은 상황이었다. 그 이후 '인터넷신문' 진입 규제 완화로 인해 2015년 국내에는 6,605개 인터넷신문이 등록되었다. 문화체육관광부가 제시한 2020년 기준 인터넷 신문 등록 수는 9,896개로 집계되었다.

뉴스 제작 주체가 유통도 맡았던 전통 뉴스 시대에서 다매체·다채널 시대를 지나, 포털이 언론사닷컴 대신 뉴스 유통을 전담하는 시대가 되었고, 포털의 뉴스 영향력은 더욱 커지게 되면서 2015년, 포털도 '신문법'상의 언론사라는 대법원 판결을 받기에 이른다. 그 이후부터 국내에서는 뉴스 제작과 유통을 겸한 '인터넷신문'과 유통만 맡은 포털 모두가 "언론의 자유 신장과 민주적인 여론 형성"을 위한 "지원·육성" 대상이 된다.

세계 주요 언론사들은 소셜미디어를 적극 활용해 실시간 양방향 소통을 일찍부터 시도해, 영국의 이코노미스트나 미국의 뉴욕타임스, 워싱턴포스트 등은 자사 웹사이트와 앱을 통해 신규 독자 증가를 경험했다. 하지만 국내 뉴스 이용자들은 검색엔진 및 뉴스수집 서비스를 통해 디지털 뉴스를 이용하는 방식을 여전히 선호해, 다음 [그림 10-2]가 보여 주듯이, 2020년 뉴스 웹사이트나 앱을 통해 언론사 홈페이지를 직접 방문하는 비율은 40개 조사 대상 국가 중 가장 낮았다. 뉴스 웹사이트 및 앱을 1순위 경로로 선택한 사람이 많은 국가는 핀란드(63%), 노르웨이(60%), 스웨덴(49%), 영국(48%)순이었고, 한국은 4%에 불과함을 보게 된다.

이와는 대조적으로 국내에서는 포털을 통한 뉴스 이용이 지배적임이 아래 [그림 10-3]에서 확인된다. 검색엔진 및 뉴스수집 서비스가 디지털뉴스를 이용

◎ [그림 10-2] 디지털 뉴스 이용 1순위 경로: 뉴스 웹사이트 및 앱(40개국, 단위: %)

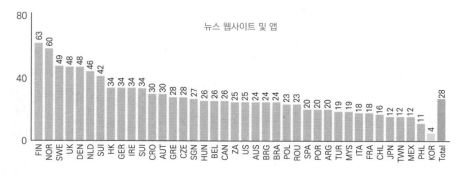

출처: 박아라/이소은(2020: 62)

◎ [그림 10-3] 디지털 뉴스 이용 1순위 경로: 포털 및 뉴스 수집 서비스(40개국, 단위: %)

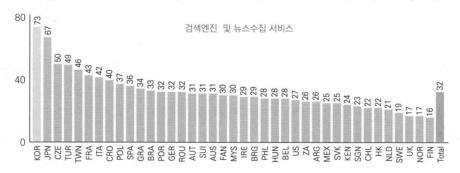

출처: 박아라/이소은(2020: 63)

하는 1순위 경로라고 답한 비율은 한국이 73%로 40개국 중 가장 높았고, 그다음으로는 일본(67%), 체코(50%), 터키(49%) 등의 순이다. 또한, 검색엔진 및 뉴스 수집 서비스를 통한 뉴스 이용 의존도가 낮은 나라는 핀란드(16%), 덴마크(17%), 노르웨이(17%), 영국(17%) 등으로 나타났다.

한편, 세계를 리드하는 주요 언론사들은 기존 독자와의 소통 확대를 위해 소셜미디어에 일찍부터 투자했으나, 소셜미디어를 통한 이용률에 있어서는 사실상 언론 통제가 심한 국가들이 상위권을 차지하고 있음을 보게 된다. 다음 [그림 10-4]에서 보면, 소셜미디어가 디지털 뉴스 이용의 1순위 경로라는 응답이 많

◉ [그림 10-4] 디지털 뉴스 이용 1순위 경로: 소셜미디어(40개국, 단위: %)

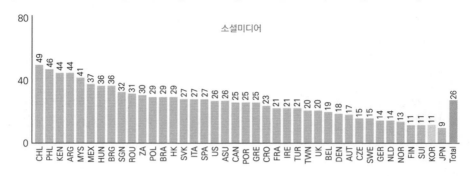

출처: 박아라/이소은(2020: 63)

은 국가는 칠레(49%), 필리핀(46%), 케냐(44%), 아르헨티나(44%) 등이었다. 한국에서 소셜미디어가 1순위 경로 응답은 11%에 불과하고, 일본 다음으로 낮아 39위이다.

흥미롭게도 다음 [그림 10-5]에서 보면, 2020년 조사에서 소셜미디어 플랫폼에 유튜브가 포함되어 있다. 각 소셜미디어별로 뉴스 이용 경험을 물어 본 결과, 한국에서는 단연 유튜브를 통한 뉴스 이용률이 두드러지게 높았다. 즉, 조사 대상 40개국의 유튜브를 통한 뉴스 이용률 평균은 27%인 데 비해, 국내의 유튜브 뉴스 이용률이 45%로 40개국 평균보다 18%나 더 높았다. 국내에서는 유튜브 다음으로 카카오톡 27%, 페이스북 19%, 인스타그램 9%, 카카오스토리 8%, 트위터 6%순으로 나타났다. 40개국 전체로는 소셜 뉴스 이용률 중 페이스북(46%)이 가장 높은 이용률을 보이는 것으로 나타났다.

국내에서는 1단계 포털 뉴스, 2단계 소셜 뉴스를 거쳐 3단계 OTT 뉴스로 진화하고는 있으나 여전히 포털의 영향력이 막강하며, OTT로 포지셔닝한 유튜브의 서브 구독 채널 개설을 통해 방송사 뉴스 채널이나 언론사 뉴스 채널들이 제공되고 있는 수준이다. 전 세계적으로도 국내의 유튜브를 통한 뉴스 이용률이 두드러지게 높음을 [그림 10-5]에서 확인하게 된다.

포털 뉴스 및 소셜 뉴스와 구분되는 OTT 뉴스만의 특성을 보면, 첫 번째 특성은 포털과 달리 소비의 개인화에 초점을 둔 콘텐츠 세분화가 이루어지고 있다

◎ [그림 10-5] 소셜미디어 플랫폼 별 뉴스 이용률: 한국 대 40개국 전체(단위: %)

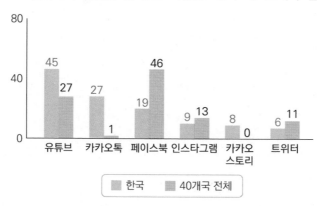

출처: 박아라/이소은(2020: 66)

는 점이다. 국내 뉴스 콘텐츠는 포털을 주요 유통 채널로 삼은 지 오래지만, 미디어 소비의 개인화에 대한 고민은 병행되지 않았다. 이에 반해, OTT 플랫폼인 유튜브에 올라타는 다양한 뉴스 채널들이 각양각색의 모습을 보이기 시작한다. SBS의 스브스뉴스와 비디오머그의 성공을 시작으로 한국일보의 프란, CBS의 씨리얼, JTBC의 소셜스토리, 헤럴드경제의 인스파이어, 국민일보의 취재대행소 왱, MBC의 14F 등 OTT 뉴스 브랜드가 잇따라 등장한다.

이들의 뉴스 제작 비즈니스에 대해서는 4절에서 자세히 다룰 것인데, SBS 사례만 간단히 보면, 비디오머그의 한 달 도달률은 1억을 돌파하는 등 큰 인기를 얻고 있다. 인기의 주된 이유는 누구나 쉽게 이해할 수 있고, 타깃이 확실하다는 점이다. 대상이 개인맞춤화되고 있는 것이다. 연령, 성별, 관심사에 따라 나누어져서 콘텐츠가 맞춤화되어, 스브스뉴스는 20대 여성, 비디오머그는 30대 남성이 그 대상이다.

아예 밀레니얼 및 Z세대(MZ세대)를 겨냥해 JTBC 뉴스 서브 브랜드로 2020년 4월 단독 출시된 헤이뉴스는 10개 장르로 세분화하여 뉴스 콘텐츠를 제공한다. MZ세대가 팩트를 이해하기 쉽고 흥미로우며 전달력 있게 제작하며, 카드뉴스나 자막은 필수이다. 핵심만 콤팩트하게 정리하고 빠른 전개와 속도감 있는 편집이 지배적이며, 유익한 즐거움을 주되 트렌드에 맞는 재미를 추구한다. 스크린도 세로를 선호하는데, 이는 숏폼 콘텐츠의 대세에 따른 영향이다.

OTT 뉴스가 포털 뉴스와 구분되는 두 번째 특성은 인터넷 뉴스 구독이 새로운 이용 방식이 되었으며, 동시에 수익모델로도 가능하다는 점이다. OTT 뉴스 소비자들은 이미 다양한 OTT 플랫폼에서 구독모델을 선 경험하였기 때문에 구독제에 대해 잘 이해하고 향후 유료화를 보다 잘 수용할 수 있을 것으로 기대된다.

유료TV 보도 채널인 YTN이 2019년 3월에 유튜브 구독자 100만으로 국내 최다 구독자 수를 기록해 국내 언론사 최초로 100만 구독 시대를 연다. 2016년 시작된 유튜브 이용자들의 파트너사 뉴스 채널 시청시간은 3년이 지나 3배나 늘었다. '구글 뉴스 이니셔티브(Google news initiative; GNI)' 펀드를 받는 언론사는 전세계적으로 23개 사 정도이기 때문에, 대부분의 뉴스사 채널들은 유튜브와 광고 수익을 공유한다. 다시 말해, 파트너사인 언론사는 유튜버로서 유튜브 스튜디오 로그인 후 수익 창출 메뉴에서 유튜브 파트너 프로그램 옵션으로 이동해 수익 공유를 확인하게 된다.

OTT 뉴스가 포털 뉴스와 구분되는 세 번째 특성은 언론사들에게 광고수익 배분과 구분되는 개념의 투자 시스템이 존재한다는 점이다. 이는 뉴스 콘텐츠가 점차 심해지는 OTT 유통 경쟁구도에서 핵심 콘텐츠로 자리 잡을 것임을 예상하게 하는 부분이다. OTT로 포지셔닝하기 시작한 페이스북은 전통 뉴스미디어인 폭스뉴스, 블룸버그와 신생 뉴스 서비스인 버즈피드, 마이크닷컴 등과 함께 오리지널 뉴스를 제작하겠다고 밝힌 바 있고 데일리 쇼에는 약 500만~1천만 달러를 투자하겠다고 밝힌 바 있다.

앞서 언급했듯이 유튜브도 '구글뉴스이니셔티브'의 일환으로 언론사들에게 투자하고 있다. 그 기본 취지는 가짜 뉴스를 퇴치하여 언론사가 동영상 스트리밍 중심의 조직으로 변신하는 것을 돕자는 것이다. 이에 언론사의 동영상 인력들을 교육시키고 모바일 영상에 최적화된 콘텐츠 포맷을 같이 개발해 주며 타깃 시청자 발굴에도 함께하는 등 페이스북처럼 뉴스 제작에 직접 투자하는 오리지널 제작 투자 개념은 아니지만 언론사들이 OTT 뉴스 서비스를 제공할 수 있게 도와주는 역할을 한다.

국내에서는 유튜브가 이념과 세대를 불문하고 애용하는 OTT 뉴스 플랫폼이 되었다. 이러한 환경에 민첩하게 대응해 유튜브를 겨냥해 메인뉴스 채널 외 별도 조직화에 힘을 쏟는 언론사들이 생겨나게 되었고, 종이신문이 모체인 한겨레신문사는 2017년 유튜브에서 혁신 지원금 25만 달러를 받아 자사 자본을 함께 태워서 영상 스튜디오를 만들었고, 인력까지 충원해 '데일리라이브'를 진행하기 시작했다. TV 뉴스 경험이 없는 언론사가 매일 한 시간을 생방송 진행하는 것이 쉬운 결정은 아니며 아직 성과로 이어지지는 못하지만 매우 혁신적인 도전이다.

2021년 7월, 국내 연구기관인 정보통신정책연구원에서 처음으로 유튜브 콘텐츠 이용행태 분석을 방송사, 제작사, 영화사 등 '전문제작사'가 제작한 콘텐츠(Professional generated content; PGC)와, 이에 속하지 않는 '개인'의 콘텐츠(User generated content; UGC)로 구분하여 분석하였다. '전문제작사' 콘텐츠 이용행태 분석 결과를 보면, 1주일 동안에 가장 많이 본 OTT 콘텐츠 장르는 예능/오락, 뉴스/시사, 뮤직비디오/공연/뮤지션 근황의 순으로 나타나, 뉴스 장르가 중요해지고 있음을 보여 주고 있다.

SECTION 03 OTT 뉴스 유통 비즈니스

OTT 뉴스 유통의 주체는 언론사, 포털, SNS, 동영상 스트리밍을 제공하는 OTT 등 다양해졌고, 모두 OTT 플랫폼으로 포지셔닝하기 시작한다. 먼저 언론사는 제작과 유통을 겸하는 주체이기 때문에 다음 절에서 제작 비즈니스 중심으로 구분해 다루기로 하고, 여기서는 언론사의 직접 유통(D2C) 비즈니스에 대해서만 살펴보겠다. 세계를 리드하는 신문뉴스인 뉴욕타임스, 워싱턴포스트, 방송뉴스인 BBC나 CNN 등은 자사의 OTT 앱을 통해 뉴스를 유통시키고 있다.

먼저 신문뉴스를 보면, 2020년 2/4분기 뉴욕타임스의 인터넷신문 매출은 종이신문 유통 매출(구독과 광고)을 처음으로 능가해, 인터넷 구독자는 570만 명(종이신문 80만 명)에 이르렀다. 워싱턴포스트도 유료의 구독 모델에 집중하고 있다.

방송뉴스의 경우에는 BBC월드 서비스가 30여 개 언어로 TV, 라디오, 인터넷 등을 통해 BBC 뉴스 콘텐츠를 유통 중이다. 또한, BBC는 자사의 토종 OTT인 아이플레이어(iPlayer)와 민영방송사인 iTV와의 합작으로 브릿박스(Britbox)라는 OTT를 통해 자사 뉴스를 직접 유통 중이다. 글로벌 뉴스 채널인 CNN은 2021년 7월에 CNN플러스라는 OTT 출시 계획을 발표했고, 앤더슨 쿠퍼, 돈 레몬 등 CNN 간판 앵커들을 활용해 '뉴스쇼' 등 새로운 형태의 프로그램을 선보이며 구독모델 기반의 OTT가 될 전망이다. 이는 기존 유료TV 채널 뉴스와는 다른 별도의 뉴스 유통 비즈니스이며, 모회사인 워너미디어가 디스커버리와의 합병을 결정한 것과도 관련된다. 2018년 폭스(FOX) 채널은 폭스네이션이라는 스트리밍 OTT를 출시했고, 컴캐스트의 NBC도 2020년부터 OTT인 '피콕'을 제공하고 있으며 여기서 뉴스 콘텐츠를 제공한다.

포털의 경우, 구글은 별도 앱으로 '구글뉴스' 서비스를 제공 중이며 뉴스 노출 알고리즘을 변경해 보도의 원본을 상위에 오래 머물도록 만들고 헤드라인 코너는 AI에 의존하지 않고 편집자가 직접 구성하게 하는 등의 노력을 계속해 왔다. 2017년 언론사들과의 상생 전략을 세운 구글은 2020년 10월에 독일과 브라질에서 먼저 별도앱인 '구글뉴스쇼케이스'(이하 쇼케이스)를 출시하면서 향후 3년간 각국 언론사에 콘텐츠 비용으로 10억 달러를 지불하게 된다.

한편, 2021년 2월, 호주 정부가 뉴스 게재료를 합법화하는 법을 추진하기 시작했는데, 이에 반발한 구글은 호주에서의 뉴스 서비스를 중단하겠다고 밝혀 논란이 된 바 있다. 호주의 법안은 글로벌 인터넷 플랫폼들이 호주의 뉴스 제작사에게 뉴스 사용료 내지 전재료를 지불하도록 하는 내용을 담고 있다. 이에 호주 내 검색 서비스를 중단하겠다고 으름장을 놨던 구글은 2021년 1월 호주 대표 언론사인 뉴스코퍼레이션과 3년 간의 뉴스 사용 계약을 맺기에 이른다. 유럽연합과 영국, 캐나다 등도 호주와 같은 입법을 추진하고 있는 상황에서 2021년 2월 구글은 호주 언론사 7개 사와 계약을 체결하고 기사 콘텐츠에 대한 대가를 지불하게 된다. 2021년 9월 기준, 구글은 16개국 언론사와 유료 계약을 체결했고, 12개국에서 뉴스 쇼케이스를 출범시켰다.

글로벌 소셜미디어 플랫폼인 페이스북은 2013년부터 '뉴스피드(News feed)'를 통해 개인 맞춤형의 뉴스를 제공하기 시작했다. 각 언론사는 개별 페이지를 통해 라이브를 포함한 다양한 콘텐츠를 제공할 수 있기 때문에 뉴스피드를 반겼다. 뉴스피드에서는 아웃링크를 통해 해당 언론사로도 갈 수 있게 되어 있고, 등록된 콘텐츠가 언론사의 게시글일 경우에도 댓글과 공유 등의 정보를 언론사가 확인할 수 있다. 이렇게 소셜뉴스 유통에 정성을 쏟은 페이스북도 2019년 10월, 20만 미국 사용자 대상으로 별도 앱인 '뉴스탭' 시범서비스를 시작했고, 제휴한 미국 언론사에 뉴스 사용료를 지급하고 있다. 또한, 2020년 말에 영국의 수백 개 언론사와 뉴스 사용 프로그램에 대해 합의했다. 즉, 페이스북이 영국 주요 언론사에 연간 수백만 파운드를 지불하는 다년 계약을 체결한 것이다.

또한, 페이스북도 구글과 마찬가지로 메인 화면에서는 전문 편집팀이 뉴스를 선별하게 하고, 다른 서브 영역에서는 AI가 이용자의 취향에 맞게 뉴스를 선정하게 한다. 그런데 페이스북도 구글이 반발했던 것처럼 위에서 언급한 호주에서의 게재료 논란으로 뉴스 게재를 잠시 중단했다가, 호주 정부의 추가 개정안을 적용하는 조건에 합의하면서 호주에서의 뉴스 서비스를 재개하게 된다. 뉴스 서비스를 재개한 페이스북은 구글보다 시기적으로는 한 발 먼저 호주 대표 뉴스기업인 뉴스코퍼레이션과 뉴스 사용 계약을 맺었고, 이는 호주에서 2021년 2월 글로벌 인터넷 플랫폼이 뉴스 게재 시 언론사에 사용료를 내도록 하는 법안 통과 이후 첫 번째 계약이 된다.

동영상 공유 소셜미디어로 시작해 OTT 스트리밍의 글로벌 대표주자가 된 유튜브에는 각국별로 다양한 뉴스 채널들이 존재하며, 국내 언론사들도 포털 중심에서 유튜브 중심으로 디지털 유통 전략을 확대하고 있다. 언론사에게는 유튜브의 라이브 기능을 활용하여 사건사고 등 속보를 신속하게 보도할 수 있는 점이 장점이며, 이용자는 선호 분야의 뉴스와 정보가 많기 때문에 다양성 측면에서 유튜브를 무료 구독만 하면 된다.

유튜브는 먼저 뉴스 카테고리 구독제를 운영하기 시작했다. 신문사나 방송사로 하여금 동영상을 게시할 수 있게 했고, 동영상 경험이 상대적으로 적은 신문사를 지원하기도 한다. 소비자가 유튜브에서 콘텐츠를 소비할 수 있는 방법은 언론사 계정을 구독하거나 유튜브 자체의 뉴스 카테고리를 구독하는 것이다. 그런데 2018년 9월 유튜브 인기 동영상 카테고리에 음악, 실시간, 게임, 영화는 그대로 두고 뉴스만 삭제되었다. 이는 유튜브가 뉴스배열 등의 논란을 피하기 위함으로 해석된다. 2019년 기준으로 국내 언론사 운영의 주요 유튜브 유통 채널들로는 SBS의 '비디오머그', MBC의 '엠빅뉴스', KBS의 '댓글 읽어 주는 기자들', JTBC의 '헤이뉴스', 서울신문의 '서울살롱', 서울경제신문의 '서울경제썸' 등이 대표적이다.

한편, 유튜브의 뉴스 유통 영향력이 커지는 만큼 유튜브 뉴스에 대한 부정적인 지적도 잇따른다. 개인의 성향 양극화에 영향을 미치는 유튜브의 추천 알고리즘 문제가 대표적인데, 유튜브 사용자가 보는 영상의 70%가 추천 알고리즘에 의해 재생되고, 추천이 반복되면 이용자는 비슷한 영상만 보게 되는 토끼굴에 빠질 우려가 커 유튜브가 필터 버블을 야기한다는 주장을 뉴욕타임스가 직접 분석해 입증해 낸 적도 있다. 유튜브도 이러한 문제의 심각성을 인정하지만 아직은 AI 필터링의 현실적 어려움만을 호소하는 데 머물러 있다.

디바이스 및 OS 사업자로서 OTT 뉴스 시장에 뛰어든 애플은 2019년 3월 애플뉴스플러스를 출시하되, 애플 이용자들에게만 제공한다는 계획이 발표된다. 생태계 지향적이 아닌 애플에 대해 뉴스신문사들은 월정료 수익배분, 데이터 공유 이슈 등 많은 제약들이 뒤따를 것을 우려하였고, 서비스 시작 전에 뉴욕타임스와 워싱턴포스트는 계약을 철회하기도 했다. 2020년 기준 애플뉴스플러스를 통해 300여 개 이상의 신문과 잡지 등의 출판물을 읽을 수 있으며, 구독자에게는 개인화된 추천 서비스가 제공된다.

2018년 국내 OTT 이용률 조사에 포함된 뉴스 이용률은 6.7%였다. 또한 뉴스 점유율 조사에서 유튜브가 65.7%로 절대적인 위치를 차지한 가운데, 국내 토종 OTT로는 네이버TV, 아프리카TV, 카카오TV, 곰TV, 판도라TV순으로 제시되었는데, 변화를 거듭하고 있는 네이버와 카카오의 OTT 뉴스 서비스에 대해 살펴보자.

포털 뉴스 서비스 제공자로 절대 위치를 유지 중인 네이버는 네이버TV에서도 뉴스를 제공하나 적극적이지는 못하다. 네이버는 2019년 2월부터 네이버 포털 뉴스에서 유튜브 영상 삽입을 제한한다. 그 이유는 포털 뉴스 내 유튜브 영상이 재생되지 않는 경우의 민원이 제기되었기 때문이라는 주장인데, 이는 네이버 포털 이용자들의 불편을 키웠다. 타 포털에서는 뉴스에서 유튜브 영상이 함께 유통되도록 하고 있어서 네이버가 기술적 이유로 유튜브를 뺀 것에 대해 자사의 포털 플랫폼을 우대하려는 속셈이라는 의혹을 제기하게 한다.

'다음'을 인수한 카카오는 카카오톡에서 2015년 6월부터 뉴스를 제공하다가 2021년 8월 '카카오뷰(View)'로 통합한다. 이는 뉴스를 포함해 창작자 제작 콘텐츠를 다양한 관점에서 편집해 구독하는 장으로 세 번째 탭인 '샵(#)'을 대체한 것이다. 누구나 가능한 콘텐츠 창작자인 '뷰 에디터(View Editor)'는 뉴스나 영상, 글, 음악 등 다양한 콘텐츠 링크를 모아 '보드' 형태로 발행할 수 있으며, 1개 보드에 최대 10개의 콘텐츠 링크를 담을 수 있다. '카카오 뷰'는 '뷰'와 'My뷰'로 구성된다. '뷰'에서는 카카오톡 이용자가 경제, 취미, 테크, 건강, 교육 등 총 22개 주제 중 선택해 언론사 및 다양한 '뷰 에디터'들을 찾아 취향에 맞는 보드를 구독하게 된다. 'My뷰'는 이용자가 구독한 '뷰 에디터'들의 보드를 모아 볼 수 있는 공간이다. 보드에서는 브런치, 카카오TV, 티스토리, 다음뉴스뿐 아니라 유튜브 등 외부 서비스 연동이 가능하며, 오픈채팅, 톡캘린더 기능을 이용해 직접 소통이 가능하다. 뷰 에디터는 자신의 보드를 받아 보는 이용자 수나 보드 노출 수에 따라 'My뷰' 공간의 광고수익을 배분받는다.

카카오의 뉴스 등 콘텐츠 서비스 구독전환 이후에 불편을 겪은 이용자들이 콘텐츠 이용을 줄이기 시작한다. '뷰'는 개별 창작자가 만든 뉴스, 동영상 등 콘텐츠 모음을 구독하는 방식인데, 편집된 콘텐츠는 '보드' 형태로 발행되는데, 그 이용이 초기에 감소하는 이유는 기존 포털처럼 편집자가 알아서 콘텐츠를 골라주는 이용 환경에 이용자들이 오랜 동안 익숙해 있기 때문으로 해석된다. 하지만 장기적으로는 새로운 콘텐츠 유통 생태계로 자리매김될 것으로 기대된다. 그 이유는 이용자가 각자 취향에 맞게 콘텐츠를 선택하고 큐레이션할 수 있는 공간이 될 수 있기 때문이다.

OTT 뉴스 제작 비즈니스

앞에서 국내외 주요 OTT 뉴스 제작사들의 직접 유통에 대해서는 언급하였으며, 여기서는 전통 언론사와 신생 기업의 인터넷신문 제작 비즈니스에 대해 살펴보고자 한다. 전 세계적으로 대표성을 띤 전통 언론사의 인터넷 뉴스 제작 비즈니스 성공 사례는 단연 뉴욕타임스이다. 전문 언론인이 주로 정치, 경제, 사회 위주의 기사를 제작하고 일련의 편집 과정을 거친 후에 해당 기사가 오프라인 신문과 함께 온라인 사이트와 앱에서 제공되는 구조를 갖는 뉴욕타임스는 고품질 저널리즘을 표방한다. 시사 주간지인 '타임(Time)'은 2019년 10월, 이러한 뉴욕타임스의 혁신 사례를 심층 보도했다.

1851년 창간해 2008년 미국 경제위기 때 매출 급감과 적자가 쌓이는 악순환 상황에서 다시 일어선 뉴욕타임스의 성공 요인은 첫째 고품질 저널리즘으로의 방향 전환으로, 이는 사람들이 돈을 내고 싶을 정도로 필요로 하는 저널리즘을 말한다. 오직 독자들이 궁금해 하는 기사 중심이며 중요 기사는 속보가 아니어도 종일 앱 상단에 배치되고, 뉴스 데이터는 시각화된다. 둘째는 유료화 전략으로 디지털 유료화와 '충성고객' 확보에 노력한 뉴욕타임스는 충성적인 독자에게 최적 환경을 제공하기 위해 뉴스팀과 마케팅팀이 협력하는 구조를 가져간다. 셋째는 뉴스 제작 인력에 대한 아낌 없는 투자로, 더 좋은 저널리즘을 만들고 경쟁력 있는 기자를 보유하기 위해 노력한 뉴욕타임스는 최고 기자에게 최고의 대우를 해줬으며, 스카우트 비용을 아끼지 않았다. 경영 악화로 2014년 1,100명까지 감소했던 직원 수는 2019년 1,500명으로 다시 증가했다.

글로벌 수준을 가진 독립형 인터넷신문의 원조인 허핑턴포스트에서는 전문 언론인이 아닌 다양한 분야의 컬럼니스트가 게이트키핑 과정 없이 폭넓은 주제를 다루며, 2008년부터 미국 언론사 웹사이트들 중 최고 트래픽을 자랑해 버라이즌 미디어그룹의 자회사가 된다. 허핑턴포스트가 2011년 뉴욕타임스 트래픽을 추월한 이후부터 레딧, 위키트리, 버즈피드 등 새로운 언론 형태가 등장했지만, 정보의 질 저하, 저작권 침해 등의 문제로 어려움을 겪는다. 2014년 4월 발행된 뉴욕타임스 혁신 보고서에서 버즈피드는 뉴욕타임스의 라이벌로 꼽히기도 했지만, 2017년 100여 명을 해고하는 등 매출 부진에 따른 구조조정을 단행하게 된다.

페이스북이 뉴스 서비스를 제공하자, 허핑턴포스트, 버즈피드 등은 뉴스팀에 동영상 제작 부문을 확대하였고, 페이스북은 사용자 체류 시간을 증대하기 위해 동영상 우대 정책을 펼친다. 페이스북이 소셜뉴스 플랫폼으로서 영향력을 가져가자 벤처형 뉴스 제작사들은 페이스북을 무시할 수 없었는데, 사실상 수익이 나지 않았다. 버즈피드는 2017년 페이스북에서 총 570억 조회 수를 기록했으나, 매출은 오히려 예년 대비 줄게 됨을 경험한다.

앞서 1절에서 언급했듯이, 페이스북의 알고리즘 정책 변화로 인한 트래픽 하락으로 벤처형 뉴스 기업의 소셜뉴스에 대한 위기의식은 더욱 커지기 시작했고, 언론사들은 페이스북과 다르게 트루 뷰(True view) 기반으로 광고수익을 공유하는 유튜브로 눈을 돌리기 시작한다. 유튜브는 페이스북을 떠나려는 언론사들의 손을 잡는다. 동영상 소셜 공유 서비스로 시작한 유튜브가 OTT 플랫폼으로 도약하기 위해서는 뉴스 장르가 필요했고 모회사인 구글의 구글뉴스이니셔티브를 활용해 언론사들을 돕는 모양새를 가져가게 된다. 국내에서는 한겨레신문사가 2017년 유튜브에서 혁신 지원금 25만 달러를 받았다고 앞에서 언급하였다.

유튜브는 국내 언론사들에게 유통 실험장이 된다. 향후 수익과 직결될지 여부는 모르지만 전반적으로 이용자 접점을 넓히는 차원에서 유튜브에서의 새로운 뉴스 브랜드 유통을 선호하게 된다. 방송사 제공 뉴스 브랜드 성공 사례로, SBS의 비디오머그, 스브스뉴스는 방송사 브랜드 중 가장 탄탄한 구독자층을 확보하고 있으며 유튜브, 페이스북 등 각 온라인 공간에 최적화된 콘텐츠로 MZ세대를 핵심 독자층으로 하고 있다. 그런데 이 둘의 제작 방향은 전혀 다르다.

먼저, 비디오머그에는 "신뢰할 수 있는 재미"라는 모토에 맞춰 정통 시사부터 스포츠까지 폭넓게 다루면서 시의성과 화제성 있는 이슈 선정과 현장감을 담은 시각적인 영상 편집이 돋보인 반면, 스브스뉴스는 "뉴스에는 위아래가 없다"

를 외치며 과거 뉴스로서 인정받지 못했던 젊은 층의 다양한 관심사와 문화 트렌드에 집중했다. 타깃층도 세분화해 비디오머그는 남성 독자가 여성 독자보다 많다. 스브스뉴스는 그 반대로, 카드 뉴스 형태의 가벼운 콘텐츠를 내세운 피키캐스트가 붐을 일으키면서 언론에서 가장 성공한 브랜드로 꼽힌다. 2020년 이 둘은 모두 SBS 자회사로 분사되어 가볍고 빨라야 하는 뉴스 특성을 살리기 위해 독자적 운영에 들어갔고, 인력의 깊이도 조직 내에서 쌓기 위해 프리랜서 인력의 정규직화를 진행한다.

MBC도 2018년부터 별도 채널로 '엠빅뉴스', '14F'를 운영해 구독자 확대를 모색한다. 14F는 MBC 건물 내에서 팀이 자리한 14층을 나타내는 말이며, 20~30대 여성에 초점을 맞춰 뉴스 콘텐츠를 제작한다. 뉴스 큐레이션 코너 시작 2년 만인 2021년 구독자 수 100만을 넘기게 된 '14F'의 뉴스 콘텐츠는 유튜브 뿐만 아니라 인스타그램, 카카오 1boon, 틱톡, 왓챠 등 다양한 플랫폼에 제공되고, 20대 후반 대상으로 11개 코너로 세분화되어 운영된다.

기존 뉴스의 정형화된 복장이 아닌 친근하고 편안한 차림새로 등장한 아나운서의 진행으로 사회적 이슈부터 일상적 상식에 이르기까지 폭넓은 주제 전달을 통해 딱딱한 뉴스를 어려워 하는 시청자들에게 편안하게 다가가는 게 '14F'의 차별점이며, 세계적 기업과 브랜드 철학에 얽힌 이야기를 풀어 주는 '소비더머니' 코너는 별도 채널 독립 한 달 만에 15만 명 구독자를 확보했다. 이슈에 대한 깔끔한 구성으로 MZ세대에게 각광받는 뉴스 콘텐츠들은 MBC의 디지털 콘텐츠 전문 스튜디오인 'D크리에이티브스튜디오'에서 제작된다.

한편, 엠빅뉴스는 모바일에 최적화된 영상 뉴스를 콘텐츠로 삼으며, 시의적 주제 선정뿐만 아니라 다양한 꿀팁부터 연예인, 스포츠 등에 이르기까지 다양한 분야를 아우르는 영상을 업로드한다. 정보를 지루하지 않게, 변화한 환경에 맞게 제공하려는 것을 목적으로 하는 엠빅뉴스는 특히 스포츠 뉴스 분야에서 두각을 보이고 있다.

앞에서도 언급한 JTBC 경우에는 '소셜라이브'라는 소셜뉴스 브랜드로 시작했고, 이의 종료와 함께 '헤이뉴스(hey.news)'라는 뉴스 브랜드가 탄생하여 OTT 플랫폼에서 제공된다. JTBC 디지털뉴스룸팀에서 제작했던 '소셜라이브'는 2016년

10월 31일 정규 뉴스 방송인 'JTBC 뉴스룸'이 끝나면 '당신의 손' 안에 있는 모바일에서 뉴스룸의 비하인드 스토리가 시작된다는 콘셉트로, 방송이 끝난 뒤 앵커와 기자의 비하인드 취재 스토리를 전하는 방식이었다. 시간적 제약으로 다 전하지 못한 뉴스까지 소화한다는 점에서 시청자의 니즈를 충족했고 뉴스 신뢰도까지 상승시킨 '소셜라이브'는 성공적인 소셜뉴스로 자리를 잡아 시즌 4까지 하고 뉴스룸 전으로 시간대를 옮겨 '소셜라이브 이브닝'으로 이어지다가 종료한다.

그 이후 '헤이뉴스'는 MZ세대 대상으로 2020년 8월 시작해 뉴스를 소재로 이들과 소통하는 '스토리 커뮤니티'를 구축하는데, 이는 중앙일보와 JTBC가 공략하기가 매우 어려운 MZ세대 뉴스 소비 타깃층을 적극 개척해 나아가겠다는 취지에서이다. 헤이뉴스는 영상 포맷을 기본으로 해당 세대에 소구할 총 10개 분야를 제공하며, 예전처럼 인스타그램이나 페이스북에 같은 뉴스 콘텐츠를 일괄 전하는 방식이 아니라, 각 플랫폼별 특징에 맞춰 차별화된 다른 콘텐츠를 유통하며, 그룹 계열사의 전 직원들이 아이템을 제출하고, 기획안이 선정되면 중앙일보의 '뉴스제작3팀'이 제작을 지원하는 '그룹 내 오픈 소스' 방식으로 진행된다.

기독교 방송 채널인 CBS의 노컷뉴스에서 파생된 SNS 영상 브랜드인 '씨리얼 (C–Real)'은 10~20대 두꺼운 팬층을 가지고 있으며, 페이스북 페이지 팬 중에 25세 이하가 50%를 차지한다. 2016년 출시된 직후 3천 명이던 팬 수는 5년 만인 2021년 26만 명에 이른다. 어렵고 딱딱한 정치·사회 이야기를 쉽게 풀어 주는 것이라는 '씨리얼'의 영상은 쉽고 재미있지만 이들이 다루는 주제는 꽤나 묵직한 편이다.

다음은 신문사들의 뉴스 브랜드들을 살펴보자. 가장 선두인 서울경제신문의 '서울경제썸'은 2016년 디지털미디어센터 설립 후에 2030세대 대상의 유튜브 내 채널로 시작했다. 복잡하고 어려운 경제뉴스를 그래픽 텔링이나 스톱모션 등의 포맷으로 알기 쉽게 풀어 주는, 데이터 기반의 '히스토리 저널리즘'을 구현한 '서울경제썸'은 2018년 온라인저널리즘어워드 특별상을 받았다.

그 외에도 한국일보의 '프란(Pran)'은 신문이 집중하지 않았던 '비주류' 이야기를 다루며, 헤럴드경제의 '인스파이어'는 영감을 주는 인물·장소·지식을 3~5분 다큐멘터리 영상으로 다루며 양질의 영상에 기업의 브랜드를 접목한 브랜디드 콘텐츠도 선보였다. 인스파이어는 '2018 뉴미디어 콘텐츠상' 시상식에서 '실패해도 괜찮아' 시리즈를 출품해 다큐·교양 부문 작품상을 받았다. 또한, 뒤늦게 시작한 국민일보의 유튜브 채널인 '취재대행소 왱'은 독자들에게 취재 요청을 받아 대신 취재하는 콘셉트의 독자 맞춤형 뉴스 서비스이다.

한편, 국내 언론사들의 광고 수익 및 포털 의존도는 여전히 매우 높다. 광고 시장 규모는 제한되고 언론사 수는 늘어나는 상황에서 구조적 변화가 절실한 상황이다. 분명히 OTT의 등장이 기회를 줄 것이지만 유튜브 의존도가 매우 높아 비즈니스적 고민이 필요하다. 2018년, 복스(Vox) 미디어(이후 복스)는 15분 다큐멘터리 '익스플레인: 세계를 해설하다'를 제작해 넷플릭스에 유통하기 시작했는데, 이는 뉴스와 다큐멘터리의 혼합이다. 이어 뉴욕타임스도 폭스TV와 30분 다큐멘터리를 만들기로 한다.

2005년 출범한 복스는 스포츠 블로그를 시작으로 시사와 정치 이슈를 다루는 뉴스미디어가 되었고, ICT 분야의 '더 버지(The Verge)', '폴리곤(Polygon)', '리코드(Recode)'와 부동산 분야의 '커브드(Curbed)', 맛집 및 음식 분야의 '이터(Eater)' 등 버티컬 뉴스 브랜드를 만들어 나간다. 또한, 2014년 '카드스택(Card stack)'을 고안해 카드 뉴스의 선구자가 된 복스는 자체 제작한 기사입력기(CMS)인 '코러스'를 통해 30여 개 템플릿 기반으로 기사에 맞는 포맷으로 출판한다. 이후, 복스가 카드스택처럼 제작한 10분 영상 '익스플레인'은 사회문제를 단순하고 속도감 있게 편집해 넷플릭스라는 OTT 플랫폼에 유통하게 된 것이다. 이는 OTT와의 제작 협업을 통한 새로운 수익원을 개척해야 할 시점이 언론사들에게도 가까이 와 있음을 시사한다.

그 외에도 언론사들은 AI와 블록체인 기반으로 기사 불법복제 방지뿐만 아니라 콘텐츠 유통 흐름을 명확히 파악해 뉴스 소비자가 원하는 기사나 주제에 대해 쉽게 파악할 수 있어야 할 것이다. 그러나 언론인에게 무엇보다 중요한 것은 고품질 저널리즘이다. 빠른 뉴스보다 정확한 뉴스를, 홍보성이 아닌 독립성을 갖춘 뉴스를, 진실에 다각적으로 접근하는 불편부당의 원칙을 준수하는 뉴스를 제공해서 뉴스 독자의 신뢰를 지속적으로 유지하는 브랜드가 되어야 한다.

참/고/문/헌

강아영(2015.7.8). 뉴스 유통 플랫폼 잇단 등장 … 속절없이 지켜만 보는 언론, 한국기
    자협회보.

구현모(2018.9.17). OTT, 뉴미디어 언론사의 희망, 브런치.

김선호·박아란(2017.12). 4차산업혁명과 뉴스미디어정책, 한국언론진흥재단.

김민선(2019.10.21). 페이스북, 뉴스탭에 참여할 언론사들과 협상 완료.

김영주/정재민(2020.11). 글로벌 뉴스미디어 기업의 비즈니스 모델: 구독·광고·사업·
    후원, 한국언론진흥재단 내부보고서.

김위근(2014). 포털 뉴스 서비스와 온라인 저널리즘의 지형: 뉴스 유통의 구조 변동
    혹은 권력 변화, 한국언론정보학보 2014년 여름호, Vol.66, pp.5-11.

김위근(2015.3.27). 포털 뉴스 서비스와 인터넷신문의 상생과 조건, KISO저널 제18호.

김위근(2019.3.18). 급증한 인터넷신문사, 저널리즘 품질을 고민할 때. 고대신문.

김위근/황용석(2020.11). 한국 언론과 포털 뉴스 서비스, 한국언론진흥재단.

김청희/김남두(2021.7). 성별·연령대별 유튜브 및 넷플릭스 콘텐츠 이용행태 분석,
    KISDI Perspective, 정보통신정책연구원, No.3.

매일경제(2021.10.10). '콘텐츠 구독형 전환' 카카오톡 이용 시간 두 달 연속 내리막.

매일경제(2021.8.3). 카톡서 뉴스 모아보는 '카카오 뷰' 첫 선.

매일경제(2020.12.1). 구글 이어 페북도 뉴스 사용료 낸다.

박아란/이소은(2020). 디지털 뉴스 리포트 2020 한국, 한국언론진흥재단 내부 보고서.

배기형(2016). 동영상 뉴스 콘텐츠의 혁신과 OTT 서비스, 언론중재위원회, 언론중재,
    Vol.141, pp.38-49.

서울경제(2018.11.27). 서울경제 디지털브랜드 '썸' 온라인저널리즘 특별상.

서울신문(2021.5.31). 카카오TV, '유튜브식' 개인방송 접고 '넷플릭스식' 콘텐츠에 집중.

송민정(2019.12), 한국 웹뉴스 유통의 진화, 언론중재위원회, 언론중재, Vol.153,
    pp.62-71.

송해엽·양재훈(2017). 포털 뉴스 서비스와 뉴스 유통 변화: 2000-2017 네이버 뉴스

빅데이터 분석, 한국언론학보, Vol.61, No.4, pp.74－109.

아주경제(2018.7.5). [뉴미디어는 지금] 복스가 만들고 넷플릭스가 퍼트리는 '익스플레인'.

아이티데일리(2021.2.8). 구글, 호주서 '뉴스 쇼케이스' 시작 … 제휴 매체에 비용 지불.

와이티엔(YTN)(2019.3.3). YTN, 유튜브 구독자 100만 돌파...국내 언론사 최초, 네이
　　　버뉴스의 YTN 채널.

연합뉴스(2020.10.1). 구글 뉴스앱 '쇼케이스' 출시 … "3년간 언론사에 1조 1천억 지불".

오세욱/송해엽(2019), 유튜브 추천 알고리즘과 저널리즘, 한국언론진흥재단.

전자신문(2018.9.2). 유튜브, 뉴스 카테고리 삭제 … 뉴스 배열과 댓글 조작 가능성은
　　　여전.

조선비즈(2021.3.9). 카카오·네이트 되는데…네이버뉴스에선 유튜브를 볼 수 없다.

조선비즈(2021.6.2). 美 CNN도 스트리밍 서비스 출시…판커지는 OTT 시장.

조영신(2016.6). 페이스북의 뉴스 트레이딩 서비스, 이슈&트렌드, 한국인터넷진흥원.

조선비즈(2019.8.30). 페북, 뉴스 잡아야 돈도 잡힌다.

중앙일보(2019.10.24). 디지털 기업 변신한 NYT, 고품질 저널리즘으로 승부.

최민재·김성후·유우현(2018. 6). 언론사 디지털혁신, 한국언론진흥재단.

최민재(2019). 언론사 구독모델, 한국언론진흥재단.

최민재/김성후/유우현(2018). 언론사 디지털 혁신, 한국언론진흥재단 연구서 2018－06.

최승영(2019.4). 국내 언론사 SNS 운영 성적, 신문과 방송, 한국언론진흥재단,
　　　pp.58－62.

최율리아나(2019.10.30). 페이스북, 고품질 뉴스의 유통경로 될 수 있을까?.

파이낸셜뉴스(2019.10.26). 페이스북, 미국서 '뉴스탭' 시범 서비스 시작.

한국경제(2020.7.24). 네이버에서 언론사 구독 2천만 명 돌파 … 기자 구독은 175만 명.

한국기자협회(2020.4.20). 중앙그룹, 밀레니얼·Z세대 타깃 영상플랫폼 '헤이뉴스' 론칭.

한국언론진흥재단(2015). 2014 언론수용자 의식조사.

한국언론진흥재단(2018). 2017 언론수용자 의식조사.

한국언론진흥재단(2019). 2018 언론수용자 의식조사.

한국언론진흥재단 조사분석팀(2019. 1). 2018 언론수용자 의식조사 1: 반짝 상승했던
　　　2017년 언론 신뢰, 2018년엔 다시 하락, 신문과방송. Winter.

한국언론진흥재단(2019.9). 언론사 디지털 구독모델.

한국언론진흥재단(2016.1). 디지털 시대 뉴스미디어와 법 제도.

한국언론진흥재단(2019.1.3). 2018 언론 수용자 의식조사.

한국방송통신전파진흥원(2020.4). BBC의 OTT 전략과 시사점: iPlayer와 BritBox를 중심으로, KCA Media Issue & Trend, 트렌드리포트, Vol.31, pp.6−14.

CHAPTER

11

OTT 스포츠 비즈니스

SECTION 01 국내 스포츠 산업의 진화
SECTION 02 OTT 스포츠의 개념과 특성
SECTION 03 OTT 스포츠 유통 비즈니스
SECTION 04 OTT 스포츠 제작 비즈니스

국내 스포츠 산업의 진화

국제축구협회(FIFA)에서 발표한 2018년 러시아 월드컵 총 시청자 수는 35억 7,200만 명으로 전 세계 인구의 절반이 넘는 인원이 시청한 것으로 집계되었다. 스포츠 이벤트들의 천문학적인 중계권료에도 불구하고, 지상파방송, 유료TV, 인터넷 플랫폼 등 다양한 미디어들은 중계권을 따내기 위해 경쟁하고 있으며, 특히 다양한 플랫폼과 단말기를 통해 인터넷만 있다면 언제 어디서나 스포츠를 볼 수 있는 환경이 전개되면서, 실시간 방송 편성이라는 제약에서 벗어나 다양한 시간대에 다양한 종목의 스포츠 콘텐츠를 제공할 수 있는 환경으로 진화하였다.

국민 소득 수준의 향상과 여가를 중시하는 시대적 흐름이 스포츠 활동 참여와 스포츠 시설의 증대, 그리고 스포츠 마케팅 등 스포츠 산업의 발전을 가져온다. 광의의 스포츠 산업은 스포츠 활동과 관련한 제품과 서비스를 창출하는 산업 활동이다. 스포츠 활동에 참여한 스포츠 소비자의 니즈를 충족시키기 위해서는 각종 제품이나 서비스를 제공하는 스포츠 단체의 제작 활동이 필요하다.

정리하면, 스포츠 산업은 스포츠 활동에 필요한 용품과 설비, 스포츠 경기나 이벤트, 강습 같은 유·무형의 재화나 서비스를 생산하고 유통시켜 부가가치를 창출하는 산업으로 정의된다. 인터넷이 등장하기 시작한 1990년대 중반 이후 국내 스포츠 소비가 증가해 스포츠 산업에 대한 관심이 고조되기 시작한다. 가계 스포츠 관련 지출은 1999년 238,800원에서 2002년 325,200원(36% 증가)으로 증가했으며, 세부적으로 운동 용품 소비 지출은 1999년 12,000원에서 2003년 32,400원(170% 증가)으로, 운동강습료는 1999년 28,800원에서 2003년 38,400원 (33.3% 증가)으로 증가하였다.

이렇게 국내 스포츠 산업이 성장한 배경은 여러 가지 측면에서 관찰된다. 먼저, 사회적으로는 주 5일제 근무제 확대와 여가시간의 증대, 사회체육시설의 급증, 경제적으로는 세계적 스포츠 이벤트의 성공적 개최와 스포츠 산업에 대한 고부가가치화 인식이며, 스포츠 산업 내부적으로는 프로스포츠의 활성화, 기업들의 스포츠 마케팅의 확산, 유료TV와 인터넷 등 뉴미디어 시대의 전개, 그리고 이로 인한 스포츠 산업 내의 경쟁 심화를 들 수 있다. 여기서는 TV 방송 및 인터넷 미디어 시대와 연계된 스포츠 중계 산업의 진화에 대해 3단계로 구분하여 살펴보고자 한다.

국내 스포츠 중계 산업 1단계는 유료TV의 스포츠 전문 채널이 등장하기 전인 라디오, TV 방송 미디어 중심의 스포츠 참여 시대이다. 스포츠는 인기가 매우 높았던 검증된 장르로서, 특히 올림픽, 월드컵과 같은 전 세계적 빅 스포츠 이벤트는 국민적 관심이 총 집중되는 콘텐츠가 된다. TV와 라디오가 지배적이던 시대의 스포츠 중계에서는 '실시간성'이 매우 중요하다. 결과가 나온 뒤에는 가치가 급격히 하락하는 스포츠 콘텐츠의 특성 때문에 중계권료가 비싼 경우에는 TV의 주시청시간대(프라임타임)에 주로 편성된다. 예로 한일전의 경우, 대부분 한국이나 일본에서 경기가 치러지기 때문에 시차가 없고 기대 시청률이 매우 높아 저녁시간에 실시간으로 볼 수 있다. 지상파방송사는 올림픽, 월드컵, 프로야구 포스트시즌 등 킬러 콘텐츠 위주로 편성하였다.

국내 스포츠 중계 산업 2단계는 유료TV의 스포츠 전문 채널이 등장해 국가적 이벤트 외에 다양한 정규 시즌 스포츠 참여가 가능해진 시기이다. 1995년 케이블TV 출범과 함께 개국한 한국스포츠TV가 국내 최초의 스포츠 전문 채널이며, 이후 KBS, MBC, SBS 등도 스포츠 채널을 개국하게 된다. 국가적 이벤트는 주로 지상파방송사에 의해 방영되었고, 정규 시즌의 경우에는 유료TV의 스포츠 전문채널에 의해 편성되는 것이 일반적이 된다. 예로 프로 야구는 패넌트레이스(정규 시즌)의 경우 스포츠 전문 채널들을 통해 송출된다.

TV 방송 스포츠 중계에 '보편적 시청권' 이슈가 논란이 되는 사건이 발생한다. 2005년, 스포츠 전문 채널인 IB스포츠가 2006~2012년 아시아축구연맹(AFC) 중계권을 독점하면서 '보편적 시청권'을 둘러싼 이슈가 국내에서는 처음 제기되었고, 결국 방송법에 국가적 이벤트, 주요 행사 등에 대한 보편적 접근권을 강제하는 조항이 신설된다. 2007년 신설된 방송법 제76조를 통해 당시 방송위원회(현 방송통신위원회)는 보편적 시청권보장위원회의 심의를 거쳐 국민적 관심이 매우 큰 체육경기대회와 그 밖의 주요 국민적 관심행사를 고시하고 국민관심행사 등에 대한 중계방송권자 또는 그 대리인은 일반 국민이 시청할 수 있도록 중계 방송권을 다른 방송사업자에게도 공정하고 합리적인 가격으로 차별없이 제공하 도록 법적으로 보장하게 된다.

하지만 2010년 SBS가 코리안 풀(Korean pool)로 협상 창구를 단일화하기로 한 협약을 파기하고 올림픽과 월드컵 중계권을 독점함에 따라 '보편적 시청권' 이슈는 다시 쟁점화된다. SBS는 자회사인 SBS인터내셔널을 통해 2010년 벤쿠버 동계대회부터 2016년 하계대회까지 4개 올림픽 대회 중계권과 2010년, 2014년 월드컵 중계권을 독점 계약해 지상파방송 3사 간 '코리안풀' 단일 창구 협약을 파기해 KBS와 MBC가 SBS의 불법성을 형사 고소하였고, 이를 취소한다는 조건 하에 지상파방송 3사가 공동 중계하는 것으로 정리되기에 이른다. 합의를 통해 방송협회 내에 '스포츠중계방송발전협의회'를 설치하고 2012년 올림픽과 2014년 월드컵, 그리고 아시아경기대회 등을 순차적으로 중계방송하고 비용도 균등 분 담하기로 결정한다.

국내 스포츠 중계 산업 3단계는 소셜미디어 시대가 본격화 되면서부터이다. 2008년 베이징올림픽 경기를 TV와 인터넷을 통해 지켜본 시청자수가 45억 명이 었다. 전 세계 60억 인구의 4분의 3인 45억 명 시청자는 TV만으로는 달성하기 어려운 수치이며, TV뿐만 아니라 인터넷 생중계, VOD, 모바일까지 다양한 미디 어가 있어서 올림픽이 더욱 성공적이 되었다. 또한, 2012년 런던올림픽의 소셜 중계는 '소셜림픽'이라 불릴 정도로 성공해 스포츠 콘텐츠의 온라인 중계에 대한 관심은 더 고조되었다. 당시 런던올림픽 홈페이지(www.london2012.com)에 모바 일 앱 두 가지가 소개되었다. '2012 조인 인'은 개·폐막식을 비롯해 런던을 포 함한 영국 곳곳에서 일어난 올림픽 이벤트를 소개하였고, '2012 리절트 앱'은 올 림픽 경기 결과를 실시간으로 제공하고, 경기 일정과 종목을 자세히 설명하며 메달 집계, 선수 프로필, 특정 국가의 뉴스와 정보를 제공하였다.

소셜미디어를 통한 다양한 방식의 소통에 영향을 받은 미국 스포츠 전문 채 널인 ESPN 등이 온라인으로 눈을 돌리기 시작하고, 온라인 스트리밍으로 발달 한 OTT 시대를 열면서 거의 모든 소규모, 비인기 종목은 물론이려니와 e스포츠까지도 포괄하여 보다 초세분화된 스포츠 중계 서비스에 최적화하고, 가상현실 (Virtual reality; VR) 같은 ICT 기술까지도 접목하기에 이른다. e스포츠는 2018년 아시안게임 시범 종목에 이어 2022년 공식 종목으로 채택될 만큼 스포츠 장르로 자리매김하고, 글로벌 OTT 플랫폼인 트위치TV를 중심으로 가장 가파르게 성장하게 된다.

OTT 플랫폼 사업자로 진화하는 글로벌 기업들의 스포츠 중계권 확보 경쟁이 시작되고, 넷플릭스까지도 스포츠 중계는 아니면서도 스포츠 스타선수를 다룬 다큐멘터리인 '마지막댄스(The Last Dance)'를 제작해 스포츠 다큐멘터리의 성공 사례가 된다. 국내에서도 LG유플러스 프로야구 같은 통신기업의 OTT 서비스, 네이버, 카카오 같은 포털의 OTT 서비스, 스포TV(SpoTV) 라이브 같은 스포츠 전문 채널의 OTT 채널 등 수많은 OTT 스포츠 플랫폼들이 등장하였고, 2021년 국내에서는 통신기업들, 포털 외에 쿠팡플레이 같은 이커머스 기업이 OTT 스포츠 경쟁에 가세한다. 이들에 대해서는 3절의 OTT 스포츠 유통 비즈니스에서 자세히 다루기로 한다.

이상에서 3단계로 나누어 국내 스포츠 중계 산업을 대형 스포츠 이벤트 중계 중심으로 살펴보았는데 OTT 시대가 되면 국내 스포츠 중계 편성이 가진 몇 가지 한계점들이 극복될 수 있을 것으로 기대된다. 국내 스포츠 중계 편성이 갖는 첫 번째 한계점은 대형 스포츠 이벤트에 대한 관심 편중으로 올림픽, 월드컵 등 대형 이벤트에 국민적 관심이 집중되어 있었고 특히 올림픽 메달 획득에 대한 국민적 관심이 높은 점에 치중한 나머지 메달 획득 가능성이 높은 인기 스포츠 (양궁) 및 프로 스포츠가 운영되는 일부 인기종목(축구, 야구) 중계에 편중되고 있다는 점이다. 이에 프로야구와 프로축구 이외의 나머지 스포츠 프로리그가 큰 인기를 끌지 못하고 있어 겨울 시즌에는 안정적 수익이 보장되지 않는다. 미국에서는 야구 시즌이 11월에 끝나면 프로풋볼, 농구, 아이스하키 등 여타 인기 스포츠가 겨울 시즌에도 지속되고, 유럽에서도 9월부터 다음 해 5월까지는 축구 프로리그 시즌이 방송되며, 6월에는 국가대표 축구 경기가 계속 이어져 인기 스포츠가 연내 지속되는 구조이나, 국내에서는 농구, 배구 등 겨울 스포츠가 큰 인기를 끌지 못하고 있다.

국내 스포츠 중계 편성이 갖는 두 번째 한계점은 시차로 인한 해외 스포츠의 실시간 콘텐츠 소비가 어렵다는 점이다. 박찬호, 박지성 등 한국 주요 스포츠 스타들의 해외 진출이 시작된 때부터 한국 선수들이 진출한 해외 스포츠 리그 및 한국 선수들의 출전 경기는 국민들의 주요 관심사가 되었고, 현재도 한국 선수들이 다수 활동하는 미국 프로야구 메이저리그(MLB)와 잉글랜드 프리미어리그, 독일 분데스리가 등은 국내 스포츠 경기에 비해 더 많은 관심을 받지만, 시차 문제가 실시간 수요가 높은 스포츠의 이용자 확대에 한계로 작용한다.

국내 스포츠 중계 편성이 갖는 세 번째 한계점은 지상파방송과 IPTV에 의해 편중된 스포츠 중계 시장구조로 인해 후발주자들의 중계 산업 진입이 매우 제한적이라는 점이다. 올림픽과 월드컵 같은 대형 스포츠 이벤트에 편중된 시장 특성과 높은 중계권료, 미국이나 유럽에 비해 낮은 국내 프로스포츠의 인기 등 때문에 국내에서 인기 스포츠 콘텐츠는 주로 대형 스포츠 이벤트나 인기 프로스포츠 리그의 중계권을 보유한 지상파방송사나 IPTV에 편중되어 있는 실정이었다.

이처럼 올림픽과 월드컵 등 대형 스포츠 이벤트 중계에 편중된 국내 스포츠 중계 환경에서 지상파방송사나 유료TV 플랫폼들에 비해 후발주자인 OTT 사업자들은 높은 중계권료나 지속적인 구독자 확보의 어려움, 새로운 콘텐츠를 자유롭게 만들어 내는 것이 불가능한 스포츠 장르의 특성상 스포츠 콘텐츠에의 대규모 투자를 과감히 단행하기는 사실상 어려운 산업 구조를 가지고 있다. 그럼에도 불구하고 쿠팡플레이의 일부 인기 경기 중계처럼 멤버십 가입자를 늘리기 위한 마케팅 수단이기는 하나 스포츠 중계의 편중을 극복할 수 있는 대안으로 OTT가 부상하고 있다. 또한, 국내 스포츠 전문 OTT로 스포TV나우(SpoTVNOW)가 등장했다. 낮은 서비스 수준과 인프라에 대한 이용자 불만을 감안하면 스포츠 전문 OTT가 오랜 스포츠 중계 노하우를 가진 실시간 스포츠의 강점을 아직 따라갈 수는 없겠으나 OTT 스포츠가 점차 핵심 장르로 발전할 가능성은 충분히 열려 있다.

2019년 한국미디어패널 조사에 따르면, 아직은 OTT 서비스 이용 빈도와 관계없이 뉴스, 예능, 드라마 콘텐츠 선호도가 스포츠 콘텐츠 선호도보다 높다. 2020년 정보통신정책연구원(KISDI)의 방송매체 이용행태 조사에 따르면, 실시간 스포츠가 제공되고 있지 않은 유튜브(62.3%)와 넷플릭스 이용 비율(16.3%)을 합쳐 거의 80%에 육박한 이용 비율을 나타냈고, 프로야구 등 실시간 스포츠를 제공하고 있는 토종 OTT(네이버 TV 등) 이용 비율을 모두 합해도 10%가 되지 않았다. 또한, 성별에 따른 프로그램 유형별 OTT 이용률을 보았을 때, 남성의 스포츠 콘텐츠 이용률은 38.6%로 오락, 연예(64.3%)에 이어 두 번째로 높았지만, 여성의 경우에는 2.8%에 그쳐, 그 격차가 상당하다.

2020년 같은 조사에서 OTT 주 이용 계층(20대)의 스포츠에 관한 관심도 아직은 낮은 것으로 나타났다. 20대의 OTT 이용률이 91.6%로 가장 높았음에도 불구하고 20대의 프로야구에 대한 관심도가 지난 몇 년간 지속 하락한 것으로 나타났다. 20대 남성의 국내 프로야구 관심도는 2015년 49%, 2018년부터 2020년까지 3년째 35% 정도이며, 20대 여성의 관심도는 이보다 더 낮아 2015년 36%에서 2020년 14%까지 하락했다. 즉, 20대들은 OTT를 많이 이용하나, 예능, 웹툰, 모바일 게임 등 스포츠 외의 다양한 오락거리에 익숙하다. 또한, 이들의 유튜브 이용률이 가장 높게 나타남(85.9%)을 감안할 때, 야구의 경우 최소 3시간, 축구의 경우 약 2시간 정도의 비교적 장시간 시청해야 하는 롱폼의 스포츠 콘텐츠에 대한 이들의 선호가 높지 않다고 볼 수 있다.

국내 스포츠 산업이 갖는 몇 가지 한계점들을 극복할 수 있는 대안 미디어가 OTT라고 본다 해도 실제 이용행태 조사 결과로는 그 전망이 아직은 불투명한 게 사실이다. 하지만, 2021년 디즈니플러스(Disney+) 진출과 함께 ESPN플러스 등 스포츠 OTT가 국내에서 OTT 서비스를 확대할 가능성을 배제할 수 없다. 특히, 한국인 출전 경기에 대한 관심이 높은 국내 이용자들에게 ESPN은 보유하고 있는 미국 메이저리그 경기 중계권을 활용하여 류현진, 김광현, 김하성 등 한국인 선수 출전 경기를 중계할 수 있을 것이며, 디즈니플러스와 함께 번들 요금으로 미국 시장의 수준과 같이 상대적으로 저렴하게 서비스를 제공하게 되는 경우 가격 경쟁력도 갖추게 될 것이기 때문에 국내에서의 OTT 스포츠 시청과 관련 산업은 부정적이라고 볼 수도 없을 것이다.

그렇다면, 국내에서도 야구, 축구 등 인기 스포츠 중심으로 리그의 전문채널 설립이나 특정 팀의 팬덤을 활용한 수익모델 창출 등이 가능하다. 한 예로 프로축구연맹과 KT의 협력으로 K리그 전문채널이 만들어졌는데, 미국의 MLB.TV처럼 리그 직영 OTT도 나올 수 있다는 뜻이다. 한국야구위원회(KBO)는 유튜브와 협업해 'KBO 회고록'을 제작하는 등 스포츠 다큐멘터리 제작 사례도 생겨났다. 또한, 두산, 롯데, 한화 등 일부 팬덤을 가진 팀들은 경기 영상 외에 소셜미디어로 팬덤을 위한 콘텐츠를 제공하는데, 유럽의 MUTV(Manchester United TV) 같은 팀별 구독제 사이트를 통해 수익모델을 만드는 것도 가능해진다.

SECTION
02 OTT 스포츠의 개념과 특성

OTT 스포츠는 인터넷을 통해 즐길 수 있는 스포츠 콘텐츠로, OTT 초기에는 영화, 드라마, 예능에 밀려 주문형비디오(VOD)에서는 존재감이 없던 스포츠이지만 점점 틈새 콘텐츠로 떠오른다. 영화, 드라마, 예능은 정답과 결말이 정해져 있는 데 반해, 스포츠는 결과를 예측할 수 없어 긴박감이 넘치며 사람들을 더욱 빠져들게 만든다. 이에 OTT 경쟁이 치열해지면서 차별화를 위한 콘텐츠로 주목받기 시작한 장르가 스포츠이다. 스포츠도 OTT로 보는 시대가 올 것이냐는 질문은 몇 년 전부터 나왔으나 이제 이를 실현하는 사업자들이 생겨나고 있으며, 전통적으로 인기가 많은 스포츠 리그들이 OTT로 중계되는 사례들이 점점 많아지고 있다.

기존의 TV방송 중계 편성에서의 한계점이 장점으로 작용할 수 있는, OTT 스포츠만이 가질 수 있는 두 가지 주요 특성이 있다. 하나는 기존 TV방송에서는 한계점이었던 스포츠 콘텐츠의 '실시간 소멸성'이다. 그동안 VOD 중심 OTT들에게도 이는 장애요인으로 작용했다. 이에 2019년에 넷플릭스 CEO는 광고나 스포츠 중계 비즈니스에는 들어가지 않을 것이라고 공언했다. 넷플릭스의 영향력이 미치지 않는 스포츠 실시간 중계에 후발 OTT 유통사들이 뛰어들기 시작한다. 또한, 이들의 스포츠 중계에 놀란 넷플릭스도 2020년, 2020−21 시즌 프랑스 프로축구 1부 리그의 온라인 중계권 계약을 맺고 추가 금액을 낼 경우 프랑스 내에서만 생중계로 경기를 볼 수 있게 하였다.

앞서 언급했듯이, 승패가 결정된 후에는 다음 경기가 중요해지기 때문에 이미 행해진 경기의 가치가 급속도로 떨어지는 데다가 경기가 3시간 이상 길어지는 경우도 있기 때문에 시청자는 그 과정을 다 지켜보기보다 결과만을 알고 싶어 하거나 하이라이트 영상만을 원하는 경우가 더 많다. 기존 TV방송에서도 한계점으로 여겨 왔던 '실시간 소멸성'을 OTT 스포츠의 특성으로 만들 수 있다.

소멸성이 가장 큰 장르로 뉴스와 함께 스포츠는 지상파방송사의 대표 장르였지만 유료TV 스포츠 채널들의 틈새 편성으로 인해 시장 파이가 나뉘게 된다. 한 번의 잘못된 편성이 시청률에 엄청난 영향을 미치기 때문에 지상파방송사들은 스포츠 장르의 주시청 시간대를 항상 관리하게 된다. 특히 국민적 관심 행사가 아닌 정규 스포츠 중계방송의 주시청 시간대 편성은 매우 리스크가 크기 때문에 주말 오후에 편성하는 것이 일반화되었고, 유료TV 전문채널로 이동한 시청자 층은 주로 젊은 세대들이며, 이들은 자신들이 원하는 편리한 시청시간대에 원하는 스포츠 방송을 시청하는데 더 익숙해지면서 지상파방송의 스포츠 시청층의 고령화로 이어진다.

OTT는 실시간 소멸성이 강한 스포츠 생중계를 젊은 세대를 겨냥한 차별화 전략으로 이용할 수 있다. 스포츠 경기에 대한 시청자 수요가 높아졌으며 자체 제작이 아닌 중계권 확보를 통해 오리지널 콘텐츠 제공 리스크를 줄이면서 시청 다양성을 제공할 수 있기 때문이다. 최대 스포츠 이벤트인 올림픽들도 글로벌 OTT들에 의해 실시간 중계되는 비중이 커지고 있으며, 관련 콘텐츠로 꾸민 특집 편성관이 큰 인기를 끌기 시작한다. 스포츠 생중계는 소멸성이 강한 만큼 매일 새로운 스토리가 전개되므로 오리지널 콘텐츠에 버금가는 차별화 요소가 되며, 다큐멘터리 같은 관련 스포츠 콘텐츠는 OTT 이용자를 다양하게 확보할 수 있게 한다.

실시간의 지상파방송 채널을 그대로 제공하고 있는 국내 토종 OTT인 웨이브는 100개 이상의 실시간 채널을 제공 중인데, 이 중에서 2021년 '2020 도쿄 올림픽' 생방송을 내보내는 지상파방송 3사의 시청 비중이 절반을 넘어서는 것을 경험하게 된다. 물론, 지상파방송 편성이 OTT에서 변경된 것은 없다. 하지만 어디서나 인터넷만 있으면 이용 가능한 OTT가 그동안 지상파방송사에게 편성의 한계점이었던 '실시간 소멸성'의 문제를 말끔히 해결해 준 것이다. 올림픽 개막 전 한 주 동안 웨이브 내 지상파방송 3사 시청 비중은 37.98%이었으나, 올림픽 개막 직후 주말 기간 동안 시청 비중은 50.36%에 이르렀다. 또한, 실시간 중계 뿐만 아니라 경기의 하이라이트나 국가대표 선수가 과거 출연한 TV 프로그램으로 구성된 특집관 편성도 병행되어 그동안 지상파방송사가 가졌던 스포츠 편성에 대한 우려점들이 웨이브 유통으로 해소되기 시작한다.

웨이브의 지상파방송 스포츠 콘텐츠와 경쟁해야 하는 티빙도 유럽축구연맹(UEFA) 축구 선수권 대회인 유로 2020, 독일 분데스리가 중계의 국내 독점권에 이어 테니스 4대 메이저 대회인 2021 프랑스 오픈을 생중계하며, 2022 카타르 월드컵 아시아 최종예선 중계도 진행된다. 티빙이 스포츠를 선택한 주요 배경은 주 시청자층을 넓히기 위함이다. 예능이나 드라마를 선호하는 2030 여성 이용자들을 주 시청자층으로 가진 티빙은 남성 이용자들도 관심 갖는 콘텐츠를 찾아야 했고, 실제로 유로 2020을 중계하면서 젊은 층 남성 이용자들이 증가하게 된다. 모바일 빅데이터 분석 플랫폼인 모바일 인덱스에 따르면, 유로 2020 기간 동안 티빙의 20~30대 남성 시청자 비율은 16.44%로 이전 한 달간 비율(14.49%)보다 증가했다.

지상파방송 채널이나 유료TV 채널 기반을 가지고 있지 않은 네이버나 아프리카TV, U+모바일tv 등 타 OTT들도 도쿄 올림픽 온라인 중계권을 확보해 이용자가 올림픽 개막 이전보다 대거 몰리는 것을 경험하게 된다. 쿠팡플레이는 후발주자로서 처음 선택한 오리지널 콘텐츠로 스포츠 장르를 선택했다. 쿠팡플레이는 손흥민을 고려한 프리미어리그 토트넘 홋스퍼 경기에 이어, 한국 남자 축구 대표팀 월드컵 2차 예선, 2021 코파 아메리카 경기, 축구 올림픽 대표팀 평가전 등을 생중계하였다. 한편 쿠팡플레이가 도쿄 올림픽 스트리밍 독점권을 계약했다가 파기한 이유는 무엇보다도 지상파방송 채널이 제공되고 있는 웨이브와의 경쟁을 의식했기 때문으로 보여진다.

원하는 콘텐츠를 편한 시간에 원하는 장소에서 이용하게 하는 OTT들에게 스포츠 생중계가 틈새로 등장한 것은 스포츠만이 가진 '실시간 소멸성' 특성 때문이다. OTT 시대가 되면서 '본방 사수' 개념은 사라졌지만, 실시간 스포츠의 '본방 사수'는 사라지지 않았다. 경기가 진행될 때 봐야 하며, 결과를 알고 보는 경기는 의미가 없다. OTT 스포츠의 '실시간 소멸성' 특성에 대해 넷플릭스가 간과하고 있을 때, 후발 OTT들이 스포츠를 넷플릭스에 대항할 수 있는 무기로 여기면서 넷플릭스도 자사의 전략을 일부 국가에서 바꾸기까지 한다. 오리지널 콘텐츠로 승부하려던 넷플릭스까지 스포츠 중계권을 따내기 시작하면서, 또 하나의 킬러 장르로 스포츠가 부상하게 된 것이다.

OTT 스포츠가 기존 TV방송과 차별되게 기회로 가져갈 수 있는 또 다른 특성은 'ICT 기반의 이용자 경험'이다. 이미 유튜브의 360도 동영상과 페이스북의 워치를 비롯해, 영국 BTTV의 BT스포츠 VR 등 다양한 유형의 인터넷 플랫폼 및 TV 채널 사업자들이 스포츠 콘텐츠에 실감기술을 적용시키고 있으며, 각국의 프로 구단들도 가상현실(VR), 증강현실(AR) 기술을 적용해 직접 관람할 수 없는 팬들에게 다양한 이용자 경험을 제공함으로써 부가가치를 창출하려 노력하고 있다.

먼저, VR은 스포츠 중계 분야에서 가장 주목 받는 기술 중 하나인데, ICT 기업의 도움이 필요하다. 2017년 3월 유료TV의 스포츠 전문 채널인 터너스포츠(Turner Sports), CBS스포츠(CBS Sports)는 ICT 기업인 인텔과 협력해 미국대학농구리그(NCAA) 경기들을 VR로 중계하였고, 아래 [그림 11-1]처럼 180도 영상을 '마치매드니스라이브(March Madness Live)' VR 앱으로 제공했다.

같은 해인 2017년 북미 골프 주관단체인 PGA 투어(PGA Tour), MLB, 미국 프로농구리그(NBA) 등도 인텔과 협력해 해당 경기들을 VR 생중계했다. 2018년에는 '평창 동계 올림픽'에서 OBS(Olympic Broadcasting Services)도 인텔과 협력해 개막식과 30개 경기를 생중계하는 등 인텔은 2024년까지 올림픽의 공식 VR 경험 제공 파트너로서 활동하게 된다.

◎ [그림 11-1] 인텔과 협력한 NCAA VR 생중계 앱

출처: Engadget(2017.3); 한국방송통신전파진흥원(2018.12) 재인용

AR도 스포츠에 활용된다. 미국 프로농구팀인 LA 클리퍼스(LA Clippers)가 AI 스타트업인 세컨드 스펙트럼(Second spectrum)과 제휴해 출시한 '코트 비전(CourtVision)'은 AR과 AI, 컴퓨터비전 기술을 활용한 중계 서비스로, '코치 모드(Coach mode)', '플레이어 모드(Player mode)', '마스코트 모드(Mascot mode)' 등 세 가지 기능을 제공한다. '코치 모드'에서는 시청 중인 경기 장면에 선수 이름과 실시간 통계가 AR 이미지로 구현되며, 통계에는 패스 성공률, 리바운드 성공률 등이 포함된다. '플레이어 모드'에서는 선수별 이동 경로가 AR 애니메이션으로 표현되고, 슛 성공률이 실시간 표시된다. 또한, '마스코트 모드'에서는 선수의 동작에 애니메이션으로 특수 효과가 삽입되어, 아래 [그림 11-2]처럼 예컨대 선수가 슛을 시도하는 순간 농구 골대에 스파크 이미지가 등장하게 된다. 코트 비전은 모바일 앱으로 제공되며, 폭스 스포츠(Fox Sports) 앱 내에서 LA 클리퍼스 경기 중계권 구매자에게 제공된다.

　　국내에서는 통신기업 중심의 IPTV 3사가 선도적으로 자사 OTT에 접목시키기 시작했다. 2019년 SK브로드밴드와 KT는 자사 OTT 서비스에서 농구 경기를 VR로 서비스하고 있으며, LG유플러스도 골프중계 서비스인 'U+골프'와 'U+프로야구'를 통해 AR 입체 중계에 나선다. LG유플러스의 프로야구는 '홈 밀착 영상', '경기장 줌인', '5개 구장 실시간 동시 시청', '함께 응원하기' 등을 통해 관람의 몰입도와 현장감을 높이기 시작했다.

◎ [그림 11-2] LA클리퍼스의 코트비전 '마스코트 모드' 예시

GeekWire(2018.10.17). 한국방송통신전파진흥원(2018.12) 재인용

한편, 아프리카TV는 VR/AR를 e스포츠에 접목시킨다. 2020년 말, e스포츠 경기장 '핫식스 아프리카 콜로세움'에서 VR/AR 활용 e스포츠 대회가 열렸다. 스마트폰 화면을 e스포츠 경기장에 비추면 경기 중인 선수들의 프로필을 볼 수도 있고, 몸으로 뛰며 컨트롤러로 총을 발사하거나 탱크 조종석에 앉아 게임을 조작할 수 있다. 아프리카TV는 5G 스마트폰, AR 글라스 등 다양한 기기들을 활용해 기존 중계용 카메라를 통해 촬영된 영상을 전송하는 데서 벗어나 경기장과 선수 위치 등에 따라 VR/AR 콘텐츠를 관람할 수 있게 했다. e스포츠의 유사 장르는 스포츠와 게임인데, OTT들의 실감기술 경쟁력은 게임 장르로도 확장하는 데 도움을 주게 된다. 2021년 7월 넷플릭스가 게임회사 출신인 전 페이스북의 VR/AR 콘텐츠 부사장을 게임 개발 부문 부사장으로 발탁해 2022년 비디오 게임을 제공할 것이라고 밝혀, 넷플릭스가 게임 장르에 진입할 것으로 보인다.

VR/AR 기술 협력이나 도입과 함께 AI 기반의 자동화된 중계 방식이 제작비 절감과 함께 다양한 영상 효과를 낼 수 있게 한다. 7장에서도 언급했듯이, 이스라엘의 픽셀랏(Pixellot)은 AI 기술을 이용한 'AI-Automated' 중계 방송 시스템을 통해 매월 약 10만 시간의 스포츠 경기 콘텐츠를 제작하며, 2019년에만 축구, 농구, 하키, 핸드볼 등 스포츠 경기 22만 건을 생중계했다.

OTT 유통 초기에는 영화, 드라마, 예능 중심으로 장르를 형성해 나갔지만, OTT 춘추전국시대를 맞이한 넷플릭스가 프랑스에서 프로축구 생중계를 시도하고 후발 OTT도 스포츠 중계권에 뛰어드는 등 소극적으로 다루었던 OTT 스포츠 스트리밍이 부상하기 시작한다. 이런 분위기는 스포츠 강국인 미국과 유럽 중심으로 먼저 시작되었다. 스포츠 중계에 관심 갖는 OTT들은 VOD뿐 아니라 실시간 방송서비스를 제공하는 사업자들로 주를 이룬다. 글로벌 시장을 먼저 보면, IPTV를 보유한 통신기업이 적극적이다. AT&T는 메이저리그나 미국 프로농구 중계권을 가진 회사를 인수해 스포츠 중계를 시작했고, 버라이즌(Verizon)은 2017년 말에 NFL과 5년 간 20억 달러 규모의 중계권을 계약했다.

　　디즈니도 막강한 유료TV 스포츠 전문 채널인 ESPN을 통해 미식축구뿐만 아니라 MLB 야구와 NHL 아이스하키까지 스트리밍 중계권을 확보했다. ESPN은 미국 대표 유료TV 스포츠 채널로 1979년 개국해 대부분의 프로 중계권을 갖고 있고, 대학 스포츠 및 비인기 스포츠 등도 중계하면서 독보적이었지만 NBCSN(NBC Sports Network), FS(Fox Sports) 등 스포츠 전문 채널들이 등장하면서 중계권 독점에 어려움을 겪기 시작했다. 게다가 유료TV 가입자 감소로 수익성이 악화됨에 따라 디즈니가 2018년 4월 스포츠 전문 OTT인 ESPN플러스를 출시해 디즈니플러스, 훌루와 번들로 월 13.99달러의 저렴한 구독료로 제공하기 시작한다. ESPN플러스만 이용하면 월 4.99달러로 다양한 스포츠 콘텐츠를 이용할 수 있고 MLB 이용시에는 24.99달러 추가 결제를 해야 한다. 2021년 1/4분기 ESPN플러스의 미국 가입자 수는 1,200만 명이다.

　　인터넷 업계에서는 다음 [표 11-1]에서 보듯이 트위터(Twitter), 페이스북(Facebook), 아마존(Amazon) 중심으로 2016년부터 스포츠 중계 권한 확보에 본격적으로 나서면서 스포츠 중계권 확보 경쟁이 시작된다. 이들이 스포츠 중계권

▌[표 11-1] 2017~2018 시즌 주요 스포츠 중계 스트리밍 권한 거래(2017년 거래 성사 기준)

구분	내용
Twitter	• NHL, MLB의 주간 경기 중계권 확보(2016.07) • PGA Tout의 2017~2018시즌 31개 경기 및 70시간 중계권 확보(2017.01) • MLS의 2017 정규시즌 22개 경기 중계권 확보(2017.03) • WNBA와 2017~2019시즌 계약(2017.05) • 한 시즌 당 20개 경기 중계 가능 MLB의 경기하이라이트, 경기분석 등 위클리쇼를 포함하여 2016년 계약 확대 연장(2017.05)
Facebook	• MLB의 2017 시즌 20개 경기 중계권 확보(2017.05) • Fox Sports Facebook 페이지에서 UEFA Champion League의 2017~2018시즌 준준결승 경기 중계권 확보(2017.06) • NCAA의 대학 축구 리그 15개 경기(Conference USA 9개, Mountain West 6개) 중계권 확보(2017.08) • 2년간 플레이오프와 슈퍼볼 등 NFL의 정규시즌 경기 하이라이트 중계권 확보(2017.09) • 스포츠 경기 전문 OTT 서비스 Stadium과 제휴하여 2017~2018시즌 대학 리그 47개 경기 등 NCAA Basketball의 중계권 확보(2017.11) • WWE의 2018시즌 12개 경기 중계권 확보(2017.12)
Amazon	• NFL Thursday Night Football과 1년간 5천만 달러 계약(2017.04) • 200개국의 Amazon Prime Video 회원들에게 11개 경기 중계 가능 • ATP World Tour와 5년간 37개 경기 영국 및 아일랜드 지역 중계권을 계약(2017.11) • 미국에서는 Tennis TV의 중계권 확보
기타	• Verizon이 NFL과 5년간 20달러 규모 계약(2017.12) • 프리시즌, 정규시즌, 플레이오프, 슈퍼볼 등 모든 NFL 경기 중계 가능 • NBC가 2018년 출시하는 NBC모바일 스트리밍 중계 권한을 포함하여 NFL Sunday Night Football과 중계권 계약 확대 연장(2017.12) • ESPN이 모바일 스트리밍 중계 권한을 포함하여 NFL Monday Night Football과 중계권 계약 확대 연장(2017.12)

출처: 한국방송통신전파진흥원(2018.6), 인포그래픽

경쟁에 뛰어드는 공통된 이유는 앞서 언급한 OTT 스포츠의 2대 특성인, 실시간으로 소규모·비인기종목 등 스포츠 콘텐츠를 폭넓게 포괄할 수 있다는 점과 양방향 기능이나 VR/AR 등 ICT를 접목해 스포츠 팬들에게 색다른 경험을 제공할 수 있기 때문이다. 또한, 시청자 확보나 시청자 니즈 파악에 필요한 핵심 데이터를 확보해 AI 기반의 중계 경쟁력을 확보할 수 있는 점도 함께 작용한다.

트위터는 TV 방영이 어려운 비인기종목 스포츠(WNBA, NWHL, 라크로스, 사이클, 펜싱 등)의 유통에 집중하다가 2016년 미국 프로풋볼(NFL) '목요일 밤 풋볼(Thursday Night Football)' 중계권 계약을 맺고, 2017년 미국 프로축구 메이저리그 사커(MLS)와도 3년 간 실시간 스트리밍 및 콘텐츠 전송 계약을 체결한다. 또한, 2019년 프로농구(NBA) 일부 경기 실시간 중계권 계약을 추진하는 등 실시간 스포츠 콘텐츠에 보다 적극적으로 투자한 트위터는 그 이후 중계권을 직접 계약하는 것은 큰 투자금이 소요되므로 자제하게 된다. 그 대신, 트위터는 일부 경기 중계권을 다른 중계권 보유 사업자로부터 재구매하는 전략으로 선회하는 등 실시간 스포츠 콘텐츠에 대한 관심을 점차적으로 줄여 나가게 된다.

생방송 OTT 스포츠에 커뮤니티, 채팅 등 소셜 기능을 적용해 '팬덤' 효과 창출을 노린 페이스북은 2017년과 2018년 메이저리그 25경기에 대해 오직 '페이스북 워치'에서만 가능한 독점 중계 계약을 체결한다. 그러나 2019년부터 중계 경기 수가 6경기로 축소되고 TV 동시 중계를 허용하더니 2020년부터 '페이스북 워치'에서 실시간 스포츠를 제공하지 않기 시작한다. 그 이유는 '페이스북 워치'를 통해 실시간이나 오리지널 콘텐츠보다는 유튜브처럼 광고 기반 숏폼 콘텐츠 제공에 더 주안점을 두기로 결정하였기 때문이다.

한편, 자사 회원에게 OTT 스포츠 무제한 시청권을 제공해 이커머스 스포츠 용품과 티켓 구매를 유도하는 아마존은 2017년 남자 프로테니스(ATP) 투어와 NFL 중계권을 따내는 등 OTT 스포츠 시대를 열었다. 아마존은 미국에서 NFL '목요일 밤 풋볼(Thursday Night Football)'과 뉴욕 메이저리그 뉴욕 양키스 일부 경기, 영국 프리미어리그 축구 20경기를 독점 중계해 가입자를 록인(Lock in)시키기 시작한다. 또한, 2021년 6월 프랑스프로축구연맹이 2024년까지 프랑스 1부 리그(리그1) 경기 중계권(한 라운드 10경기 중 8경기)을 아마존에게 주겠다고 발표했고 중계권료만 연간 2억 7,500만 유로(약 3,700억 원)에 달한다. 이렇게 아마존이 스포츠에 집중 투자하는 주된 이유는 스포츠 시청이 곧 이커머스 소비로 이어지기 때문이다. 콘텐츠 내에 브랜드를 노출시키고 구매 상승을 일으키는 것이다.

트위터와 페이스북이 스포츠 제공에 점점 소극적이 된 것과 달리, 유튜브는 2019년 7월 메이저리그 13경기를 무료 중계한 후, 2021년 21경기를 무료 중계하는 등 메이저리그 경기 중계를 이어가고 있다. 2019년 메이저리그 경기 중계는 회당 평균 1,200만 시청자 수를 기록하였다.

미국 프로농구(NBA), 메이저리그(MLB) 등 리그가 OTT 스포츠를 직접 제공하기도 한다. NBA는 2014년 'NBA League Pass' 서비스를 시작으로 온라인 실시간 생중계를 제공하고, 연 199.99달러로 전 경기 생중계 시청이 가능하며, 월별 구독료로 시청할 수도 있다. 이용 가능한 디바이스도 PC, 스마트TV, 비디오 게임 콘솔, 모바일 등 다양하다. 미국 및 캐나다에서는 TV 중계 때문에 지역별 시청 제한이 있지만, 해외에서는 이러한 제한이 없다.

미국 메이저리그 30개 팀들이 각각 100만 달러씩 출자해 2000년 설립된 MLBAM(Major League Baseball Advanced Media) 운영 OTT인 'MLBTV'도 2003년부터 메이저리그 전 경기 생중계, 하이라이트 영상 등을 온라인으로 제공하며, 디바이스도 다양하다. 포스트시즌 경기를 포함한 전 경기 시청이 가능한 연 멤버십 요금이 105.99달러로 상대적으로 저렴한 요금으로 모든 실시간 중계를 시청할 수 있으며 월별 구독료를 내고 시청하거나 자신이 좋아하는 팀의 경기만을 시청하는 것도 가능하다. NBA와 마찬가지로 미국 내에는 TV 중계 때문에 지역별 시청 제한이 있지만, 한국을 비롯한 해외에서는 이러한 제한이 없어 야구팬들에게 좋은 옵션을 제공하고 있다.

유럽 축구의 경우에는 MUTV(Manchester United TV)같이 팀에서 자체 플랫폼을 운영하는 경우도 있고, 인기 프로 스포츠 리그 자체에서 자회사를 설립하는 등의 방법으로 직접 실시간 스트리밍 및 경기 영상 등을 자체 OTT 플랫폼을 통해 제공하는 경우도 생겨나게 된다. MUTV에서는 전 세계적으로 많은 팬덤을 확보한 인기 팀들이 자체 TV 채널을 운영해 경기 리플레이, 훈련 영상 등 독점

영상을 제공하는데, 실시간 영상을 제공하지는 않지만 TV나 다른 미디어에서 볼 수 없는 독점 콘텐츠를 제공해 구독자를 확보하고 있다. 2019년 기준 MUTV는 약 17만 5천 명 정도의 구독자를 확보하고 있는 것으로 알려져 있다.

이상에서 미디어업계와 인터넷업계, 그리고 구단의 OTT 스포츠 유통 비즈니스를 소개했는데, 독립된 실시간 중계 전문 OTT들도 등장했다. 카타르미디어그룹인 비인(BeIN)의 '비인스포츠(BeIN Sports)'는 2012년 출범해, 2014년 OTT 스포츠인 '비인스포츠 커넥트(BeIN Sports Connect)'를 북미, 유럽, 중동, 아프리카, 아시아에서 출시하였다. 스페인 프로축구 라리가, 프랑스 프로축구 리그앙 등 축구 중계권을 보유 중인 비인스포츠 가입자 수는 2019년 기준으로 1,480만 명 정도이다.

2015년 출시된 미국의 푸보TV(Fubo TV)는 월 59.99달러로 4K 화질을 제공하며, 미국 4대 스포츠 중계는 물론이고 전 세계에서 열리는 다양한 스포츠 이벤트를 실시간 볼 수 있게 한다. 2017년, 푸보TV는 미국 프로풋볼(NFL), 프로야구 메이저리그(MLB), 프로농구(NBA), 프로아이스하키리그(NHL) 등을 실시간 중계하는 등 다양한 스포츠 종목으로 확장했고, 2019년에 디스커버리 채널 같은 다큐멘터리, 뉴스, 예능 채널 등도 포함시키면서 150여 개 채널을 제공하는 종합 편성 OTT로 진화한다. 미국, 캐나다, 스페인에서 제공되는 푸보TV는 여타 OTT인 유튜브TV(49.99달러)나 슬링티비(SlingTV)(29.99달러) 등에 비해서는 비싼 편이다. 하지만 2021년 1/4분기 매출액은 전년 대비 135% 상승한 1억 2천만 달러, 가입자 수는 105% 상승한 590,430명을 기록했다.

영국의 축구 스포츠 업체인 퍼폼(Perform) 그룹에 의해 2016년 8월 출시된 '다즌(DAZN)'은 독일, 오스트리아, 스위스에서 서비스된 후 일본, 캐나다 및 스페인 등으로 확대되었다. 복싱, 격투기 중심으로 전 세계 200여 개국에 서비스하며 국내에서도 2020년 월 2,500원 구독료로 복싱과 격투기 콘텐츠만 제공한다. 다즌은 독일 분데스리가, 일본 J-League 중계권으로 확대해 나갔고, 2019년 기준 글로벌 가입자 수가 800만 명 정도로 추정되었다.

다즌은 OTT 스포츠의 넷플릭스라 불리는데, 2020년과 2021년 시즌의 이탈리아 MotoGP의 3대 모터사이클 시리즈에 대해 IPTV인 스카이이탈리아(Sky Italia)

와 실시간 및 VOD 방영권을 얻어 OTT 스포츠와 IPTV가 나란히 경쟁하게 되었다. 일본에서 다즌은 2017년 2,100억 엔으로 10년간 일본 프로축구 J리그 경기의 온라인 방영권을 획득한 데 이어 2028년까지 계약을 2년 연장했고, 2019년부터는 일본 프로야구 명문 구단인 요미우리 자이언츠의 공식 스폰서가 되어 홈 경기에서 치러지는 전 경기를 인터넷 전송하게 되어 독점 유통하게 된다.

이상에서는 글로벌 OTT 스포츠 유통 비즈니스에 대해 미국과 유럽, 일본 중심으로 살펴보았다. 국내 OTT들도 스포츠 콘텐츠를 경쟁적으로 제공한다. 스포츠의 '실시간 소멸성' 특성 때문에 국내 OTT들의 스포츠 중계권 획득이 증가하고 있는데, 과거 포털에서 광고를 보면 무료로 볼 수 있던 때와 비교해 '보편적 시청권' 이슈도 함께 제기된다. 이는 온라인 스포츠 중계 주도권이 네이버, 다음 등의 포털에서 OTT로 넘어가고 있음을 뜻하는데, SVOD OTT로 스포츠 경기를 봐야 하기 때문에 국민들의 '보편적 시청권'과 상충한다는 것이다. 네이버와 카카오 등 포털과 KT·LG유플러스·SK브로드밴드 간 컨소시엄이 2019년 구성되어 향후 5년 간 1,100억 원, 연 평균 220억 원의 프로야구 중계권 계약을 한국야구위원회(KBO)와 체결했고, 네이버, 카카오, 아프리카TV는 2021년 K리그 중계권도 확보하여 전 경기를 실시간 중계한다.

구독료 기반의 OTT인 웨이브와 티빙은 지상파방송이나 종합편성채널 중계권을 잘 활용한다. 지상파방송사의 올림픽 중계를 포함해 프리미어 12 야구대회 및 월드컵 예선 등을 중계한 웨이브는 지상파방송 3사로부터 온라인 올림픽 중계권을 받아 내 네이버와 아프리카TV와 함께 OTT로 중계했다. 이는 전문가 해설을 듣는 지상파방송 TV 중계와 달리, 채팅방에서 경기에 대해 적극적 의견을 공유할 수 있다는 점에서 MZ세대 시청자를 웨이브로 유인하는 데 도움이 되었다. 앱 분석업체인 앱애니에 따르면, 아프리카TV는 올림픽 개막부터 사흘간 일일 최대 다운로드 수가 그 전 일주일보다 90% 증가했고, 웨이브도 20% 증가함을 경험했다. 웨이브는 배구 김연경, 수영 황선우, 양궁 김제덕·안산 선수 등 온라인 커뮤니티에서 스타가 된 선수들의 과거 예능 출연 영상과 인터뷰 영상을 팬들에게 연계 제공하여 자사 콘텐츠 이용률 제고를 극대화한다.

2020 유럽축구선수권대회(EURO2020) 등 특정 스포츠 대회의 국내 독점 중계

권을 확보한 티빙은 2021년 60주년 유럽축구연맹(UEFA) 유럽축구선수권대회를 독점 생중계하고 VOD와 경기 하이라이트 다큐멘터리도 제작한다. 티빙은 유로 2020의 51개 경기 중 31개는 tvN, XtvN 등 유료TV 채널들과 함께 중계하나 20개는 티빙에서만 독점 중계한다. 경기 후 다시 보기 및 하이라이트 영상도 티빙에 가입해야만 볼 수 있다. 티빙은 이 외에도 2022년 카타르 월드컵의 아시아 최종 예선과 테니스 프랑스오픈 경기도 중계한다. KT는 2021년 2월 프로축구연맹과 협약해 K리그 전문 채널인 'KT SKYSPORTS'를 만들어 위성TV를 통해 제공하며 KT의 자체 OTT인 시즌에 도입된다. 시즌은 2021 프로야구 생중계와 함께 축구, 골프 등 다양한 스포츠 이벤트 생중계를 제공해, 예로 스페인 국왕컵 결승, 여자 축구 국가대표 A팀 올림픽 플레이오프(PO) 1·2차전, 마스터스 골프대회 등을 생중계한다.

쿠팡은 와우 멤버십 대상으로 쿠팡플레이를 무료 제공하며, 2021년 3월부터 손흥민이 소속된 토트넘 핫스퍼 경기를 무료로 중계하였다. 쿠팡은 상대적으로 저렴한 구독료(와우 멤버십 가입비 2,900원)로 손흥민 출전 경기를 실시간 즐길 수 있다는 마케팅을 통해 아마존과 유사한 전략을 취한다. 쿠팡플레이는 2021년 3월, 삼성 및 LG 스마트TV 전용 앱을 출시하고, 모바일 기기와의 크롬캐스트 연결도 지원하여, 큰 TV 화면으로도 경기를 즐길 수 있게 했다. 또한, 쿠팡플레이에서 김연경 선수가 국가대표로 출전하는 국제배구연맹 여자 네이션스리그를 온라인 독점 중계하였다.

OTT 스포츠에는 e스포츠도 포함된다. 게임 개발사에서 시작된 e스포츠는 트위치TV 등 글로벌 OTT 플랫폼에서 부가 수입을 얻으며 생태계를 확장하고 있다. e스포츠 인기가 높아짐에 따라 지상파방송도 일부 경기를 TV에서 생중계하기도 하는데 2018년 아시안게임에서 시범 종목으로 선정된 만큼 규모가 큰 경기가 많아짐에 따라 OTT를 중심으로 e스포츠 중계가 더욱 활성화될 것으로 전망된다.

2008년 설립된 국내 스포츠 전문 채널인 스포TV는 2020년 기준으로 스포츠 중계권 업체인 유클레아홀딩스에 의해 지분 100%가 소유되어 있다. 2017년 6월 OTT로 출시된 '스포TV나우(SPOTVNOW)'는 8,690원 구독료로 잉글랜드 프리미어리그(EPL), 라리가, 챔피언스리그, 세리에A, 분데스리가 등 유럽 축구 리그와 미국 프로야구 메이저리그(MLB), 프로농구(NBA), UFC 등의 실시간 중계를 제공한다. 2015년 160억 원 정도였던 스포티비 연간 매출은 2019년 533억 원으로 3배 넘게 증가하는데, 폭발적 성장 배경은 스포TV나우 가입자 수 증가이다.

OTT 스포츠 제작 비즈니스는 중계 비즈니스 외에 관련 콘텐츠를 제작하는 것과 ICT 기반으로 실감기술을 더하거나 AI 기반으로 제작하는 것을 모두 포함한다. 먼저, 중계 비즈니스를 하는 MLB를 보면, 직접 스포츠 유통 비즈니스도 병행해 MLB 중계뿐 아니라 NHL, PGA와 같은 타종목에도 진출해 유료화 모델을 이원화(프리젠팅 스폰서, 유료 구독)하였다. 이렇게 자체 OTT로 유통하는 MLB는 '페이스북 워치'나 유튜브에 독점 중계 계약을 하는 등 다양한 OTT 유통사들에게 중계권을 판매하고 관련 콘텐츠를 제공하는 스포츠 제작사의 역할을 한다. MLB는 2019년 유튜브와 손잡고 메이저리그 13경기를 전 세계에 생중계하기로 했을 뿐 아니라, 유명 유튜버를 동원해 경기 전후로 프리뷰와 리뷰 프로그램을 제작하게 된다.

제작의 강점을 가진 디즈니의 유료TV 채널인 ESPN도 스포츠 콘텐츠를 제작한다. ESPN은 2018년 4월 자체 OTT인 ESPN플러스(ESPN+)를 개시하면서 스포츠 중계 시장의 '편집숍'을 표방했고, 출시 5개월 만에 가입자 수 100만 명을 돌파했다. 가입자 수 증가에 기여한 종목은 이종격투기(UFC)로, ESPN플러스는 2018~2023년간 매년 20회 UFC 경기를, ESPN은 매년 10회 경기를 생중계할 수 있는 권한을 갖게 되는데, ESPN은 UFC 중계 기한을 2025년까지 연장하고 또 다른 UFC 경기인 'UFC 236' 중계방송을 2019년 4월부터 추가적으로 제공한다.

ESPN플러스는 단순 중계를 넘어 인기 스포츠 스타를 영입해 콘텐츠를 제작하기 시작한다. 스포츠 선수의 사생활이나 비화에 관심이 많은 구독자 특성을 반영해 타 OTT 플랫폼에서는 볼 수 없는 오리지널 스포츠 다큐멘터리 콘텐츠를 제공하기 시작한 것이다. 다음 [그림 11-3]처럼 미국 농구 선수인 르브론 제임스(LeBron James)의 삶을 조명한 8부작 스포츠 다큐멘터리인 'More Than An Athlete', 미국 풋볼 선수인 페이튼 매닝(Peyton Manning)이 출연해 NFL 역사를

◉ [그림 11-3] ESPN플러스의 오리지널 다큐 'More Than An Athlete'와 'Peyton's Places'

출처: ESPN; 한국방송통신전파진흥원(2019.8) 재인용

고찰하는 30부작 스포츠 다큐멘터리인 'Peyton's Places'가 대표적이다.

한편, 코로나19 팬데믹이 장기화되면서 주요 스포츠 경기가 취소 또는 연기되어 스포츠 중계를 할 수 없게 되자 유료TV 업계에서는 스포츠 중계 수수료 인하 및 수신료 환불 요청이 커지기 시작한다. 이에 다년간 협약이 관행인 스포츠 중계 산업 구조상 계약 파기나 재조정이 쉽지 않자, 스포츠 생중계 취소에 따른 수신료 환불이나 계약 조정보다는 생중계 방송을 대체할 만한 새로운 스포츠 콘텐츠를 이전보다 더 고민하게 된다.

넷플릭스에 유통해서 더 유명해진 ESPN의 '더 라스트 댄스(The Last Dance)'는 미국의 유명 농구 선수였던 마이클 조던(Michael Jordan)의 스포츠 다큐멘터리로, 생중계 공백으로 광고 수익에도 적신호가 켜진 상황에서 구세주가 되어 준다. 미국 내 9개 채널과 OTT 서비스인 ESPN플러스를 통해 하루 200시간 스포츠 프로그램을 방영하는 ESPN은 갑작스런 중계 차질로 인해 대체 콘텐츠 제작을 확대해 나간다. 실제로 '더 라스트 댄스'는 ESPN 산하의 영화 및 다큐멘터리 부문인 ESPN Films와 넷플릭스에 의해 공동 제작되었고 2년 동안 제작해 2020년 6월 방영 예정했다가 생중계 공백을 메꾸기 위해 미국 ESPN에 2020년 4월 19일부터 5월 17일까지 먼저 방영된 후에 넷플릭스를 통해 ESPN 방송 다음 날 글로벌 공개되었다. 1회, 2회는 평균 610만 시청자 수를 기록해 2004년부터 ESPN에서 방영된 오리지널 콘텐츠 중 가장 높은 시청률을 기록했다. ESPN은 그 이후로 스포츠 다큐멘터리 제작을 계획하게 된다. NBCSports도 2020 도쿄 올림픽을 겨냥해 제작한 올림픽 선수 이야기를 다룬 콘텐츠를 내보낸다.

그 외에도 ESPN의 '오버타임(Overtime)'이라는 SNS는 스포츠 팬들이 스포츠에 관한 모든 것을 제작하고 공유하고 토론할 수 있도록 개발된 애플리케이션인데, 10초 비디오와 밈(meme) 형태로 제작해 공유할 수 있고 개인 스포츠 채널 방송도 가능하다. 오버타임은 2천여 명의 10대 스포츠팬들을 카메라맨으로 고용해 그들이 경기를 보러 갔을 때 스마트폰으로 촬영하고 틱톡처럼 간단한 음악과 자막, 효과를 입힌 뒤 업로드할 수 있도록 해 스포츠 콘텐츠 수량을 쉽게 확보할 수 있게 했고 자연스레 밈(Meme)화시키는 데 성공하게 된다.

2020년, 콘텐츠 시청 횟수 185억 건, 틱톡 1위 스포츠 계정으로 등극해 Z세대의 ESPN이라는 찬사를 받은 '오버타임'의 인기 비결은 '유명한 선수'가 아니라 앞으로 '유망한 선수'에 초점을 두기 때문이다. Z세대인 10대 스포츠 팬들이 프로리그 경기보다는 지역 경기, 학교 경기에 더 관심 갖는다는 점을 간파한 것이다. 실제로 여기서 발굴된 선수들이 유명해지기도 한다. 예컨대 오버타임에서 환상적인 슛으로 각광받았던 17살의 트레이 영이 2018년 NBA 드래프트 전체 5위 선수가 되었고, 2019년 NBA 드래프트 전체 1순위인 자이언 윌리엄슨, 2020년 NBA 드래프트 전체 3순위인 라멜로 볼 등 유망주가 유명 선수로 성장하게 된다.

이처럼 유명 선수의 신인 시절 활약상이 모두 '오버타임'에 담겨 있기 때문에 CBS, ESPN, FOX 등 TV방송 채널들도 '오버타임'의 오리지널 콘텐츠 가치를 인정하게 된다. 좋은 선수를 발굴했다는 생각에 창작자들은 더 적극적으로 콘텐츠 제작에 참여하게 되고, '오버타임'은 더욱더 좋은 콘텐츠로 가득 차게 된다. '오버타임'의 활성화로 낮아졌던 스포츠에 대한 관심도 상승하고 사각지대에 있던 스포츠 종목도 새롭게 조명받게 되는데, 실제로 '오버타임'은 파키스탄 남자 하키팀에서부터 시작해 미국 유타의 여자 배구팀에 이르기까지 거의 전 세계 모든 팀의 이야기를 다루고 있다고 해도 과언이 아니다.

이러한 '오버타임' 콘텐츠 전략의 핵심은 경기 결과와 팀 간 순위와 분석, 통계를 제공하지 않으며, 결과에 대한 콘텐츠보다는 선수의 경기 하이라이트를 비롯해 경기 직전에 긴장하고 있는 선수들의 모습, 훈련하는 모습, 슛이 성공했을 때 기뻐하는 팀원과 감독의 모습, 관중의 표정 등 기존 방송이 잘 보여 주지 않던 것이다. 이 때문에 결과를 넘어서는 과정의 중요성과 멋짐, 진정한 스포츠 정신을 느끼게 해주는데, 이는 그동안 결과나 순위의 중요성 때문에 경기 종료 후 결과만 확인하거나 하이라이트만 보여 주었던 것과는 매우 다른 콘텐츠이다. 그 외에도 오버타임은 Z세대 스포츠 팬들이 오버타임 팬이 되었다고 여겨 커머스를 시작한다. 처음에는 직원들이 오버타임 로고가 그려진 옷을 입고 다녔고, 팬들이 자신도 입고 싶다고 문의를 하여서 판매하기 시작해 티셔츠, 모자, 양말 등 다양한 카테고리로 확대되었다.

ICT 기반의 콘텐츠 제작 비즈니스도 점점 중요해진다. 2절에서 언급된 픽셀랏은 'AI-Automated' 시스템을 2020년 1/4분기 기준으로 전 세계 약 6,500개 경기장에 설치하였다. 머신비전, 인공지능, 알고리즘의 조합을 통해 이루어지는 이 시스템의 중계방송 기술은 이미 50만 건 이상의 스포츠 경기 콘텐츠를 담은 데이터베이스를 기반으로 더욱 정교화되고 있다. AI는 중계방송의 정확성을 높일 뿐 아니라, 스포츠 중계방송 콘텐츠 제작을 자동화해 경기 내용과 데이터를 실시간으로 분석하고 하이라이트 영상을 자동으로 제작한다.

아래 [그림 11-4]에서 보면, WSC Sports의 AI 플랫폼은 경기 중 오디오, 비디오, 데이터를 분석해 상황을 식별하고 자동으로 비디오 클립을 만든다. 경기

◎ [그림 11-4] WSC Sports의 스포츠 중계 영상 가치 제안

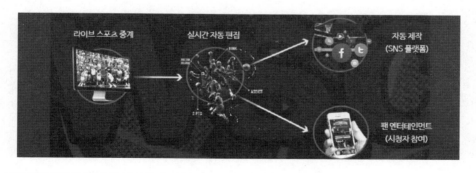

출처: Sports Techie(2019); 방송통신전파진흥원(2020.7: 60) 재인용

시작 전에 AI 시스템에 입력된 규칙을 적용하면 AI가 자동으로 화면을 식별해 홈런, 덩크슛, 관객 환호 등 경기의 재미있고, 경이로운 순간들을 담은 영상을 자동 추출하는 방식으로 주요 장면들을 확보하고 편집할 수 있다.

앞의 [그림 11-4]에서 보듯이, 이 AI 플랫폼은 장면의 속성에 대한 설명을 담고 있는 메타데이터와 그 속성값과 일치하는 비디오 클립을 매칭해 중요도에 따라 비디오 클립의 이벤트 등급을 자동지정한다. 또한, 이 플랫폼은 상황에 맞는 그래픽 기능(인트로, 아웃트로, 미드 클립, 그래픽 오버레이 등)을 실시간 자동 편집하고, 편집된 영상을 다양한 SNS 플랫폼에 자동 배포한다. 편집과 그래픽 작업, 홍보 등 일체의 사람 개입 없이 자동 작업이 이루어지는 것이다.

경향신문(2021.6.13). '인기 스포츠' 유료 OTT 증가 … 국민 '보편적 시청권' 위협.

네이버포스트(2021.5.10). 'Overtime'으로 본 Z세대의 스포츠 문법.

뉴스토마토(2019.1.5). 스포츠 중계도 VR·AR이 대세.

매일경제(2019.5.1). MLB, 유튜브에 후반기 13경기 생중계 콘텐츠 독점 제공.

매일경제(2021.1.7). ESPN 가진 디즈니, 韓스포츠 중계 흔드나.

매일경제(2021.6.11). [단독] "손흥민 류현진 경기 중계 스포티비, 5천억 된다고?" … 사모펀드 러브콜.

문화관광부(현 문화체육관광부, 2006.5). 2005 체육백서.

문화관광부(현 문화체육관광부, 2005.7). 스포츠 산업비전 2010.

방송통신위원회(2010.12). 방송중계권을 중심으로 보편적시청권보장제도 개선방안 연구.

시사저널(2021.7.21). 넷플릭스 무풍지대 '스포츠 중계권' 노리는 OTT업계.

이지혜(2020.7). 인공지능 기반의 스포츠 중계 기술 혁신, 한국방송통신전파진흥원, Media Issue & Trend, Vol.34, pp.56−63.

한국경제(2017.9.27). 스포츠중계까지 먹어치우는 아마존에 방송사들 '긴장'.

브런치−스포츠콕(2019.10.2). 아마존프라임은 왜 OTT 서비스를 하는가?

전자신문(2021.3.3). 쿠팡플레이로 손흥민 경기 실시간으로 본다.

정은정/김재범/전범수(2011), 스포츠 전문채널의 편성과 경영성과의 관계에 관한 일 고찰: 2009년 2주간의 분석을 중심으로, 한국방송학보, Vol.25, No.5, pp.205−232.

조선비즈(2021.8.1). "경기보다 채팅이 더 재밌네" … MZ세대가 올림픽을 즐기는 법.

지디넷코리아(2021.7.28). "올림픽도 생중계" … 스포츠에 푹 빠진 OTT.

한국경제(2021.7.15). 넷플릭스, 게임으로 '영토 확장' … 페북 출신 AR·VR 전문가 영입.

한국방송통신전파진흥원(2010). 올림픽 중계방송 편성 분석: 2008 베이징 올핌픽을 중심으로. 방송통신위원회 보고서.

한국체육학회(2000). 스포츠 산업 육성 기본계획.

한국방송통신전파진흥원(2018.6). OTT 진영의 스포츠 중계 권한 확보 경쟁, KCA

Media Issue & Trend, 인포그래픽 Vol.10.

한국방송통신전파진흥원(2018.12). 스포츠 중계 분야의 신기술 도입 사례: VR/AR을 중심으로, KCA Media Issue & Trend, Vol.16, pp.38－47.

한국방송통신전파진흥원(2019.8). 온라인 플랫폼의 스포츠 중계권 획득과 기존 방송사의 대응, KCA Monthly Trends, Vol.22, pp.6－15.

한국방송통신전파진흥원(2020.6). 코로나19 확산에 따른 미국 스포츠 중계 시장의 동향과 시사점, KCA Media Issue & Trend, Vol.33, pp.14－25.

한국방송통신전파진흥원(2021.5－6). 미국 스포츠 생중계 시청률과 중계권 확보 경쟁, KCA Media Issue & Trend, Vol.44, pp.64－73.

Adweek(2020.5.22). With Live Sports on Hold, Broadcasters Have Dug Deep to Find Alternative Programming.

Chicago Sun－Times(2020.5.21). How televised sports will be affected by coronavirus pandemic.

Engadget(2017.3.21). March Madness is back in VR, but it will cost you.

Engadget(2017.6.2). Intel starts MLB 'Game of the Week' VR live streams.

ESPN 홈페이지. https://www.espn.com/.

ESPN Press Room(2020.5.18). ESPN Sees Double Digit Viewership Increases for "The Last Dance" Finale; Documentary Series Finishes with Average of 5.6 Million Viewers, The Most－Viewed Documentary Content on ESPN.

GeekWire(2018.10.17), 'Future of sports viewing? Steve Ballmer and L.A. Clippers debut new augmented reality NBA experience'.

MAGNA Global(2017.6). U.S. Sports Report.

NBC Ne(2020.5.13). 'The Last Dance' is a ratings smash for ESPN. It's also creating an onslaught of Michael Jordan memes.

SportsPro(2018.7.25). VR, AR, FAANGs and OTT … what comes next for the sports industry?

CHAPTER

12

OTT 영화 비즈니스

SECTION 01 국내 영화 산업의 진화
SECTION 02 OTT 영화의 개념과 특성
SECTION 03 OTT 영화 유통 비즈니스
SECTION 04 OTT 영화 제작 비즈니스

국내 영화 산업의 진화

　일반적으로 영화 산업 가치사슬은 투자 → 제작 → 배급 → 상영 → 부가시장에 이르는 수직적 구조를 가지며 부가시장은 주로 디지털 온라인 시장을 의미하는 것으로 영화가 영화관에서 상영이 종료된 이후 일정 기간의 홀드백을 거쳐 이차적으로 소비되는 시장을 의미한다. 국내에서는 부가시장의 몫이 아직 적어 영화관이 영화산업의 중심에 서 있다. 2017년 기준 전체 영화 관련 매출액의 약 80%가 영화관 상영으로부터 나오기 때문이다. 실질적으로 영화관이 극장−배급−투자−제작에 이르는 시장 참여자들을 책임지는 형태이다 보니, 국내 제작 영화 대부분은 기획 단계부터 영화관 상영 시장을 주 타깃으로 한다. 그럼에도 불구하고 뉴 미디어의 잇따른 등장으로 영화관 사업자들은 늘 위기의식을 느끼며 살아간다. 국내 영화산업의 진화는 영화관의 성장세와 함께 관찰되어야 하는데, 아래 [그림 12−1]과 같이, 1단계는 대기업들이 영화 비즈니스에 진출한 케이블

◎ [그림 12-1] 국내 영화 산업 진화 3단계

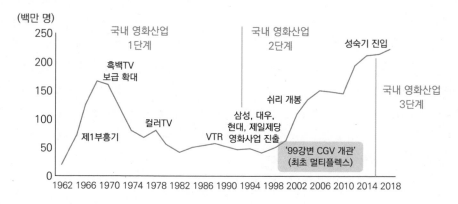

출처: 미래에셋증권(2017.4.17) 재구성

TV 개국 시기(1995년)까지로, 2단계는 넷플릭스가 한국 오리지널 영화인 '옥자'를 개방한 시기(2017년) 이전까지로, 그리고 3단계는 2017년부터로 보고자 한다.

먼저, 1단계는 1919년부터 영화 제작이 시작되고 부흥기를 경험하면서부터 시작된다. 그 이후 흑백TV 및 컬러TV 등장과 지상파방송의 영화 편성 등으로 인해 영화관의 침체기를 맞이하지만 케이블TV가 개국하면서 대기업이 영화 비즈니스에 진출하고 1999년 영화 '쉬리'의 영화관 흥행으로 다시 부흥하게 된다. 따라서 국내 영화 산업 1단계는 케이블TV 개국 시점(1995년) 전까지이다. 정리하면, 1919년 김도산의 '의리적 구투'가 단성사에서 최초로 개봉된 후 TV의 등장으로 침체기를 맞은 후 케이블TV 개국으로 대기업들이 영화 사업에 진출해 재도약하기 전까지가 1단계이다.

케이블TV 개국 시점을 기점으로 1919년부터 1994년까지 1단계 기간 동안 영화 산업 규모는 영화관과 지상파방송, 그리고 VTR 기반의 비디오 매출 정도이다. 1995년 케이블TV가 개국하기 전까지는 영화관에 가지 않고 영화를 즐길 수 있는 방법은 지상파방송과 비디오 테이프였다. 지상파방송에서는 금요극장, 토요명화 등의 프로그램에서 구작 영화를 제공했으며, 신정, 구정, 추석 등에는 명절 특선으로 신작 영화 프로그램을 제공하였다. 또한, VTR 보유 가정은 비디오 테이프 대여점에서 보고싶은 영화 테이프를 대여해 시청하고 다시 반납하는 형태로 영화를 시청할 수 있었다.

국내 영화 산업 2단계를 알리는 1995년 케이블TV 개국과 함께 TV에서 영화 전문채널들이 등장하였다. 이를 계기로 대기업들의 영화 사업 진출이 시작된다. 또한, 1995년 출범한 삼성영상사업단의 첫 작품인 1999년의 '쉬리' 개봉 시기와 맞물려 영화관 시장도 제 2의 부흥기를 맞는다. 인터넷 기반도 함께 성장하면서 불법 복제가 성행해 사실상 성장과 정체를 반복하게 된다. 넷플릭스 오리지널 '옥자'의 2017년 개봉을 기점으로 2016년까지를 국내 영화 산업 2단계로 보는데, 영화관 성장세는 이미 2010년부터 기울기 시작한다. 불특정 다수 대상의 지상파방송과 달리 특화된 시청층을 겨냥한 다양한 장르의 전문채널들이 등장했고, 드라마, 영화 TV채널이 빛을 보게 된 것이다.

삼성(캐치원), 현대(현대방송), 대우(DCN) 등 대기업의 TV 채널 비즈니스 진출이 이어졌고, 특히 킬러 콘텐츠인 영화 TV채널들에 관심을 갖게 된 삼성과 대우 중심으로 대기업의 영화 사업 진출이 이루어지고, 이들의 철저한 기획·마케팅·제작 시스템을 통해 영화 산업 체질 개선도 시작된다. 1995년 출범한 삼성영상사업단의 첫 작품이 1999년 흥행한 '쉬리'이다. 아쉽게도 삼성영상사업단은 이를 끝으로 해체된다. 이에 반해, 제일제당은 1995년 스티븐 스필버그, 제프리 캐천버그의 할리우드 제작사인 드림웍스에 출자하고, '모래시계'의 김종학 PD, 송지나 작가와 함께 제작사인 제이콤을 공동 설립해 훗날 CJ그룹 영화사업의 모태가 된다.

1999년 2월 13일 '쉬리'의 영화관 개봉 후 600만 관객 확보를 시작으로 2000년대 중반 단일 영화관 관객 수 1천만 시대가 열린다. 국내 영화관 시장에서의 국산영화 점유율 70% 이상이라는 놀라운 기록과 멀티플렉스 확산 등으로 영화관의 전성기를 맞았으나, IPTV가 등장하고 인터넷 불법복제가 일부 병행되면서 영화관 시장에 또 다시 영향을 미치기 시작한다. 영화 제작 편수를 2007년까지만 보면, 1999년 49편에서 2007년 120편의 제작 편수를 기록했다. 아래 [그림 12-2]에서 보듯이 2000년부터 2006년까지의 영화 시장 성장 추이와 영화관 시장 성장 추이 흐름은 유사하나, 영화관 시장을 홈비디오와 인터넷 불법복제가 대

◎ [그림 12-2] 한국 영화 시장 규모 성장 추이(단위: 억 원)

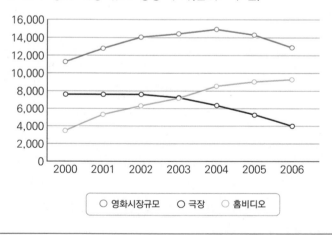

출처: 최은영(2008: 136)

체하기 시작한다. 실제로 국내 영화 산업 가치사슬의 부가시장은 2010년까지도 지속 감소했는데, 그 주요 원인은 VHS/DVD 쇠퇴와 인터넷 불법 다운로드 영향이 겹쳤기 때문이다.

한편, IPTV와 'TV VOD'가 새로운 창구로 부상한 2010년 이후부터 부가시장 상황은 좋아지기 시작한다. 불법 복제 및 콘텐츠 지출에 대한 소비자 인식이 변했고 지불 용의가 높아졌으며, 편의성이나 화질도 개선되었다. 성장세는 TV VOD(IPTV, 케이블TV)와 인터넷 VOD(OTT, 가입주문형, 웹하드)가 이끌게 되는데, LTE 보급도 주 요인이 된다. 특히 IPTV를 통해 TV VOD 패키지와 개별 과금 모델을 도입한 것이 촉매제가 되었다. 케이블 TV 등장을 시작으로 1999년 위성 TV, IPTV가 속속 개국하면서 영화 전문채널들은 전성기를 누리게 되고 특히 IPTV 제공 TV VOD와 인터넷 VOD가 새로운 창구로 부상하면서 영화 콘텐츠의 부가 수익 창구도 다양화된다.

콘텐츠 소비에 대한 소비자 인식 변화로 유료 콘텐츠에 대한 거부감은 점차 완화되고 화질 개선으로 TV VOD와 인터넷 VOD의 영화 수요 및 공급이 대폭 증가하면서 영화관은 홈비디오에 이은 또 다른 대체재를 맞이하게 된다. 하지만 주 5일 근무 등 여가시간 증가로 영화관 관람객 수도 세계 최고 수준을 유지했고 부가 수익 창구도 함께 다양해지면서 2016년 국내 영화 산업 파이가 커진다. 하지만 영화 산업 총 매출의 80%는 여전히 영화관의 차지가 유지된다. 즉, 각종 온라인 채널과 VOD, IPTV 등 창구 수가 증가해 영화 콘텐츠 전체 수익 규모가 증대되나, 국내 영화관은 시장의 몫을 굳건히 지키면서 첫 번째 창구 위치를 공고히 유지한다. 다음 [그림 12-3]은 2014~2016년 국내 평균 영화 산업 총 매출액을 미국과 비교한 것이다. 2010년 이후 상승 반전에도 불구하고 국내의 부가 시장은 미국과 비교해 미미한 수준임을 보게 된다.

그럼에도 불구하고 전 세계적으로 볼 때, 영화관 시장 둔화는 이미 시작되었다. 다음 [그림 12-4]에서 보면 북미와 북유럽 주요국들의 2010년 수치를 기준 (100p)으로 영화관 관람 빈도를 관찰한 결과, 2000년대 중반부터 이미 홈비디오나 인터넷 VOD 등 뉴 미디어가 북미와 북유럽 주요국들의 영화관 관람 횟수 하락에 영향을 미치기 시작했다.

◎ [그림 12-3] 한국-미국 영화 매출액 구성 비교

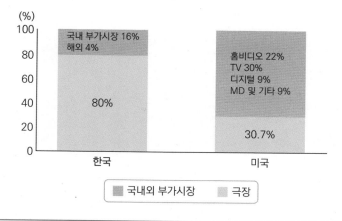

주: 국내는 2014-2016년 평균, 미국은 2015년 수치
자료: KOFIC, SNL Kagan, 미래에셋증권(2017.4.17) 재인용

◎ [그림 12-4] 2000년대 들어 지속 하락하는 주요국 영화관 관람 빈도

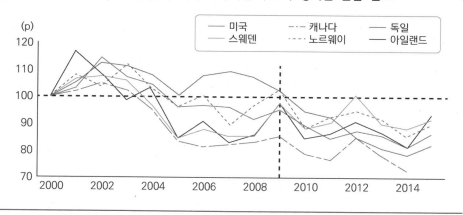

출처: KOFIC; 미래에셋증권(2017.4.17) 재인용; 각국 2010년 수치를 기준(100p)

이러한 현상은 국내도 마찬가지이다. 다음 [그림 12-5]에서 보면 국내의 영화관 시장은 OTT 영화 비즈니스가 본격화된 2017년보다 훨씬 이전에 안정되는 모습을 보여 정체기에 들어갔다.

◉ [그림 12-5] 관람객 수 안정기(정체기)에 접어든 영화관 시장

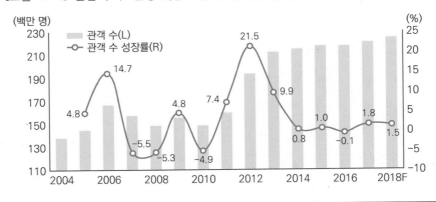

출처: KOFIC; 미래에셋증권(2017.4.17) 재인용

　2012년 영화관 관객 수는 정점을 보인 후 2013년 급격히 하락해 2014~2016년 성장 정체를 보이지만, 관객 수 변동성이 작아 국내 영화 라인업이 유지되어 비교적 안정적 시장을 유지하게 된다. 이를 기초로 안정세를 유지하면 국내 연간 관객 수는 2.2~2.5억 명 범위인데, OTT 영화 비즈니스의 출현이라는 외부 요인을 고려하지 않아도 이미 스크린 수, 영화 콘텐츠 공급, 관객 수요 모두 세계 최정상 수준으로 성숙된 영화관 시장을 보여 주고 있으며, 그 변화 가능성이 낮다고 판단한 영화관 기업들이 중국이나 베트남 등으로 진출하게 된다. 그 이유는 더 이상 관객 증가 요인이 발견되지 않았기 때문이다.

　국내 영화 산업 2단계에서의 영화관 관람객 증가는 대기업 진입으로 인한 영화 제작력의 향상으로 '대박' 영화들이 나온 것과 이를 도와주는 멀티플렉스 등의 인프라에 의해 가능했다. '쉬리'(1999년), '친구'(2001년), '실미도'(2003년), '태극기 휘날리며'(2004년) 등 이어진 대작 흥행과 멀티플렉스 공급이 급증해 구조적 고성장을 가져왔다. 하지만 영화관 관람객 증가세가 2014년 거의 끊기다시피 한다. 역대급(1, 2위) 흥행작인 '명량'과 '국제시장'에도 불구하고 관람객 증가세는 1%에 그쳐, 평균 인당 관람 횟수가 연간 4회를 넘어선 시점부터 개별 작품의 큰 흥행조차도 새로운 수요를 창출하지 못하면서 관람 횟수가 증가하지 않는다. 2016년 1천만 영화가 '부산행'뿐이었지만 전체 관객 수는 유지 수준에

머물게 된다.

한편, 2016년부터 국내 영화관에는 좀비물, 여성 영화(주인공, 감독, 소재) 등이 새롭게 주목받기 시작해 서브 장르가 다양화되기 시작했다. 또한 아래 [그림 12-6]에서 보면, 45세 이상 연령층이 증가하여 영화관 방문자 연령층의 범위가 넓어졌으며, '혼영'(혼자 영화 보기), 'n차' 관람(같은 영화 여러 번 반복 관람) 등 이들이 차지하는 비중은 작지만 그동안 영화관이 경험하지 못한 이용 행태를 경험하기 시작한다.

고연령층 '혼영'이 증가하면서 이들 대상 상영 증가가 평일 낮시간에 나타나는 낮은 객석률을 채울 수 있는 방안으로 떠오른다. 여가시간이 상대적으로 자유로운 고연령층은 한가한 주중, 주간을 선호하는 경향이 있어서 이 시간대의 영화관 공동화 문제 개선에 도움이 된다. 이러한 '특수관람객' 층에 눈을 뜬 영화관들은 정체 시장을 극복하기 위한 방안들을 모색하게 되는데, 예를 들어 재개봉영화는 마니아층을 주 타깃으로, 평일 낮 혹은 심야 시간대에 상영하거나, CGV는 50세 이상 고객만 가입할 수 있는 '노블레스 프리미엄' 회원제를 만들어 월 2만 원의 구독료로 영화 무료 관람 쿠폰 2매와 함께 주중 13시 이전 영화 전부를 조조영화 가격으로 예매할 수 있는 혜택을 주게 된다. 뉴 미디어들이 등장하면서 영화관 상영 시간을 조금씩 단축시키고 홈 비디오 시대가 되면서 수요를 분산시켜 영화관 방문이 정체된 가운데, 넷플릭스의 오리지널 영화 제작은 영화관들에 또 다른 위기로 다가온다.

◎ [그림 12-6] 45세 이상 관람 비중(좌) 및 1인 관람 비중 증가세(우)

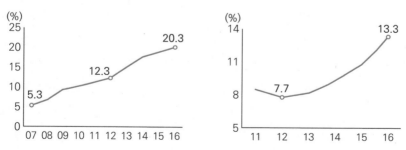

출처: CGV(CGV 회원 티켓 예매 기준 산정); 미래에셋증권(2017.4.17) 재인용

2017년부터 국내 영화 산업 3단계가 시작된다. '옥자'에 500억 원을 투자하면서 넷플릭스 오리지널 영화가 국내에 처음 선보였고, 2017년 제70회 칸국제영화제의 경쟁 부문에 초청되기에 이른다. 하지만 프랑스극장협회는 개봉 영화의 경우 3년이 지나야 스트리밍 서비스를 할 수 있다는 프랑스법의 조항을 근거로 OTT 영화를 칸영화제에 초청한 데 대해 반발했고, 2018년 제71회 칸국제영화제가 넷플릭스 영화의 경쟁부문 초청 불가 방침을 밝히면서 영화관과 OTT 영화 경쟁시대를 알리게 된다. OTT 플랫폼들이 오리지널 영화 제작에 투자해 영화관과의 동시 개봉을 시도하면서 홀드백 기간은 붕괴되고 영화 산업 가치사슬 내 경계 자체가 모호해지게 된다.

2017년부터 한국 영화 유통은 극장에서 부가시장으로 이동하기 시작한다. 네이버 N스토어의 2017년 한국 영화 매출 순위를 보면, TV VOD 시장 순위는 영화관 순위와 마찬가지로 범죄, 액션 영화가 상위권을 차지한 반면, 인터넷 VOD 영화에서는 멜로, 드라마 장르가 상위권을 차지한다. 이처럼 선호 장르는 다르지만, TV VOD와 인터넷 VOD 시장이 열리면서 2018년부터 국내 영화관 운영 기업들은 해외로 진출하기 시작한다.

한편, OTT가 어디서나 인터넷만 있으면 개봉작을 즐길 수 있는 환경이 열렸지만, 다음 [그림 12-7]에서 보듯이, 2015~2019년 국내 영화관 시장은 2013년 2억 명 관객수를 넘어 2019년 2.3억 명으로 영화관 매출액도 1.9조 원으로 성장해 사상 최고의 한 해를 보냈다. 5년 평균 연간 관객 수는 2.2억 명, 1인당 연평균 영화관 관람회 수는 4.2회이며, 이러한 시장 규모에서 톱(Top) 30개의 영화가 약 70%를 차지한다.

하지만 2020년 코로나19 팬데믹으로 영화관이 닫히면서 극장 개봉 예정이었던 영화 '사냥의 시간'이 극장 상영 없이 넷플릭스를 통해 직접 개봉하는 형태를 택하기에 이른다. 그동안 국내 영화 산업 가치사슬 구조는 약간의 반칙은 있었지만 투자-제작-배급-상영-부가시장에 이르는 수직적 가치사슬로 연결되어 영화가 영화관에서 먼저 상영 종료된 후에 일정 기간 홀드백을 거쳐 IPTV 등을 통해 이차 소비되는 구조였다. 하지만 글로벌 OTT의 등장으로 돌연변수가 발생한 데다가 코로나19 팬데믹이 장기화되면서 영화 산업 가치사슬 붕괴를 앞

◎ [그림 12-7] 연도별 전국 영화관 관객 수와 Top 30 비중

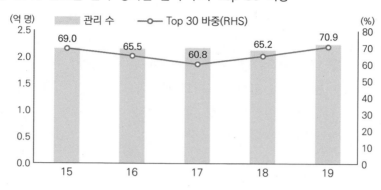

출처: 영화진흥위원회, 대신증권(2021.5.25: 6) 재인용

당기게 된다.

다른 장르들과 마찬가지로 국내 영화산업에서도 한 획을 그을 만큼 커다란 변화를 일으킨 것은 OTT의 등장이다. 넷플릭스는 미국에서는 고가의 유료TV 시장에 코드커팅(Cord–cutting)을 가져와 유료TV 가입자들이 실질적으로 더욱 저렴하고 맞춤형으로 볼 수 있는 넷플릭스로 이동하였다. 하지만 국내에서는 미국보다 훨씬 저렴한 유료TV 가격대가 오랜기간 형성되어 있기 때문에 OTT가 유료TV에서 보지 못하는 영화를 시청하기 위한 보완재로만 작용하다가, 넷플릭스의 오리지널 영화 제작 투자로 상황이 달라지기 시작한다.

토종 OTT 중에서는 영화 장르에 강점을 가진 왓챠가 높은 OTT 영화 시장 점유율을 보유하고 있으며, 네이버TV, 카카오TV, 쿠팡플레이 등에서도 OTT 영화 시장 규모가 확대되고 있다. OTT 서비스들이 영화를 가장 쉽고 실속 있게 시청할 수 있는 유통 채널로 인식되면서 국내 유료TV VOD를 통해 1만 원 이상 단 한편의 영화를 시청하기 위한 대가를 지불하는 것에 대한 회의가 들기 시작한다. 넷플릭스 등의 OTT 서비스 한 달 이용료가 1만 원 이하이며, 한 달 동안 해당 OTT의 제공 범위 내에서 원하는 영화를 무제한 이용할 수 있기 때문이다.

코로나19 팬데믹이라는 전 세계적인 재난 상황으로 OTT는 영화 산업 유통 구조의 변화를 더 앞당기기 시작한다. 기존에는 영화관에서 먼저 제공된 최신

영화가 일정 기간이 지나 막을 내리고 유료TV VOD 영화관으로 들어왔지만, 팬데믹 상황에서 사람들은 밀폐된 공간인 영화관 출입을 꺼린다. CGV, 롯데시네마 등이 대기업에 속해 있다는 이유로 재난지원금조차 지원받지 못하여 수많은 영화관들이 문을 닫기 시작한다. 관객 수가 줄어든 상황에서 개봉을 앞둔 영화들은 개봉일을 미룰 수밖에 없고 코로나19 장기화로 더 이상의 연기를 할 수 없는 배급사들은 OTT 플랫폼들을 통해 영화를 유통하기 시작한다. 2020년 극장 개봉 예정이던 '사냥의 시간'은 아예 극장 상영 없이 넷플릭스만을 통해 직접 개봉되었다.

넷플릭스 오리지널이 아닌 영화관 개봉 영화로 제작된 작품이 OTT 플랫폼을 통해 먼저 공개되어 논란도 많았으나 시청자들의 영화 소비에 대한 인식도 변화해 '사냥의 시간' 이후 같은 사례들이 나오기 시작한다. '승리호'는 2020년 여름 시즌 개봉 예정이었으나 코로나19로 개봉일을 무기한 연장하였다가 결국 판권 자체를 넷플릭스에 제공해 '넷플릭스 오리지널'로 2021년 2월 넷플릭스에 개봉된다. 2020년 개봉 예정이었으나 연기된 '새콤달콤'도 2021년 6월 '넷플릭스 오리지널'로 개봉되는 등 변화된 유통 구조는 글로벌 OTT를 통해 단기간에 전 세계로 진출할 수 있는 기회를 얻게 해주었다.

코로나19 이전까지 영화관의 흥행작 좌석 판매율은 30%에 이르렀으나, 2020년부터 인기작 좌석 판매율도 10%대로 떨어졌다. 이에 2021년 하반기에 들어서면서 영화관과 OTT의 공존이 시작된다. 코로나19 확산 와중에 극장 개봉을 하지 않고 넷플릭스로 직행한 '승리호', '사냥의 시간', '낙원의 밤' 등 7편을 CGV 80여 개 관에서 특별전 형식으로 공개하기로 한다. 이는 2017년 '옥자'에 대해 넷플릭스가 OTT, 극장 동시 공개를 추진하자 CGV, 롯데시네마, 메가박스 등 국내 영화관들이 상영을 거부했을 때와 비교하면 놀라운 변화이다. 게다가 넷플릭스는 이 특별전인 '넷플릭스를 CGV하다'의 수익금을 넷플릭스의 사회 공헌 활동인 '넷플릭스 한국 고전 영화 복원 사업'에 사용할 예정이라고 밝혔다. 이 사업은 지난 100년 동안 한국 영화사에 큰 획을 그은 주요 작품을 이후 세대까지 생생하고 온전하게 보존해 전달하기 위한 장기 프로젝트이다.

SECTION
02 OTT 영화의 개념과 특성

OTT 영화 개념을 이해하려면 예능 장르와 마찬가지로, 중국 웹 영화의 발전을 먼저 살펴볼 필요가 있다. 중국에서 말하는 웹 영화는 웹 드라마 및 웹 예능 경우와 마찬가지로 처음부터 일반 극장 영화가 아닌 온라인 상영 영화인 OTT 영화를 의미하며, OTT 플랫폼 유통을 통해 성장했기 때문이다. 중국의 메이저 OTT 플랫폼은 아이치이, 텐센트비디오, 유쿠투더우 등이며, 매일 평균 7편의 웹 영화가 업로드될 정도로 급속히 성장해 왔다. 중국에서 OTT 플랫폼에서 유통되기 시작한 초기 웹 영화는 일반적인 상영 시간 60분 내외 분량이며 장르는 스릴러, 러브 스토리, 드라마, 코미디 등 매우 한정적이다. 이렇게 중국 웹 영화가 OTT 플랫폼에서 성장하게 된 주요 요인은 배급 및 마케팅 비용 절감도 있겠으나, 무엇보다도 영화관 상영 영화와 비교해 중국 정부가 상대적으로 약한 규제의 잣대를 가져갔기 때문이었다. 하지만 OTT 시장이 확대되면서 중국의 콘텐츠 규제도 점차 강화되기 시작한다.

중국 웹 영화에서 나타나는 몇 가지 특징들이 있다. 먼저, 시리즈로 나오는 웹 영화와 원천 콘텐츠 IP를 활용한 영화가 선호된다는 점이다. 원천 콘텐츠 IP 중에는 특히 웹소설 IP가 가장 많이 활용되며, 이례적이지만 한국의 예능이나 가요 콘텐츠 IP를 활용해 중국판의 '런닝맨'과 '아빠 어디 가'가 웹 영화로 변신하기도 했다. 그 외에도 웹 영화에 맞는 홍보 마케팅 전략을 추진한다는 점과 대형 영화 제작사의 웹 영화 진출이 가시화된 점, 그리고 독점 방영이 필요해진 OTT 플랫폼의 투자가 증대한 점 등이 주요 특징들로 꼽힌다. 아마존처럼 중국에서도 이커머스 기반의 알리바바가 영화 투자 제작 배급 스튜디오를 설립했고, 텐센트는 자사의 게임 콘텐츠 IP 기반 영화와 할리우드 스튜디오와의 합작을 적극 추진한다.

중국의 웹 영화는 OTT 플랫폼이 본격 성장하기 시작한 2014년 시작하여 2

년 만에 산업을 형성하게 된다. 앞서 언급했듯이, 중국 웹 영화의 세부 장르는 영화관 상영 영화와 비교해 몇 개 핵심 장르로만 한정되어, 스릴러, 러브스토리, 드라마, 코미디 장르가 전체의 90%를 차지한다. 또한, 대형 OTT 플랫폼들의 웹 영화 상영편수는 2014년 약 450편이었으나 2016년에는 2천여 편으로 네 배나 증가한다. 매일 평균 7편의 웹 영화가 업로드된 셈이다. 2017년부터는 점차 영화관 상영 영화의 장르들과 큰 차이 없이 발전하기 시작한다. 상영되는 플랫폼이 온라인이라서 배급 및 마케팅 비용을 절감하고, 광고 및 PPL 수익을 얻기 위한 방식을 다원화할 수 있는 데다가, 심의가 상대적으로 덜 까다로워 다양한 소재의 영화를 제작할 수 있다. 이러한 장점 때문에 온라인 상영 영화 제작이 크게 증가하면서, 중국 정부 당국에서 OTT 플랫폼에서 제공되는 콘텐츠들에 대한 규제를 강화하기에 이른다.

중국의 웹 영화 성장이 국내에 주는 시사점은 두 가지이다. 먼저, 웹 영화 제작으로 중국의 제작 역량이 급성장하였다는 점이다. 또 다른 시사점은 중국 영화 산업 내에서 전통 기업과 인터넷 기업 간 경쟁구도를 형성하였다는 점이다. 중국의 대형 영화 제작사는 영화 제작뿐만 아니라 투자까지 수행해, 영화 제작 기능뿐 아니라 재무적 투자와 전략적 투자, 스튜디오 개념까지 아우르는데, 알리바바, 텐센트, 바이두 등 거대 인터넷 기업을 모기업으로 둔 신흥 영화 배급사들도 여기에 가세하게 된다.

한편, 국내에서는 중국식의 OTT 영화가 발전하기 이전 단계의 웹 영화가 존재했다. 즉, 중국의 웹 영화는 곧 OTT 영화를 의미하는 데 비해, 국내의 웹 영화 개념은 초기 순수 웹 영화에서 OTT 영화로 진화하는 모습을 보인다. 웹 영화의 사전적 의미는 인터넷 네트워크와 영화가 합쳐진 뉴미디어이다. 인터넷 기술에 접목시킨 새로운 유형의 웹 영화가 점차 모바일 등의 다양한 디바이스를 통해 젊은 층과의 양방향 소통을 할 수 있는 환경을 구축하게 된다. 이러한 웹 영화는 전용 플랫폼들을 통해 제공된다. 전용 플랫폼들은 웹 영화 제작자들의 고충을 해결해 주는 창구 역할과 고정 관객을 확보해 주는 데 주력했다. 또한, 저작권 필터링 시스템을 통해 상시 모니터링 및 불법 유포 방지를 도와주는 기능을 한 전용 플랫폼들은 현재의 유튜버들을 지원하는 MCN(Multi channel network)과 매우 유사하다. 미니시네마(Minicinema)가 대표적인 웹 영화 전용 플랫폼인데, 수익모델은 영상 광고 수익, 저작권료 및 부가수익, 그리고 플랫폼 광고 수익 등이다. 2016년 미니시네마 외에도 시네허브(Cinehub), 브이무비어(Vmovier), 비드시(Viddsee) 등이 전용 웹 영화 플랫폼들로 함께 존재했는데, 국내 영화 산업 3단계가 시작하기 바로 전이라고 볼 수 있다. 이들은 포털, 유튜브 등에 웹 영화를 제공했다.

2017년에 웹툰, 웹소설 등을 원천 IP로 활용하는 사례가 다수 등장한다. 웹툰이나 웹소설 등의 IP를 활용한 드라마, 영화 제작은 소비자에게 익숙한 원작을 활용하는 것으로서, 홍보 효과가 높고 제작에 소요되는 시간과 예산 수립 측면에서 유리하다. 웹툰을 원작으로 한 '내부자들', '신과 함께', '은밀하게 위대하게', 웹소설을 원작으로 한 '7년의 밤', '살인자의 기억법' 등을 사례로 들 수 있다. 포털들은 웹 영화 유통 플랫폼 역할을 하면서 영화 콘텐츠에 관심 갖기 시작한다. 네이버TV캐스트(현 네이버TV)는 초기에는 웹 드라마인 '연애 플레이리스트' 시리즈, '에이틴' 등의 작품을 선보이며 10대~20세대 반응을 이끌어 내기 시작하더니 2018년 말에 웹 영화인 '브로젝트'를 처음으로 선보이게 된다. 이때까지 국내 웹 영화는 극장에서는 볼 수 없던 인디영화들로 다양한 소재와 길이로 제작되는 특징이 있다.

중국의 웹 영화 같은 국내의 OTT 영화는 넷플릭스가 국내에 '옥자'를 오리지널로 공개한 이후부터이다. 1절에서 언급했듯이, 2017년 '옥자'의 국내 대형 영화관 동시 상영이 거절되었다. 미국에서는 2019년 넷플릭스 오리지널 영화의 극장 상영이 타협되는데, 넷플릭스가 오리지널 영화에 대한 홀드백 기간을 연장하고 영화관 사업자들이 기존 요구 대비 약 20% 줄어든 홀드백 기간을 제시하는 등 서로 양보하면서 합의에 이르렀던 것이다. 2019년 9월에 한 이벤트로 국내 영화관의 OTT 영화 상영이 있게 되는데, 국내 토종 OTT인 왓챠가 자사 가입자 대상으로 HBO 미니시리즈 영화인 '체르노빌'의 영화관 특별 상영을 시도했다.

웹 영화는 점차 OTT 영화와 구분하기가 모호해진다. 2018년 넷플릭스 총 스트리밍 시간의 3분의 1이 영화 시청에 할애되면서 2019년 오리지널 영화 투자에 약 15억 달러라는 막대한 비용을 투자한 넷플릭스는 오리지널 영화 제작 투

자로 글로벌 유통을 통한 인지도를 확보하고 가입자 수를 늘리게 된다. 국내의
첫 OTT 오리지널 영화는 넷플릭스에서 공개된 봉준호 감독의 '옥자'이며, 넷플
릭스가 기획 단계부터 관여해 제작진을 섭외하며 제작비 대부분을 투자하였으
며, 유튜브도 BTS를 활용한 영화인 '번 더 스테이지: 더 무비' 제작에 투자하게
된다.

이렇게 발달한 국내 OTT 영화의 특성은 기존 웹 영화와 구별되는 몇 가지
차별적 특성을 갖는다. 첫 번째 특성은 넷플릭스 등 글로벌 OTT들은 현지화 전
략 차원에서 지역성(Localization)을 높이 보기 때문에 기존의 인디영화나 단편영
화들이 OTT를 글로벌 창구로 활용할 수 있다는 점이다. 물론, 넷플릭스 오리지
널은 대부분 블록버스터급 영화들로서 대형 영화 제작사에서 제작한 것들이지
만, 국내의 중소 독립영화들에게도 유통 창구가 생기게 된 것이다. 실제로 2019
년 문화체육관광부의 '한국 영화 산업 발전계획'을 보면, 국내 영화 산업 2세대
후반 전성기인 2015년 1%대를 유지하던 한국 독립영화의 국내 시장 점유율이
점점 더 하락해 2018년 0.51%로 떨어졌으나, 2020년 7월 기준으로 넷플릭스에
는 371편의 국산영화가 올라와 있고, 여기서 중복을 제외하면 '인디', '예술영화'
카테고리에 속한 국산영화는 약 32편이다. 이는 넷플릭스에 올라온 한국 영화
전체의 8%에 달하는 수치이다.

OTT 영화가 기존의 전용 플랫폼에서만 지원받고 유통된 웹 영화와 차별되는
두 번째 특성은 기존 수익 배분 방식과 달리 선구매한다는 점이다. 넷플릭스는
제작사에게 오리지널 경우 총 제작비의 10% 수준 수익을 보장한다고 발표했는
데, 이는 제작비 100억 원일 경우 110억 원을 보장한다는 의미이다. 이는 일종
의 투자 개념으로 일정 부분의 수익을 정해 '선지급'하는 방식이다. 제작사에게
흥행 여부와 상관없이 10% 선지급하는 방식은 제작사들에게 안정적 제작을 할
수 있게 해 보다 창의적인 제작에 몰두하게 만드는 데 기여하게 된다. 물론, 다
른 한편으로는 국내 제작사들이 글로벌 OTT 자본에 종속된 하청업체로 전락할
수 있다는 우려도 상존한다.

국가별로 차이가 있겠지만, 국내에서는 넷플릭스가 가장 먼저 오리지널 제작에 투자한 장르가 바로 영화이다. 아래 [그림 12−8]에서 보면, 2017년 미국에서 SVOD로 OTT에 가입한 이용자들에게 가장 좋아하는 장르를 설문한 결과, 영화가 가장 높았으며, 그다음으로 드라마인 방송국 TV 시리즈, 다큐멘터리, 어린이, 스포츠순이다. 오리지널 콘텐츠는 장르는 아니나 독점 콘텐츠 차원에서 설문 항목에 포함된 것인데, 독점 방영에 대한 관심이 매우 높음을 알 수 있다.

◎ [그림 12-8] 미국의 SVOD 기반 OTT 이용자 설문: 최선호 장르?

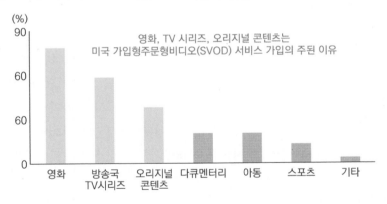

출처: Gartner; 미래에셋증권(2017.4.17) 재인용

국내에서 영화 산업 3단계가 2017년부터 시작된 계기는 넷플릭스가 '옥자'에 투자하는 등 영화가 주요 장르로 부상하면서이다. OTT 영화가 부상하면서 가장 긴장한 유통사는 영화관이다. 영화관이 유통 창구라면 리스크 높은 영화에 투자하고 배급하는 투자배급 비즈니스는 영화관 유통 비즈니스보다 더 큰 리스크를

가진다. 2017년 기준으로 본 영화관 관람료를 영화관과 배급사가 나눠 갖는 수익배분 구조는 아래 [그림 12-9]와 같다.

◎ [그림 12-9] 영화관 관람료의 수익배분 구조

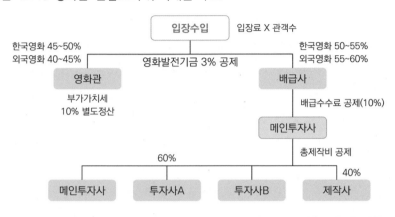

출처: 공정거래위원회(2017)

실제로 미국의 메이저 투자배급사들이 북미 시장에서 차지하는 영화관 비중은 80~90%이며, 상위 20편 영화가 65% 이상의 매출을 일으키고, 5%의 영화가 총 이익의 80%를 차지한다. 할리우드 메이저 투자배급사들의 리스크 관리에 있어서 OTT 영화 유통은 큰 변수로 작용하게 된다. 사실 넷플릭스의 자체 제작이나 부분 투자 등의 오리지널 투자도 투자배급사들의 리스크 관리를 위해 출현한 것들이다. 리스크 관리의 핵심은 변동성 최소화로, 콘텐츠 수급 영역에서의 예측 가능성을 높이는 일이다. 이를 위해 할리우드가 그동안 선택한 방식은 '텐트폴 전략'이다. 텐트폴 영화의 배정부터 영화 기획이 시작된다. 텐트폴을 가장 잘 기획하는 제작사인 디즈니는 마블코믹스(2009년)와 루카스필름/루카스아츠 인수(2012년)로 IP 활용도를 높이기 시작해 이후 마블 유니버스 대부분의 캐릭터 배급권과 스타워즈 관련 전 판권을 보유하게 되었다. 이들 IP에 대해 독점에 가까운 활용이 가능해지면서 디즈니는 장기 콘텐츠 계획을 한층 체계화할 수 있게 된다. 원천 콘텐츠 IP 활용에 대해서는 13장에서 자세히 다루기로 한다.

국내 영화 투자배급사들도 디즈니의 전략에 주시한다. 투자는 메인 투자와 부분 투자, 배급 대행으로 구분된다. 메인 투자는 가장 큰 지분(20~30%)을 투자해 프로젝트 전 과정(기획-투자유치-제작-상영-정산)의 중심이 되는 것을, 부분 투자는 일종의 재무적 투자로서 프로젝트 개입도가 낮은 것을, 배급 대행은 배급 의뢰 수수료만 취하고 제작비 전액을 외부 투자사가 집행하는 것을 말하며, 이

◎ [그림 12-10] 국내 기획된 대작(텐트폴) 영화 스케줄(2017~18)

	쇼박스	NEW	CJ E&M	롯데	직배사/기타
2017년 1월		1/18 더 킹	1/18 공조		너의 이름은 (메가박스)
2월			2/9 조작된 도시		싱글라이더(방화)
3월					
4월	3/23 프리즘	3/29 원라인			분노의 질주Ⅷ
	4/26 특별시민				캐리비안의 해적Ⅴ
5월			7년의 밤(류승룡)		VIP(방화)
6월		옥자	리얼(김수현)	트랜스포머	킹스맨Ⅱ
					미이라 Ⅳ
7월			군함도(황정민)		스파이더맨
8월	택시운전사(송강호)				덩케르크
9월			골든슬럼버		대립군(방화)
				청년경찰	
10월	꾼	강철비(정우성)	침묵의 목격자		
11월		사주			
12월	살인자의 기억법		남한산성(이병헌)	신과 함께(하정우)	스타워즈E08
					아바타Ⅱ
2018년 1분기					
2분기	마약왕(송강호)		1987(하정우)	신과 함께 Ⅱ(하정우)	
3분기	서울(하정우)	염력(류승룡)	공작(황정민)		
4분기	413(최민식)	안시성			

주: 짙게 표시한 작품은 총제작비 100억 원 이상 추정, 일정 변동 가능성 상존
출처: 각 사 언론 종합; 미래에셋증권(2017.4.17) 재인용

세 가지를 병행하며 프로젝트를 운용하나 부분 투자와 배급 대행의 매출 비중은 미미한 편이다. 쇼박스의 부분 투자 및 배급 대행이 총 영화 배급 편수의 10% 수준이다. 국내 배급사들도 텐트폴 전략을 가져가기 시작하고, 보다 긴 시각에서 라인업을 구상하게 된다. 상장 대형사는 향후 약 2년 스케줄을 공개하기도 한다. [그림 12-10]은 국내 기획된 대작 영화들의 2017~2018년 스케줄이다.

OTT 유통 비즈니스를 살펴보기 위해서 부가시장이라고 불리는 디지털 온라인 시장에 대한 이해가 먼저 필요하다. 보통은 영화가 영화관에서 상영 종료된 후(또는 동시상영이난 상영 종료 즉시) 일정 기간의 유예기간(홀드백; Holdback)을 거쳐 2차적으로 소비되는 시장을 부가시장이라 하며, 아래 [그림 12-11]에서 보듯이, 유통 플랫폼으로 IPTV 등 유료TV와 인터넷 VOD, DVD, 지상파방송을 이야기하는데, 여기에 OTT가 가세하게 되는 것이다. 최근에는 넷플릭스로 대표되는 OTT 사업자들이 자체적으로 영화제작에 관여하고 투자하여 영화관과 동시개봉을 시도하며 홀드백 기간의 붕괴와 더불어 가치사슬 내 경계를 모호하게 한다.

◎ [그림 12-11] 국내 영화 산업 가치사슬

출처: 공정거래위원회(2017)

영화의 디지털 온라인 유통 시장 구조는 다음 [그림 12-12]와 같다. CP와 MCP로 나뉘어 있던 투자제작 및 배급 구조는 텐트폴 전략이 가시화되면서 MCP로 통합되는 추세이며, SP를 중심으로 부가시장이 형성된다. 영화관 개봉 후 온라인 서비스가 제공되기까지의 홀드백 기간이 흥행작 경우에 개봉 후

◎ [그림 12-12] 국내 영화산업의 디지털 온라인 시장 구조

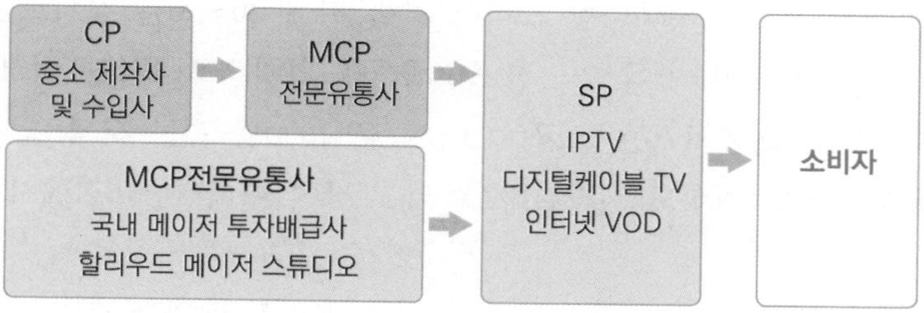

출처: 영화진흥위원회(2016): CP=Content provider; MCP=Multiple CP; SP=Service provider

60~90일이었으나, 부가시장인 온라인 시장이 성장하면서 단축되는 추세이다.

유통사인 SP 중에서 유료TV 주도로 홀드백 개념이 약해지기 시작했는데, 넷플릭스의 오리지널 영화가 이 개념을 더 무의미하게 만든다. 인터넷 VOD인 OTT가 부상하면서 인터넷 VOD를 제공한 포털을 포함한 모든 인터넷 서비스 사업자들을 OTT라 부르기 시작했고, 영화 장르는 OTT들에게 핵심 장르로 자리 잡는다. 글로벌 OTT인 넷플릭스의 OTT 영화 수익은 전 세계를 기반으로 하며 오리지널 독점 공개로 OTT 경쟁력을 키우면서 유료 구독자 수를 확보해 나간다. 또한, 유료TV와의 파트너십을 적극 추진한 넷플릭스는 작은 화면이 아닌 TV를 통해 OTT 영화를 시청할 수 있게 하면서 TV로 넷플릭스를 시청하는 구독자가 전체 넷플릭스 구독자의 70%를 차지하기에 이른다. 이러한 유통 파트너십에 대해서는 6장에서 이미 언급하였다.

넷플릭스 중심으로 급성장한 SVOD 기반의 OTT 영화 콘텐츠는 오리지널 영화 외에도 드라마를 영화화하는 '시네마틱 드라마'로도 발전한다. 미국은 드라마를 영화화해 다수 선보이며 성공적인 결과를 보였는데, 국내에서도 영화감독이 시네마틱 드라마 제작에 참여하는 모습이다. 대표 사례로 큰 인기를 얻은 '킹덤'은 김성훈 감독이 연출을 맡으며 시네마틱 드라마로 시즌제 작품을 선보였고, 회차당 1시간 이내 숏폼 형태로 총 6화로 구성하였다. 국내 드라마 제작사인 스튜디오드래곤도 '시네마틱 드라마' 제작을 위해 넷플릭스와 협약을 맺음으로써 넷플릭스 오리지널 시네마틱 드라마를 제작 및 공급한다. OTT들은 가입자들을

자사 플랫폼에 오래 머물게 하기 위해 시리즈물을 더 선호하고, MZ세대들의 숏폼 콘텐츠 소비 선호로 시네마틱 드라마도 한 편에 20~30분 길이로 제작된다. 영화관인 CJCGV도 모바일에 익숙한 MZ세대를 타깃으로 1시간 이상 긴 영화 콘텐츠 대신 30분 숏폼의 '아이스콘(ICECON)'을 2020년 7월부터 상영하는 등 영화관의 생존을 위한 변화도 시작된다. 이의 제작에 대해서는 4절에서 다루기로 한다.

2020년 들어서는 코로나19 팬데믹의 장기화로 영화관 관객 수가 급감하고 영화관 개봉도 지연되면서 영화관 개봉 예정이었던 '사냥의 시간'의 넷플릭스 초기 개봉에 이어, '승리호'도 영화관 상영이 연기되면서 넷플릭스를 통해 독점 공개된다. 영화 제작사인 영화사비단길과 배급사인 메리크리스마스의 '승리호'는 처음부터 넷플릭스 독점 배급을 목적으로 한 것은 아니지만, 수익 창출과 손익분기점을 넘기는 것이 불투명해지면서 제작비를 회수하고자 넷플릭스 상영으로 안정적인 선택을 한 것이다. 넷플릭스의 2021년 1/4분기 실적을 보면, '승리호' 공개 후 28일 동안 전 세계 2,600만이 넘는 유료 가입자가 시청했고, 80여 개국 톱10에 이름을 올렸다. 이에 '승리호'는 코로나19로 인해 극장에서 개봉하지 못해 OTT로 넘어간 것이 오히려 호재가 된 대표적 사례가 되었다. 1절에서도 언급했듯이, 2021년 이러한 종류의 넷플릭스 영화들이 CGV에서 다시 상영되도록 이벤트가 만들어지기도 한다.

한편, OTT들의 영화 콘텐츠 유통이 증가하면서 유통사와 배급사 간에 저작권료 분쟁이 시작된다. 2019년 영화진흥위원회의 결산 보고에 따르면, 2019년 온라인 시장 규모는 5,093억 원이며, OTT 영화 매출에서 SVOD 매출 규모가 전년 대비 67.4% 성장해 TVOD(Transaction based VOD) 성장세(15.3%)를 크게 넘어섰다. 이에 2020년 8월, 영화 수입 배급사들이 왓챠, 웨이브 등 국내 OTT의 저작권료 배분 방식에 반발해 서비스 중단 선언을 하는 등 국내 SVOD OTT 영화 수급에 대해 배급사들이 저작권료 문제를 제기하게 된다.

영화 수입 배급사들의 주장에 따르면, 영상 콘텐츠 시청 횟수에서 비율을 따져 정산하는 결제 시스템 방식 때문에 영화 제작사 매출이 감소하고 OTT 유통사 배만 불리는 기형 구조가 되므로 영화 산업 자체가 붕괴되는 결과를 초래하기 때문에, 정당한 가치를 인정받을 때까지 SVOD OTT에 영화 콘텐츠를 제공하지 않겠다는 것이다.

영화 수입 배급사 13개 사로 구성된 국내의 영화수입배급사협회가 문제 삼은 것은 저작권료 배분 방식이다. 기존의 총 영상 콘텐츠 시청 수에서 비율을 따져 정산하는 결제 시스템에서는 여러 회차를 보는 드라마와 달리, 단 한 번 관람으로 끝나는 영화는 불리하게 된다. 넷플릭스는 제작사와 직접 계약을 통해 서비스하기 때문에 수입배급사와는 아무 관련이 없어서 이 대상에서 제외된다. 또한, 영화관 개봉 후 홀드백 기간을 거쳐 공급하는 유료TV의 경우에는 1회 거래 기반의 TVOD라서 문제가 없다. 따라서 구독 기반의 SVOD를 제공하는 국내 토종 OTT만 그 대상이 된다. IPTV의 TVOD 영화 1편 결제 시에는 저작권료가 1,500원이나 SVOD 기반의 토종 OTT에서는 100원 내외이다. 즉, 구독자의 콘텐츠 소비 시간을 따져 정산하므로 영화가 드라마나 예능 대비 불리하게 된다.

또 다른 유통 이슈는 불법복제 문제이다. 신작 영화의 OTT 개봉이 늘면서 불법 복제가 과거보다 더 빠르고 광범위하게 이뤄지기 시작한다. 2021년 '더 수어사이드 스쿼드', '고질라 vs. 킹콩', '정글 크루즈', '블랙 위도우' 등 신작 영화가 개봉되자마자 해적판 웹사이트에 불법 복제 파일이 올라왔는데, 이들 대부분은 OTT를 통해 개봉한 영화이고, 한 해적판 웹사이트에서 인기를 끈 불법 복제 영화 20개 작품 중 12개가 OTT 개봉작이다. 불법복제 활동을 감시하는 토렌트 프리크에 따르면, OTT 개봉을 두고 주연배우와 소송까지 걸린 '블랙 위도우' 경우에 영화관과 OTT 동시 개봉 후 3주 연속 최다 불법복제 영화로 집계되었다. 개봉된 지 불과 수 시간 만에 DVD급 고화질 파일로 나오고, 언어 자막을 붙인 고화질 불법 복제 파일도 가능하게 되면서 AMC가 워너브라더스와 45일 극장 우선 개봉 계약을 체결하는 등 투자배급사들의 OTT 유통 전략에도 변화가 생기기 시작한다.

그럼에도 불구하고, 2020년 말부터 미국을 시작으로 영화관과 OTT의 동시 개봉이 가시화되기 시작한다. 2020년 11월, 워너브라더스는 '원더우먼 1984'를 영화관과 OTT인 HBO맥스에 동시개봉하면서 2021년 개봉예정인 신작 17편을 동시개봉하겠다고 발표한다. 한편, 디즈니는 모든 개봉작은 아니고 일부 영화에 대해 동시개봉을 결정한다. 이는 장기화된 코로나19가 준 영향이지만, 팬데믹이 종료되어도 영화 소비자들이 예전처럼 영화관을 찾을지는 미지수다. 따라서 동시개봉 형태는 유지될 것으로 전망된다.

영화 콘텐츠가 OTT 시장에서 본격 유통되면서 방송 콘텐츠와의 구분도 희미해지고 한 플랫폼 내에서 경쟁하는 시대가 되었다. 이용자 입장에서 예전에는 영화는 주로 영화관에서 관람하고 드라마, 예능은 TV로 주로 시청하였으나 OTT가 이러한 구분을 무색해 하고 있는 것이다. 웹 드라마와 웹 영화 간 차이점도 사라졌다. 특히 영화관 시장의 정체로 수익을 보전하려는 영화 제작사들은 영화관 대신 글로벌 OTT 플랫폼 개봉을 선택하기도 한다. 그뿐이 아니다. 영화 요소가 가미된 드라마를 '시네마틱 드라마'라 부를 정도로 영화와 드라마의 경계도 사라지고 있다. 이의 주요 인기 원인은 몰아보기인 빈지워칭 때문이다. 시네마틱 드라마는 영화의 속성을 갖지만 드라마이기 때문에 '시리즈'라 통칭되는데, 시청자의 몰입도와 속도감을 높여 한꺼번에 몰아보며 구독자 유지에 기여한다. 또한, OTT 이용자들은 처음에는 스마트폰으로 시청했지만, 화면 크기의 제약으로 점차 TV를 통해 시청하기를 선호하게 된다.

　영화와 드라마 간 경계가 흐려진 '시네마틱 드라마'의 모바일 이용이 점차 TV 시청으로 이동하면서, 영화 제작 인력들도 드라마 제작 진영으로 이동하게 된다. 이는 TV 드라마 시리즈의 질적 향상을 이끌게 되고, 특히 영화 감독들의 드라마 연출은 더욱 활발해진다. 영화는 기획, 제작 단계부터 몰입감과 속도감을 준다. 이 때문에 영화적 요소가 가미된 드라마 선호도가 높아진다. 기존 드라마가 주어진 상황에 즉각적으로 와닿는 연출기법을 쓰는 데 비해, 영화화된 시네마틱 드라마는 장면의 깊이와 상호연결성을 더 선호한다. 즉, 대사는 줄고, 비주얼 스토리텔링이 증가해 연출력이 중요해진다. 할리우드에서는 이미 2000년대 후반 미드(미국드라마) 열풍이 불면서 영화감독 및 작가들이 시네마틱 드라마에 참여하기 시작했다. 제임스 카메론과 스티븐 스필버그 등 감독과 폴 해기스 등의 작가가 대표적이다.

국내에서도 넷플릭스의 오리지널 영화에 대한 제작 투자가 많아지면서 스튜디오드래곤 같은 드라마 제작사들이 '시네마틱 드라마'를 제작하기 시작한다. 국내 영화 감독들도 '시네마틱 드라마'를 제작했다. '킹덤'의 연출을 김성훈 영화감독이 맡았으며, CJENM의 채널인 OCN에서는 '시네마틱 드라마'라는 타이틀로 미니시리즈인 '트랩'이 공개된다. 넷플릭스는 국내 드라마 제작사의 '시네마틱 드라마' 제작에 불을 당겼고, 스튜디오드래곤과 넷플릭스의 협력이 대표적이다.

OTT 영화 제작 판매 비즈니스는 아래 [그림 12-13]에서 보듯이 영화관 상영업자와의 거래 외에 부가 및 해외시장을 겨냥한 부가 및 해외 판권 계약이 있다.

◎ [그림 12-13] 국내 영화 제작 판매 비즈니스 과정

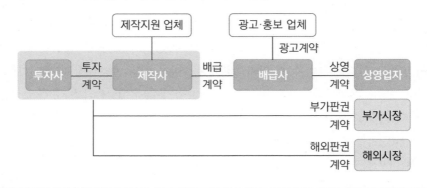

출처: 공정거래위원회(2017)

투자 및 배급사는 대부분 메인 투자자로서 영화 제작 자본을 조달해 영화 제작 관리에 관여하고 영화 배급과 IP 관리자로서 영화 판권을 판매하고 이에 대한 수익을 제작사와 배분한다. 제작사는 프로젝트의 기획 개발 시나리오, 감독, 주연 배우들을 결정하고 프로젝트의 핵심 역량을 구축하는 패키징 업무를 담당하게 되고 투자배급사 및 투자조합 등의 투자를 받아 영화 제작을 완성하게 된다.

이러한 영화 투자, 제작 및 배급 구조에서 원천 IP의 가치는 관련 산업 전반에서 높아지면서 영화 제작 비즈니스에서도 변화가 일어난다. 13장에서 자세히 논의하겠지만, 콘텐츠 기업의 IP 확보는 단일 판권 매입과 신규 자체 및 공동 개

발 등을 통해 이루어진다. IP 보유사에 대해 직접 투자를 선호하는 글로벌 OTT 들에게는 작품 선별이 매우 중요하다. 특히 자체 및 공동의 스토리 개발에 감독 이나 작가 등 우수 인력 보유 여부가 매우 중요하다. 또한, 확보된 IP를 기반으로 로 제작 단계에서부터 가지는 기획력이 성공을 좌우한다.

따라서 IP를 통한 프로젝트 성공 역량은 지속적인 후보군 소싱이 가능한 구조를 만드는 작업과 이를 기반으로 참여자를 모집하고 기획하는 능력이다. 기존의 대형배급사가 제작 후반─자본 조달─유통만을 주관했다면, 배급사가 확보한 IP를 활용하는 프로젝트라면 기획/제작 단계부터 전 과정에 더욱 깊게 개입하고 시나리오─연출─제작─배우 등 편성에도 조력해야 한다. 이렇게 배급사가 전 과정에 개입해 얻는 대가는 흥행 가능성이 높다는 점과 재무적으로 제작 지분을 일부 할당받는다는 점이다. 아래 [그림 12-14]에서 보듯이, 제작사는 배분 구조상 손익분기점(BEP) 달성 이후에 40%의 배분율을 정산받는다.

◎ [그림 12-14] 영화산업의 수익배분 구조

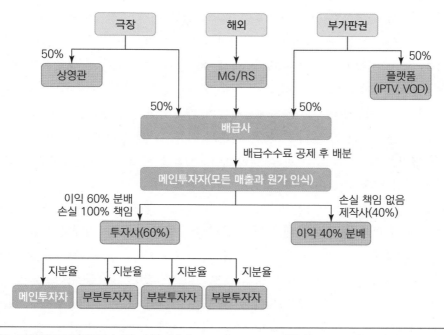

출처: 미래에셋증권(2017.4.17): MG=Minimum Guarantee; RS=Revenue Share

카카오와 네이버 등 자본력이 있는 인터넷 기업들에 의해 자사의 웹툰, 웹소설 등 보유 중인 콘텐츠 IP를 활용한 드라마/영화화 판권 및 캐릭터 라이선스 비즈니스가 추진되고 있다. 이는 국내 영화 투자배급사들에게는 제작에 보다 깊이 관여할 수 있는 여건이 된다. 웹툰 비즈니스 활성화와 더불어 영화업계와 이종 IP 간 결합은 앞으로 더욱 증가할 것이다. 이는 투자배급사가 직접 IP를 보유해 이를 기반으로 영화 프로젝트를 기획하거나, 외부 IP를 중심으로 투자배급사가 파트너십을 결성해 제작을 기획하는 방식으로 일어나게 된다. 영화 '승리호'는 카카오페이지와 영화 투자배급사인 메리크리스마스가 파트너십을 체결하고 구축한 '승리호' IP세계관의 결과물이다. 카카오페이지는 영화 시나리오 초기 단계부터 투자와 웹툰 제작 등의 IP 공동개발을 결정했다. 보다 활발한 IP 투자로 영화화할 소재거리를 많이 가진 투자배급사가 영화 제작 비즈니스에서 더 유리할 수도 있다. IP 보유 방법은 쇼박스처럼 웹소설/웹툰 제작사(스토리컴퍼니)와 공동 계약을 체결하거나, NEW처럼 이미 제작된 영화와 드라마에 대한 판권 구입을 하는 것 등이다.

국내에서는 영화 산업 2단계 후반기부터 일부 대작 영화들이 성공을 거듭하며 시장 평균 수익률을 끌어 올리기 시작했고, 시장에서는 더 큰 자본과 뛰어난 인재가 영화 시장에 유입된다. 영화 시장 내에서는 성공 가능성 높은 고예산 영화로 쏠림현상이 일어나고, 흥행 기록에 따라 연출자, 작가, 배우 등의 몸 값도 양극화된다. 미국 할리우드 투자배급사들이 한국 영화 투자에 본격 가담한 점도 제작비 상승의 요인이 된다. 이들은 기존의 자본 투입 및 광역 배급 비즈니스로부터 영역을 넓혔고, 점차 현지 영화 투자 배급을 주요 비즈니스 모델로 삼기 시작하면서 한국 시장이 중요 거점이 되기 시작한다.

국내 영화 시장에 배급만 하던 할리우드 메이저 영화제작 및 투자배급사들이 2016년부터 한국 영화 제작에 본격 투자하기 시작한다. 국내 직배사인 할리우드 투자배급사들이 투자한 밀정(워너브러더스), 곡성(20C폭스 → 20C스튜디오로 개명) 등이 흥행에 성공하면서 고예산 영화 투자 성과가 의미 있는 점유율로 나타나기 시작한다. 다음 [그림 12-15]에서 보듯이, 국내 영화 시장 투자수익률은 2006~2011년의 적자 구간을 벗어나 5년 연속 흑자 기조를 유지했고, 2017년 한

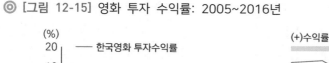

◎ [그림 12-15] 영화 투자 수익률: 2005~2016년

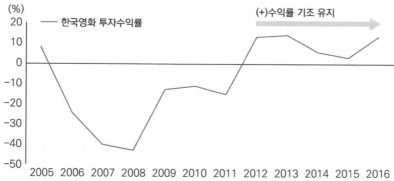

출처: KOPIC; 미래에셋증권(2017.4.17) 재인용

국 영화 역사상 최고 수준의 제작비가 투입된 영화는 역시 넷플릭스의 '옥자'이다.

　2018년 기준, 넷플릭스는 실제로 그 어떤 할리우드 영화사보다도 많은 82편의 오리지널 영화 제작에 투자했다. 같은 해에 워너브라더스(Warner Bros.)는 23편, 디즈니는 10편 제작에 그쳤다. 오리지널 콘텐츠 제작으로 넷플릭스에게 주어진 꼬리표는 '창작자의 능력을 최대한 발휘할 수 있게 보장해 준다'는 점이다. 알폰소 쿠아론 감독의 영화 '로마'(2018)는 이러한 환경하에 제작된 대표 영화로 넷플릭스 오리지널 영화 최초로 세계 3대 영화제 중 하나인 베니스영화제에서 황금사자상을 수상했다. 또한, 2019년 넷플릭스는 오리지널 영화의 라인업을 적극적으로 확대해 마틴 스코시즈(Martin Scorsese)의 '아이리시맨', 마이클 베이(Michael Bay)의 '식스 언더그라운드', 댄 길로이(Dan Gilroy)의 '벨벳 버즈소우' 등이 대표적이다. 국내에서도 김성훈 감독의 '킹덤'이 '시네마틱 드라마'로 세계적 인기를 얻었다.

　넷플릭스의 최대 경쟁사인 아마존은 007시리즈 제작으로 유명한 할리우드의 영화 제작사인 MGM을 인수하는 등 글로벌 OTT 유통사들의 제작 비즈니스로의 확장이 거세지고 있다. 모든 영화 제작사나 배급사가 디즈니처럼 OTT를 직접 운영하거나 MGM처럼 거대 글로벌 OTT에 인수되는 것은 아니지만, OTT의 발달로 영화 제작산업이 더욱 성장할 수 있는 기회를 갖게 된 것은 사실이다. 국내에 진입한 넷플릭스가 국내 영화제작업계에 위기와 기회를 동시에 제공한다고 평가한다. 실제로 넷플릭스는 외주제작에 전체 제작비의 10% 수준의 수익을 보장하며 재생산되는 부가가치 이익을 나누지는 않는다. 하지만 넷플릭스가 한국 콘텐츠의 지역성을 바탕으로 한국 영화를 전 세계로 배급시켜 줄 기회도 동시에 제공한다는 점에서 기회이다.

실제로, 넷플릭스가 국내 외주제작에 총 제작비의 10% 수익을 보장하는 데 비해, 국내 CJENM이 설립한 스튜디오드래곤은 외주제작사에 5% 수준의 수익만 제공하는 것으로 나타나 글로벌 기업인 넷플릭스로부터 보전받는 제작료 10%는 상대적으로 나쁘지 않은 선택이다. 국내 제작 여건과 비교해 보면, 국내 제작사가 넷플릭스 같은 OTT로부터 투자를 받고 일정 부분의 수익을 정해 선지급 받는 방식을 선호하는 것은 현재의 수익구조에서는 당연한 것 같다. 게다가 넷플릭스가 자신들의 오리지널 콘텐츠를 제작해 주는 외주제작사에 콘텐츠 흥행 여부와 상관없이 10%를 선지급하는 방식은 안정적 제작 여건과 최소한의 이익을 보장한다는 측면에서 제작사에게 긍정적이다.

문제는 흥행에 성공할 경우이다. 이 방식은 OTT가 제작사들의 부가가치 및 콘텐츠 IP를 가져가는 것을 의미하기 때문이다. 영화 제작사들은 넷플릭스의 이러한 투자 전략에 대해 보다 깊이 이해하고 분석해서 취사선택하는 전략을 취해야 한다. 잘 알려진 대로 넷플릭스는 현지 영화를 글로벌 시장에 접목하기 위해 각국의 지역성을 보장해 주는 원칙을 고수하고 있다. 지역성을 존중해 주는 넷플릭스의 정책은 봉준호 감독을 비롯해 알폰소 쿠아론 같은 세계의 유명 영화감독들이 넷플릭스와 작업하고 싶어 하는 이유가 된다. 특히 대기업으로부터의 투자가 용이하지 않은 국내 영세 영화 제작사는 각국 콘텐츠에 과감한 투자를 아끼지 않는 넷플릭스로부터의 제작 투자를 현실적 기회로 받아들이게 된다. 영화 제작사에게 다양한 영화를 제작할 기회와 자본에 구애받지 않고 자유롭게 작품 활동을 할 수 있도록 보장해 준다면 국내 영화 제작사들은 이러한 기회를 지혜롭게 이용하면서 잠재적인 위기에 대처하는 능력을 함께 병행해야 할 것이다.

참/고/문/헌

경향신문(2021.8.26). 영화관에서 넷플릭스 작품을 …OTT와의 경계 허문다.

공정거래위원회(2017). 영화 산업 시장 분석, 주요산업 시장분석 보고서 시리즈.

대신증권(2021.5.26), 미디어 산업(극장).

매일경제(2021.8.25). 할리우드 영화 스트리밍 개봉에 불법 복제도 빨라져.

미래에셋증권(구 미래에셋대우)(2017.4.17). 영화산업, 다시 극장이다.

송경원(2019). [한국 독립영화④] 독립예술영화 시장 10년 을 되돌아보며 '무엇으로부
　　터 독립할 것인가'를 묻다, 시네 21.

영화진흥위원회(2016). 영화온라인시장 구조 분석.

이정현/정재형(2020). 넷플릭스를 중심으로한 국내 OTT 시장의 현황에 따른 독립영
　　화 발전 가능성 모색, 한국콘텐츠학회논문지 '20 Vol.20 No. 8, pp.375－385.

전재성(2020.2). 한국 영화 산업 OTT 서비스 시장의 점유율 및 재편과정 분석, 중앙대
　　학교 예술대학원 예술경영학과 석사학위 논문.

조선비즈(2021.5.26). 아마존의 MGM 인수는 OTT업계 대형 지각변동 신호탄.

조선일보(2021.8.24). [동서남북] 한국 영화, 기둥이 무너진다.

중앙일보(2015.3.17). 케이블TV의 탄생 … 1995년, 그 뒤 한류가 터졌다.

최은영(2008). 한국 영화산업의 발전방향 분석, 한국콘텐츠학회논문지, Vol.8 No.11,
　　pp.134－143.

CHAPTER

13

OTT 비즈니스와
콘텐츠 IP

SECTION 01 OTT 시대의 콘텐츠 IP
SECTION 02 콘텐츠 IP의 개념과 특성
SECTION 03 웹툰 IP와 OTT 비즈니스
SECTION 04 웹소설 IP와 OTT 비즈니스

OTT 시대의 콘텐츠 IP

    콘텐츠 지식재산권(Intellectual property; IP)은 콘텐츠를 바탕으로 다양한 장르나 분야로 확장하거나 부가사업을 가능하게 하는 IP를 뜻하며, 법적으로는 저작권과 상표권을 그 권리의 기반으로 삼고 있다. 미디어 산업 가치사슬에서 보는 콘텐츠 IP의 가치는 콘텐츠의 원작(오리지널)을 다양한 형태로 확장해서 부가가치를 늘려나가는 것에서 나온다.

    콘텐츠 IP를 미디어 산업 가치사슬의 소비, 유통, 제작 관점에서 바라보면, 먼저 소비 관점에서 보는 콘텐츠 IP는 콘텐츠 IP 소비자의 파생적 소비를 높이고 팬덤 유입을 촉진해 이를 기반으로 한 팬덤 플랫폼으로까지 발전하게 한다. 즉, 콘텐츠 IP 소비자가 해당 콘텐츠의 세계관과 서사의 확장에 직접 관여하고 기여하면서 취향 커뮤니티를 형성하고 이러한 취향 저격 콘텐츠에 대해 지불할 의사를 가지게 된다. '마블코믹스'가 대표적인 예가 된다. 이의 팬덤이 본격적으로 결집되고 확산된 계기는 유튜브이다. 2016년 4월, '캡틴아메리카; 시빌 워' 개봉을 전후로 영화를 다루는 채널들이 유튜브에 생겨났고, '고몽', '삐맨' 등이 당시 마블 영화를 소재로 한 영상들을 업로드한다.

    유통 관점에서는 넷플릭스에 의해 콘텐츠 IP의 가치가 재확인되었다. 1장에서 미디어 산업의 진화를 설명하면서 1세대에서 슈퍼 갑이던 지상파방송사, 2세대에서 유료TV 채널들의 수직 계열화와 캡티브 마켓 유통 등에 대해 언급하였다. 한마디로, 내수시장, 자사 서비스 유통 중심의 우물안 개구리식 경영으로 인해 함께 성장해야 할 외주제작사들과의 수익 공유 개념이 1, 2세대에서는 부족했다. 게다가 콘텐츠 IP 확장에 대한 개념도 없다 보니 원천 콘텐츠 IP 소유권 관리에 대해 수성적인 입장만이 고수되었다. 매년 수십 편의 드라마가 제작되어 방송사를 통해 유통되지만 시청률이 높다고 해서 제작사에게 비용이 보장되는 구조는 아니다.

미디어 산업 3세대에서는 이러한 상황이 조금 달라져, OTT를 통해 콘텐츠 IP 가치를 확장할 수 있는 기회가 열리게 된다. 우물안 개구리식 경영에 안주했던 국내 미디어 기업들도 콘텐츠 IP 확보에 주력하는 움직임을 미디어 산업 3세대에 들어와서 보이기 시작하는데, 그 계기는 넷플릭스의 한국 드라마 제작 투자이다. JTBC의 'SKY캐슬'과 '부부의 세계'가 각각 12.5%, 18.8%의 시청률을 보였으나 해당 방송사는 적자를 고민했다. 하지만 tvN의 '아스달 연대기'는 이의 절반인 낮은 시청률에도 불구하고 글로벌 OTT인 네플릭스와의 사전 계약으로 제작비를 보전받았다. 글로벌 10위권에 한참 머물렀던 tvN의 '사랑의 불시착'도 마찬가지이다.

미디어 산업 3세대인 OTT 시대에도 1, 2세대와 마찬가지로 유통사의 콘텐츠 IP 확보는 지속되는데, 미디어 산업 경쟁 환경은 변하였다. 1장에서 언급했듯이 OTT 시대의 미디어 유통 기업은 산업화와 파트너십이라는 핵심 트렌드를 염두에 둔 플랫폼 기업으로서 생태계 전체의 부가가치를 높이는 데 주력해야 지속가능한 성장을 이룰 수 있다. 글로벌 시장을 염두에 둔 글로벌 OTT들은 글로벌 OTT 소비자들의 강력한 팬덤을 모을 만한 콘텐츠 IP 전략을 추진한다. 디즈니가 출시한 글로벌 OTT인 디즈니플러스의 첫 번째 오리지널은 이미 강력한 팬덤을 가진 스타워즈 세계관을 가진 스핀오프인 '만달로리안(Mandalorian)'인데, 이는 OTT가 콘텐츠 IP 팬덤 플랫폼으로 진화함을 단적으로 보여 준다. 디즈니 보유의 콘텐츠 IP인 스타워즈의 세계관처럼 한 번의 단품 소비로 끝나지 않고 연계된 요소들에 대한 자발적 해석과 공유 등 상호작용하는 소비가 콘텐츠 IP 확장의 중요한 원동력이 된다. 디즈니만 가진 콘텐츠 IP의 세계관을 누리려는 미디어 소비자라면 디즈니플러스의 구독자가 될 확률이 높아진다. 디즈니는 자사가 이미 구축한 콘텐츠 IP를 기반으로 이러한 방식의 글로벌 전략을 추진할 것이다.

한편, 기존 콘텐츠 IP 기반이 없는 넷플릭스는 제작사와의 파트너십을 통해 현지 콘텐츠 IP 확보와 활용에 더 힘을 쏟게 된다. 2013년 '하우스 오브 카드(House of Cards)' 성공을 통해 오리지널 제작에 자신감을 가진 넷플릭스는 오리지널 제작 투자 범위를 전 세계로 확대 중이고, 한국 제작사는 매력적인 대상이다. 2021년 1월, 16,000제곱미터 규모의 스튜디오를 국내에서 장기 임대한 넷플릭스는 2021년 약 5,500억 원의 한국 제작 투자를 하겠다고 발표했다.

이처럼 같은 글로벌 전략이지만, 디즈니플러스는 모기업의 콘텐츠 IP의 연계 콘텐츠 제작으로 팬덤 플랫폼화하는 데 반해, 넷플릭스는 기존 콘텐츠 IP가 아닌 날것의 오리지널 콘텐츠 IP 축적에 올인하고 있다. 따라서 넷플릭스는 디즈니보다 더 각국의 파트너인 제작사의 자유로운 창의성 발휘에 관심을 갖게 된다. 물론, 넷플릭스도 '승리호'의 경우처럼 웹툰 콘텐츠 IP와 연계된 팬덤 플랫폼화를 함께 고려하는 추세이다. 현재로서는 콘텐츠 IP를 보유하고 있는 각국의 제작사들에게는 디즈니보다는 넷플릭스가 더 매력적인 파트너가 된다.

넷플릭스 같은 글로벌 OTT들의 이러한 콘텐츠 IP 확보 및 활용 전략 추진을 바라보는 국내 유통사들도 콘텐츠 IP 확보를 위한 다양한 전략들을 추진하기 시작했다. 각자의 강점에 기반한 디즈니와 넷플릭스의 전략처럼, 국내에서도 웹툰이나 웹소설 등 기존 콘텐츠 IP를 가지고 있는 인터넷 기업들과 그렇지 못한 유료TV 기업들의 전략들이 다르며, 같은 강점을 가진 기업이라도 해당 기업의 거버넌스나 리더십에 따라 전략이 달라지게 된다. 양대 인터넷 기업의 콘텐츠 IP 전략에 대해 간단히 소개하고 3절과 4절에서 각각 웹툰, 웹소설 중심으로 다시 설명하고자 한다. 결론부터 말하면, 카카오는 내부화를 통한 수직계열화 전략 중심으로, 네이버는 파트너십을 통한 플랫폼 전략 중심으로 글로벌화를 추진한다.

카카오는 2016년 9월 '다음웹툰'을 분사해 별도 법인화하면서 '미생' 등 유명 작품 콘텐츠 IP를 활용해 드라마와 영화 판권 비즈니스로 확대하겠다고 발표한 후 4년이 지난 2021년 3월, 카카오페이지와 카카오M 간 합병으로 카카오엔터테인먼트를 출범시킨다. 다음 [그림 13–1]에서 보듯이, 카카오엔터테인먼트는 웹툰·웹소설 등 원천 IP, 음악·영상·디지털·공연 등 기획 제작, 글로벌 플랫폼 네트워크를 아우르는 사업 포트폴리오와 가치사슬을 확보하게 된다.

카카오페이지는 웹툰·웹소설 IP 사업을 중심으로 지난 2013년 출시된 모바일 콘텐츠 플랫폼으로, 누적 가입자 수 2,200만 명, 누적 작품 수 6만 2천여 개에 이른다. 2014년 '기다리면 무료'라는 혁신적인 비즈니스 모델을 통해 시장의 유료화를 끌어 냈으며 지속적인 투자를 통해 16개의 자회사 및 관계사 네트워크를 구축해 약 8,500개의 원천 스토리 IP를 보유하고 있다. 카카오M은 매니지먼

◉ [그림 13-1] 카카오엔터테인먼트 출범을 통한 카카오 콘텐츠 가치사슬

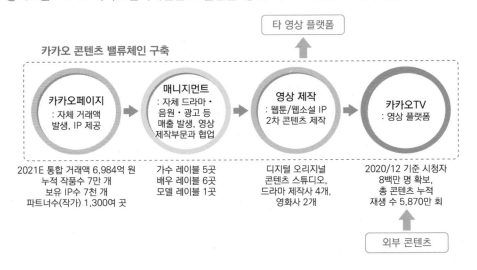

출처: 교보증권(2021.2.1)

트 7개사와 레이블 4개사를 비롯해 드라마·영화·공연 제작사를 산하에 두고 모바일, TV, 라이브 공연장에 이르는 온/오프라인 플랫폼들을 아우르는 음악·영상 콘텐츠 기획 및 제작 역량을 보유하고 있다. 이 둘의 합병으로 출범한 카카오엔터테인먼트는 IP 비즈니스 노하우와 역량을 기반으로 콘텐츠 IP 확장과 사업 다각화를 추진할 것이다.

매출 규모가 수천억 원에 달하는 카카오 자회사 간 합병 목적은 결국 콘텐츠 IP 비즈니스이다. 두 자회사 간 합병으로 인해 연결되는 자회사와 관계사만 50여 개에 달하는데, 이들은 원천 IP 확보를 위한 콘텐츠 사업자(Content Provider; CP), 가수와 배우 등 아티스트, 음악·드라마·영화·공연의 기획·제작사에 이르는 엔터테인먼트 전 분야와 전 장르를 아우른다. 카카오의 IP 비즈니스는 글로벌 전략과도 연계되어, 일본 CP인 카도카와(Kadokawa)와 제휴해 일본 현지 IP 활용을 모색한다. 카도카와는 만화, 애니메이션, 영화, 게임, 잡지, 대중소설 등 일본 콘텐츠 산업 전반을 아우르는 기업으로, 카카오가 일본 현지 콘텐츠 서비스인 '픽코마'에 활용할 원천 IP 수급을 위해 카도카와에 전략적 투자를 하게 된

것이다.

　네이버도 2017년 5월, 카카오처럼 웹툰 부문을 별도 법인으로 분사하면서 독립적이고 전문적인 의사결정 시스템을 확립한다. 이듬해인 2018년 8월, 주요 웹툰 IP를 영상 콘텐츠로 제작해 2차 콘텐츠 육성 사업을 본격화하고자 콘텐츠 기획 개발사인 '스튜디오N'이 설립되고, 2020년 말 웹툰 기반의 영상화 계획이 발표된다. 아래 [그림 13–2]에서 보듯이, 네이버는 파트너십을 통한 생태계를 구축하는데, 시작은 2021년 초 매월 9천만 명 사용자가 230억 분을 사용하는 글로벌 웹소설 플랫폼인 왓패드(Wattpad)를 6억 달러에 인수하면서이다. 이를 통해 네이버는 네이버웹툰과 함께 약 1억 6천만 명 사용자를 가진 웹툰과 웹소설 기반의 세계 1위의 콘텐츠 IP 플랫폼이 된다.

　왓패드의 '왓패드 스튜디오'와 네이버웹툰의 '스튜디오N'을 원천 콘텐츠 IP를 영상화하는 기지로 사용하려는 네이버는 자사의 콘텐츠 IP 활용을 위해 다양한 콘텐츠 사업자들과의 파트너십을 구축하기 시작한다. 2020년 CJENM과는 네이

◎ **[그림 13-2] 파트너십을 통한 네이버의 콘텐츠 생태계**

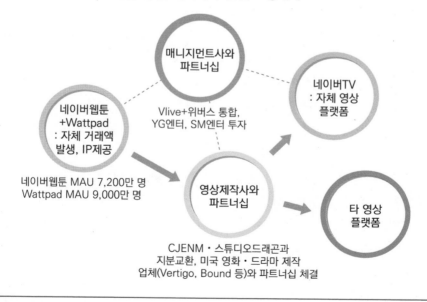

출처: 교보증권(2021.2.1)

버 웹툰인 '쌉니다 천리마마트', '타인은 지옥이다' 등을 드라마로 제작해 각각 tvN과 OCN에서 방영한 네이버는 CJ그룹과 지분 맞교환 및 포괄적 협력을 한 상태이다. 이에 대해서는 앞에서 이미 언급하였다. 양사 간 파트너십을 통해 네이버는 콘텐츠 IP를 영상화할 수 있는 제작 역량을, CJENM은 풍부한 웹툰 및 웹소설 IP와 인터넷 유통 채널을 확보하게 된다. 우선은 CJENM의 스튜디오드래곤에서 네이버의 콘텐츠 IP로 드라마를 제작해 넷플릭스 등 글로벌 유통하는 방식이 추진된다. 네이버는 이 외에도 자사의 OTT인 V라이브와 하이브(구 빅히트엔터테인먼트)의 위버스와 결합함으로써 웹툰과 케이팝 분야에서 대형 기업들과 협업하게 된다.

이처럼 국내 양대 인터넷 기업의 콘텐츠 IP 확보 및 활용 전략은 서로 다르다. 정리해 보면, 카카오는 오랜 기간 동안의 제작사 인수와 자회사 간 합병을 통한 IP 비즈니스의 내부화를 꾀하고 있고, 네이버는 왓패드 인수를 통해 공고한 플랫폼을 형성한 후 스튜디오드래곤 등 외부의 콘텐츠 제작사들과의 파트너십을 지향한다. 즉, 카카오는 내부 계열사들을 하나로 묶어 콘텐츠 IP를 확보하고 제작하며, 네이버는 외부 제작 기업들과 제휴해 IP 사업을 확장하는 것이다.

게임 콘텐츠 IP를 보유 중인 게임 기업도 네이버, 카카오와 유사한 영상화 전략을 추진하기 시작한다. 리니지·리니지2·아이온·블레이드&소울 등의 게임 IP와 뮤지컬·웹툰·OST 등 콘텐츠 IP를 보유 중인 엔씨소프트는 2014년부터 웹툰·웹소설·영화 등에 투자하기 시작해, 유료 웹툰 플랫폼인 레진코믹스에 50억 원을, 2018년에 웹소설 플랫폼인 문피아에 50억 원을 투자했고, MBC와 콘텐츠 IP 공동 개발을 위한 파트너십을 체결해 양사 보유 원천 콘텐츠 IP를 활용한 영상화를 진행하게 된다. 엔씨소프트가 공동 개발 대상이 되는 콘텐츠 IP의 웹툰화, 웹소설화, 게임화를, MBC가 콘텐츠 IP를 활용한 콘텐츠 제작을 담당한다.

카카오, 네이버, 엔씨소프트 같은 인터넷 플랫폼뿐 아니라 SKT와 KT 보유의 IPTV, OTT 등 미디어 플랫폼들도 IP 비즈니스를 지향하기 시작한다. 먼저, 2018년부터 SKT는 스스로를 ICT 기업임을 선언하며 SM엔터테인먼트, 당시의 빅히트엔터테인먼트(현재 하이브로 개명) 등과 콘텐츠 제휴를 맺는다. 그 이후 지상파방송 연합의 OTT인 푹과 SKT 자회사인 SK브로드밴드의 옥수수 간 합병을 통해 출범한 콘텐츠웨이브가 2019년 OTT로 웨이브를 탄생시킨다. 웨이브는 2020년 매출 1,802억 원으로 2013년 푹 매출과 비교해 10배 이상 증가했고, 콘텐츠웨이브 법인 출범 첫 해인 2019년(매출 973억 원)과 비교해도 두 배 가까이 성장하게 된다. 아래 [그림 13-3]은 2012년 푹이 시작된 이후부터 2021년 7월까지의 콘텐츠웨이브의 연혁과 매출 성장을 나타낸 것이다. 토종 OTT로서 존재감을 드러낸 콘텐츠웨이브는 2021년 5월, 자회사인 '스튜디오웨이브'를 설립한다.

◎ [그림 13-3] 콘텐츠웨이브 연혁 및 매출

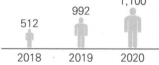

출처: 전자신문(2021.8.9)

한편, 스스로를 미디어 플랫폼 기업임을 선언하면서 2023년까지 원천 IP 1천여 개 이상, 드라마 IP 100개 이상 콘텐츠 라이브러리를 구축하기 위해 약 4천억 원 제작비를 투입하겠다고 선언한 KT도 지배구조를 다지게 된다. 자회사인 스토리위즈가 보유한 웹소설·웹툰 IP를 바탕으로 해서, 스튜디오지니를 통해 드라마, 영화, 예능 콘텐츠를 제작한다는 것이다. 스튜디오지니는 2023년까지 매년 10~20개 오리지널 시리즈를 제작해 KT OTT인 시즌과 자사 IPTV에 제공하고, 스토리위즈는 테이크원컴퍼니, 필콘미디어 등 IP의 영상화를 위해 제작사들과의 파트너십에 돌입한다. 또한, KT는 모바일미디어 사업을 별도 법인으로 분사해 '케이티시즌'으로 출범시켜 '콘텐츠 투자 → 콘텐츠 공급 → 서비스 제공 → 판매·유통' 구조를 마무리한다. 즉, KT스튜디오지니가 콘텐츠 제작·육성 컨트롤타워로, 케이티시즌이 고객이 보다 편하고 자유롭게 콘텐츠를 즐길 수 있도록 차세대 플랫폼 역할을 하는 것이다.

국내 IP 비즈니스 주역이 이처럼 포털을 가진 양대 인터넷 플랫폼과 IPTV를 가진 양대 미디어 유통 플랫폼 중심으로 대별되는 양상이며, 이들 전략의 공통점은 콘텐츠 강자 전략이 아니라, 콘텐츠 IP 기반의 부가가치 극대화 전략이다. 특히 OTT 플랫폼이 스튜디오를 설립해서 기획까지 하려는 이유는 콘텐츠 IP가 필요했기 때문이다. 이는 넷플릭스가 국내 제작 시장의 관행을 파괴하면서 일어나는 현상이다.

한편, 제작사들에게는 콘텐츠 IP 확보 방안을 모색하기 전에 당장 콘텐츠 제작 작업을 지속할 수 있을지에 대한 절박함이 더 크다. 새로운 OTT 비즈니스의 등장으로 토종 OTT들의 콘텐츠 IP 확보 움직임이 가시화되지만, 사실상 제작자 입장에서는 별로 달라진 게 없다. 과거 지상파방송사나 유료TV 채널 사업자의 역할을 글로벌 OTT인 넷플릭스가 하고 있을 뿐이다. 제작사에게는 콘텐츠 IP 확보보다는 지속 가능한 수익모델을 어떻게 설정할지가 더 중요하다. 즉, 영향력 있는 콘텐츠를 만들었을 때 이에 상응하는 보답을 받을 수 있는지, 이 작업을 지속할 수 있는지에 대한 절박함이 더 큰 상황이다. 사실상 콘텐츠 IP는 디즈니의 경우처럼 콘텐츠를 실질적으로 기획하고 주도하는 곳이 가져가는 게 맞지만, 국내에 디즈니 같은 대형 제작사가 존재하지 않기 때문에 토종 OTT들은 투자와 유통에 더 중점을 두고 제작사들과의 파트너십을 통해 상호 윈윈하는 방향으로 나가려는 노력을 해야 할 것이다.

물론 제작 관점에서도 콘텐츠 IP는 OTT 시대에는 다르게 경험된다. 그동안 외주제작사들은 원천 콘텐츠 기획과 개발에 있어 이미 지상파방송사와 불공정 거래를 경험했고, 유료TV 업계에서도 이러한 관행은 지속되었기 때문에 중국 시장 등 글로벌 유통이 막히면 제작비 보전이 실제로 매우 어려운 상황에서 제작에 임했어야 했다. 게다가 제작비 보전에 크게 기여한 방송사에게 넘어간 콘텐츠 IP의 재가공 등 아카이브 활용의 한계와 방송사와 제작사 간 저작권 다툼으로 인해 항상 어려운 제작 환경을 경험해야 했다. 이러한 틈을 넷플릭스 같은 글로벌 OTT가 메꾸면서 선택받은 제작사에게 글로벌 OTT는 수호천사이다. 글로벌 표준에 따른 제작비 기준과 성과에 따른 보상, 글로벌 유통으로 인한 규모의 경제 달성, 이전보다 나은 수익 공유, 사전 제작에 따른 제작 스케줄의 예측 가능성, 그리고 원천 콘텐츠 IP 개발에 대한 공정 거래 가능성 등이 이전보다는 훨씬 나은 제작 환경을 보장해 주게 된다.

하지만 제작사들은 기존 미디어 기업들이 제작비 보존에 따른 콘텐츠 IP의 소유권 관행을 유지한 것처럼 넷플릭스도 콘텐츠 IP를 가져간다는 사실에 대해 항상 우려를 갖게 된다. 물론, 넷플릭스가 과거보다는 나은 파트너십 체결을 통해 창의적인 감독이 보다 콘텐츠에 집중할 수 있게 해주고, 표준화된 제작 과정을 통해 콘텐츠 IP의 질적 향상에도 기여했다. 게다가 넷플릭스는 자사의 데이터를 활용하여 구독자 취향에 기반한 스토리 및 감독, 배우 발굴로 더욱 효과적으로 콘텐츠 IP를 개발하는 데 조력자가 되어 주었다. 따라서 제작사들은 넷플릭스의 콘텐츠 제작 투자가 제작 활성화에 기여했다는 측면을 충분히 인정하면서도 콘텐츠 IP를 넷플릭스가 가져가는 방식에 대해 제작사가 하청업체화될 것이라는 우려를 함께 갖게 된다.

콘텐츠 산업을 진흥시키려는 국가 기관에서는 콘텐츠 IP의 다양한 활용을 위한 부가수익의 활로가 제작사에게 주어져야 한다고 다양한 세미나를 통해 매번 강조해 왔다. 하지만 선언적인 발언만 이어질 뿐, 기존의 관행도 깰 수 있는 큰 그림이 제시되지는 못하고 있다. 제작사들에게 콘텐츠 IP 주권 이전에 더 중요한 것은 제작비의 안정적 확보이다. 제작사가 초기 제작비 펀딩을 하는 데 있어 안정적인 구조가 마련되지 않는다면 하청업체가 된다 해도 불구하고 글로벌 OTT의 손을 잡게 될 것이다. 대형 미디어 기업의 투자가 되든, 재무 펀드에 의한 투자가 되든, 국가 기관의 진흥 기금 제공이 되든, 제작사는 제작비 걱정 없이 보다 제작에 몰두할 수 있는 재무적 환경을 IP 주권 확보보다 먼저 고려하게 된다.

OTT가 발달하면서 콘텐츠 IP 보유 및 활용 외에 '콘텐츠 프랜차이즈(Franchise)' 비즈니스도 부상하고 있다. 이에 대해서는 다음 절에서 콘텐츠 IP 개념과 함께 다룰 것인데, 한마디로 원천 콘텐츠 IP를 확보한 후에 여러 미디어 플랫폼들을 활용해 새로운 맥락(Context)과 정보를 제공하고 시너지 효과를 내는 것을 말한다. 이는 마블-디즈니에서 활용한 방식이며, 국내에서 전문기업이 등장한다. 와이낫미디어는 콘텐츠 IP 보유 기업도, OTT도 아니지만 MZ세대 같은 신세대의 콘텐츠 소비 방식인 프로슈머를 콘텐츠 창작의 주역으로 키우는 콘텐츠 IP 기획제작사이다. 아마추어 콘텐츠를 제공하는 유튜버들을 지원하는 MCN과 유사한 개념이다. 2016년 창업해 유튜브, V라이브, 중국의 텐센트 등의 글로벌 OTT 플랫폼에 자체 채널을 만들어 숏폼 웹 드라마 IP를 공급한다. 웹 드라마로는 1억 조회수를 넘긴 '전지적 짝사랑 시점'을 시작으로 10~20대 취향의 스핀오프 콘텐츠를 계속 개발하고 제작한다.

OTT 비즈니스가 발전할수록 다양한 방식의 콘텐츠 IP를 보유하고 활용하고 기획하려는 전략들을 토대로 콘텐츠 IP 비즈니스도 지속적으로 발전할 것으로 보인다. OTT 미디어 산업 규모가 커지면서 이미 콘텐츠 IP의 영향력은 커졌다. 기존의 콘텐츠 IP 비즈니스가 단품 콘텐츠를 사업화해 OSMU하는 데 그쳤다면, OTT 비즈니스에서는 콘텐츠 IP가 핵심 자산인 동시에 다른 OTT 기업과의 차별을 위한 핵심 무기가 된다. 국경에 관계없이 웹툰 및 웹소설 기업들을 공격적으로 인수하며 해당 콘텐츠 IP 확보에 열을 올리는 이유가 바로 여기에 있다. 원천이 되는 콘텐츠 IP를 바탕으로 다양한 장르로의 확장, 스핀오프, n차 제작 등을 통해 그 콘텐츠의 효용을 이어 갈 수 있으며, 아티스트 IP 경우에는 팬덤과의 소통을 통해 그 효용을 더 극대화할 수 있다. 방탄소년단의 위버스 플랫폼을 활용한 팬들과의 소통이 그 대표적인 예이다. 콘텐츠 IP를 활용하려는 미디어 기업들은 웹툰이나 웹소설 등을 영화나 드라마로 제공해 소비자로부터 더 인정받게 되며 팬덤까지 형성한다면 미디어 소비자들과 더 오래 소통할 수 있을 것이다.

SECTION
02 콘텐츠 IP의 개념과 특성

국내의 지식재산기본법 제3조에 의하면, 지식재산(IP)이란 "인간의 창조적 활동 또는 경험 등에 의하여 창출되거나 발견된 지식·정보·기술·사상이나 감정의 표현, 영업이나 물건의 표시, 생물의 품종이나 유전자원, 그 밖에 무형적인 것으로서 재산적 가치가 실현될 수 있는 것"으로 정의되어 있다. 디지털 미디어 시대가 되면서 콘텐츠 영향력이 더 커져, 콘텐츠가 새로운 미디어 산업의 핵심 경쟁력이 되면서 콘텐츠 IP가 재부상하고 있다.

문화관광연구원이 2016년 정의내린 콘텐츠 IP란 "콘텐츠를 기반으로 다양한 장르 확장과 부가사업을 가능하게 하는 일련의 관련 지식재산권 묶음"이다. 미디어 산업이 진화하면서 이러한 콘텐츠 IP는 디지털 기술과 제작 과정, 2차 생산과 유통 및 소비의 유연화와 밀접한 관계를 가지며, 결과적으로 미디어 산업 가치사슬상에서 단품 콘텐츠가 다양한 경로로 확장되는 기존의 OSMU에서 출발해, 확장 가능성이 높은 '원천 콘텐츠 IP'에 더 집중하게 된다. 이러한 콘텐츠 IP는 잠재적으로 트랜스 미디어 스토리텔링 가능성이 높은 오리지널 콘텐츠이다. OTT 미디어 시대의 지식재산인 콘텐츠 IP는 단순히 다양한 경로로 확장하는 콘텐츠의 OSMU 의미라기보다는, 타 장르나 연계 산업으로의 확장 가능성이 매우 높은 원천 콘텐츠를 말한다.

트랜스 미디어 스토리텔링이 가능하려면 핵심이 되는 원천 콘텐츠가 반드시 있어야 한다. 이때 트랜스 미디어 스토리는 여러 미디어 플랫폼으로 전개되고, 각 플랫폼에서의 텍스트로서 상호 구별되는 독특하고 가치 있는 기여를 해야 하며 자기 충족적인 완성 콘텐츠가 되어야 한다. 따라서 트랜스 미디어 스토리텔링은 콘텐츠 그 자체로 완결성을 갖기보다는 시청자, 관객, 독자 등 이용자 경험과 참여에 의해 그 의미가 부여되고 완성해 가는 특징을 갖는다. 따라서 미디어 소비자와 미디어 유통 플랫폼 간의 상호작용이 필수적이다. 다시 말해, 불특정 다수의 개념이었던 과거 매스미디어 시대의 시청자와 달리, 미디어 플랫폼과 상호작용하는 미디어 소비자는 하나의 취향 공동체로서 모이고 소통하고 세력화하는 데 익숙하다.

앞의 1절에서 콘텐츠 IP 비즈니스 영역의 하나인 '콘텐츠 프랜차이즈'를 마블-디즈니 방식이라고 언급하였다. 일반 비즈니스에서 사용되고 있는 '프랜차이즈'란 본사가 가맹점에게 자기의 상표, 상호, 서비스표, 휘장 등을 사용하여 자기와 동일한 이미지로 상품을 판매, 용역을 제공하는 등의 일정한 영업 활동을 하도록 허용하고, 이러한 지원의 대가로 일정한 경제적 이익을 지급받는 계속적인 거래 관계를 의미한다. 한편, 2006년 헨리 젠킨스(Jenkins, 2006: 97-98)가 저서인 '융합 문화: 올드 미디어와 뉴 미디어 간 충돌'에서 정의한 '콘텐츠 프랜차이즈'는 하나의 이야기 세계로부터 다양한 이야기를, 다양한 미디어에 노출하는 것을 의미한다. OTT 미디어 시대의 '콘텐츠 프랜차이즈'란 1절에서도 정의했듯이, 원천 콘텐츠 IP를 확보해서 여러 미디어 플랫폼에 새로운 컨텍스트를 제공해 시너지를 내는 것이다. 대표적인 예로 1928년 디즈니가 '미키 마우스'라는 콘텐츠 IP를 확보해 그 캐릭터를 통해 테마파크(공간) → 애니메이션 제작사 → TV 채널 → 영화제작 → 엔터테인먼트 비즈니스까지 IP를 확장하였다.

전통 미디어 시대와 다른 OTT 시대의 콘텐츠 IP 특성이 있다. 첫 번째 특성은 미디어 소비자와의 양방향 소통을 통한 '팬덤(Fandom)' 콘텐츠의 형성이다. 팬덤은 공통적 관심사를 공유하는 사람들과 함께 공감과 우정의 감정을 특징으로 하는 팬들로 구성된 하위문화를 말한다. 이는 원천 콘텐츠의 진정한 가치가 팬으로부터 나온다는 것인데 전통 미디어 시대에는 기대하지 못했던 특성이다. 따라서 OTT 입장에서는 확보된 콘텐츠 IP가 자사 OTT 이용자의 연계 소비를 높이고 특정한 콘텐츠 IP의 팬덤 유입을 촉진하는 등 서비스 가치를 높이려 노력하게 되며, 오랜 시간 고객을 록인 시키기에는 드라마 장르가 매력적 콘텐츠로 입증되고 있다. 특히 이의 원천 콘텐츠 IP가 웹툰이나 웹소설일 때 흥행률이 더 높아지면서 콘텐츠 IP 중에서도 웹 콘텐츠 IP 확보가 더욱 중요해지고 있다. 국내의 OTT 예로 2021년 네이버웹툰이 BTS 소속사인 하이브(HYBE)에 이어 배트맨 및 슈퍼맨, 원더우먼 IP를 보유한 만화출판사인 DC코믹스와 협력해 전 세계 팬들을 만날 수 있는 기반을 구축한다. 네이버 플랫폼은 이미 다양한 언어권의 이용자를 확보하고 있어서, 콘텐츠가 글로벌 팬덤을 형성하면 다른 콘텐츠로도 이어지는 선순환 구조가 가능하다. 다양한 웹툰과 웹소설 콘텐츠 IP와 OTT 비즈니스 연계에 대해 3절, 4절에서 자세히 다루기로 한다.

전통 미디어 시대와 구분되는 OTT 시대 콘텐츠 IP의 두 번째 특성은 '스핀 오프(Spin-off) 콘텐츠'의 형성이다. 웹툰이나 웹소설 같이 원작에 대한 비용을 선지불하지 않고도 소비자 주목을 받을 수 있는 스핀오프 콘텐츠가 새로운 콘텐츠 IP로 등장한다. 스핀오프 콘텐츠는 인기 콘텐츠에서 파생된 새로운 콘텐츠를 말한다. 처음에는 오리지널 영화나 드라마 콘텐츠에서 파생된 스핀오프 콘텐츠가 자주 시도되었으나, 예능 장르로도 확대되면서 예능 편성의 트랜스미디어 트렌드를 주도하고 있다. 2020년 예능 편성 트렌드를 휩쓴 '부캐(부 캐릭터의 준말)'가 '스핀오프'와 합쳐져 시너지를 내는데, 기존 프로그램이 가진 세계관을 확장하고 또 다른 재미를 선사한다. 전통적 TV 편성은 시간과 내용에 있어서 한정적이다. 정규 TV방송에 나가지 못했지만 숨겨진 재밌는 에피소드가 많은데, 스핀오프는 미처 다 보여 주지 못한 콘텐츠를 TV가 아닌 다른 미디어 플랫폼에서 보여 준다. TV 시청자들은 좋아하는 프로그램의 뒷이야기를 OTT에서 추가로 볼 수 있다는 점에서 행복을 느낀다.

스핀오프는 '부캐 신드롬'과 만나 더 시너지를 내는데, 본편에서 미처 표현하지 못한 부캐를 발산할 수 있는 공간을 열어 준다. 9장에서 이미 언급한 MBC 예능인 '나 혼자 산다'의 스핀오프인 '여자들의 은밀한 파티(이후 '여은파')'는 부캐와 스핀오프가 시너지를 낸 대표 사례이다. '여은파' 등장 인물들은 박나래, 한혜진, 화사가 아니라, '나 혼자 산다'에 나타난 그들의 부캐인 '조지나', '사만다', '마리아'이다. TV에서 보여 줬던 '순한 맛'에 비해 유튜브의 '매운맛' 버전은 좀 더 화려해진 패션과 볼거리를 주며 '19금 토크'도 포함된다.

전통 미디어 시대와 구분되는 OTT 시대 콘텐츠 IP의 세 번째 특성은 '콘텐츠 프랜차이즈'의 형성이며, 스핀오프 콘텐츠와도 연관된다. 앞서 언급했듯이, 사실 프랜차이즈 전략은 콘텐츠 IP를 가진 기업의 무한 확장 전략으로 디즈니는 '미키마우스' 캐릭터를 활용해 애니메이션 제작과 영화, 디즈니랜드라는 테마파크에 이르는 엄청난 산업적 부가가치를 획득하였다. 국내에서의 TV 방송 채널 사례로 EBS의 '자이언트 펭수 TV'는 스핀오프로 성장해 이용자끼리 펭수에 대한 이야기를 이어 가기도 하고 정부 기관이나 광고 협찬사가 남긴 특정 댓글에 공감 표시를 하며 밀어주기도 하는 등 EBS 프로그램과 캐릭터와 협업하며 다양한 스핀오프와 함께 달력과 다이어리 등 관련 상품판매에까지 이어져 콘텐츠 프랜차이즈로 발전한다. OTT 미디어의 프랜차이즈 사례는 JTBC 스튜디오룰루랄라의 기존 방송 프로그램인 '사서 고생 와썹 맨'을 유튜브 채널 '와썹 맨'으로 스핀오프한 후에 브랜디드 콘텐츠로 발전한 경우이다.

이상에서 OTT 시대에 나타난 콘텐츠 IP의 3대 특성을 살펴보았다. 이러한 특성들을 잘 살린 콘텐츠 IP의 지속적 관리를 위해 꼭 필요한 작업이 데이터 분석이다. 데이터에는 콘텐츠 공개 시각, 공개 주기를 비롯해 콘텐츠 개발 방향과 팬덤 형성의 근거가 기록되어 있기 때문이다. 이제는 전통 미디어인 지상파방송사나 유료TV 방송 채널들도 유튜브 채널들을 가지고 있다. 정규 편성 프로그램의 일부만을 컷팅한 영상을 유튜브 채널에 올리기도 하는데, 오히려 정규 편성되는 방송 프로그램보다 먼저 컷 영상을 접하는 사람들이 더 많아지고 있다.

콘텐츠 IP 관리를 위해서는 인터넷 플랫폼에서의 경험 기록들이 차곡차곡 쌓아져야 하며 지속적인 분석이 반드시 뒷받침되어야 한다. 네이버 웹툰은 콘텐츠 IP를 데이터 분석을 통해 관리한다. 예로 네이버 웹툰에 연재되는 5년 동안 누적 조회수 약 32억 뷰, 누적 댓글수 약 500만 개 이상을 기록하며 웹툰 자체로 크게 성공한 '유미의 세포들'의 경우를 보면, 스핀오프로 만들어진 KT 기업 브랜디드 웹툰인 '지니의 세포들'이 화제가 된 바 있고, 이를 원작으로 한 티빙의 오리지널 '유미의 세포들'이 제작되어 티빙과 tvN에서 동시 공개되기에 이른다.

SECTION 03 웹툰 IP와 OTT 비즈니스

'2020 만화산업 백서'에 따르면, 2020년 전 세계 웹툰 시장 규모는 7조 원으로 기존 종이 만화책을 디지털 버전으로 추산한 수치이다. 하지만 웹툰이 특히 MZ세대 같은 젊은 세대의 선호도가 높고 스마트폰에 최적화된 모바일 콘텐츠라는 전제하에 그 잠재 시장이 100조 원까지로 관찰된다. 일차적으로는 웹툰의 유료결제로 수익을 얻을 수 있고 광고와 IP 사업을 연계하면 추가 매출을 올릴 수 있다. 여기에 더해 스토리텔링이 검증되어 있고 팬층도 탄탄해 영화나 드라마에서 원천 콘텐츠로 사용되고 OTT의 성장까지 감안하면 그 잠재력은 대단하다.

수많은 장르의 콘텐츠가 난무해 바닷가의 모래알과도 같은 콘텐츠 시장에서 웹툰 콘텐츠가 떠오르는 이유는 웹툰만이 가진 원천 콘텐츠 IP로서의 위력 때문이다. 앞서 언급했듯이 원천 콘텐츠 IP는 독립적 콘텐츠로서 대중성을 검증받아 그 브랜드 가치를 확보한 콘텐츠 IP를 뜻한다. 웹툰은 상상력을 자극하는 판타지 요소에 탄탄한 스토리를 가지고 있고 소비자들에게 시각적 요소를 가지고 접근하기 때문에 원작 캐릭터와 시각적으로 유사한 캐스팅을 통해 거부감을 줄인 채로 영화나 드라마로 재탄생될 수 있는 좋은 원천 IP이다. 재탄생된 콘텐츠는 이미 익숙한 콘텐츠를 머금을 준비가 되어 있어 소비자들의 마음을 바로 사로잡는다.

이러한 웹툰은 작가가 원하는 스토리를 제작해서 소비자 반응을 실시간으로 확인할 수 있어서 그 실패 부담이 낮은 편이다. 웹툰의 이러한 매력을 먼저 발견한 장르는 영화이다. 2010년 윤태호 작가의 '이끼'가 만들어졌고, 2012년 김수현이 주연한 '은밀하게 위대하게'가 화제를 낳았다. 2017년 천만 관객을 동원한 하정우 주연, 주호민 작가의 '신과 함께'는 뮤지컬로도 선보였고 드라마로도 이어진다. 다음 [표 13-1]은 2017년 기준으로 본 2014년부터 2017년까지 원작 포맷인 웹툰, 웹소설, 만화, 소설, 연극 등의 원천 IP를 활용해 만든 주요 텐트폴 영화들인데, 웹소설 IP에 대해서는 4절에서 다루기로 한다.

▌[표 13-1] 기존 IP를 활용한 주요 텐트폴 영화(단위: 백만 명)

연도	흥행 순위	영화명	배급사	개봉일	관객수	원작포맷	원작 제목(저작권)
개봉예정		신과 함께	롯데엔터테 인먼트	3분기		웹툰	신과 함께
이종 IP		치즈인더 트랩	미정	미정		웹툰	치즈인더 트랩
		강철비	NEW	하반기		웹툰	스틸레인
		7년의 밤	CJ E&M	하반기		소설	7년의 밤
		남한산성	CJ E&M	하반기		소설	남한산성
		청소부K	미정	미정		웹툰	청소부K
2016	3	캡틴 아메리카: 시빌 워	월트디즈니	4월 27일	8.7	만화	마블코믹스
	4	밀정	워너 브라더스	9월 7일	7.5	소설	1923 경성을 뒤흔든 사람들
	5	터널	쇼박스	8월 10일	7.1	소설	터널
	9	덕혜옹주	롯데엔터 테인먼트	8월 3일	5.6	소설	덕혜옹주
	20	닥터 스트레인지	월트디즈니	10월 26일	5.4	만화	마블코믹스
	13	신비한 동물사전	워너 브라더스	11월 16일	4.7	소설	
	15	아가씨	CJ E&M	6월 1일	4.3	소설	핑거스미스
	18	데드풀	20세기 스튜디오	2월 17일	3.3	만화	마블코믹스
	21	엑스맨: 아포칼립스	20세기 스튜디오	5월 25일	2.9	만화	마블코믹스
	30	배트맨 대 슈퍼맨: 저스티스의 시작	워너 브라더스	3월 24일	2.3	만화	DC코믹스

연도	흥행순위	영화명	배급사	개봉일	관객수	원작포맷	원작 제목(저작권)
	36	수어사이드 스쿼드	워너 브라더스	8월 3일	1.9	만화	DC코믹스
2015	3	어벤져스: 에이지 오브 울트론	월트디즈니	4월 23일	10.5	만화	마블코믹스
	5	내부자들	쇼박스	11월 19일	7.1	웹툰	내부자들
	8	킹스맨: 시크릿 에이전트	20세기 스튜디오	2월 11일	6.1	만화	마블코믹스
	14	마션	20세기 스튜디오	10월 8일	4.9	소설	마션
	22	앤트맨	월트디즈니	9월 3일	2.8	만화	마블코믹스
	24	빅 히어로	월트디즈니	1월 21일	2.8	만화	마블코믹스
	25	메이즈 러너: 스코치 트라이얼	20세기 스튜디오	9월 16일	2.7	소설	메이즈러너
2014	11	엑스맨: 데이즈 오브 퓨처 패스트	20세기 스튜디오	5월 22일	4.3	만화	마블코믹스
	14	타짜- 신의 손	롯데엔터, 싸이더스	9월 3일	4.0	만화	타짜
	15	캡틴 아메리카: 윈터 솔져	월트디즈니	3월 26일	4.0	만화	마블코믹스
	36	우아한 거짓말	무비꼴라쥬 (CGV)	3월 13일	1.6	소설	우아한 거짓말
	37	두근두근 내 인생	CJ E&M	9월 3일	1.6	소설	두근두근 내 인생
	40	해무(海霧)	NEW	8월 13일	1.5	연극	해무

주: 일정 등 상세 사항 변동 가능성 있음

주: 20세기폭스는 2020년 1월 17일 20세기스튜디오로 개명됨

출처: 미래에셋증권(2017.4.17)

아래 [그림 13-4]에서 보듯이, 네이버에서 2006년 연재를 시작해 최장수 웹툰으로 기록된 '마음의 소리'는 웹 드라마, 지상파 시트콤, 모바일용 캐주얼 게임, 주인공과 주변 인물의 캐릭터 상품화 등 웹툰 IP를 잘 활용한 성공 사례이다. 이는 장기 연재를 통해 축적된 네이버 웹툰의 독자 충성도가 타 장르화의 성공적인 안착으로 연결된 것으로 평가된다.

◎ [그림 13-4] 웹툰 '마음의 소리'의 IP 활용 사례

출처: 구글 이미지; 김숙 · 장민지(2017:9쪽) 재인용

네이버 웹툰 IP의 OTT 드라마 영상화 사례로 '스위트홈'이 대표적이다. 네이버 웹툰에서 2017년 10월 12일부터 2020년 7월 2일까지 연재된 '스위트홈'은 OTT 오리지널 시리즈로 2020년 말 공개된다. '스위트홈'은 총 제작비 300억 원이 투입된 스튜디오드래곤 제작물로서 네이버 웹툰 원작으로 넷플릭스를 통해 공개되었는데, 마지막 회에서 다음 시즌을 예고했으며, 2020년 12월 25일 넷플

릭스 TV 프로그램 부문 전 세계 3위, 미국 3위를 기록했고 넷플릭스 톱(TOP) 10 집계 시작 이후 최초로 미국 TV 프로그램 톱 10에 진입한 작품이기도 하다.

네이버는 자회사인 네이버웹툰을 중심으로 웹툰 IP를 드라마, 영화 등 2차 저작물로 확장하는 사업을 본격적으로 추진하기로 하고 1절에서 언급했듯이 제작사들과의 파트너십을 통한 생태계를 조성해 나간다. 네이버웹툰은 2019년 미국, 일본 등 전 세계 100개국에서 만화 부문 매출 1위를 달성한다. 월간 순방문자(MAU) 수 6천만 명, 일일 순방문자(DAU) 수 1,550만 명에 달한 네이버웹툰의 글로벌 시장 확대 배경에는 핵심 인적 자원인 창작자 풀이 존재한다. 1절에서 일본에 대해 잠깐 언급했듯이, 각국 문화와 정서에 맞는 콘텐츠를 제작하고 공급하기 시작한 네이버웹툰은 국내에서뿐만 아니라 전 세계로 확대할 수 있었고, 전 세계 아마추어 창작자 58만여 명, 프로페셔널 1,600만여 명을 보유하면서 매출액 상승을 경험하게 된다.

이러한 네이버웹툰은 스튜디오N을 설립해 웹툰 IP를 활용한 영상 콘텐츠 제작 비즈니스로 확장한다. 네이버웹툰 원작을 드라마로 구성해 제작된 '타인은 지옥이다'는 방영 전부터 대중들에게 큰 이슈가 되었고 시청자들이 즐겨 보는 익숙한 스토리의 드라마가 아닌 신선한 스토리 전개와 독특한 캐릭터들의 등장으로 대중에게 큰 인기를 모았다. 웹툰의 특성상 현실과는 거리가 먼 스토리이지만 기발한 내용 전개들이다. 2021년, 스튜디오N은 40개 이상의 IP를 개발하며 본격적으로 영화, 드라마를 제작해 OTT 시장에서의 경쟁력을 강화해 나가기 시작한다.

2014년부터 미국 시장에 진입한 네이버웹툰은 2019년 월간 순방문자(MAU) 1천만 명을 확보했고, 관련 앱은 애플 앱스토어를 통해 미국 16~24세 인기 엔터테인먼트 앱으로 선정되었으며, 미국 웹툰 IP 플랫폼인 '웹툰스튜디오'도 선보였다. 2019년 말 스페인, 프랑스어 서비스를 시작해 유럽, 남미에서 3분기 MAU 550만여 명을 확보한 네이버웹툰은 아마추어 플랫폼인 '캔버스(CANVAS)'를 해외에서 운영 중이다. 국내 '도전만화'와 '베스트도전'을 기반으로 만든 '캔버스'는 현지 작품을 발굴하고 작가를 양성해 데뷔시키며 스페인, 프랑스에서 2020년 6~7월 오픈된다. 스페인어 '캔버스'에서 활동하는 아마추어 작가 수는 1만 명을 넘어섰고, 각국에 맞는 공모전도 진행된다. 2020년 6월부터 2개월 진행된 프랑스어 서비스 공모전에는 1,200개 작품이, 7월부터 3개월 진행된 스페인어 서비스 공모전에는 4천 개 작품이 출품됐다.

또한, 2020년 말, 네이버웹툰은 미국에서 자사 IP의 영상화 사업을 위해 미국 법인인 '웹툰엔터테인먼트'를 세워 자사 웹툰 IP 기반으로 미국 현지 영상 작품 제작을 시작한다. 이를 위해 국내외 제작 스튜디오들과 파트너십을 맺는다. '링', '인베이전', '레고무비' 등 할리우드 영화를 제작한 영화·TV제작사인 '버티고 (Vertigo) 엔터테인먼트'와 애니메이션 스튜디오로 알려진 '루스터티스스튜디오 (Rooster Teeth Studios)', 그리고 '설국열차'와 '옥자' 제작에 참여한 하연주 대표가 이끄는 '바운드(Bound) 엔터테인먼트' 등이다.

네이버의 자회사인 스노우와 네이버웹툰이 공동 출자해서 설립한 플레이리스트가 웹툰 IP의 영상화 업무를 맡고 있으며, 점차 제작 능력을 인정받아 외부 기업으로부터 꾸준한 투자 유치를 받고 있다. 2017년, 네이버웹툰과 스노우가 공동 출자해 설립한 플레이리스트는 '연애플레이리스트', '에이틴', '엑스엑스', '트웬티 트웬티', '라이브온' 등 다양한 영상을 유튜브에 공개해 전 세계 누적 조회수 31억 뷰, 전 세계 구독자 1,400만 명을 확보해 2019년 알토스벤처스에서 53억 원 시리즈A 투자를, 2021년 IMM인베스트먼트, 프리미어파트너스, 미래에 셋캐피탈에서 250억 원 시리즈B 투자를 유치했고, 2020년에는 기존 투자사였던 네이버웹툰, 스노우 대상으로 60억 원 유상 증자도 진행했다.

한편, 웹툰의 또 다른 강자인 카카오에서는 카카오엔터테인먼트로 합병되기 전 카카오페이지가 웹툰, 웹소설, VOD 콘텐츠를 유통하는 플랫폼이면서 원천 IP를 보유해 2014년 10월 '기다리면 무료'로 유료 모델을 성공시키고 2019년 매출액 2,571억 원을 기록했다. 카카오페이지의 전신인 다음 웹툰의 원작으로 OTT 오리지널 드라마화되어 성공한 사례로는 '좋아하면 울리는'이 있다. 넷플릭스에서 시즌 1, 2로 방영된 이 오리지널 시리즈는 천계영 작가의 웹툰을 원작으로 한 드라마로 사람이 반경 10m 안에 들어오면 알람이 울리는 '좋알람' 앱이 개발된 세상에서 벌어지는 로맨스를 그린 스토리로, 190여 개국에 동시 공개되었다.

◎ [그림 13-5] 원작과 넷플릭스 오리지널 드라마 '좋아하면 울리는' 시즌 1, 2

출처: 구글이미지; 연합뉴스(2019.10.30); 연합뉴스(2021.2.15)

    카카오페이지는 웹툰 IP의 단순 영상화에서 한 발 더 나아가 디즈니와 같은 세계관(Universe) 구축에 관심 갖기 시작하고, 첫 작품으로 영화투자배급사와 '승리호' IP를 다양한 스토리 포맷으로 확장시키면서 세계관 구축에 매진한다. 세계관이란 유니버스로, 하나의 이야기가 전개되는 배경을 설정하는 것을 의미하며, 예컨대 소설이나 게임 영화 속에서 캐릭터가 세계를 바라보는 법을 뜻한다. 현실과는 다른 형태의 세계를 묘사하고 그 배경에 존재하는 캐릭터를 다룬 이야기가 전통적인 스토리텔링 기법인데, 가장 대표적인 것이 신화이다.

    세계관 구축에 관심을 갖게 된 카카오페이지는 앞에서도 언급했듯이, 3년 간 메리크리스마스가 준비 중인 '승리호'의 작품성과 잠재력을 인정해 영화 제작 투자를 결정하고 '승리호 IP 세계관'을 구축하기 위한 공동 프로젝트를 준비한다. '승리호'는 2092년 우주쓰레기 청소선 승리호의 선원들이 대량 살상무기인 인간로봇 도로시를 발견한 후 위험한 거래에 뛰어드는 스토리로, 배우 송중기, 김태리, 진선규, 유해진 등이 영화에 출연했다. 카카오페이지가 시나리오 단계부터 투자를 결정하고 IP 공동 개발을 결정한 IP도 '승리호'가 처음이다. 카카오페이지와 메리크리스마스는 '승리호' 세계관을 위해 2020년 5월 다음웹툰을 연재했고, 2021년 2월 25일 극장이 아닌 넷플릭스를 통해 영화로 첫 개봉되었다. 그동안 1조 원 이상 투자를 통해 7천개 이상의 오리지널 IP를 확보한 카카오페이지는 원천 IP로 영상화를 통한 부가판권을 확보할 수 있게 된다. '승리호'를 시작으로 IP 비즈니스 사업자가 된 카카오페이지는 직접 개발하지 않은 IP라도 확장성이 있다면 투자해 IP 유니버스를 만들어 나가기 시작했으며, 이미 2013년부터 유수 작가나 CP에게 7천억 원 이상을 투자해 국내 최다 원천 IP를 확보한 상태이다.

웹툰으로 성장한 카카오페이지가 카카오M과 합병해 카카오엔터테인먼트로 다시 태어나면서 6천억 원에 인수한 '타파스'는 북미 최초 웹툰 플랫폼으로 작가 5만 명, 작품 120만 편, 월 사용자 수 270만 명을 기록했고 코로나19가 한창인 2020년 매출이 전년 대비 5배나 성장했다. 카카오는 타파스를 통해 '사내맞선', '승리호', '나빌레라' 등 주요 IP를 북미에 공급하게 되며, 타파스 매출 절반을 카카오엔터테인먼트의 80여 개 웹툰 IP가 견인하게 된다.

SECTION
04 웹소설 IP와 OTT 비즈니스

출판 시장이 어려움을 호소한 지는 꽤 오래되었다. 사람들이 책을 점점 읽지 않으면서 책이 팔리지 않는다는 기사들이 많지만, 사람들의 책에 대한 관심이 사라졌다고 해서 그 내용물인 콘텐츠에 대한 관심도 사라진 것은 아니다. 아이러니하게도 책은 안 팔리지만 이야기꾼들은 더 많아지고 있으며, 수십여 년 전만 해도 글을 쓴다면 '소설가'를 떠올렸지만, 이제 글쓰는 이들은 더 이상 출판사만을 붙잡고 있지 않는다. 작가의 수요는 오히려 늘었는데, 그 이유는 게임에서, 드라마에서, 영화에서, 웹상에서 소비자를 붙들어 줄 만한 이야기꾼을 원하고 있기 때문이다.

많은 작가 지망생들이 인터넷 포털 플랫폼을 통해 웹소설을 발표하고, 독자들이 결제하고 읽은 실적만큼 수익을 챙기기 시작하면서, 이야기꾼들의 새로운 파트너는 포털이 된다. 포털에서 인기를 얻은 웹소설은 거꾸로 출판사의 권유로 책으로 출판되기도 한다. 웹소설이 인기를 얻으면서 이를 원천 IP로 활용하는 드라마나 영화도 나오기 시작한다.

2020년 국내 출판시장 통계에 따르면, 78개 출판 기업의 1년 총 매출액은 약 4조 8,080억 원으로 전년 대비 4.1%(약 2,062억 원) 감소했다. 총 영업이익은 약 2,884억 원으로 전년 대비 36.6%(약 1,666억 원)나 줄었다. 하지만 전통적인 출판 시장 침체에도 불구하고, 재미있는 스토리가 유통되는 서점 등 유통시장 쪽은 달랐다. 온·오프라인 서점 3사(교보문고·예스24·알라딘)의 2020년 총 매출액 합계는 약 1조 7,366억 원으로 전년 대비 17.4%(약 2,577억 원)나 증가했고, 총 영업이익은 약 357억 원으로 전년 대비 17.1%(약 52억 원)나 늘었다. 교보문고의 2020년 온라인 매출액은 3,395억 원으로 전년 대비 30.3% 증가한 반면, 오프라인 매출액은 2,556억 원으로 전년 대비 0.7% 증가에 그쳤다.

이는 종이책 출판 자체의 규모가 줄고 있음에도 불구하고 온라인 콘텐츠 시장이 그만큼 확장되고 있음을 의미한다. 웹소설의 영화화, 드라마화로까지 무한 확장이 가능하다면, 이제는 온·오프라인 유통시장의 변화뿐만 아니라 OTT 등 타 플랫폼에서의 콘텐츠 유통까지 고려해서 시장을 바라보아야 할 것이다. 웹소설은 웹소설 플랫폼에서 연재되는 소설이며, 네이버의 네이버시리즈, 카카오의 카카오페이지 등 포털 사이트 외에, 조아라, 문피아 같은 웹소설 전문 플랫폼도 있다. 또한, 해외에서는 이미 네이버가 인수한 캐나다의 왓패드, 중국의 텐센트 등이 유명하다. 시장 확장이 가능하다고 판단한 네이버, 카카오는 웹소설로 글로벌 시장 경쟁력을 가져가기 시작한다.

네이버 웹소설의 드라마 대표작으로 2016년 KBS2TV '구르미 그린 달빛'이 있다. 네이버에서 연재되었던 웹소설 '구르미 달빛'은 누적 조회수 5천만 건을 넘은 인기작으로, 드라마 인기가 치솟자 다시 한번 화제가 되어 유료 보기 매출이 월 5억 원을 넘어서기도 했다. 이러한 영상화 저력을 기반으로 네이버는 9천만 명 독자를 가진 세계 최대 웹소설 플랫폼 '왓패드'를 인수해 네이버웹툰이 쌓은 IP 비즈니스 노하우를 네이버시리즈로 이어간다. 왓패드에 연재 중인 웹소설 1,500여 편이 출판되거나 영상으로 제작되었고, 누적 15억 뷰를 기록한 '애프터'는 책으로 출판되어 뉴욕타임스 베스트셀러 1위, 전 세계 1,100만부 판매를 돌파했고, 영화로도 제작되었다. 네이버의 왓패드 인수 이후 영상화 프로젝트 수는 2021년 5월 167개로, 네이버웹툰 운영 스튜디오N에서 77개, 왓패드 운영 왓패드스튜디오에서 90여 개의 TV 드라마 및 영화 등 영상화 작업이 진행된다.

네이버의 왓패드 인수가 기대감을 키운 가장 큰 이유는 웹소설과 웹툰 비즈니스의 궁합 때문이다. 왓패드에는 500만 명의 창작자들이 남긴 10억 편의 스토리 콘텐츠가 있는데, 여기서 검증된 웹소설을 웹툰으로 재창작하면 그 영향력은 크게 확대될 것으로 본 것이다. 네이버는 이미 '재혼황후', '전지적독자시점' 등을 통해 웹소설 기반 웹툰화로 성공 가능성을 검증해 왔다. 왓패드는 영상 제작을 전문으로 하는 왓패드 스튜디오도 보유하고 있어 네이버웹툰의 스튜디오N과 함께 원천 콘텐츠를 다양하게 영상화할 것으로 기대된다. 또한, 네이버는 고품질 영상 제작을 위해 티빙에 400억 원을 투자해 웹툰·웹소설 IP의 영상화를 추진한다.

　카카오도 이미 웹소설에서 웹툰을 거쳐 드라마 흥행에 성공한 사례들을 가지고 있다. 먼저, 아래 [그림 13-6]에서 보듯이, 모바일 MMORPG 게임 '달빛조각사'의 원작은 2007년부터 2019년까지 단행본으로 발행된 동명의 소설이다. 완결까지 85만 부가 판매되었고, 게임판타지 장르가 소설임에도 불구하고 재미있게 읽혔고 2015년부터 카카오페이지 웹툰으로 연재된다. 웹툰의 게임화가 성공하기 위해서는 원작 IP가 세계관 등의 게임적 요소에 더해 게임 자체의 완성도가 있어야 하는데, 2019년 모바일게임으로 출시된 '달빛조각사'는 앱스토어 매출 1위, 다운로드 100만 건을 돌파해 흥행에 성공했다. 출시 이후 잦은 버그와 서버 오류 등의 문제로 원작 소설 IP의 방대한 세계관을 살리지 못했다는 반응도 있었으나, 결과적으로 원작 소설의 세계관이 게임으로 개발되어 IP 가치를 높이게 된 '달빛조각사'는 웹툰과 게임으로 제작한 데 이어 가수 이승철과 배우 박보검 등이 출연한 음원과 뮤직비디오로도 가공되었다.

◎ [그림 13-6] 소설에서 웹툰, 게임, 뮤직비디오로 된 '달빛조각사'

출처: 신한금융(2021.1.19); 카카오페이지

또 다른 웹소설 기반 대표 드라마는 '김 비서는 왜 그럴까'이다. '김 비서는 왜 그럴까'는 카카오페이지에서 서비스 된 인기 웹소설(누적 5천만 뷰)에서 다시 웹툰(누적 2억 뷰)으로 제작되어 큰 인기를 얻었고, 2018년 TV드라마(시청률 7.4%)로 제작되면서 웹소설, 웹툰, 드라마로 이어진 성공적인 트랜스미디어 사례로 평가된다. 웹툰으로 연재된 '왕의 딸로 태어났다고 합니다'의 경우에도 92만명이 구독한 웹소설이 원작이다. 이는 웹소설 경우 해외 진출 장벽이 높아 먼저 웹툰화되고 이를 중국 OTT에 수출한 경우이다. 중국 텐센트 등 주요 OTT 플랫폼에 출시 1개월에 1억 위안의 매출이 발생해 중국 내 전체 1위를 차지한 바 있으며, 로맨스 판타지로서 현생을 살고 있던 여자 주인공이 다른 차원으로 넘어가 왕의 딸로 살아가는 스토리이다.

이런 흐름으로 볼 때 카카오페이지와 카카오M의 합병으로 카카오엔터테인트로 재탄생한 배경은 아래 [그림 13−7]에서처럼 IP 가치사슬(Value chain)의 수직계열화를 통한 초기부터의 방향 설정이다. 기존의 IP 활용을 보면, 해당 IP의 인기가 확대된 이후 플랫폼 확장이 이루어져, 인기가 형성되고 난 이후에 진출하는 만큼 이용자 확보 측면에서는 긍정적이지만 확장 속도는 매우 늦다. 콘텐츠 소모가 매우 빠른 OTT 환경에서는 트렌드 변화에 따른 공급 시기를 놓칠 수도 있다는 리스크가 존재한다. 따라서 카카오엔터테인먼트의 수직계열화가 주는 장점은 확장 속도를 조율할 수 있다는 점이다. 콘텐츠 제작 시점부터 방향 설정이 가능하

◎ [그림 13-7] 수직계열화를 통한 초기 방향 설정

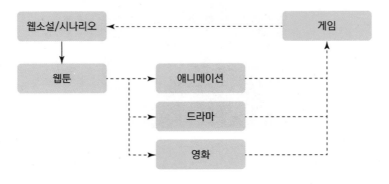

출처: 키움증권(2021.3.4)

다면, 중도 변화도 가능해 트렌드에 맞는 콘텐츠 제작이 가능하게 된다.

카카오페이지가 카카오엔터테인먼트로 합병되면서 인수한 북미 웹소설 플랫폼 '래디쉬'(5천억)는 '웹소설계 넷플릭스'로 불리며 모바일로 특화되어 월 이용자 수 100만 명을 가지고 있다. 이는 한국인이 미국에 세운 영문 웹소설 플랫폼으로, 2019년 1억 원의 월 매출이 2020년 약 30억 원을 달성할 만큼 성장하였다. 2020년, '래디쉬'의 잠재성을 높게 보고 소프트뱅크벤처스 등과 총 760억 원을 투자했던 카카오페이지는 '래디쉬'를 시작으로 크로스픽처스, 디앤씨미디어, 타파스, 투유드림 등에도 투자해 6개월 간 투자액이 약 1천억 원에 이르게 된다.

강보라 · 장민지(2020). 웹소설IP의 확장 및 콘텐츠 프랜차이즈 전략– 국내 웹소설 IP
　　의 확장 경향 및 사례분석을 중심으로, 문화콘텐츠연구, Vol.20, pp.129–152.

국제신문(2021.1.5). '웹툰 드라마'의 성공비결…검증된 콘텐츠와 무한 창의력.

김숙 · 장민지(2017). 모두 IP의 시대: 콘텐츠 IP활용 방법과 전략. 코카포커스, 한국콘
　　텐츠진흥원, 17–02호.

노동환(2021.3–4). 영상콘텐츠 산업 환경 변화에 따른 국내 주요 사업자의 IP확보 전
　　략, Vol.43, pp.8–24.

동아일보(2021.6.9). "넷플릭스, IP판권 독점 문제 있다…창작자 권리 강화해야".

매일경제(2021.1.28). 네이버 "글로벌 콘텐츠 기업과 본격적인 IP 사업 협의 확대 중".

머니투데이(2019.10.1). OTT빅뱅시대…네이버, 카카오 '금맥' 콘텐츠 키운다.

머니투데이(2020.10.26). '손잡는 CJ–네이버' 오늘 이사회 개최…지분교환 의결".

매일경제(2021.6.30). 네이버와 카카오는 왜 SM엔터 지분확보 전쟁에 나섰나.

미디어스(2021.6.9). 드라마 제작의 황금기? IP는 돈 댄 넷플릭스로.

미래에셋증권(구 미래에셋대우)(2017.4.17). 영화산업, 다시 극장이다.

미래에셋증권(구 미래에셋대우)(2021.1.18). 웹툰과 드라마, 성장 레벨 2단계 격상.

박기수(2020.8.14). 동일성과 차별성의 즐거운 긴장, 방송트렌드&인사이트, Vol.23, 한
　　국콘텐츠진흥원.

블로스터(2021.5.11), '웹툰 · 웹소설' 해외 영토 확장하는 네이버 · 카카오, 왜?

빅데이터뉴스(2021.8.12). 네이버웹툰, 티빙 오리지널 '유미의 세포들' 드라마화 기념
　　특별편 연재.

시사뉴스(2021.2.11). '스핀오프'는 어떻게 예능 대세가 됐나.

시사저널(2021.3.16). 잠재 시장만 100조 원…K웹툰 新한류를 이끌다.

신한금융투자(2021.1.19). 드라마 제작사 다음은 웹툰이다.

아이티조선(2020.11.20). 네이버웹툰, 미국서 드라마 · 애니 만든다…3개사와 파트너십

연합뉴스(2019.10.30). 넷플릭스, '좋아하면 울리는' 시즌2 제작.

연합뉴스(2021.2.15). '좋아하면 울리는' 시즌 2, 다음달 12일 공개.

연합뉴스(2021.3.23). KT, 콘텐츠에 '승부수' … 2023년까지 원천 IP 1천 개 확보".

엠포스트네이버닷컴(2020.1.20). 펭수, 룰루랄라 스튜디오가 성공할 수 있었던 이유
　　　= 콘텐츠 IP.

유피아이뉴스(2021.5.28). 네이버, 국내 최대 웹소설 플랫폼 '문피아' 인수 추진.

이데일리(2021.2.5). 제이콘텐트리, 지난해 4분기 어닝쇼크 … 방송 실적은 흑자전환
　　　－유안타

이데일리(2021.4.28). 지난해 출판시장, 교육출판 부진 속 만화·웹툰 급성장.

이성민(2017.9－10). 글로벌IP 확보를 위한 국가별 전략, 한류나우, Vol.20.

이성민(2021.3－4). 글로벌 OTT 사업자의 콘텐츠 IP 전략과 시사점: 디즈니와 넷플릭
　　　스 사례 비교를 중심으로, Vol.43, pp.25－39.

이영수(2016). 문화콘텐츠에서 트랜스미디어가 가지는 현재적 의의. 인문콘텐츠,
　　　Vol.43, pp.299－311.

이용설·김공숙(2020). 글로벌 OTT 플랫폼 경쟁력 강화를 위한 콘텐츠 IP 전략: 게임
　　　플랫폼 사례와 비교를 중심으로. 글로벌문화콘텐츠, Vol.43, pp.145－164.

전자신문(2020.12.28). 네이버웹툰, 웹툰·웹소설 IP 영상화 계획 발표.

전자신문(2021.8.9). [비상장주 탐방] 韓 OTT 1위 '웨이브' 7년 만에 매출 10배 증가.

전자신문(2021.8.5). KT OTT 전문법인 '케이티시즌' 출범…"국내 최고 OTT로 성장".

조선비즈(2021.1.21). 네이버·카카오, 웹툰 이어 웹소설로 글로벌 시장 한판 붙는다.

중앙일보(2021.3.24), 넷플릭스 천하? 디즈니플러스가 온다…웹툰·K드라마 들고.

차우진(2021.5~6). 엔터테인먼트 산업의 미디어 플랫폼화, Media Issue & Trend 기
　　　획리포트, Vol.44.

파이낸셜뉴스(2020.5.25). 카카오페이지, 국내 'IP 비즈니스 사업자'로 본격 행보 시동.

파이낸셜뉴스(2021.1.20). 네이버, 세계 최대 웹소설업체 '왓패드' 인수.

키움증권(2021.3.3). 청출어람(靑出於藍).

키움증권(2021.5.31). 2021 미디어, 엔터, 레저 하반기 전망.

테크엠(2020.10.13). 콘텐츠 보물창고 웹툰·웹소설에 돈이 몰린다.

한겨레(2021.3.23). KT, 넷플릭스 맞서 영화·드라마·예능 '오리지널콘텐츠' 제작 승부수.

한국문화관광연구원(2016). 융복합 콘텐츠 산업 현황 진단 및 대응 전략, 문화체육관

광부.

한국경제(2021.4.4). 카카오 vs 네이버, 글로벌 콘텐츠 무한경쟁.

한국일보(2021.3.12). 네이버웹툰이 만든 스타트업 플레이리스트, 250억 투자 유치.

한국일보(2021.8.9). 네이버 웹툰, BTS·배트맨·슈퍼맨과 손잡았다 … "세계로 K콘텐츠 수출할 것."

한국콘텐츠진흥원(2020.1.9). 방송영상콘텐츠 IP의 트랜스미디어 스토리텔링, 방송트렌드&인사이트, Vol.21.

Jenkins, H.(2006). Convergence culture: Where old and new media collide, NYU press.

저자 약력

송민정 교수는 스위스 취리히대학교에서 커뮤니케이션학 박사학위를 취득하였고, 현재 한세대학교 미디어영상광고학과 교수로 재직 중이다.

1995~1996년 스위스 바젤에 있는 경영경제 컨설팅 기업인 프로그노스(Prognos AG)에서 [미디어와 통신(Media and communication)] 부서의 전문 연구위원을 시작으로 1996~2014년 KT경제경영연구소 수석연구원으로 연구원 생활을 영위하였고, 2014년 성균관대학교 휴먼ICT융합학과 대학원의 산학협력교수를 거쳐 2015년부터 한세대학교 교수로 재직 중이며, 연세대학교 언론홍보대학원, 한양대학교 언론정보대학원에서 미디어경영론과 미디어산업론 등을 강의하고 있다.

그 외에 한국방송학회 및 한국여성커뮤니케이션학회 협력이사와 한국미디어경영학회 감사, 그리고 한국사이버커뮤니케이션학회, 대한경영학회, 디지털경영학회 부회장을 역임한 바 있으며, 현재 스마트사이니지포럼의 감사를 맡고 있다.

단독 저서로는 《정보콘텐츠산업의 이해》, 《인터넷콘텐츠산업론》, 《디지털 미디어와 콘텐츠》, 《모바일 컨버전스는 세상을 어떻게 바꾸는가》, 《빅데이터가 만드는 비즈니스 미래지도》, 《빅데이터경영론》, 《에너지데이터경영론》, 《디지털 전환 시대의 미디어경영론》 등이 있고, 주요 공저로는 《디지털미디어경영론》, 《디지털파워》, 《미디어공진화》, 《디지털이 경제다》 등이 있다.

미디어경영론 및 미디어산업론 관련 주요 영문 논문으로는 'Over−The−Top (OTT) Platforms' Strategies for Two−Sided Markets in Korea (2021), A Comparative Study on Over−The−Tops, Netflix & Amazon Prime Video: Based on the Success Factors of Innovation (2021), A Case Study on Partnership Types between Network Operators & Netflix: Based on Corporate Investment Model (2020), A Study on Artificial Intelligence Based Business Models of Media Firms (2019), Trust−based business model in trust economy: External interaction, data orchestration and ecosystem recognition (2018), A Study on Trust ICT Business Models: Based on Disruptive Innovation Theory (2018), A Case Study on Kakao's Resilience: Based on Five Levers of Resilience Theory (2017), A Study of Media Business Innovation of Korea Telecom (2016), Global Online Distribution Strategies for K－Pop: A case of "Gangnam Style" (2015), A Case Study on Korea Telecom Skylife's (KTS's) Business Model Innovation－Based on the Business Model Framework (2013), Case Study on Hybrid Business Model: kt's Olleh TV Skylife (2012) 등이 있다.

미디어경영론 및 미디어산업론 관련 주요 국문 논문으로는 〈한류의 비즈니스 확장에 관한 연구: 창의성 유형 모델 기반으로〉(2018), 〈IoT 기반 스마트사이니지 비즈니스모델 개념화: 4대 스마트커넥티드프로덕트(SCP) 역량 중심으로〉(2017), 〈글로벌 5대 MCN 미디어기업들의 비즈니스모델 연구: 파괴적 혁신 이론을 토대로〉(2016), 〈IoT 기반 스마트홈 비즈니스 유형 연구: 플랫폼유형론을 근간으로〉(2016), 〈동영상스트리밍 기업인 넷플릭스의 비즈니스모델 최적화 연구: 비즈니스모델 혁신 이론을 토대로〉(2015), 〈국내 스마트헬스케어 기업들의 파괴적 비즈니스 혁신 연구: 파괴적 혁신 이론을 토대로〉(2015), 〈빅데이터를 활용한 통신기업의 혁신전략〉(2014), 〈망중립성 갈등의 대안인 비즈니스모델 연구: 양면시장 플랫폼전략의 6가지 전략 요소를 근간으로〉(2013), 〈비즈니스모델 혁신 관점에서 살펴본 스마트TV 진화에 관한 연구〉(2012), 〈플랫폼흡수 사례로 본 미디어플랫폼전략 연구: 플랫폼흡수이론을 토대로〉(2010), 〈IPTV의 오픈형 플랫폼 전략에 대한 연구: 플랫폼 유형화 이론을 기반으로〉(2010), 〈DMB 사업자의 경쟁전략 방향 연구: 산업구조 분석을 토대로〉(2003), 〈IT혁명이 문화콘텐츠산업 구조에 미치는 영향〉(2002), 〈양방향 서비스의 주요 특징인 상호작용성(Interactivity)의 이론적 개념화〉(2002), 〈다채널 시대의 상업적인 공익 프로그램 공급 가능성에 대한 연구〉(2001), 〈인터넷 콘텐트산업의 경제적, 사회적 파급효과 연구〉(2000), 〈유료(有料)TV 산업의 경쟁전략: 클러스터 이론(Cluster theory)과 연계하여 살펴본 BSkyB 사례를 중심으로〉(2000) 등이 있다.

OTT 미디어 산업론

초판발행	2022년 1월 3일
지은이	송민정
펴낸이	안종만·안상준
편 집	배규호
기획/마케팅	김한유
표지디자인	BEN STORY
제 작	고철민·조영환
펴낸곳	(주) **박영사**
	서울특별시 금천구 가산디지털2로 53, 210호(가산동, 한라시그마밸리)
	등록 1959. 3. 11. 제300-1959-1호(倫)
전 화	02)733-6771
f a x	02)736-4818
e-mail	pys@pybook.co.kr
homepage	www.pybook.co.kr
ISBN	979-11-303-1421-1 93320

정 가   27,000원